마인드풀니스
MINDFULNESS

마인드풀니스

MINDFULNESS

깨달음으로 가는 실용적인

마음수행 안내서

조셉 골드스타인 지음 | 이성동 · 이은영 옮김

사야도 우 빤디따에게 이 책을 바칩니다.
그분은 마음챙김과 불법(佛法)에 정통하여
많은 사람들에게 영감을 주고 가르침을 주었습니다.

민족사

일러두기

- 이 책의 원본은 2013년 Sounds True에서 펴낸 Joseph Goldstein의 『MINDFULNESS』이다.
- 이 책 본문의 각주는 독자의 이해를 돕기 위해 옮긴이가 붙인 것이다. 저자의 주석은 미주로 처리했다.
- 가끔 본문 중에서 중요한 용어는 눈에 잘 띌 수 있도록 이탤릭체로 하였다.
- 관련 분야의 용어로 정착된 것은 그대로 음차하였으며, 빨리어 표기를 원칙으로 한 번만 병기하였다.

머리말

처음 내가 불교와 명상에 관심을 갖기 시작한 것은 태국에 평화봉사단으로 참여하였을 때였다. 그 후 고국인 미국에 돌아와 나름대로 수행을 지속하고자 애를 썼다. 하지만 나 혼자로는 부족하고 스승이 필요하다는 것을 금방 깨달았다. 이때가 1967년도였다. 그 당시 서구 사회에는 제대로 된 불교 스승이 거의 없었다.

그래서 다시 아시아로 돌아갔다. 나의 수행을 지도해 줄 스승을 찾기 위해 처음에는 인도에 머물렀다. 나는 히말라야 힐 스테이션(hill station)에 갔지만, 불행하게도 티벳 스승들은 겨울이라 남쪽으로 가버린 다음이었다. 다른 아쉬람들(ashrams)을 방문한 다음 북인도의 조그마한 마을인 보드가야에서 마지막으로 머무르게 되었다. 그 마을은 고타마 싯다르타가 수행하여 깨달은 곳이다.

나의 첫 스승은 아나가리까 무닌드라(Anagārika Munindra)였다. 그때 그는 미얀마에서 9년간 수행을 마치고 막 돌아온 참이었다. 그리고는 위빠사나(vipassanā), 즉 통찰 명상을 가르쳤다.

내가 처음 도착하였을 때, 그의 가르침은 매우 간단하고 직접적이었다. 그래서 나는 이곳에 온 것이 마치 영적인 고향에 온 기분이 들 정도였다. "마음을 이해하기 원한다면 앉아서 그 마음을 관찰해라."

그는 수행을 이렇게 설명하였다. 나는 마음과 몸이 무엇인가, 고통은 어떻게 생기고, 그 고통에서 어떻게 해방될 수 있는가에 대해 이렇게 직접 관찰하는 수행에 공감하였다.

위빠사나를 수행하는 것은 간단하게 보이지만, 결코 쉽지 않은 수행이다. 이 수행은 모두 붓다의 중요한 하나의 경전에 근거를 두고 있다. 그 경전은 『염처경(念處經, Satipaṭṭhāna Sutta)』이다. 『염처경』은 종종 "마음챙김(mindfulness)의 네 가지 토대[四念處, 四念住]의 경"이라고 번역된다. 그러나 또 다른 번역 제목이 있다. 이것이 더 도움이 될지 모르겠다. 이것은 '마음챙김을 확립하는 네 가지 방법'이다. 우리가 체험하는 여러 다른 측면들을 곰곰이 살펴보면 이런 약간의 번역 차이는 중요한 의미를 함축하고 있다는 것을 알 수 있다. 말하자면 우리가 주의를 기울이는 일정한 대상 그것에 중요성을 부여하는 것이 아니라, 알아차려서 관찰하는 그 과정에 중점을 두고 있다는 점이다.

나는 오랫동안 『염처경』을 여러 차례 읽었다. 그렇지만 아날라요(Anālayo)가 집필한 저서인 『염처경: 깨달음에 이르는 직접적인 길(Satipaṭṭhāna: The Direct Path to Realization)』이라는 훌륭한 책을 읽은 다음 그 경전이 갖는 의미를 한 줄 한 줄 더 깊이 읽고 탐구하게 되었다. 그의 명확한 분석과 깊은 이해는 붓다의 가르침을 총체적으로

제시하고자 하는 나의 관심을 다시 한 번 일깨워 주었다.

이 책은 포레스트 레퓨지(Forest Refuge)-이곳은 메사추세츠 바(Barre)에 있는 통찰명상협회(Insight Meditation Society)의 상급수행자를 위한 수행시설이다-에서 행한 일련의 강의를 바탕으로 이루어졌다. 이 강의를 하는 동안 나는 붓다의 원음(原音)이 실려 있는 여러 문헌들을 참고하였을 뿐만 아니라, 아날라요의 저서, 다양한 불교 스승과 전통들, 그리고 나 자신의 명상 체험들을 활용했었다. 일련의 강의와 이 책을 통하여 이런 모든 가르침들이 우리의 삶과 이해를 변화시키는 한 방법인 수행으로 이어져야 한다는 점을 강조하고 싶다.

옮긴이의 글

흔히 '마음챙김'이라고 번역되지만 그 외 '마음새김', '마음지킴', '알아차림'이라고 번역되는 빨리어 용어 사띠(sati)는 현재 영어로 mindfulness로 번역되고 있습니다. 한자어로는 염(念)으로 알려져 있습니다. 그 번역어가 무엇이든지간에 빨리어 사띠가 갖는 의미를 아주 정확하게 전달하고 있지는 못한 듯이 보입니다. 그러나 찬찬히 들여다보면 용어의 번역이라는 차원을 넘어서서 사띠의 그 본질에 다가갈 수 있다고 봅니다.

인간의 마음이 보편적인 속성을 갖는 한, 마음을 조용히 하고 집중하면서 사색하는 현상은 인간이 사는 곳이라면 어디에서도 일어날 수 있고 또한 어떤 용어를 사용한다 해도, 그것이 갖는 의미를 잘 알아듣고 깊이 생각해 보면 용어의 본질을 잘 알 수 있다고 생각됩니다. 이렇게 사띠라는 용어의 의미를 유심히 잘 들여다본다는 의미에서 일전에 일어난 한국불교계의 사띠 논쟁은 오히려 바람직한 현상이라고 여겨집니다. 그런 논쟁을 통해서 사띠의 의미가 더욱 풍부해지고 널리 알려지게 되었다고 생각됩니다.

이 책은 바로 이 사띠에 대한 한 수행자의 기록입니다. 『염처경』이라는 경전을 통해서 자신의 사띠 수행을 기록한 책입니다. 『염처경』

은 사띠 수행을 어떻게 해야 하는지를 아주 상세하게 밝힌 경전입니다. 이 책은 『염처경』이 가르치고 있는 과정에 따라서 차분히 수행을 해 나간 시간들을 솔직하게 담고 있습니다.

『염처경』에서 밝히고 있는 바와 같이, 이 경전은 존재의 정화, 슬픔과 비탄의 극복, 고통과 불만족의 소멸, 참다운 수행방법의 획득 그리하여 열반의 실현으로 가는 직접적인 길을 제시하고 있습니다. 세부적으로 호흡, 활동, 해부학적인 신체, 지수화풍의 원소, 시체의 부패과정, 느낌, 마음(식), 수행의 장애들, 오온, 감각 영역, 깨달음의 요소들, 4성제, 예지 등에 대해 자세히 언급하고 있습니다.

이런 수행의 길을 따라서 세부적인 대상들을 마음챙김(사띠)을 하면서 내적으로, 외적으로, 그리고 내외적으로 함께 관찰하면서 머물라고 조언하고 있습니다. 그리하여 법이 발생하는 본성, 소멸하는 본성 그리고 법의 발생과 소멸을 함께 관찰하며 머무르고, 온전한 앎과 지속적인 마음챙김을 하라고 합니다.

이렇게 『염처경』을 중심으로 수행해 가는 과정을 저자는 자신의 경험을 통해서 자세하게 언급하고 있습니다. 저자가 몸담고 있는 Insight Meditation Center는 미국에서 널리 잘 알려진 명상 수행

센터입니다. 우리나라에서도 유명한 래리 로젠버거, 잭 콘필드 등도 이 센터에서 수행하고 있습니다. 저자는 이 수행 센터에서 제자들에게 명상을 지도하고 가르치면서 집필활동도 하고 있습니다.

역자 입장에서 이 책을 번역하면서 가장 감동적이었던 부분은 아무래도 저자의 진솔한 체험입니다. 수행에서 느낀 저자의 인간적인 체험 이야기가 일반수행자들에게 와 닿는 부분이 더 많은 것 같습니다. 미국의 불교 내지 명상 체험에 대해 어떻게 평가를 해야 하는가에 대한 문제를 떠나서 이 책을 『염처경』을 중심으로 한 수행 체험 수기라는 측면에서 접근해 보는 것도 좋은 방법 중 하나라고 생각됩니다.

그러나 그렇다고 해서 이 책이 단순한 수행 체험기만은 아닙니다. 저자의 수행 경력은 매우 대단하고 또한 장기간에 걸쳐 이루어졌습니다. 또한 수행하면서 많은 사색을 동반하고 있습니다. 이 책에는 깊은 체험에서 우러난 사색과 성찰이 담겨져 있어 학술서나 경전 강의서보다 전해지는 감동이 훨씬 더 진하고 잔잔한 여운을 남깁니다.

이 책이 『염처경』을 중심으로 자신의 수행 체험을 잘 보여주고 있다면, 아날라요(Analayo) 스님의 박사 학위 논문인 「Satipaṭṭhāna:

The Direct Path to Realization」은 『염처경』을 학문적으로 접근하고 있습니다. 이 논문과 같이 참고하셔서 이 책을 읽으면 더욱 풍부하게 수행에 접근할 수 있을 것으로 보입니다(인터넷에서 무료로 다운받을 수 있습니다). 저자도 본문에서 아날라요 스님의 책을 많이 참고했다는 것을 계속 언급하고 있습니다.

한국불교에서 이루어진 사띠 논쟁이 밑거름이 되어서 이제는 한국에서 수많은 분들이 사띠 수행에 관심을 보이고 있고 실제로 이루어지고 있습니다. 이럴 때에 미국에서 이루어지고 있는 실제적인 수행 과정을 『염처경』을 중심으로 살펴보는 것도 깊은 의의가 있을 것으로 생각하며 관심 있는 독자들의 일독을 권합니다.

2017년 11월

역자 이성동, 이은영

차례

Ⅱ.『염처경(念處經, Satipaṭṭhāna)』 정형구

Ⅲ. 몸에 대한 마음챙김[身念處]

IV. 느낌에 대한 마음챙김

V. 마음에 대한 마음챙김

Ⅷ. 법에 대한 마음챙김 - 여섯 가지 감각 영역[六內外處]

Ⅸ. 법에 대한 마음챙김 - 일곱 가지 깨달음의 요소

부록

서론

마음챙김(mindfullness)이라는 단어는 그저 그런 평범한 단어이다. *지혜, 자비, 사랑*처럼 영적인 의미를 내포하고 있지 않다. 이 단어는 최근에 들어와서야 일상적으로 사용하는 단어들의 목록에 들어왔다. 50년대에 태어나 자란 나는 이 단어를 들어본 적도 없었다. 그러나 60년대에 이르러서는 나름대로 고유한 어휘가 되었다. 그리고 70년대 이후 오늘날에 이르기까지 마음챙김이라는 단어는 그 진가를 발휘하고 있다. 이런 개념-그리고 수행-은 명상 센터에서 소개되기 시작하여 이제는 수많은 사람들에게 전파되고 있다.

마음챙김 기반 스트레스 감소 기법, 마음챙김 기반 인지 치료와 같은 프로그램, 그리고 학교·대학·회사·최첨단 뇌연구소의 마음챙김 프로그램을 통해서 마음의 능력에 내재된 잠재성, 즉 지금 이 순간에 집중하여 무엇이 일어나고 있는가를 알아차리는 마음챙김은 폭넓은 신뢰와 관심을 받고 있는 중이다.

그 단적인 한 예로서, 듀크 대학의 듀크 통합 의료 프로그램은, 참여하는 모든 환자에게 심신관계와 마음챙김 개념을 소개하고 있다.

이 프로그램의 주관자인 제프리 브랜트리(Jeffrey Brantley) 의학 박사는 이렇게 말하고 있다. "마음챙김은 우리가 하는 모든 것의 핵심이다. 건강 문제에 직면하여 마음챙김을 하면 할수록 더 건강해진다고 우리는 확신하고 있다."[1]

수년 전 한 친구가 중급자들을 대상으로 하여 마음챙김 수행 프로그램을 선도적으로 시행하고 있었다. 젊은 수련자들의 평가 몇 가지를 여기에 옮겨본다.

"마음챙김은 성적을 올리는 데 도움이 됩니다."

"마음챙김은 화가 날 때 마음을 진정시켜 줍니다. 또한 운동할 때나 잠잘 때도 도움이 됩니다."

"마음챙김을 가르쳐 주셔서 감사합니다. 마음챙김은 나의 인생을 변화시켰어요."

"마음챙김은 정말로 마음을 평온하게 해 줍니다."

"마음챙김은 내 인생의 최고입니다."

"나는 마음챙김을 사랑합니다."

마음챙김이 이제 대단히 꽃을 피우고 있다는 것을 생각해 보면 그 근원이 무엇인지를 탐구해 보는 것도 도움이 될 것이다. 이 마음챙김 수행은 어디서 온 것인가? 이 수행의 적용범위와 그 깊이는 무엇인가? 꿈같은 우리의 삶을 깨우치게 해 주는 위대한 변화의 힘을 어떻게 이해할 것인가?

이 책은 마음챙김 수행과 이해에 대한 깊이 있는 안내서이다. 붓다의 가르침이 갖는 범위와 깊이는 마음챙김을 우리의 삶에 적용하는 데 새로운 가능성과 미묘한 차원을 열어 보일 것이다. 공간 여행의 딱딱한 과학과 공학이 시장에 새로운 발명품을 내어놓는 것처럼, 명상의 깊은 전통적 이해는 우리의 삶에 새로운 수행과 변화의 통찰을 줄 수 있다.

저녁 식탁에 앉아서 누군가가 나에게 마음챙김을 간단히 몇 단어로 정의해 달라고 요청한 적이 있었다. "순간을 살아라", 또는 "지금 이 시간을 살아라"라는 구절들이 마음챙김이 무엇인가를 넌지시 알려 주는 구절들이었다. 그러나 "마음챙김이 무엇인가?"라고 묻는 것은 "예술이 무엇인가?" 또는 "사랑이 무엇인가?"라고 묻는 것과 같다. 마음챙김에 전면적으로 뛰어드는 것은 시간과 모색을 필요로 한다. 상상할 수 없을 정도로 우리의 삶을 풍요롭게 할 수 있는 마음챙김의 체험에는 수많은 의미와 뉘앙스들이 존재한다. 이 책은 이런 풍부함을 파헤쳐 보고자 하는 시도에서 이루어졌다.

『염처경』은 마음챙김을 확립하는 네 가지 방법에 대한 붓다의 가르침이다. 이 경전에는 심신과정을 이해하는 폭넓은 가르침과 고통에서 마음을 해방시키는 여러 방법론이 제시되어 있다. 우리는 이런 모든 것을 수행할 필요도 없고, 이런 모든 것을 동시에 할 필요도 없다. 붓다는 설법을 듣는 사람들의 기질과 성향에 따라 서로 다른 가르침을 주셨다. 그러나 일단 자신의 기질에 맞고 지속할 수 있는 수행의 단순한 기초를 찾았다면 그것을 확대하면서 심화시켜갈 수 있다. 또 다른 경우 이 경전의 특별한 가르침은 우리가 예상하지 못하였던 방식으로 감동을 주고, 수행을 생생하게 만들어 줄지도 모른다.

붓다는 놀라울 정도로 힘차고 분명하게 다음과 같이 시작하고 있다. "이것은 중생을 청정하게 하고, 슬픔과 비탄을 극복하게 하고, 고통과 근심을 소멸하게 하고, 옳은 방법을 얻게 하고, 열반을 실현시키는 직접적인 길이니, 말하자면 네 가지 마음챙김의 확립[四念處]이다."[2, 1)]

이런 선언-이것이 열반을 실현시키는 직접적인 길이다-이 갖는 중요성과 의미를 생각해 보면, 이런 선언을 붓다가 직접 쓴 언어를 사용하여 깊이 살펴보는 것은 매우 유용한 일이다. 이런 붓다의 생생한 언어는 우리의 길잡이가 되고 이해를 더욱 심화시킬 것이다.

그리고 우리가 경전에서 보는 바와 같이 붓다의 모든 가르침이 여기에 들어 있다. 붓다는 마음챙김을 확립하는 이런 네 가지 방법을 하나하나씩 활용하여 우리의 마음을 해탈시키는 서로 다른 방법과 기법을 가르치고 있다. 붓다는 경전의 마지막에 이런 가장 놀랍고 완벽한 깨달음의 길을 마련하고 있다. 위빠사나의 서로 다른 전통들이 여러 방법들 중 이런저런 것들을 강조하고 있지만, 어떤 방법이라도 이 길의 끝에 도달하는 데 충분하다. 붓다가 깨달은 진리의 한 문을 열면 나머지 모든 문을 여는 것과 같다.

경전에 대한 몇 가지 언급들

빨리어와 산스끄리뜨 용어 사용에 대해 여기서 몇 마디 언급할 필요가 있다. 빨리어는 붓다의 시대 그리고 그 이후 수세기에 걸쳐서

······

1) [역자주] 『염처경(念處經, Satipaṭṭhāna Sutta)』은 『맛지마 니까야(Majjhima-Nikāya)』에 속한 경전이다. 한역(漢譯)으로는 중아함경(中阿含經)의 『염처경(念處經)』이 있다.

북부 인도에서 사용되는 토착어에 그 뿌리를 두고 있다. 산스끄리뜨어는 고대 인도의 성스러운 언어이면서 문자를 매개로 한 문어(文語)이다. 붓다는 다르마(dharma)를 가장 평범한 사람들도 이해할 수 있도록 가르쳐 주기 위해 빨리어로 설법하였다.

불교가 세기를 거듭하여 발전하면서 이후 불교의 여러 학파의 가르침과 경전들은 산스끄리뜨어로 집필되었다. 그래서 우리가 지금 익숙하게 느끼는 불교용어들은 모두 산스끄리뜨어이다. 이 두 언어는 밀접한 연관성을 갖는다. 다음의 예에서 산스끄리뜨어와 빨리어의 친연성을 볼 수 있다. *다르마(dharma)/담마(dhamma), 수뜨라(sutra)/숫따(sutta), 보디삿뜨와(bodhisattva)/보디삿따(bodhisatta), 니르와나(nirvāṇa)/닙바나(nibbāna).* [나는 빨리 경전을 인용하거나 참고하는 경우를 제외하고는, 쉽게 알아볼 수 있도록 보다 친숙한 산스끄리뜨 용어를 때때로 사용할 것이다. 두 가지 용어를 모두 보는 경우도 몇 차례 있을 것이다. 이 책에서 빨리어와 산스끄리뜨어는 우리가 흔히 쓰는 용어 몇 개를 제외하고는 모두 이탤릭체로 처리하였다.]

승려(*monk*)라는 용어는 빨리어 비쿠(*bhikkhu*)라는 단어의 통상적인 번역어이지만, 경전의 주석들에서는 보다 광범위한 의미로 사용하고 있어 깨달음의 길에 매진하는 우리에게 힘을 주고 있다. 『염처경』의 맥락에서 보면 *비쿠*는 붓다의 가르침을 배우고 수행에 열심히 매진하는 모든 사람을 지칭하는 용어이다. "수행하는 사람은 누구든지…여기서는 *비쿠*라는 용어에 포함된다."[3]

나는 경전의 일부 번역에서 남성 대명사인 그(he)를 성 중립적인 단어인 사람(one)이라는 단어로 대치하였다. 붓다 당시 남성 승려들에게 행한 설법이었어도 서구 독자들을 위해서는 보다 포괄적인 대명사를 사용하는 것이 더 적절하다고 생각하기 때문이다. 경전 인용의 대부분은 위즈덤 출판사(Wisdom Publication)의 연속적인 출판물인 『붓다의 가르침(Teachings of the Buddha)』에서 이루어졌지만, 『염처경』의 많은 인용 부분은 아날라요(Anālayo)의 저서 『염처경: 깨달음에 이르는 직접적인 길』에서 취했다. 그의 『염처경』 번역 전체를 부록 A에 수록해 두었다. 때로는 붓다의 특별한 가르침을 부각하기 위해서 다른 번역을 발췌하여 인용하기도 하였다. 이렇게 인용한 경우는 미주에 적시하여 두었다.

이 책은 『염처경』의 형식을 따라서 순서대로 읽어나갈 수 있지만, 대부분의 장들은 그 자체로 독립적이다. 목차의 내용을 보고 흥미로운 부분을 읽는 것도 가능하고, 각 장들을 나름대로 탐색해 갈 수 있다.

붓다의 말씀을 읽으면 우리 시대가 보여주는 문화적 주의 결핍 장애의 한 단면이 분명히 드러난다. 경전을 읽거나 설법을 들을 때 수많은 반복 구절들을 만날 때마다 "그래, 이것은 이미 읽었거나 들었던 것이야"라고 하면서 건너뛰고자 하는 마음이 생긴다. 그리고는 허겁지겁 다음 구절이나 페이지로 넘어가 버린다. 반복은 단순히 구전 전통을 반영하는 한 단면이기도 하지만, 거기에는 또 다른 가능성이 숨어 있다. 붓다가 어떤 구절들을 계속 반복해서 언급할 때 그것들을 삶과 수행에서 함양하고 강화시켜야 하는 메시지라 생각하고 붓다에게 직접 듣고 있는 것처럼 읽을 수 있는가? 만약 그렇게 할 수 있다면 그 설법은 이해의 새로운 문과 자유의 새로운 가능성을 열어주는 힘을 갖게 될 것이다.

I

논

마음의 네 가지 자질들

01. 부지런함

지속적인 인내의 마음

『염처경』에서는 마음챙김을 확립하는 네 가지 방법이 해탈에 이르는 직접적인 길이라는 것을 선언하면서, 그 길에 대해 간결하게 정의를 내리고, 그 길의 본질적인 특성에 초점을 맞추어 서술하고 있다. 붓다는 마음챙김을 확립하기 위한 네 가지 영역을 지적하고 있다. 즉 몸(body), 느낌(feeling), 마음(mind), *법(dhammas)* (체험의 범주들)이다. 이들 가운데, 또는 이들을 관찰하면서 마음챙김을 확립할 때, 우리는 편안하게 머무를 수 있다. 알아차리지 못하고 마음을 챙기지 못하면 우리는 선하지 못한 대응으로 길을 잃어버리곤 하며 자신과 타인에게 고통을 준다.

네 가지란 무엇인가? 비구들이여, 여기 비구가 몸에 대해서 몸을 관찰하며 머무른다. 부지런하고, 분명히 알고, 마음챙기고, 세상의 욕망과 불만족을 버리면서 머무른다. 느낌에 대해서 느낌을 관찰하며 머무른다. 부지런하고, 분명히 알고, 마음챙기고, 세상의 욕망과 불만족을 버리면서 머무른다. 마음에 대해서 마음을 관찰하며 머무른다. 부지런하고, 분명히 알고, 마음챙기고, 세상의 욕망과 불만족을 버리면서 머무른다. 법에 대해서 법을 관찰하며 머무른다. 부지런하고, 분명히 알고, 마음챙기고, 세상의 욕망과 불만족을 버리면서 머무른다.[1]

이렇게 정의하면서 붓다는 깨달음의 길을 걸어가는 데 필요한 정신적인 자질을 소개한다. 이 길을 걸어가는 사람은 부지런해야 하고, 분명히 알아야 하고, 마음을 챙겨야 하고, 이 세상의 욕망과 불만족을 버려야 한다. 부지런해야 한다는 것이 의미하는 바는 그 노력이 균형 잡히고 지속적이어야 한다는 것이다. 그러면서도 그 부지런함은 따뜻하고 열정적이면서 강한 열망 또는 헌신을 말하기도 한다. 왜냐하면 우리가 추구하는 그 무엇의 가치와 중요성을 깨닫고 있기 때문이다. 붓다가 비구 수행승(수행 중인 우리 모두를 포함하여)에게 부지런히 머물러 있어야 한다고 말씀하실 때 그것이 의미하는 바는 우리 자신이 하는 모든 것에 대해 지속적으로 인내심을 갖고 아주 잘 보살펴야 한다는 것이다.

중국의 위대한 선승인 허운 대사(虛雲大師)[2]는 56세에 깨달음을 성취하였다. 그 후 64년 동안 가르침을 베풀었고 120세에 입적하였다. 그는 이런 부지런함의 자질을 '지속적인 인내의 마음'이라고 불렀

······

2) 허운 대사(1840~1959)는 중국 근대의 고승이다. 호남(湖南) 상향(湘鄕) 사람이며, 19세에 출가해 56세에 깨달았고, 120세에 입적하였다. 편저서에는 『능엄경현요(楞嚴經玄要)』, 『법화경약소(法華經略疏)』, 『유교경주석(遺敎經注釋)』, 『원각경현의(圓覺經玄義)』 등이 있다.

다. 이런 자질로 인해서 수행이 잘 될 때나 잘 되지 않을 때라도 꾸준히 수행을 할 수 있고 그 수행은 점차로 풍성해지게 된다.

영적으로 부지런하고 열심히 마음을 기울이는 것은 용기 있는 마음의 원천이다. 이런 마음은 깨달음의 여행을 하면서 만나게 되는 역경을 이겨나가는 데 힘이 된다. 우리의 과제는 '부지런함을 어떻게 수행하고 함양할 것인가' 하는 점이다. 이런 마음을 잘 함양하여 삶을 살아가는 동안 강력한 정진의 힘이 되게 하여야 한다.

붓다가 깨달은 진리의 소중함에 대한 성찰

부지런함을 계발하는 하나의 방법은 우리가 수행하는 이유를 곰곰이 생각하면서, 붓다가 깨달은 진리가 참으로 소중한 보물이라는 것을 깨닫는 것이다. 붓다가 깨달은 진리를 제대로 잘 이해하게 되면, 그 진리가 모든 행복의 근원이라는 것을 알게 된다. 태국 숲속 수행 전통의 가장 저명한 명상 스승인 아잔 문(Ajahn Mun)은 마음을 이해하는 것은 바로 붓다가 깨달은 진리를 이해하는 것과 같다는 것과 마음에 대한 가장 심오한 진리를 깨닫는 것이 바로 깨달음을 성취하는 것이라는 점을 잘 가르쳐 주고 있다.

우리의 삶 속에서 부지런함을 불러일으키는 또 다른 방법은 이생의 삶에서 해탈의 가르침을 만나기가 얼마나 어려운가를 성찰하는 것이다. 20세기의 위대한 티벳 족첸(Dzogchen) 스승 중 한 사람인 딜고 켄체 린포체(Dilgo Khyentse Rinpoche)는 이렇게 상기시켜 주고 있다.

이 지구상에 살고 있는 수십억의 사람들 중에서 인간으로 태어난다는 것이 대단히 희귀하고 어려운 일인지를 알고 있는 사람이 도대체 얼마나 되는지를 자문해 보라. 그 사람들 중 이생의 삶을 진리를 수행하는 데 바쳐야겠다고 생각하는 사람은 또 얼마나 되겠는가? 수행을 생각하는 사람들 중 실제로 수행하는 사람은 얼마나 되겠는가? 계속해서 수행을 하는 사람은 또 얼마나 되겠는가? … 그러나 이생의 삶이 유일한 기회라고 깨닫게 되면, 분명히 수행에 모든 힘을 기울여 수행의 참다운 가치를 얻으려고 애쓰게 될 것이다.[2]

이런 성찰을 하게 되면 붓다가 깨달은 진리와 동료 수행자들, 그리고 자신에게도 대단한 존경심이 일어나게 된다. 이런 존경심이 일어나게 되면 우리는 순간순간을 더 부지런하게 잘 보살피게 된다.

무상(無常)에 대한 성찰

우리는 또한 모든 현상은 일시적이라는 것을 성찰함으로써 열심히 수행하는 자질을 강화할 수 있다. 사람이든 재산이든 느낌이든 몸이든 집착하고 있는 모든 것을 보라. 우리가 갖고 있는 어떤 것이라도, 우리가 만나는 어떤 사람이라도, 우리가 갖는 어떤 마음 상태라도 변화에 예외는 없다. 우주의 보편적인 법칙인 생로병사를 막을 수 있는 것은 아무 것도 없다.

무상의 진리를 깊이 이해하지 못하게 되면 자신, 자신의 삶, 심지어 자신의 명상 수행을 다른 사람, 재산, 체험을 추구하거나 원하는 데 바치게 된다. 생과 사의 윤회인 *삼사라(saṃsāra)*에 사로잡혀 윤회의 과정 중에 자신의 자아가 존재한다는 느낌이 강화된다. 거기에는 평화가 없다.

다음의 인용문은 18세기 방랑하는 티벳 요기의 저서인 『샵까르의 생애(The Life of Shabkar)』에서 발췌한 것이다. 여기에서 그는 모든 것은 변화한다는 진리를 강력하게 증언하고 있다.

어느 날, 나는 바람 쐬러 꽃으로 가득한 풀밭에 갔다. … 절대 경지의 알아차림 상태에 머물며 노래하고 있는 동안, 나는 내 앞에 펼쳐진 수많은 꽃들 가운데 꽃 한 송이가 부드럽게 줄기를 흔들며 달콤한 향기를 풍기는 것을 알았다. 그 꽃이 좌우로 흔들거릴 때, 나는 그 꽃잎에서 살랑거리는 노래 소리를 들었다.

내 말 좀 들어봐요, 산에 사는 이여.
당신 감정을 상하게 하고 싶지는 않아요.
그래도 당신은
무상과 죽음을 알아차리지 못하고 있어요.
공(空, emptiness)에 대한 깨달음은 고사하고요.

그런 알아차림을 위해
밖에 있는 모든 현상이 무상과 죽음을 가르쳐 주고 있어요.
꽃인 내가 요기(Yogi)인 당신에게
죽음과 무상에 대한 조언 한 마디 할게요.

풀밭에서 태어난 한 송이의 꽃,
나는 활짝 피어 밝은 빛을 내는 화려한 꽃잎과 함께
완전한 행복을 즐기고 있어요.
나는 왕성한 벌떼들에 둘러싸여
바람에 부드럽게 흔들리며 화사한 춤을 추지요.
가랑비가 내리면, 꽃잎이 나를 감싸고
해가 비치면 나는 미소 짓듯 펼쳐져요.

바로 지금 나는 충분히 좋아 보여요.
그렇지만 나는 오래 가지 않을 거예요.
결코.

반갑지 않은 서리는 선명한 색깔을 탁해지게 할 거예요.
갈색으로 변할 때까지 나는 시들겠죠.
이런 생각들을 하면, 나는 불안해요.
훨씬 나중에, 바람이 -
폭력과 무자비가 -
내가 먼지로 돌아갈 때까지 나를 찢어버리겠죠. …

당신, 은둔자도…
나와 마찬가지예요.

다수의 신봉자에 둘러싸여,
당신의 안색은 밝고,

당신의 살과 피로 이루어진 몸은 생기에 차 있어요.
남들이 칭송하면, 당신은 신나게 춤을 춰요. …

바로 지금, 당신은 충분히 좋아 보여요.
그렇지만 당신은 오래 가지 않을 거예요.
결코.

건강을 잃게 하는 노화가 빼앗아 갈 거예요.
당신의 건강한 활력을.
당신의 머리는 하얗게 세고
당신의 등은 굽을 거예요. …

질병과 죽음의
무자비한 손길이 닿으면
당신은 이 세상을 떠날 거예요.
다음 생까지. …

산을 방랑하는 은둔자인 당신,
그리고 산에서 태어난 꽃인 나는
산의 친구들이기에,
나는 당신에게
이런 좋은 조언을 몇 마디 해 주는 것이에요.

그리고 나서 그 꽃은 침묵하며 가만히 있었다. 답가로, 나는 노래했다.

오 총명하고 아름다운 꽃이여,
무상에 대한 당신의 이야기는 참으로 훌륭합니다.
그러나 우리 둘은 어떻게 해야 할까요?
할 수 있는 게 없다면? …

꽃이 답했다.

… 윤회의 모든 활동들 중
지속하는 것은 그 어떠한 것도 없어요.

태어난 것은 무엇이나 죽어요.
결합된 것은 무엇이나 부서져요.
모인 것은 무엇이나 흩어져요.
높이 있는 것은 무엇이나 떨어져요.

이것을 숙고하면서,
나는 집착하지 않기로 결심했어요.
이런 무성한 풀밭에.
바로 지금 이 순간, 내 모습은 찬란하게 빛나고 있지만
내 꽃잎은 화려하게 펼쳐져 있지만 …

당신도 역시, 건강하고 튼튼하지만
당신의 집착을 버려야 해요. …
순수한 자유의 경지,
위대한 평온을 구하세요.[3]

업(karma)에 대한 성찰

부지런히 수행하게 만드는 세 번째 성찰은 업의 법칙에 대한 이해이다. 이것은 근원적이고 본질적인 이해로서, 우리의 모든 의도적인 행동-몸·말·마음(身口意)-은 그 동기와 의도에 따라서 열매를 맺는다는 것이다. 탐욕[貪]·증오[瞋]·무지[癡]에 뿌리내린 행동은 즐겁지 않은 결과를 초래한다. 그러나 탐욕·증오·무지가 아닌 것에 뿌리를 내린 행동은 우리를 행복하고 평안하게 해 준다.

업의 법칙에 따르면, 진정으로 자신에게 속한다고 말할 수 있는 것은 바로 자신의 행동과 그 결과만이 유일하다. 행동의 결과는 그림자처럼 우리를 따라다닌다. 고대의 비유를 빌리자면, 수레바퀴가 소의 발자국을 따라다니는 것과 같다. 이 업의 원리는 너무나 근본적이고 그 영향이 지대해서 붓다와 위대한 깨달은 자들이 계속 반복해서 강조하고 있다. 그리하여 오늘날까지 이어지고 있다. 『법구경(法句經, Dhammapada)』의 제일 첫 구절은 이런 이해를 강조하여 잘 보여주고 있다.

마음은 모든 것을 이끈다.
순수하지 못한 마음으로 말하거나 행동하면 괴로움이 따른다.
마치 수레바퀴가 소의 발자국을 따르는 것과 같다.
마음은 모든 것을 이끈다.
평화로운 마음으로 말하거나 행동하면 즐거움이 따른다.
마치 그림자가 반드시 그 주인을 따르는 것과 같다.[4]

티벳에 불교를 전파한 위대한 인도의 승려인 빠드마삼바와(Padmasambhava)는 다음과 같은 유명한 말을 언급하였다. "나의 생각은 하늘같이 광활하지만, 업에 주의를 기울이는 것은 밀알 한 톨만큼 세밀하다." 달라이 라마는 공(空) 또는 업 중에서 어느 것이 더 중요한지를 선택해야 한다면 공에 대한 이해와 똑같이 업에 대한 가르침을 강조하겠다고 설법하였다. 한국의 선승인 숭산 스님은 공과 업을 종합하여 다음의 게송으로 마무리하였다. "옳은 것도 없고 그른 것도 없다. 그러나 옳은 것은 옳은 것이고, 그른 것은 그른 것이다."

업을 이렇게 이해하는 것만으로는 충분하지 않다. 이런 이해를 우리의 삶 속으로 끌어들여야만 한다. 행동하거나 생각하거나 어떤 감정을 느낄 때, 우리는 그 밑에 놓여 있는 동기를 탐색하고 성찰하도록 유념하고 있는가? 우리는 다음과 같이 스스로 자문하고 있는가? 즉 "이 행동이나 마음이 유익한가, 또는 유익하지 않은가? 이것은 우리의 마음을 함양하는 것인가, 아니면 방기하는 것인가? 이 동기는 우리를 어디로 데려가고 있는가? 나는 거기에 가기를 원하는가?"

02. 분명한 앎

분명한 이해를 함양함

삼빠잔냐(*sampajañña*, 正知)는 붓다께서 『염처경』의 서두에서 강조한 마음의 두 번째 자질에 해당하는 빨리어를 말한다. 대개 '분명한 앎', '분명한 이해', '완전한 인식'으로 번역된다. 지금 일어나고 있는 것이 무엇인지를 분명하게 이해하는 능력이다. 그 능력에는 바르게 마음을 챙기면서 탐색하는 지혜도 포함된다. 우리는 9장, 즉 행동에 대한 마음챙김에서 분명한 앎이 갖는 성질에 대해 더 자세하고 철저하게 살펴볼 것이다.

분명한 이해를 함양한다는 것, 내가 행하고 있는 것과 그 이유를 안다는 것은 심원한 변화를 일으키는 수행이다. 이것은 마음챙김이 단순히 현재에 머무름 이상을 의미한다는 데 초점을 맞추고 있다는 것을 보여준다. 분명히 이해함으로써, 우리는 자신이 행하는 목적과 적합성을 알고, 행동의 바탕에 있는 동기를 이해하게 된다. 종종 우리는 자신이 어떻게 그 자리에 있는지를 알기도 전에, 이미 그 행동의 한가운데 있는 모습을 보곤 한다. 냉장고 앞에서 무엇을 원해서, 어떤 동기로 오게 되었는지를 모르는 체험을 해 본 적이 있는가? 비록 아주 작은 것이라고 하여도 그것을 충분히 알아차리면서 행동하면, 그 행동의 동기를 파악하는 것이 가능하고 다음과 같은 것을 고려할 수 있다. 즉 이 동기, 이 행동은 선한가 그렇지 않은가? 또는 유익한가 그렇지 않은가?

붓다 시대에는 숲속에서 함께 모여 사는 소수의 수행자들이 있었다. 붓다께서 그들에게 다가가서 모두들 조화롭게 잘 살고 있는지를 물었다. 붓다의 위대한 제자들 중 한 분인 아누룻다(Anuruddha)가 말하였다. "내가 원하는 것을 하지 않고 성자(聖者)들이 원하는 것을 행해야 하는 이유가 무엇입니까?" 다른 수행자들도 같은 질문을 하였다. 자신이 하고 있는 것을 분명히 알게 되면, 명상의 방석 위에 앉아서 단순히 수행하는 것보다 자비로운 삶을 살아갈 가능성이 높아진다.

동기를 알아차리는 것은 해탈의 길에서 중심적인 역할을 한다. 그리고 자신을 알아차리는 힘이 커질수록 수행은 자신만을 위한 것이 아니라, 모든 존재의 유익과 행복을 위한 것이라는 점을 깨닫기 시작한다. 어떻게 자신의 수행이 다른 사람들에게 유익한 것이 되는가? 호흡을 느끼는 것, 또는 마음챙김의 단계를 밟아가는 것이 어떻게 다른 사람에게 도움이 되는가? 이것은 여러 측면에서 살펴볼 수 있다. 우리가 자신의 마음을 더 잘 이해하면 할수록, 모든 사람의 마음을 더 잘 이해할 수 있게 된다. 우리는 인간의 공통적인 상황, 즉 무엇이 고통을 일으키는지, 어떻게 해야 해탈할 수 있는지의 문제를 더 절실하게 느끼게 된다.

또한 우리가 수행을 통해 이 세상에서 변화됨으로써 다른 사람에게 이로움을 줄 수 있다. 우리의 마음이 더 넓어지고 더 평화로워지고, 덜 비판적이고 덜 이기적으로 되면, 세상은 그만큼 더 자비로워지고 더 평화로워지고, 덜 비판적이고 덜 이기적이게 된다. 우리의 몸과 마음은 공명하고 반향하는 에너지 체계이다. 자신의 상태가 주위에 있는 사람들에게 영향을 미친다는 것은 필연적인 사실이다.

거대한 폭풍에 놓인 한 척의 배 위에서 현명하고 차분한 사람은 모든 사람을 안전하게 한다. 이 세상은 바로 그 한 척의 배와 같다. 이 배는 탐욕·증오·공포의 거대한 폭풍에 흔들리고 있다. 우리는 다른 사람들이 안전하도록 도와주는 그런 사람들 중 하나가 될 수 있겠는가? 붓다는 이런 임무를, 처음으로 깨달은 60명의 제자들에게 부여하였다.

> "떠나라, 비구들이여, 많은 사람들의 안락을 위해서, 많은 사람들의 행복을 위해서, 세상에 대한 자비심으로, 천신과 사람들의 이익과 행복과 안락을 위해서. 같은 길을 두 사람이 가지 말고 혼자서 가라. 처음도 좋고, 중간도 좋고, 끝도 좋은 진리를 설하라. … 완벽하고 청정한 성스러운 삶[梵行]을 선언하여라."[1]

우리는 그들의 발자취를 어느 정도 따를 수 있다.

03. 마음챙김

지혜로 가는 입구

붓다가 언급한 마음의 세 번째 자질은 마음챙김이다. 이것은 빨리어 *사띠*(sati, 念)를 번역한 것이다. 이것은 모든 불교 전통에서 중심적인 자리를 차지하고 있다. 사띠가 있으면 어떤 영적인 길이라도 갈 수 있다. 마음챙김에는 많은 의미와 기능들이 있다. 이 모든 것은 지혜를 성장시키는 열쇠이다. 마음챙김이 갖는 풍부한 의미를 잘 이해하면 우리의 삶을 변화시키는 새로운 힘의 잠재력이 열린다.

지금 이 순간을 알아차리기

마음챙김을 가장 일반적으로 말하면 지금 이 순간을 알아차리기, 마음의 현존, 깨어 있기로 이해하는 것이다. 이것은 알아차리지 못하는 마음의 반대이다. 자신이 무엇을 하는지 몰라서 헤매고 혼란스러우면, 지금 이 순간 알아차리기로 바로 돌아가면 된다.

언젠가 공개 강연을 하고 난 뒤 여러 차례 안거 수행을 한 적이 있는 여성이 내게 말하였다. 그녀는 최근 크루즈 여행을 했는데, 방에 배의 위치를 알려주는 화살표와 설명이 있는 것을 보고, '내가 여기 있구나' 하는 것을 알았다고 한다. 여행을 하는 동안 내내 이 화살표가 자신이 어디에 있는지, 무엇을 하고 있는지를 상기시켜 주었다고 하는데, 그것은 단순히 '나는 여기 있어'라는 사실을 알려준 것이다.

이런 점에서 마음챙김이 갖는 의미는 순수한 주의(bare attention)이고, 아무 것에도 간섭받지 않는 알아차림이다. 이런 상태는 음악을 즐길 때 익숙하게 체험하는 현상이다. 음악을 들을 때 마음이 열리고 주의가 집중된다. 다음에 올 것을 미리 조절하려 하지도 않고 금방 지나간 음에 마음을 쓰지도 않는다. 어떻게 들어야 하는가를 배울 때 거기에는 위대한 힘이 있고, 이런 받아들임이야말로 직관적인 지혜가 솟아오르게 하는 바로 그 성질이다. 어떤 기자가 마더 테레사에게 기도할 때 신에게 무엇을 말하는지 물었다. 그녀는 "나는 아무 것도 말하지 않아요, 단지 듣기만 할 뿐입니다"라고 답했다. 그러자 기자는 신이 무엇을 말하는지 다시 물었다. 마더 테레사는 "신은 아무 것도 말하지 않습니다. 단지 듣기만 할 뿐입니다. 이것을 당신이 이해하지 못한다면 더 설명할 수 없습니다"라고 하였다.[1]

기억함의 수행

우리는 마음챙김, 사띠를 '기억한다'는 의미와는 별로 연관 짓지 않는 경향을 보이지만, 또 다른 차원에서 마음챙김은 선한 회상에 대해 수행하는 것을 뜻하기도 한다. 이런 회상은 깨달음의 길에 있는 우리를 지지해 주고 힘을 준다. 경전에서 이런 회상에 포함시키고 있는 것은 불법승(佛法僧) 삼보(三寶)이며, 자신의 관대함과 윤리적 행동이다.

불법승에 대한 성찰은 마음에 확신과 믿음을 불러일으키며, 우리가 분발하여 수행하도록 이끌어 준다. 수행의 모든 진전과 퇴보는 보다 큰 여정의 한 부분이라는 것을 우리는 기억한다. 붓다는 깨달음을 성취한 그날 밤, 마라(māra)의 군대, 즉 욕망·혐오·불안·교만의 힘을 격퇴하였다. 우리가 마음에서 이와 같은 힘들을 직면할 때마다 우리 또한 바로 깨달음의 보리수 나무 아래 앉아 있는 셈이다. 우리는 보살[3]의 분투를 우리 자신의 것으로 이해한다.

이렇게 하는 것이 옹졸하고 갇힌 마음에 유혹받는 습관을 극복하는 데 얼마나 큰 힘을 갖고 있는지를 알게 되면 수행을 보는 관점이 넓어진다. 해탈을 향한 붓다의 가르침을 수행할 때, 붓다가 발견하고 수많은 사람들이 성취한 청정한 수행의 길을 밟아가고 있는 것이다. 나를 가장 고양시키는 경전 구절이 있는데, 이것은 깨달음의 여정을 완벽하게 마친 사람들이 전통적으로 선언하는 구절이다. 즉 "해야 할 일을 이루었다"라는 선언이다. 불법승을 회상하는 것은 우리 또한 깨달음이 가능하다는 것을 상기시켜 준다. 기억이라는 의미의 마음챙김은 우리가 계율(빨리어로 *실라 sīla*, 戒)에 헌신하는 것에 대한 성찰을 포함한다. 이것은 우리가 흔히 하는 그런 것이 아니다. 계율을 수행하면 자신감과 자존감이 강화된다. 정말로 자신이 마음을 닦을

3) 여기서 '보살'은 깨달음을 얻기 이전의 붓다를 가리키는 말이다.

수 있고, 선한 행동과 그렇지 않은 행동을 구별할 수 있다는 점을 상기시켜 준다.

물론 때로는 자기-평가에 대한 서구의 관습적 태도가 혼란을 야기한다. 한때 미얀마에서 수행을 한 적이 있다. 당시 수행하면서 여러 어려움을 겪고 있었는데, 나의 스승인 사야도 우 빤디따(Sayadaw U Paṇḍita)는 계율 관찰 수행을 할 것을 권하였다. 이 수행을 하면 힘이 나고 마음이 맑아지고 기쁨이 생길 것이라고 말하였다. 그러나 나는 '계율 관찰 수행'이라는 말을 들었을 때 퍼뜩 '내가 무엇을 잘못하였는가?'라는 생각이 먼저 떠올랐다.

우리 대부분은 이런저런 일탈 행동을 하였을 수도 있다. 우리가 계율을 관찰하고 자신과 남에게 해로운 것을 하지 않겠다고 마음먹게 되면 수행은 진전한다. 이것은 붓다께서 다음과 같이 말씀하신 것과 같다. "그렇게 있는 그대로 자신의 잘못을 관찰하고, 앞으로는 그러한 잘못을 삼가겠다고 다짐하면서 진리(다르마, 법)에 맞게끔 고치게 되면 성자로 나아가려고 하는 우리의 수행은 성장한다." 이런 방법은 과거의 행동으로 죄책감에 사로잡혀 의기소침해져 있는 것보다 더 건강하고 이익이 되는 접근법이다.

영적 능력들의 균형 잡기

마음챙김은 또한 붓다가 '다섯 가지 영적 능력들[五根]'이라고 불렀던 것, 즉 믿음[信]·정진(精進)·마음챙김[念]·집중[定]·지혜[慧] 사이에서 균형을 잡는 역할을 한다. 영적인 여정 전체를 이해하는 한 가지 방법은 이런 능력들을 강화하고 균형 잡는 것이다. 마음챙김을 하게 되면 이런 능력들 중 어느 것이 부족한지, 또는 넘치는지를 알게 된다. 예를 들면 마음챙김은 믿음과 지혜, 정진과 집중 사이에 균형을 잡아준다. 너무 믿음에 치우치면 자신의 견해에 집착하여 독단적이 된다. 우리는 이런 맹목적인 믿음이 세상의 갈등과 고통을 야기하는 경우를 종종 목격한다.

믿음이 지혜와 균형을 잡지 못하면 명상 체험에 너무 열광하게 된다. 이것이 흔히 말하는 '가짜-열반'이다. 이때는 통찰력이 발달되고 있는 상황이지만, 너무 열광하여 알아차리는 것을 잊어버린다. 바로 이 상태에 집착하기 때문에 통찰의 힘이 오염되어 버린다. 사야도 우 빤디따는 우리가 명상의 체험을 언급하면 종종 다음과 같이 묻곤 하였다. "그것에 이름을 붙여서 마음챙김을 잘했나요?" 마음챙김은 무엇인가 특별한 체험을 하는 것이 아니라 수행이 잘 되어 가고 있는지를 진정으로 살펴보게 하는 기준의 역할을 한다.

또 다른 한편, 나름대로 도달한 어떤 이해 또는 통찰에 집착하여 거기에 안주할 수도 있다. 이런 경우는 믿음이 약화된 상태로 현재의 이해 단계 너머로 개방적으로 열어갈 수 없다. 믿음이 없는 이해는 우리를 혼란에 빠지게 하고, 종종 자신도 모르는 사이에 잘못된 견해에 들어서게 된다. 마찬가지로 노력과 집중은 균형을 잡을 필요가 있다. 집중이 부족한 상태로 너무 노력만 하다 보면 오히려 불안하고 초조해진다. 반면 정진력이 충분하지 못한 채로 너무 집중만 하다 보면 나태와 무기력에 빠진다.

마음의 보호자

마음챙김은 영적 능력들을 균형 잡게 해 줄 뿐만 아니라 감각의 문에 대한 보호자로도 작동한다. 왜냐하면 마음챙김은 감각을 통해 일어나고 있는 것을 알아차리게 해 주어서 욕망의 확산으로 길을 잃지 않게 해 주기 때문이다. 마음챙김을 하고 있을 때는 마음 편하게 자신의 삶에 머무를 수 있다.

예를 들면 마음을 챙겨가면서 일상적인 삶을 영위하게 되면 특히 많은 도움을 받을 수 있다. 나는 뉴욕의 5번가를 걸어가면서 가게의 쇼 윈도우를 쳐다보았다. 거기에는 사고 싶은 매혹적인 물건들이 많이 있었다. 나의 마음속 욕망이 이 물건, 저 물건으로 계속해서 번져나가고 있다는 것을 알아차렸다. 한편으로 이런 마음은 즐겁기도 하였지만, 좀 더 깊이 들어가자 불편한 구석도 있었다. 거기에는 지속적으로 초조함이 배어 있었다. 몇 주가 흐른 후 다시 그 거리를 지나가게 되었다. 이번에는 좀 더 마음챙김을 하고 있었다. 나는 가게의 쇼 윈도우에 진열된 물건들을 보고 있었다. 그러나 단순히 볼 뿐이었다. 이런 상태는 이전보다 더 행복하고 더 평화로웠다.

마음챙김은 유익하지 않은 생각과 감정으로부터 마음을 보호하는 역할을 한다. 마음챙김이 없다면 우리를 지배하고 있는 습관과 패턴대로 행동할 것이다. 태국 숲속 수행 전통의 원로승려 중 한 사람인 아잔 수메도(Ajahn Sumedo)는 이런 점을 예리하게 지적하였다. 그는 널리 퍼져 있는 믿음과는 다르게, 우리의 명상 목적은 마음을 단순히 따르는 것이 아니라 마음을 훈련시키는 것이라고 말하였다. 우리 모두는 여러 혼합된 동기를 지니고 있다. 우리 마음속에 있는 모든 것이 현명하거나 선한 것은 아니다. 마음챙김의 위대한 힘은 선하지 않은 것을 찾아내어 버리고, 선한 것을 길러주는 데 있다. 이런 힘은 우리의 행복과 안녕에 이루 말할 수 없는 가치를 지닌다.

『두 가지 사유』라는 경전에서 붓다는 마음챙김이 갖는 이런 감독과 보호 기능을 언급하였다. 이런 기능으로 인해서 우리는 마음챙김이 갖는 여러 모습들을 이해하고, 선하지 않은 마음에서 벗어나 마음을 보호하는 방법을 알게 된다.

"비구들이여, 내가 전에 바른 깨달음을 성취하지 못하고 아직 보살이었을 적에 이런 생각이 들었다. '나는 사유를 둘로 나누어 머물리라'라고. 비구들이여, 나는 감각적 욕망과 관련된 사유와 악의와 관련된 사유와 해코지와 관련된 사유를 하나의 부분으로 만들었다. 금욕과 관련된 사유와 악의 없음과 관련된 사유와 해코지 않음과 관련된 사유를 또 하나의 부분으로 만들었다.

비구들이여, 내가 이와 같이 방일하지 않고 열심히, 스스로 독려하며 머물 때에 감각적 욕망과 관련된 사유가 일어났다. 나는 이와 같이 꿰뚫어 알았다. '내게 이 감각적 욕망과 관련된 사유가 일어났다. 이것은 참으로 나 자신을 고통에 빠트리고, 다른 사람을 고통에 빠트리고, 둘 다를 고통에 빠트린다. 이것은 통찰지를 소멸시키고 곤혹스럽게 하고 열반에 걸림돌이 된다.'

비구들이여, '이것은 참으로 나 자신을 고통에 빠트린다'라고 숙고했을 때 그것은 사라졌다. '이것은 참으로 다른 사람을 고통에 빠트린다'라고 숙고했을 때 그것은 사라졌다. '이것은 통찰지를 소멸시키고 곤혹스럽게 하고 열반에 걸림돌이 된다'라고 숙고했을 때 그것은 사라졌다. 비구들이여, 나는 감각적 욕망과 관련된 사유가 일어날 때마다 반드시 그것을 버렸고 제거했고 없앴다."[2]

붓다는 나쁜 의도와 잔인함에 대해서도 마음챙김을 동일하게 적용시켰다. 계속해서 유익하지 않은 생각이 반복해서 떠오르면 적극적으로 마음챙김에 들어갈 필요가 있다. 왜냐하면 붓다가 이후 경전에서 지적한 바와 같이 우리가 자주 생각하고 숙고하는 것이 무엇이든지 간에 그것이 결국은 우리 마음의 성향이 되기 때문이다. 마음챙김은 지금 무슨 생각이 일어나는지, 그리고 만약 유익하지 않은 생각이 일어난 경우, 알지 못하는 사이에 마음이 어디로 기울어지는지를 잘 알게 해 주는 힘이 있다. 이런 유익하지 않은 생각들이 나 자신과 다른 사람을 고통스럽고 힘들게 하며 지혜와 깨달음에서 멀어지게 한다는 것을 알아차리는 그 간단한 성찰이 책 한 줄을 읽는 것보다 쓸모 있는 도구이다.

선한 마음 상태에 있을 때 마음챙김은 다른 모습을 띤다. 위에서 말한 것처럼 그렇게 적극적으로 할 필요는 없다. 사실 그렇게 하면 오히려 마음과 몸이 흔들릴 뿐이다. 붓다는 이것을 추수가 안전하게 끝난 다음의 소치기 비유로 설하셨다. 추수가 끝난 다음에는 소를 맹렬하게 감시할 필요가 없다.

"비구들이여, 예를 들면 더운 여름의 마지막 달에 모든 곡식들을 마을 안으로 다 거둬들였을 때 소치는 사람이 소떼를 보호한다고 하자. 그는 나무 아래로 가거나 노지에 가서 '여기 소떼가 있구나'라고 마음챙김만 잘하면 된다. 비구들이여, 그와 같이 '이런 마음의 현상들[法]이 있구나'라고 나는 마음챙김만 하면 되었다. 비구들이여, 내게는 불굴의 정진이 생겼고, 마음챙김이 확립되어 잊어버림이 없었고, 몸이 경안하여 교란하지 않았고, 마음이 집중되어 일념이 되었다."[3]

부지런히 분명하게 알고 마음챙기는 수행을 하면서 우리는 능동적이고 수동적인 것, 해야 할 것과 하지 말아야 할 것 사이에 적절한 균형을 잡는 것을 배워야 한다.

형성된[有行] 마음챙김과 형성되지 않은[無行] 마음챙김[4)]

또한 이런 서로 다른 유익한 수단은 여러 불교 전통들이 마음챙김에 대해 어떻게 말하고 있는지를 이해하는 데 도움을 준다. 이것은 우리의 수행에서 보다 더 미묘한 차이를 지적하고 있다. 개별적인 여러 불교 전통들은 자신만의 언어와 비유를 사용하고 있지만, 그것은 모두 우리 체험의 다양한 측면들을 가리키고 있다.

여러 불교 전통들 중 하나의 관점은 마음챙김을 함양된 상태로 보는 것이다. 그런 함양된 상태에서 주의를 기울이면서 머물 수 있게끔 우리는 노력한다. 말하자면 우리는 그 함양된 순간으로 되돌아갈 수 있도록 이런 마음챙김이 필요하다. 지난 세기의 위대한 족첸 스승

4) 저자가 빨리어를 병기하지는 않았지만, '형성된(fabricated)'과 '형성되지 않은(unfabricated)'은 각각 빨리어 'sa-saṇkhārika'와 'a-saṇkhārika'에 해당하는 말로 보인다. 이것들은 '유행(有行)'과 '무행(無行)'으로 한역(漢譯)된다.

들 중 한 사람인 툴쿠 우르겐 린포체(Tulku Urgyen Rinpoche)는 "우리에게 항상 필요한 것 한 가지가 있다. 그것은 마음챙김이라고 불리는 경비원, 그리고 우리가 마음을 어디에 두지 못하고 있을 때 망을 보아주는 경비원이다"라고 말하였다.

족첸 전통에서는 이것을 *형성된 마음챙김*이라고 부른다. 이것은 아마도 상좌부 아비담마(Theravāda Abhidhamma)에서 *촉발된 의식(prompted consciousness)*이라고 부르는 것과 유사할 것이다. 이것은 성찰 또는 의지의 결정에 의해 어떤 상태가 촉발되도록 의도적으로 노력하는 것이다. 또 다른 종류의 마음챙김이 있는데, 이것은 촉발되지 않은 것이다. 일단 이것은 잘 함양되면, 자신의 축적된 힘을 통해서 자동적으로 일어난다. 어떤 특별한 노력이 필요 없다. 그것은 저절로 일어난다. 이런 노력 없는 알아차림 상태에서 우리는 관찰의 기준점, 즉 누군가를 관찰하고 있거나 또는 스스로 마음챙김을 하고 있다는 감각이 존재하는지의 여부를 식별할 수 있다.

족첸의 가르침은 또한 *형성되지 않은 마음챙김*에 대해서도 말한다. 이것은 족첸 전통에서 마음의 자연스러운 상태의 타고난 깨어 있음을 말한다. 가르침에 의하면 이 마음챙김은 우리가 만들어낼 수 있는 그 무엇이 아니기 때문에 '형성되어 있지 않다'고 부른다. 오히려 그 앞에 있는 모든 것을 비추는 거울과 같은 것이다. 비추는 능력은 바로 거울 그 자체의 성질이다. 이런 관점에서 보면 그것은 우리가 갖거나 계발해야 되는 그 무엇이 아니라, 인식하고 다시 돌아가야 할 그 무엇이다.

불교의 여러 가르침들이 서로 다른 형이상학적인 기반을 갖고 있지만, 우리는 철학적인 논쟁에 사로잡히지 말고 마음을 자유롭게 하는 유익한 수단으로 그것들을 보아야 한다. 이 모든 서로 다른 관점의 마음챙김들은 조화를 이룬다. 적절한 노력을 통하지 않고 촉발되지 않거나 형성되지 않은 마음챙김으로 끊기지 않고 단순하게 머무를 수 있는 사람은 아주 드물다. 그러나 우리의 노력이 열매를 맺듯이, 수행이 마음을 내려놓고[放下着], 이완되고, 자연스러운 전개에 자신을 맡기면 우리는 아주 편안한 체험을 할 수 있다.

> 이 마음에 대하여… 사실, 그건 정말 아무 것도 아니다. 그건 단지 현상일 뿐이다. 마음은 그 자체로 이미 평화롭다. 최근 들어 마음이 평화롭지 못한 것은 기분을 따라가기 때문이다. … 감각에 주어진 인상들이 행복, 고통, 기쁨, 슬픔으로 마음을 속인다. 그러나 마음의 참된 본성은 이러한 것들이 결코 아니다. 그러한 기쁨이나 슬픔은 마음이 아니다. 단지 기분이 우리를 기만하는 것이다. 훈련되지 않은 마음은 현혹되어 이러한 것들을 따르고, 마음은 자기 자신을 잊어버린다. 그리하여 우리는 좌절된 마음, 편안한 마음 등을 마치 우리 자신인 것처럼 생각한다. 그러나 사실 우리 마음은 이미 부동(不動)이며 평화롭다. … 우리의 수행은 단지 그 원래의 마음을 보는 것이다. 그래서 우리는 마음을 훈련시켜야 한다. 이 감각 인상들을 알고, 그것들에 현혹되지 않기 위해. 마음을 평화롭게 만들기 위한 것. 단지 이것이 우리가 이 모든 힘든 수행을 겪어내는 목적이다.[4]

마음챙김이라는 제목을 붙인 25장에서 우리는 마음챙김의 여러 측면들을 더 자세히 살펴볼 것이며, 또한 마음챙김이 일곱 가지 깨달음의 요소들 중 하나로서 어떻게 작동하는지를 볼 것이다.

04. 집중

마음이 하나로 모아지는 성질

붓다는 『염처경』에서 마음챙김의 네 가지 영역 또는 토대-몸[身]·느낌[受]·마음[心]·법(法)-를 관찰하면서 "세상의 욕망과 불만족을 버려야 한다"고 말씀하셨다. '욕망과 불만족을 버림'이란 바로 *사마디*(samādhi, 定)를 말한다. 사마디의 자질은 마음의 집중·평정·통일이며, 마음이 욕망과 불만족을 버릴 때 일어난다.

집중을 계발하는 데에는 여러 가지 방법들이 있다. 태국 숲속 수행 전통의 영국 승려인 아잔 수찟또(Ajahn Sucitto)는 자연스럽게 계발되는 사마디에 대해 언급하였다. 이런 자연스러운 사마디를 계발하기 위해서는 지금 몸이 놓여 있는 이 순간을 즐기고, 그 몸 상태로 깨어 있으면서, 스트레스와 긴장을 단순히 있는 그대로 알아차리면 된다. 그는 다음과 같이 말한다.

기쁨을 받아들이는 것은 희열을 말하는 또 다른 방법이다. 그리고 사마디는 정화된 기쁨이다. 이것은 유익함에 바탕을 두고 있다. 이것은 지금 이 순간의 기쁨으로 마음을 조심스럽게 하나로 모으는 것이다. 기뻐함은 공포, 긴장, '의무'가 없다는 것을 의미한다. 기쁨에 대해 우리가 해야만 하는 것은 아무 것도 없다. 단지 그것일 뿐이다.[1]

사마디는 유익한 행동에 바탕을 둔다. 왜냐하면 해를 끼치지 않겠다는 바탕이 없으면 마음은 근심, 후회, 불안으로 가득 차기 때문이다. 나의 첫 스승인 무닌드라-지(Munindra-ji)가 미국을 처음 방문하였을 때, 명상을 하여 깨닫기를 원하는 사람들이 이런 도덕적 기반에 관심을 덜 쏟는 것을 보고 상당히 놀라워하였다. 그가 말하기를, 이것은 마치 배를 저어 강을 건너려고 엄청난 노력을 하고 있음에도, 강둑에 매인 밧줄을 풀지 않는 것과 같다고 하였다. 그 배는 아무 곳에도 갈 수 없다.

이 세상에 살고 있는 우리는 다섯 가지 기본 계율[五戒]을 훈련하여 윤리적 행동을 함양할 수 있다. 살인, 도둑질, 잘못된 성적 행동, 거짓말, 마음을 흐리게 하는 물질을 사용하지 말라는 것이다.[5)] 안거수행에서 자신과 타인에게 해를 끼치지 말라는 수행은 점점 더 정화된다. 행동과 그 행동에 따른 결과는 안거 수행의 고요함과 집중 가운데 확대되어 나타나고, 심지어 일상적으로 아무 생각 없이 하는 행동도 우리의 계율을 정화한다는 맥락에서 살펴보게 된다.

통찰명상협회에서 과거 한때 '창문 전쟁'이라고 부르는 것이 있었

······

5) 이것은 불교에서 재가자가 지켜야 할 5계(五戒)이다. 순서대로 불살생계(不殺生戒), 불투도계(不偷盜戒), 불사음계(不邪婬戒), 불망어계(不妄語戒), 불음주계(不飮酒戒)라고 한다.

다. 특히 겨울에 안거 수행을 하는 동안 신선한 공기가 창문을 통해 들어오게 하기 위해서 어느 정도 창문을 열어놓을지에 대한 의견이 일치하지 않았다. 어떤 사람은 너무 춥다고 법당에 있는 모든 창문을 닫았다. 그러나 또 다른 사람은 신선한 공기가 필요하다고 창문을 몇 개 열었다. 미얀마에서도 선풍기에 대해 유사한 상황이 일어났었다-어떤 사람은 선풍기를 켜기를 바라고, 또 다른 사람은 선풍기를 끄기를 원했다. 두 경우 모두에서 우리는 사람들이 서로 다른 욕망을 갖고 있다는 것을 이해하고, 자신이 원하는 것이 자동적으로 우선된다는 생각을 내려놓을 수 있는가?

계율과 불안하지 않은 마음을 바탕으로 행복하고 편안한 마음에 더 쉽게 머무를 수 있다. 이런 마음 자체가 집중의 근접 원인이 된다. 그리고 수행을 하면 부딪치는 많은 어려움들이 있지만, 이런 어려움은 본질적으로 더 큰 행복으로 나아가는 하나의 길이다.

마음챙김의 지속성

집중을 강화시키기 위해서는 마음챙김을 지속적으로 해야 하는데, 두 가지 방법이 있다. 첫째는 하나의 대상을 직접 알아차리면서 집중을 함양하는 방법이다. 예를 들면 호흡, 발자국의 움직임, 소리에 지속적으로 마음을 집중하는 것이다. 둘째는 대상을 선택하지 않고 더 개방적으로 알아차리면서 집중을 향상시키는 것이다. 여기에서는 대상이 변화한다고 하여도 마음을 한 곳에 집중[心一境性]한다. 이것을 '찰나 사마디[刹那三昧]'라고 부른다. 우리는 이런 두 가지 방법을 슬기롭게 잘 넘나들면서 수행한다. 마음이 느슨해지거나 산만하면 하나의 대상에 초점을 맞춘다. 내면적인 기쁨과 평온함을 이루기 위해서다. 마음이 일단 한 곳으로 모이면 하나의 대상을 선택하지 않는 수행으로 마음을 열어간다. 이런 것에 어느 정도 익숙해지면 어떤 때 어떤 방법이 적절한지를 직감적으로 알게 된다.

나는 명상 수행을 처음 시작할 때 거의 집중이 되지 않았다. 나는 생각하기를 즐기는 편이어서 이런저런 생각에 많은 시간을 소모하였다. 수년 간에 걸쳐 노력하여 이런 사마디를 강화시키는 데 큰 도움이 되는 하나의 독특한 방법을 발견하였다. 공식적인 걷기 명상[經行]과 그리고 단순히 걷기만 하는 동안에도 내가 걷고 있다는 것을 아는 것에서 각 걸음마다 느껴지는 독특한 감각-가벼움, 무거움, 압력, 딱딱함 등등-에 나의 주의력을 더 세밀하게 기울였다. 이것은 아잔 수찟또가 말한, 지금 몸이 놓여 있는 이 순간에 대한 수행 방법이었다.

집중을 확립하는 데 시간이 걸림

깊은 집중이 주는 위대한 선물 중 하나는 여러 정신적 장애가 가까이 오지 못하게 도와준다는 점이다. 그것은 원치 않는 침입자를 막아주는 담을 세우는 것과 같다. 욕정과 갈망, 혐오와 불안의 힘을 일시적으로 약화시켜서 마음이 더 정화된 즐거움을 느끼도록 개방시켜 준다. 이렇게 되면 다시 더 강한 집중이 추진력을 얻게 된다. 시간이 흐르면서 집중의 수준이 향상되는 것을 보게 되고, 이런 향상된 집중은 우리가 느끼는 방식, 우리가 세상에 존재하는 방식을 변화시킨다. 우리는 평화의 내적 환경을 새롭게 만들어 낸다.

집중이 수행의 최종 목적은 아니지만, 집중은 깨달음에 이르는 길에서 핵심적인 역할을 한다. 붓다는 집중을 존중하는 것이 붓다의 진리인 법을 오래 지속하게 하고, 그 법이 소멸되거나 사라지지 않게 하는 요소들 중의 하나라고 하면서 집중의 중요성을 강조하였다.

이것은 붓다의 진리인 법을 서구에 전파하는 데 중요한 말씀이다. 우리는 무엇이든 즉각적인 것-심지어 깨달음조차도-을 좋아한다. 그리하여 집중력을 향상시키고 심화시키는 데 시간 또는 노력을 들이기를 원치 않는다. 그러나 일상의 삶에서 사마디가 강해질수록, 세상의 욕망과 불만족에서 점차로 해방되는 지점을 찾는 데 도움이 된다. 그리고 이런 평화로운 평정심은 더 큰 행복과 자유의 바탕이 된다.

우리는 집중을 다루는 30장에서 더욱 자세히 살펴볼 것이다.

II

『염처경(念處經, Satipaṭṭhāna)』

정형구

05

네 가지 토대를 관찰하면서 명상함

『염처경』에서는 계속 반복되는 구절들이 있다. 경전에서는 13회가 나온다. 반복되는 구절인 정형구는 네 가지 마음챙김의 토대에 대한 명상의 가르침 뒤에 반드시 뒤따라 나온다.

"이와 같은 방식으로 그는 몸[느낌·마음·법]에 대해서 몸[느낌·마음·법]을 내적으로 관찰하며 머무르거나, 외적으로 관찰하며 머무르거나, 내외적으로 관찰하며 머무른다. 또는 몸[느낌·마음·법]에 대해서 일어남의 현상을 관찰하며 머무르거나 … 사라짐의 현상을 관찰하며 머무르거나 … 일어남과 사라짐의 현상을 관찰하며 머무른다. 단지 그에게 온전한 앎과 지속적인 마음챙김을 위해 필요한 정도로 '몸[느낌·마음·법]이 있다'라고 하는 마음챙김도 확립된다. 그는 세상의 어느 것에도 집착하지 않고 의존하는 바 없이 머무른다. …"

정형구의 반복을 통해서 붓다는 수행의 본질을 계속해서 우리에게 상기시켜 준다.

- 자신의 체험을 내적으로, 외적으로, 그리고 내외적으로 관찰한다.
- 무상의 현상-우리가 체험하는 것은 일어남, 사라짐, 그리고 일어남과 사라짐이 따른다--을 관찰한다.
- 순간순간 무엇이 일어나고 있는지 단순히 아는 마음챙김을 확립하고 -정신적으로 아무 것도 붙이지 않는다- 단지 일어나고 있는 그것만 알아차린다.
- 자신의 체험 영역에서 일어나는 어떤 것에도 집착하지 않고 머무른다.

이 장과 6장의 온전한 앎과 지속적인 마음챙김이라는 장에서 위에 열거한 것을 차례대로 자세히 살펴볼 것이다. 『염처경』에서 정형구는 호흡에 대한 가르침 다음에 처음 등장한다. 이런 이유와 서술의 효율성을 위해서 5장과 6장에서는 몸에 초점을 둘 것이다. 그러나 독자들이 이 책을 읽어나갈 때는 정형구에서 말하는 수행의 중요하고도 확실한 요소들이 마음챙김의 나머지 세 가지 토대에도 적용된다는 것을 꼭 명심해 주기를 바란다.

내적으로 그리고 외적으로

몸에 대해 내적으로 관찰한다는 것은 별로 어렵지 않게 분명하게 이해할 수 있다. 이것은 우리가 흔히 수행하는 방식이다. 몸에서 지금 이 순간 무엇이 일어나고 있는지를 알아차리는 것이다. 그것이 호흡할 때 느껴지는 감각일 수도 있고, 또는 몸 전체에서 일어나는 뜨겁거나 차갑거나 아니면 꽉 조이거나 답답한 느낌일 수도 있다. 하지만 몸을 외적으로 관찰한다는 것은 어떤 의미인가? 여기에 명상 수행자들이 흔히 명확하게 알지 못하는 흥미로운 점이 있다.

외적으로 몸을 관찰한다는 것은 주의를 끄는 다른 사람의 몸동작을 알아차리고 마음을 챙긴다는 것을 뜻한다. 다른 사람의 어떤 행동을 보고 판단하거나 그 행동에 반응하는 평소의 모습과는 달리, 단지 그의 행동을 보면서 단순히 행동을 알아차리고 마음을 챙기는 것에 머무른다. 다른 사람이 걷거나 먹는 행동을 할 때 우리 자신의 마음을 잃어버리지 않고 그들의 행동을 알아차리고 마음을 챙길 수 있다. 그들이 빠른지, 느린지, 알아차리고 있는지, 경솔한지에 마음을 두지 않는다. 나 자신의 수행 경험을 돌이켜 보면 역설적이면서 유익하지 못한 습관이 있었다는 것을 알 수 있다.

다른 사람이 마음을 잘 챙기고 있지 못한 것-적어도 내 눈에는 그렇게 보였다-에 신경을 쓰면서도 정작 나 자신은 다른 사람의 수행을 이런 식으로 판단한다는 것이, 사실은 전혀 마음을 챙기고 있지 못한 상태임을 알지 못한다는 사실이다. 대개 이런 어리석은 습관이 오래가는 것은 아니지만 자신의 이런 습관을 보고 있으면 절로 웃음이 나온다. 누구나 갖고 있는 이런 정신적인 약점을 유머러스하게 넘기는 것은 여러 모로 도움이 된다. 이렇게 외적으로 마음을 챙기고 알아차리면 여러 다양한 번뇌로부터 자신을 지키게 된다.

대개는 내적으로 호흡에 주의를 기울이는 것이지만 외적으로 몸을 알아차리라는 가르침은 안거 수행 모임에서 다른 사람의 호흡이 너무 크거나 방해될 때 특히 더 도움이 된다. 다른 사람의 호흡-들숨이거나 날숨이거나, 또는 호흡이 길거나 짧거나-을 알아차리면 실제로 이것은 깨달음의 길로 가는 여정의 한 부분이 될 수 있다.

외적으로 몸을 알아차리는 것에는 또 다른 유익한 점이 있다. 누군가가 자신의 행동이 방해가 되지 않도록 아주 조심스럽게 움직이고 있다는 것을 당신이 알아차릴 때 자신의 집중력이 더 강해진다는 사실을 주목해 본 적이 있는가? 이런 이유 때문에 붓다께서는 알아차림이 잘 확립되고 집중력이 강한 사람과 함께 수행하라고 말씀하셨다. 왜냐하면 수행은 전염력이 있기 때문이다. 이런 식으로 우리 자신의 수행은 다른 동료 수행자들에게 바치는 진정한 공물이 된다.

마지막으로 내외적으로 관찰한다는 것을 살펴보자. 아날라요의 견해에 따르면, 이것은 단순한 반복이 아니라 체험을 자기 자신 또는 다른 사람의 것으로 보지 않고 단순히 객관적인 체험 그 자체로 관찰해야 한다는, 보다 심오한 이해에 바탕을 두고 있다고 한다. 내적으로, 외적으로, 그리고 내외적으로 관찰한다는 것은 마음챙김 수행이 갖는 포괄적인 점을 잘 보여준다. 말하자면 거기에서 일어나고 있는 것은 무엇이든지, 그것이 우리의 내면에서 일어나든 아니든 모든 것을 알아차리라는 뜻이다. 결국 이런 모든 구분을 넘어서는 것이다.

일어남과 사라짐

정형구의 두 번째 부분에서는 일어남의 현상, 사라짐의 현상, 일어남과 사라짐의 현상 모두를 관찰하며 머무르라고 했다. 미얀마 명상 수행의 위대한 스승과 학자들 중 한 사람인 레디 사야도(Ledi Sayadaw)는 일어남과 사라짐을 보지 않는 것은 무지이지만, 모든 현상을 무상으로 보는 것은 통찰과 깨달음으로 들어가는 문이라고 했다. 붓다는 여러 다른 방식으로 이 점의 중요성을 강조하셨다.

> "비구들이여, 무상에 대한 지각[無常想]이 계발되고 함양되면, 모든 감각적 욕망[欲愛], 존재에 대한 욕망[有愛]이 소멸되고, 모든 무지가 소멸되고, '내가 있다'는 자만심[慢]이 뿌리 뽑히게 된다."[1]

> "일어남과 사라짐을 보지 못하면서 100년을 사는 것보다 일어남과 사라짐을 보면서 하루를 사는 것이 더 낫다."[2]

위의 구절들은 삶의 가치와 목적, 그리고 직접적으로 보는 것이 갖는 해방의 힘-순간순간과 우리 자신에게서-에 대해 무엇을 말하고 있는가? 붓다의 사촌이자 시자인 아난다(Ānanda)는 한때 자신이 경험한 붓다의 훌륭한 자질[德]들에 대해 자세히 설명한 적이 있었다. 붓다는 스스로를 따타가따(Tathāgata, 如來, '이와 같이 가신 분')라고 하면서 다음과 같이 답하셨다.

> "그렇다면, 아난다여, 이러한 것도 여래의 놀랍고 신기한 자질이라는 것을 기억해라. 여래는 느낌이 일어나는 것, 머무르는 것, 사라지는 것을 안다. 지각이 일어나는 것, 머무르는 것, 사라지는 것을 안다. 사유가 일어나는 것, 머무르는 것, 사라지는 것을 안다. 아난다여, 이것

또한 여래의 놀랍고 신기한 자질이라는 것을 기억해라."[3]

무상의 진리를 깊이 이해-개념적 이해가 아니라 직접 체험한 이해-하게 되면, 무한히 깊은 통찰의 문으로 들어가게 된다. 다섯 명의 첫 제자들에게 행한 첫 설법[初轉法輪]에서 붓다는 무아(無我)를 가르치셨다. 그리고 계속하여 5온-물질 요소[色蘊]·느낌[受蘊]·지각[想蘊]·형성[行蘊]·의식[識蘊]-들 하나하나가 무상하고, 무상한 것들은 믿을 수 없고 만족스럽지 않다는 것을 지적하셨다. 또한 믿을 수 없고 만족스럽지 않은 것은 진정 '나' 또는 '나의 것'이라고 할 수 없다고 하셨다.[6)] 이런 가르침을 들은 다섯 제자는 바로 깨달았다.

어떻게 이런 일이 일어나는가? 이 가르침이 갖는 해탈의 힘은 무엇인가? 일어나는 것은 반드시 사라지게 된다는 것, 그리고 일어나는 것은 어떤 것이라도 사라져버린다는 것을 깊이 보게 되면, 마음은 환상에서 벗어나게 된다. 환상에서 벗어나게 되면 감정에 좌우되지 않게 된다. 그 좌우되지 않음을 통해서 마음은 해방된다.

영어로 표기되는 *disenchanted(환상에서 벗어난), disillusioned(환멸을 느끼는), dispassionate(감정에 좌우되지 않는)*는 부정적인 함의를 갖고 있다고 여겨진다. 그러나 이 단어들이 갖고 있는 의미를 좀 더 세밀하게 살펴보면 자유라는 개념과 연결되어 있다는 것을 알 수 있다. 환상에서 벗어난다는 것은 환상을 부수고 현실을 좀 더 제대로, 더 넓은 시각에서 볼 수 있게 깨어난다는 의미이다. 그것은 수많은 위대

······

6) 붓다는 5온 각각이 무상하고, 무상한 것은 고(苦)이며, 고인 것은 무아라는 가르침을 자주 펼쳤다. 붓다가 한때 자신의 동료였던 다섯 수행자에게 5온의 무상·고·무아에 대해 첫 설법을 하는 내용은 잡아함경 34경 『오비구경』에 나온다.

한 신화와 동화의 해피엔딩이다. 환멸을 느낀다는 것은 위축되거나 실망하는 것이 아니다. 진정한 것과 다시 연결되고 망상에서 자유로워지는 것이다. 감정에 좌우되지 않는다는 것은 '냉담하거나', '무감각한' 것이 아니다. 오히려 집착에서 벗어나서 마음의 문을 더 크게 열고 평정된 마음 상태에 있는 것이다.

무상에 대한 관찰

무상을 지속적으로 관찰하게 되면, 일상적으로 현실을 체험하는 방식에 변화가 일어난다. 우리는 지각되는 것과 지각하는 것 둘 다 고정된 존재라는 망상을 가지고 무엇인가를 본다. 명상은 자신과 세계에 대한 이해를 혁명적으로 전복시킨다. 이런 힘을 갖고 있는 명상을 어떻게 수행할 수 있는가?

우리는 여러 단계에서 무상을 마음챙김할 수 있다. 무상에 주의를 기울이면 지혜가 발생한다. 이미 무상을 알고 있을지 모르지만 그것을 간과한다. 자연을 살펴보면 너무나도 분명한 변화를 알 수 있다. 말하자면 기후 변화, 매일의 날씨 변화, 종(種)의 진화와 소멸이다. 집단적 차원에서는 사회에 거대한 규모의 변화가 존재한다. 예를 들면 문명과 문화의 발생과 소멸 같은 것이다. 개인적인 차원에서 사람들은 태어나고 죽는다. 뉴잉글랜드의 숲길을 걷다 보면 수 마일의 돌로 된 벽과 오래된 주춧돌을 만나게 된다. 그 사이에 나무들이 자라고 있다. 여기에서 무슨 이야기가 있었던 것일까? 생생한 어떤 삶들이 있었던가? 무엇이 남았는가? 우리는 인간관계 또는 일터에서, 아니

가장 친근한 우리 자신의 몸과 마음에서 이런 변화를 볼 수 있다.

우리 앞에서 항상 일어나는 이런 변화들을 알아차리지 못하는 것은 놀라운 일이다. 어쨌든 우리는 이런저런 식으로 머물러 있는 것을 신뢰한다. 아니 변화한다고 해도 우리가 좋아하는 식으로 변화한다고 믿고 있다. 그러나 주의를 기울여서 잘 살펴보면 모든 것은 사라지고 새로운 것이 발생한다. 매일, 매 시간, 매순간 이런 일이 일어나고 있다. 집을 나서거나 아니 더 간단하게 이 방에서 저 방으로 걸어갈 때 일어나는 변화의 흐름을 알아차리는가? 말하자면 움직일 때의 시각 흐름의 변화, 서로 다른 소리의 변화, 감각의 변화, 사고의 변화를 알아차리는가? 이런 개별적인 체험에서 무슨 일이 일어나는가? 그것들은 지속되는가? 모든 것이 변화한다는 진리는 너무나 평범한 사실이어서 우리는 대개 그것을 알아차리지 못한다.

마음챙김과 집중이 더 강해지면 강해질수록 미세한 차원에서 무상을 더 명확하게 그리고 더 깊이 보게 된다. 단단하고 안정되게 보이는 것이 실제로는 실체가 없고 끊임없이 흘러가는 것이라는 사실을 스스로 보게 된다. 변화에 대한 지각은 너무나 빨라서 대상을 보는 순간 그 대상은 이미 사라져버린다. 이럴 때 수행하는 사람들은 자신의 마음챙김이 약해서 충분히 그것에 주의를 기울이지 못한다고 생각한다. 그러나 이것은 단순히 변화에 대한 지각을 연마하는 것일 뿐이다. 우리가 진정으로 보기 시작하는 것은 거기에는 마음을 기울일 만한 아무 것도 없다는 사실이다.

명상 수행을 할 때, 특히 앉아서 할 때 무상 중에서 어떤 면이 두드러지게 나타나는지를 주목해 보는 것이 때로는 도움이 된다. 마지막 것이 사라지기도 전에 새로운 것이 발생하는 것을 보고 있는가?

끝나는 것을 더 분명하게 보고 새로운 것이 일어나는 순간을 보고 있지 못한가? 또는 일어나고 사라지는 것을 똑같은 정도로 보고 있는가? 이런 것들 중 어느 것이 옳다고 말할 수 없다. 수행을 하면서 어떤 때는 이런 방법을 사용하고, 어떤 때는 다른 방법을 사용한다. 변화에 대한 지각 방식을 알아차리는 것은 단지 우리의 주의를 연마하는 또 하나의 방법일 뿐이다.

붓다는 어느 경전에서 지금 일어나고 있는 것을 단순히 자각하는 마음챙김의 확립과, 마음챙김 확립의 *계발*을 구별하였다. 이 계발 단계에서는 무상을 알아차린다는 그 자체가 대상 자체를 알아차리는 것보다 더 지배적이 된다. 이것은 내용의 마음챙김에서 과정의 마음챙김으로 이동하는 출발점이다. 이것이 바로 지혜와 깨달음으로 이끄는 사띠빳타나[念處]의 단계이다. 왜냐하면 체험한 것이 여전히 불변하는 것으로 보인다면 무위(無爲)의 열반으로 가는 문은 열리지 않기 때문이다.

이런 이해는 비구 또는 비구니에게만 한정되지 않는다. 붓다의 시대부터 오늘날에 이르기까지 많은 재가불자들이 심오한 깨달음에 도달하였다. 붓다는 이런 깨달음의 가능성에 대해 재가불자인 마하나마(Mahānāma)에게 다음과 같이 말씀하셨다.

> "마하나마여, 여기 지혜로운 재가 신도가 있다. 그에게는 일어남과 사라짐에 대한 지혜가 있다. 그 지혜는 성스럽고 철두철미한 것이며, 고통의 완전한 소멸로 이끄는 것이다. 이런 식으로 재가 신도는 지혜를 성취한다."[4]

06

온전한 앎과 지속적인 마음챙김

그 다음 이어지는 정형구는 다음과 같다. "그에게 온전한 앎과 지속적인 마음챙김을 위해 필요한 정도로 '몸이 있다'라고 하는 마음챙김도 확립된다." 아날라요가 지적한 바와 같이, 여기에서 온전한 앎이 의미하는 것은 연상과 반응에 현혹되지 않고 객관적으로 관찰하는 것이다. 그것은 경험에 대해 어떤 이야기를 만들지 않고 현재 있는 그대로 단순하고 직접적으로 아는 것이다. 이렇게 '분명하게 보는 것'은 사실 빨리어 *위빠사나(vipassanā)*가 의미하는 것이다. *위빠사나*는 대개 '통찰명상(insight meditation)'으로 번역된다.

우리는 종종 온전한 앎의 단순함을 놓쳐버린다. 왜냐하면 무엇인가 특별한 것을 위해 그것을 살펴보기-또는 그것을 조사하듯이 보기- 때문이다. 혹은 기대를 갖고서 앞으로 내다보기 때문에 바로 앞에 있는 것을 놓쳐버린다. 수피(Sufi) 전통의 뛰어나지만 다소 기이한 현자인 물라 나즈루딘(Mulla Nazrudin)에 대한 이야기가 있다. 물라는 이웃나라를 오가며 무역에 종사했을 것이라고 추정된다. 국경 세관 직원은 물라가 밀수를 한다고 의심하였다. 그러나 아무리 당나귀 등 위에 있는 짐을 수색해 보아도 가치 있는 것은 아무 것도 찾을 수 없었다. 하루는 물라의 친구가 그에게 어떻게 부자가 되었느냐고 물었다. 그는 대답하였다. "나는 당나귀를 밀수하고 있지."

때로 우리의 온전한 앎의 경험은 흐릿해진다. 왜냐하면 우리는 단순한 알아차림에다가 지금 일어나고 있는 것에 대한 무자각적인 집착 또는 혐오를 더하기 때문이다. 이것은 장애가 강할 때, 또는 즐거운 명상 상태에 아주 미세하게 집착할 때 일어난다. 정형구의 가르침에 따르면, 지금 일어나고 있는 것을 온전히 알고, 그것이 순간순간 지속되는 데 필요한 정도로만 마음챙김을 확립해야 한다.

마음챙김의 힘

경전에서 말하고 있는 지속적인 마음챙김은 두 가지 방법을 통해서 확립된다. 첫째로, 바로 직전 마음챙김의 힘을 바탕으로 지속적으로 마음챙김을 할 수 있다. 우리가 반복적으로 수행하는 것은 무엇이든지 점차로 더욱 더 자동적으로 일어나기 시작한다. 이 지점에서 마음챙김은 스스로 일어난다. 순간순간 마음챙김을 하는 반복적인 노력에서 출발하여 이제는 오랜 시간이라 할지라도 아무 노력 없이 마음챙김이 자동적으로 흐름을 형성한다.

여기에서 마음과 몸이 어떻게 움직이는가에 대한 본질적 통찰이 비로소 형성된다. 마음과 몸에 대한 통찰은 지속적인 마음챙김에서 오고, 또한 이 통찰은 지속적으로 마음챙김을 강화시켜 준다. 이것은 매순간 앎과 앎의 대상이 동시에 발생한다는 것을 자신의 체험을 통해서 이해하는 것이다. 들숨이 있고 동시에 그것을 알고, 날숨이 있고 그것을 동시에 안다. 시각 대상이 일어나는 바로 그 순간 그것을 안다. 이것이 우리 체험의 바로 그 진면목이다.

이런 통찰이 무아를 이해하는 첫 관문이고, 이것은 통찰의 단계들에서 *견해의 정화*라고 불린다. 우리가 자아라고 부르는 모든 것이 이런 앎과 대상이 짝을 이루어 순간순간 같이 일어나고 사라지는 것에 불과하다는 것을 알기 시작한다. 그리고 또한 매 순간의 앎이 비개인적인 원인에 의해서 일어나는 것이지, '아는 자(knower)'가 있기 때문에 일어나는 것이 아니라는 것을 알게 된다. 그러므로 앎(의식)은 적절한 원인과 조건이 주어지면 자동적으로 발생한다고 말할 수 있다. 더 깊이 들어가서 말해 보면 아는 기능은 알려진 것에 의해 변경되거나 영향을 받지 않는다는 것을 안다. 이런 깨달음은 수행과 우리의 삶에 해탈의 힘을 부여한다. 명상을 하면서 우리는 고통스런 감각으로부터 즐거운 감각으로 나아간다. 그러면서 앎의 근본 성질은 변경되지 않는다는 것을 안다. 즉 그것은 단순히 일어나는 것을 알아차리는 것뿐이다. 이런 이해가 초래하는 결과는 지대하다.

한 예를 들어보자. 헨리 데이비드 소로(Henry David Thoreau)가 죽음에 직면하여 남긴 일화이다. 그는 44세라는 젊은 나이에 결핵으로 사망하였다. 소로의 전기에서 그의 친구들은 소로의 마음가짐을 다음과 같이 기술하고 있다.

헨리는 [병이 들었지만] 전혀 흔들리지 않았고, 아무런 내색도 하지 않았다. … 그가 자신을 방문하는 사람들에게 스스로 평소와 다름없이 자신의 존재를 즐기고 있다고 말하는 것을 나는 종종 듣곤 하였다. 헨리는 나에게 분명히 말했다. 완벽한 질병에는 완벽한 건강이 주는 것만큼의 평안이 있으며, 마음은 항상 신체 상태에 따라 잘 대응하고 있다고 했다. 죽음에 대한 생각이 그를 괴롭히는 것은 엄두도 내지 못하고 있다고 말했다. … 나는 헨리가 오랜 투병 생활을 하는 동안 계속 그르렁거리는 소리를 듣지 않는 날이 없었다. 한편 그가 우리와 함께 있고 싶다는 소망을 약간이라도 피력한 것을 들어본 적이 없었다. 그의 완벽한 충만은 정말로 훌륭하였다. …

몇몇 오래된 친구와 친지들은 죽음을 준비하려고 하였지만 별 소용이 없었다. … 숙모인 루이자가 신과 함께 평화를 얻었느냐고 묻자, "숙모, 우리가 언제 싸운 적이나 있는지 모르겠어요"라고 대답했다.[1]

우리는 이런 마음챙김의 힘을 아주 단순하게 형성한다. 주의를 기울이고자 하는 단순한 대상에서 시작한다. 예를 들면 호흡이나 앉은 자세에 대한 마음챙김에서 시작한다. 주의를 기울여서 한 대상에 초점을 맞추어 마음을 고요하게 하는 것이 대부분의 영적 수행에서 흔히 사용하는 방법이다. 성 프란시스코 살레시오(St. Frances de Sales)는 이렇게 썼다, "마음이 흔들리거나 산만해지면 아주 부드럽게 한 지점으로 돌아가라. … 그 시간 동안 아무 것도 하지 않고 돌아가기만 해도-그 지점으로 돌아갈 때마다 산란한 마음은 사라진다- 당신은 시간을 아주 잘 활용하는 셈이 된다."[2]

마음이 다소 안정되면 주의를 기울일 만한 대상에 주의를 기울일 수 있다. 그러면 그 대상은 점차 명확해진다. 그것은 몸의 감각이나 소리 또는 마음에서 일어나는 여러 생각과 이미지일 수도 있다. 마음챙김이 힘을 얻어감에 따라서 처음 주의를 기울인 대상을 놓아주고 특정 대상을 선택하지 않는 알아차림을 수행한다. 그냥 일어나는 것 순간순간에 마음을 두게 된다. 이렇게 알아차림이 파노라마처럼 되면 특별한 내용보다 일반적인 특성으로 옮겨가게 된다. 말하자면 일어나는 모든 것이 무상하고 믿을 수 없고 무아라는 것이다. 이 모든 것은 마음챙김을 통해서 마음챙김의 지속성을 강화하게 된다.

지각

지속적인 마음챙김을 강화하는 두 번째 방법은 지각[想]이라는 마음 요소[心所]를 통해서이다. 아비담마에 의하면, 강한 지각은 마음챙김을 일어나게 하는 근접 원인들 중의 하나이다. 지각은 인식의 정신적 자질이다. 지각은 특정 대상의 두드러진 성질을 파악하여 개념을 형성하고-붉거나 파랗다, 남성이거나 여성이다- 그것을 미래의 기준으로 삼기 위해 기억으로 저장한다. 예를 들어서 우리가 어떤 소리를 들었다고 해 보자. 의식은 단순히 그것이 소리라는 것을 안다. 그리고 지각은 그것을 인식하여 '새'라고 이름을 붙이고, 다음에 이 소리를 들을 때 이 개념을 상기한다. 우리가 그 소리를 들을 때 *새*라는 단어가 항상 마음에 떠오르는 것이 아니라, 그 소리가 새소리라는 것이 이미 언어 이전의 인식으로 존재하는 것이다.

이런 모든 것은 명상 수행과 이해의 개념 사용에 대해 흥미로운 질문을 야기한다. 한편 우리는 온전한 삶을 위해 필요한 정도로만 마음챙김을 확립하려고 한다. 이것은 어쨌든 마음에 개념을 덧씌우는 것에서 자유로워지라는 것을 의미한다. 그리고 또 다른 한편으로 개념을 수반하는 지각의 요소[想心所]는 그 자체로 마음챙김이 일어나게 하는 하나의 근접 원인이다.

이렇게 분명히 모순되게 보이는 관점을 해결하기 위해서는 지각을 보다 깊이 이해해야만 한다. 지각은 공통요소이다. 이것이 의미하는 바는 지각이 의식의 매 순간 일어난다는 것이다. 지각이 강한 마음챙김 없이 작동하게 되면-이것이 수행하지 않는 마음이 세계를 탐색하는 통상적인 방법이다- 우리는 사물의 표면적인 성질만을 알거나 기억하게 된다. 인식하는 순간, 우리는 일어나는 그것에 이름 또는 개념을 부여한다. 그리고 바로 이런 개념에 의해 우리의 체험은 제한되고 흐려지거나 윤색된다.

이런 지각의 제한에 대한 한 예를 수년 전에 어느 친구를 통해서 들은 적이 있다. 그 친구의 여섯 살 된 아들 케빈이 학교에서 겪은 일이었다. 선생님이 아주 간단한 질문을 던졌다. "사과는 무슨 색깔인가요?" 학생들은 여러 대답을 하였다. "붉은 색이요", "녹색이요", "금색이요." 그러나 케빈은 "하얀색"이라고 대답하였다. 이런저런 대화를 하는 동안 선생님은 케빈이 올바른 대답을 하도록 유도하였다. 그러나 요지부동이었다. 결국 케빈은 다소 화가 나서 말했다. "사과를 반으로 잘라 보세요, 그 속은 항상 하얗습니다."

또한 지각은 마음챙김과 알아차림을 향상시키는 데 사용할 수도 있다. 지금 일어나고 있는 것에 대한 우리의 견해를 제한하는 개념 대신, 지각을 적절히 활용하면 그 순간 일어난 체험을 일정하게 틀을 잡을 수 있고, 따라서 그 체험을 보다 깊고 보다 세밀하게 관찰할 수 있게 해 준다. 그것은 마치 그림에 액자의 틀을 만들어서 그 그림을 더 명확하게 보게 해 주는 것과 같다. 냐나난다(Ñāṇananda)라는 불교 승려는 "지혜를 계발하기 위한 보다 높은 목적을 위해 개념을 동원하고, 그럼으로써 개념 자체를 초월한다"고 말하였다.

마음속으로 이름 붙이기

지혜를 계발하기 위해 개념을 동원한다는 생각은 명상의 기법 중 하나인 *마음속으로 이름 붙이기*의 기반을 이룬다. 이 기법은 하나의 단어-또는 때로는 짧은 문장-를 사용하여 지금 이 순간 일어나고 있는 것을 파악하는 것이다. 마음속으로 이름 붙이기 또는 명명-예를 들면 '들이쉼', '내쉼', '들이쉼', '내쉼', '생각한다', '무거움', '들이쉼', '내쉼', '불안함'-은 명확한 인식(지각)을 도와준다. 이것 자체가 순간순간의 마음챙김과 지속적인 마음챙김의 힘을 강화해 준다. 또는 위대한 태국의 수행자인 아잔 차(Ajahn Chaa)의 서구의 첫 제자들 중의 한 사람인 아잔 수메도가 "호흡은 이와 같다", "고통은 이와 같다", "고요함은 이와 같다"라고 표현한 것과 같다.

마음속으로 이름 붙이기는 다른 방식으로 수행을 도와주기도 한다. 마음속으로 이름 붙이기는 바로 그때의 어조가 종종 무의식적 태도를 드러내기도 한다. 우리는 대상이 일어나는 것에 따라 체험하는 인내심의 부족, 좌절감, 기쁨을 모를 수도 있다. 그러나 마음속으로 이름 붙일 때 감지되는 그 어조가 불안한지 또는 열정에 차 있는지를 알아채기 시작할 것이다. 마음속으로 이름 붙이기는 수행에 장애가 있을 때뿐만 아니라, 수행이 아주 미묘해지고 정교해질 때 그 체험과 동일화하는 것을 차단하는 데 도움이 된다.

또한 마음속으로 이름 붙이기는 우리에게 중요한 피드백을 준다. 지속적으로 수행을 하면서도 정말 현재 이 순간의 현존감을 느끼고 있는가? 가부좌를 틀고 있는 시간-또는 하루 하루-에 수행하는 것이 아주 자연스럽게 아무 끊김 없이 이어지는가? 우리는 마음챙김을 응용하면서 그냥 편하다는 것과 정말로 이완되어 있는 것 사이의 차이를 이해하고 있는가? 우리는 알아차리고 있으려는 강한 의도를 마음이 딱딱하게 경직되어 있는 것과 혼동해서는 안 된다. 우리는 태극권 또는 일본식의 차 모임처럼 단지 작은 일상생활을 영위하는 중에도 지속적인 마음챙김을 수행할 수 있다. 이런 지속성은 열반을 실현하는 데 필요한 에너지의 힘을 형성해 주기 때문에 중요하다.

이런 마음속으로 이름 붙이기 기법은 단지 우리가 마음을 챙길 수 있도록 도와주는 유익한 수단-마음속으로 이름 붙이기는 수행 자체의 본질적 요소가 아니라, 단순히 알아차리는 것이다-이라는 것을 아는 것이 중요하다. 이런 기법을 사용하지 않는 불교 전통들도 많다. 그러나 짧은 기간이라 할지라도 자신의 수행에서 이런 기법이 도움이 되는지를 파악하기 위해 실험해 볼 만한 가치가 있다. 또한 우리는 이 기법의 한계도 이해하고 있어야 한다. 마음속으로 이름 붙이기는 지적인 사변으로 사용되어서는 안 되고, 반드시 간단한 묵언으로 유지해야 한다. 저명한 불교학자인 데이비드 깔루빠하나(David Kalupahana)는 다음과 같이 말하고 있다. "『염처경』에서 사용되는 개념들은 앎을 산출하는 그 지점까지만 추구되어야 하고, 그 이상을 넘어서면 안 된다. 왜냐하면 그 한계를 넘어선 개념은 실체론적 형이상학으로 이끌 수 있기 때문이다."[3] 지나치게 개념을 취하는 것은 현실에 대한 자신의 견해를 공고히 할 뿐이고, 그렇게 되면 자신이 형성한 지적 체계 속에 갇혀버린다.

마음챙김이 강해지면서 이름을 붙일 많은 것들을 잘 알게 되고, 그 대상들이 아주 빠르게 변하므로 심지어 이름을 붙일 시간이 없다. 이런 상황에서 우리는 이름을 붙이는 것보다 더 많은 것을 알아차리게 되고, 이름을 붙이는 그 자체의 작업은 떨어져 나가 버린다. 알아차림이 잘 확립되고 마음챙김이 저절로 이루어지면-우리는 이것을 노력 없는 노력이라고 부를 수 있을 것이다- 우리는 지속적으로 온전한 앎에 머무를 수 있게 된다. 19세기 선승이자 시인이면서 방랑하는 승려였던 료칸(良寬)은 이것을 다음과 같이 표현하였다. "바로 있는 그대로 마음을 봐라."

의존하는 바 없이 머무른다

『염처경』 정형구의 마지막 구절은 명상 수행과 그 목표를 결합한다. "세상의 어느 것에도 집착하지 않고 의존하는 바 없이 머무른다." 이 구절은 수행의 전 과정을 아우른다.

"의존하는 바 없이 머무른다"라는 것은 마음에 떠오르는 어떤 것, 그것이 갈망이든 견해든 간에 매이지 않는 것을 의미한다. '갈망' 또는 '욕망'은 빨리어 *땅하(taṇha)*의 통상적인 번역어이다. *땅하*는 '목마름'으로 번역되기도 한다. 이렇게 목마르다는 뜻으로 번역하는 것은 마음이 강력하게 갈구하는 것을 급박한 신체적 절박함으로 표현한 것이다. 이후 언급하는 장에서 우리는 이런 갈망 또는 목마름을 더 자세히 살펴볼 것이다. 말하자면 이런 갈망이나 목마름이 어떻게 나타나고, 수행과 일상적인 삶에서 우리를 얼마나 의존적 상태로 만드는지를 보게 될 것이다.

우리가 수행의 길을 걸어가면서 발견하게 되는 위대한 것들 중 하나는 한 측면에서는 삶과 죽음, 존재와 비존재, 자아와 타자의 문제가 우리 삶의 커다란 주제들이라는 것이다. 또 다른 측면에서는 우리가 겪는 모든 체험들은 단지 공허한 현상들이 드러난 것뿐이라는 점을 이해하는 것이다. 이런 이해는 "세상의 어느 것에도 집착하지 않고 의존하는 바 없이 머무른다"가 갖는 또 다른 면을 지적하는 것이다. 즉 견해에 집착하지 않는 것이다. 더 근본적으로 말하면 자아라는 견해에 집착하지 않는 것이다.

보고 듣고 냄새 맡고 맛보고 만질 때, 마음을 통해서 사물들을 인지할 때, 이런 보통의 지각 상태에 있을 때 즉시 '나' 그리고 '나의 것'이라는 잘못된 감각이 일어난다. '내가 보고 있다', '내가 듣고 있다'는 식이다. 그리고 우리는 더 나아간다. '나는 명상하고 있다.' 이에 부가하여 '나는 좋은(또는 나쁜) 수행자이다.' 또는 '나는 좋은 또는 나쁜 사람이다.' 우리는 순간적으로 변화하는 상황의 꼭대기에서 자아의 상부구조를 전면적으로 구축하고 있다.

『바히야 경』

『바히야 경(Bahiya Sutta)』이라고 불리는 짧고 해탈로 이끄는 가르침에서 붓다는 자아의 견해로 인한 의존성에서 자유를 얻는 방법을 지적하였다. 이 경전에 나오는 이야기를 보면 붓다의 시대에 바히야는 인도의 남부 해안에서 난파를 당하였다. 그는 모든 것을 잃었다. 심지어 옷도 없어서 나무껍질을 이불로 하여 덮을 지경이었다. 지나가는 사람들은 바히야를 대단한 금욕 수행자로 간주하고 *아라한*(arahant)으로 존경하기 시작하였다. *아라한*은 깨달음을 완전히 얻은 자를 말한다. 바히야는 자신을 *아라한*으로 믿기 시작하였다.

이런 시간이 수년 흐른 후, 이제 천신들(devas, 천상의 존재들)이 된 이전의 동료들이 나타나서, 그는 아라한이 아닐 뿐만 아니라, 그 길에 들어선 자도 아니라고 하였다. 한편으론 자신의 열망에 아주 신실하였던 바히야는 이 말에 심한 충격을 받았고, 자신이 무엇을 해야 하는지 물었다. 천신들은 완전히 깨달은 자인 붓다가 북부 인도에 살고 있으니 반드시 그를 찾아가서 가르침을 받아야 한다고 대답했다.

바히야는 마침내 붓다를 만났다. 그때 붓다는 이 동네 저 동네를 다니면서 탁발을 하고 있었다. 바히야는 붓다가 탁발을 하고 있는 거리에서 가르침을 구하였다. 붓다는 지금은 적절한 때가 아니니 나중에 사원으로 찾아오라고 하였다. 그러나 바히야는 다시 한 번 가르침을 요청하였다. 그리고 세 번째 다시 가르침을 구하였다. "세존이시여, 당신이 얼마나 살지 모릅니다. 나도 얼마나 살지 모릅니다. 부디 지금 가르침을 주소서." 바히야의 신실함과 간청에 깊은 감동을 받은 붓다는 다음과 같이 말하였다.

볼 때는 봄만 있다고 닦고

들을 때는 들음만 있다고 닦고

느껴질 때는[냄새 맡고, 맛보고, 만질 때는] 느껴짐만 있다고 닦고
인식할 때는 인식함만 있다고 닦아라.
바히야여, 이처럼 수행해야 할 것이다.

볼 때는 봄만 있다고 닦고
들을 때는 들음만 있다고 닦고
느껴질 때는 느껴짐만 있다고 닦고
인식할 때는 인식함만 있다고 닦아라.
그러면 바히야여,
그 모든 것들과 함께하는 '너'는 있지 않을 것이다.

그럴 때, 바히야여,
그것과 함께하는 '너'는 있지 않을 것이다.
거기에 '너'는 없다.

바히야여, 거기에 '너'가 없으면,
그때에 바히야여, 너는 여기에도 없고 저기에도 없으며
그 사이에도 없다.

이것이 바로 괴로움의 소멸이다.[4]

보고 듣고 느껴지고 인식되는 어떠한 것이라고 할지라도 온전하게 알게 되면, 우리는 더 이상 그것들을 평가하지 않을 것이고, 또는 더 이상 그것들을 확대시키지 않을 것이다. 이렇게 수행하면 현상의 무아성-거기에 '너'가 없다는 것-을 이해하고, 이 세상의 어떤 것에도 집착하지 않고 의존하는 바 없이 머무르게 될 것이다.

III

몸에 대한 마음챙김

[身念處]

07

호흡에 대한 마음챙김

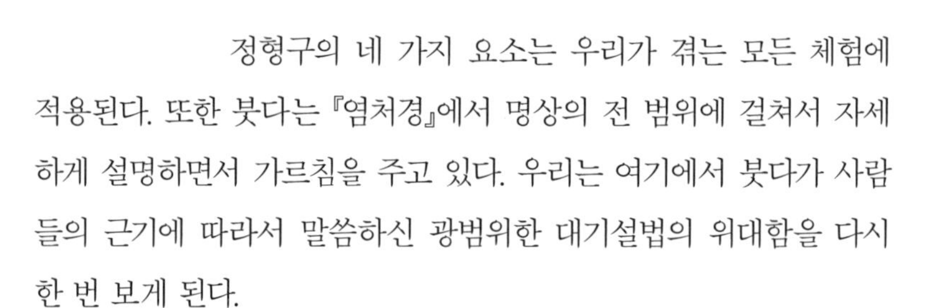

정형구의 네 가지 요소는 우리가 겪는 모든 체험에 적용된다. 또한 붓다는 『염처경』에서 명상의 전 범위에 걸쳐서 자세하게 설명하면서 가르침을 주고 있다. 우리는 여기에서 붓다가 사람들의 근기에 따라서 말씀하신 광범위한 대기설법의 위대함을 다시 한 번 보게 된다.

이 책의 나머지 부분은 이런 가르침을 자세하게 설명한 것이다(개별적으로 정형구가 따라나온다). 그리고 여러 다양한 수행방법을 읽어가면서 자신의 체험과 관심에 부합하는 것을 파악하는 것이 도움이 될 것이다. 서론에서 언급한 바와 같이 어떤 문이든 하나의 문을 열게 되면 나머지 문도 열리게 된다.

몸에 대한 마음챙김은 알아차림을 확립하는 네 가지 방법 중 첫 부분이다. 붓다는 여러 곳에서 명상의 대상으로 몸을 사용하는 것의 유익함에 대해 말하였다. 붓다는 몸에 대한 명상이 내적으로 집중이 깊어가도록 이끄는 기쁨의 원천이라고 말했다. 붓다는 무지와 망상의 힘인 마라의 맹렬한 공격을 극복하는 가장 간단하고, 가장 직접적인 방법으로서 몸에 대한 마음챙김을 말하였다.

"비구들이여, 누구든지 몸에 대한 마음챙김을 계발하고 함양하지 않은 사람은 마라에게 기회를 주고 마라의 대상이 된다."[1]

"비구들이여, 누구든지 몸에 대한 마음챙김을 계발하고 함양한 사람은 마라에게 기회를 주지 않고 마라의 대상이 되지 않는다."[2]

붓다는 마라에게 기회를 주고 마라의 대상이 된다는 것을 푹신한 진흙 속으로 쉽게 잠기는 무거운 돌덩어리에 비유했다. 그리고 마라에게 기회를 주지 않고 마라의 대상이 되지 않는다는 것을 단단한 나무로 만들어진 문에 돌덩어리를 던지는 것과 같다고 비유하였다. 이런 경우 마라가 들어오는 것은 불가능하다.

붓다는 몸에 대한 마음챙김을 모든 성취, 그리고 열반과 깨달음의 기반이라고 말하였다. 거기에는 조금의 시빗거리도 없다. 붓다의 사촌이자 수십 년 간 옆에서 시자 역할을 한 아난다는 붓다가 돌아가신 후, 몸에 대한 마음챙김은 정말로 가장 좋은 친구라고 말하였다. 끊임없이 증식하는 생각들, 정서적 폭풍들, 오르내리는 에너지의 흐름들 속에서도 우리는 바로 이 호흡, 바로 이 마음챙김으로 항상 돌아갈 수 있다. 나는 수행하면서 이것이 그렇게 간단하다는 것에 대해 수없이 감사하였다. 우리는 항상 이미 거기에 있는 가장 간단한 그것에 돌아갈 수 있다.

호흡으로 수행하기

경전의 이 지점에서 붓다는 이 수행을 더욱 명확하게 보여주고 있다. 붓다는 대답을 주기 전에 다음과 같이 질문한다.

"비구들이여, 비구가 몸에 대해서 몸을 관찰하며 머무른다는 것은 어떠한 것인가? 여기 비구가 숲으로 가거나 나무의 뿌리로 가거나 빈 집으로 가서, 가부좌를 틀고 앉아 몸을 똑바로 세우고 면전에 마음챙김을 확립하여 마음챙겨 숨을 들이쉬고 마음챙겨 숨을 내쉰다."[3]

단 이 몇 줄로 붓다는 우리에게 좋은 안내를 하고 있다.

어디에서 수행하는가

첫째로, 붓다는 우리가 반드시 선택해야 하는 수행 장소에 대해 말하고 있다. 혼자 조용히 있을 수 있는 적절한 장소로 숲, 나무의 뿌리, 빈 집을 추천한다. 오늘날 우리에게 이것이 의미하는 바가 무엇인지를 살펴보는 것은 가치 있는 일이다. 수행 센터 또는 숲속의 오두막집같이 물리적으로 떨어진 장소가 이상적인 수행처라고 할 수 있다. 그러나 올바르게 수행할 수 있는 장소라면 자신의 집이라도-방 또는 방의 한구석, 말하자면 고요하면서 이점이 있는 환경- 괜찮다는 점을 의미할 수도 있다.

내가 처음 인도에 갔을 때 붓다가 깨달은 곳인 보드가야의 미얀마식 위하라(vihāra)에서 수행하였다. 그 당시에는 미얀마의 순례자들이 인도를 방문하기 어려웠기 때문에 미얀마식 위하라는 명상에 관심을 가진 서구인들이 머물기에 가장 좋은 장소였다. 비록 그곳은 길가에 바로 붙어 있어서 인도 영화 음악으로 시끄러웠고, 건너편에 공공 수도가 있어서 아주 혼잡하였지만, 그래도 나는 수행할 장소가 있다는 것만으로도 감사하였다. 그렇게 번잡한 바로 그곳 한 가운데서 내면적인 고요함이 있었다.

앉는 자세

그 다음으로 붓다는 앉는 자세에 대해 말하고 있다. 가부좌를 틀고 몸을 똑바로 세운다. 아시아의 많은 나라에서는 어릴 때부터 바닥에 가부좌로 앉는 것에 익숙하다. 그리고 사실 이 자세가 명상을 하는 데 좋은 자세이다. 그러나 서구에서 자란 사람들을 생각해 보면 문화적인 차이로 인한 관용을 조금 베풀어야 한다. 예를 들어 필요하다면 의자에 앉는 것도 가능하다.

나는 처음 수행할 때 가부좌로 10분도 앉아 있을 수 없었다. 무릎의 통증이 너무 심하여서 아무 것에도 집중할 수 없었다. 그래서 결국 의자로 옮겨 앉았고, 의자에 앉고 나서 더욱 쉽게 명상할 수 있었다. 그러나 키가 큰 편이라서 의자에도 오랫동안 앉아 있기가 힘들었다. 그래서 의자 다리 아래에 벽돌 몇 장을 넣고, 앉는 부분에 방석 한두 개를 더 깔았다. 게다가 모기장으로 전부를 덮었다. 그것은 왕좌와 공항의 구두 닦는 의자의 혼합물이었다. 스승이 이 모습을 보러 왔을 때 다소 당황스러웠지만, 나는 그런 대로 괜찮았다. 하지만 오랫동안 앉아 있을 수 있었고, 마음챙김과 집중을 심화시킬 수 있었다. 그리고 오랜 시간에 걸쳐서 천천히 가부좌 자세로 바꿔갈 수 있었다. 여기에서 내가 주장하고자 하는 바는 당신에게 적합한 방식으로 앉으라는 것이다.

불교의 서로 다른 전통들은 앉는 방식에서도 다른 강조점을 둔다. 예를 들면 선불교에서는 올바른 자세에 엄청난 중요성을 부여한다. 선불교에서는 형식이 깨달음을 간직하는 그릇이자 표현이다. 상좌부 불교에서는 정확한 자세에 대해 비교적 융통성이 있다. 그러나 『염처경』에서 말하고 있는 바와 같이, 어떤 자세를 취하더라도 너무 경직되거나 긴장하지 않고 등을 똑바로 세우는 것이 도움이 된다. 이것이 부지런하고, 분명히 알고, 마음챙기고, 세상의 욕망과 불만족을 버리면서 머무는 방법이다.

우리는 자신의 수행에서 이런 선불교와 상좌부 불교 방식 사이의 균형을 잡는 것이 좋다. 졸리거나 집중이 되지 않으면 선 수행의 자세를 취하는 것이 크게 도움이 된다. 명상과 일상적인 삶에서 현명한 노력은 에너지를 낳는다. 우리는 종종 노력을 하기 위해 에너지가 필요하다고 생각한다. 그러나 사실은 그 반대이다. 피곤하고 힘이 없을 때 밖에 나가서 약간의 운동을 하는 경우를 생각해 보라. 그러면 대개는 다시 정신이 맑아지고 에너지를 얻게 될 것이다. 노력이 에너지를 낳는 것이다.

다른 한편 애를 너무 많이 쓰고 지나치게 노력한다면 자세를 약간은 편하게 취하여 내면의 에너지를 허용하는 편이 도움이 된다. 마음챙김과 집중이 강해지면 등과 몸은 자연스럽게 똑바르게 된다. 별로 노력을 기울이지 않아도 몸속의 에너지 흐름이 좋아져서 몸이 똑바르게 된다.

한때 미얀마에서 수행을 하고 있을 때 수행이 더 이상 나아가지 못하고 그 자리에 머물러 있었다. 나는 계속해서 이 고비를 넘어가려고 노력하였다. 아주 애를 많이 쓰면서 가부좌를 하고 있었다. 그러나 제대로 나아가지 못하였다. 그래서 나는 가부좌와 의자에 앉는 것을 번갈아가면서 수행을 하기 시작하였다. 이런 방법이 수행이 진전되어 나가는 데 필요한 이완이라는 점에서 도움이 되었다. 시간이 흐르면서 우리는 언제 어떤 자세를 사용하고 적응하는 것이 좋은지를 배우게 된다.

주의에 초점 맞추기

자, 이제는 조용한 장소에서 이런저런 방식으로 앉아서 등을 똑바로 세우고 있다. 경전의 다음 부분에서는 "면전에 마음챙김을 확립한다"고 말한다. 이 구절은 약간 애매하다. 『염처경』에 대한 아날라요의 저서에서 그는 이에 대해 몇 가지 해석을 제시하고 있다.

자구대로 해석하면 '면전'이라는 것은 콧구멍 부근-코끝 또는 윗입술-을 말한다. 그곳이 주의에 초점을 두는 장소이다. 이곳에 초점을 맞추어 마음챙김을 한다는 것을 보여주는 전통적인 이미지는 문을 드나드는 사람을 모두 주시하는 고대 도시의 문지기 이미지이다. 문지기는 도시 안으로 들어가는 사람을 따라가지 않는다. 그리고 문 밖으로 나가는 사람을 따라서 여행을 떠나지도 않는다.

다른 스승들은 '면전'에 마음챙김을 확립하는 또 다른 방법을 제시한다. 위대한 태국 숲속 수행 전통의 두 스승, 즉 아잔 마하 부와(Ajahn Maha Boowa)와 아잔 담마다로(Ajahn Dammadaro)는 제자들에게 처음에는 코에 초점을 맞추지만, 이후에는 마음챙김을 가슴 또는 태양총(solar plexus)으로 옮겨가라고 가르친다. 그리고 마하시 사야도의 전통에서는 배의 오르내림을 강조한다. 엄격히 말하면 이것은 호흡의 마음챙김에 대한 것이 아니라 몸 명상의 또 다른 하나인 바람의 요소에 대한 명상이다.[4] 내 입장에서 보면 나는 항상 첫 스승인 무닌드라-지의 실용주의를 선호한다. 그는 가장 쉬운 부위라면 어디든지, 가장 명확하게 느껴지는 부위라면 어디든지 그곳에서 호흡을 관찰하라고 말한다.

지금 이 순간의 마음을 확립한다

"면전에 마음챙김을 확립한다"는 구절은 또한 명상의 평정과 주의를 확립하는 것을 의미한다. 이것은 지금 이 순간의 마음을 확립하여 눈을 부릅뜨고 자신을 두루 살피는 것이다. 『염처경』의 한역(漢譯)을 보면 이 부분을 "마음을 잘 조절하여 흐트러지지 않는다"라고 하고 있다.[5]

자세를 확립한 다음 붓다는 경전의 이 부분에서 의도적으로 마음챙김을 확립하는 것이 중요하다고 강조하고 있다. 스스로 다음과 같은 것을 상기한다. "그래, 이것이 나의 목적이야, 이것이 내가 여기에서 하고 있는 것이야." 이것은 단순히 아무 생각 없이 앉아서 이런저런 생각에 휘둘리고 환상에 젖어 있는 것이 아니라, 순간순간 자신의 의도를 살피는 것이다. 이런 시작 방식이 흔히 명상의 전체 방향을 결정짓기도 한다.

맛지마 니까야의 한 경전에서 젊은 바라문인 브라흐마유(Brahmayu)는 7개월 동안 그림자처럼 붓다를 따라다니면서 붓다의 성격과 행동을 관찰하여 상세하게 서술하고 있다. 브라흐마유는 붓다가 명상 수행하면서 자리를 잡는 모습을 다음과 같이 묘사하고 있다.

"[그분은] 가부좌를 틀고 앉아, 몸을 똑바로 세우고 면전에 마음챙김을 확립하고 앉습니다. 그분은 자신을 해칠 생각도, 남을 해칠 생각도, 둘 다를 해칠 생각도 하지 않습니다. 그분은 자신의 안녕, 남의 안녕, 둘 다의 안녕을 생각하면서, 온 세상의 안녕까지 생각하면서 앉아 있습니다."[6]

이런 경전의 내용을 우리 자신의 수행에 적용하여 보면, 면전에 마음챙김을 해야 한다는 것, 주의집중을 어느 곳에 두어야 하는가의 문제, 마음챙김을 하는 기본적인 의도, 우리의 수행이 모든 존재에게 이로움을 주게끔 계발되어야 하는 것 모두를 수행에 포함시킬 수 있다.

호흡에 대한 마음챙김

『염처경』에 따라서 우리는 이제 수행하기에 적절한 장소를 찾았고, 합당한 자세를 취하여 면전에 마음챙김을 확립하였다. 그러고 나서 붓다는 호흡에 대해 연속적으로 가르침을 준다. 호흡에 대한 가르침은 몸에 대한 명상의 첫 번째를 이룬다.

여기서, 그리고 다른 많은 경전에서 붓다는 무한한 가치가 있는 보물이지만 종종 간과되는 것, 즉 우리 자신의 호흡을 지적하고 있다.

"비구들이여, 호흡에 대한 마음챙김이 계발되고 함양될 때, 큰 결실과 큰 혜택이 있다. 호흡에 대한 마음챙김이 계발되고 함양될 때, 그것은 네 가지 마음챙김의 토대를 성취한다. 네 가지 마음챙김의 토대가 계발되고 함양될 때, 그것들은 일곱 가지 깨달음의 요소들[七覺支]을 성취한다. 일곱 가지 깨달음의 요소들이 계발되고 함양될 때, 그것들은 진정한 앎과 해탈을 성취한다."[7]

이런 평범한 호흡이 명상의 가장 좋은 대상이 되는 이유는 호흡은 항상 우리와 함께 있고, 또한 모든 사람에게 적합한 대상이기 때문이다. 호흡을 명상하게 되면 우리는 깊은 집중과 심오한 통찰에 이르게 된다. 이것은 산만함과 쓸데없는 생각의 해독제이다. 그리고 호흡에 대한 명상은 죽음의 순간에 당사자를 안정시키는 요소이기도 하다. 삶의 마지막 호흡은 마음챙김의 요소일 뿐만 아니라, 그날의 마지막 호흡 또한 그러할 수 있다. 잠에 들어갈 때 들숨으로 들어가는지 날숨으로 들어가는지를 유심히 살펴보는 것은 어려운 일이긴 하지만, 흥미로운 수행방법이다.

들이쉬면서 나는 들이쉰다는 것을 안다. …

우리는 단순히 알아차리는 것에서 수행을 시작한다. "나는 숨을 들이쉬는 것을 안다. 나는 숨을 내쉬는 것을 안다." 우리는 어떤 식으로든지 호흡을 강요하거나 조절하고 있지 않다. 숨을 들이쉴 때 숨을 들이쉬고 있다는 것을 안다. 숨을 내쉬고 있을 때 숨을 내쉬고 있다는 것을 안다. 이것은 아주 단순하다. 그러나 처음에는 그렇게 쉽지 않다. 마음은 계획, 기억, 판단 및 평가 등-모든 종류의 사념의 확산[戱論]-에 휘둘리는 경향이 있다. 그러나 수행의 한 부분인 호흡에 제대로 집중을 하지 못하는 것을 알게 되면, 그냥 단순히 그대로 흘려보내고 호흡을 단순히 아는 수행을 다시 시작하면 된다.

호흡에 대한 마음챙김의 두 번째 가르침에서 붓다는 말한다. 즉 "길게 숨을 들이쉴 때는 '길게 숨을 들이쉰다'고 안다. 짧게 숨을 들이쉴 때는 '짧게 숨을 들이쉰다'고 안다." 여기에서도 호흡을 어떤 식으로 조절하려고 하는 것이 아니라, 단순히 그것이 어떤가를 알아차리고 있다. 바로 이런 연습이 호흡을 조절하려고 하는 습관적인 패턴을 탈조건화시키는 데 도움이 된다.

우리는 호흡이 짧든 길든 상관없이 그 호흡이 어떻게 움직이는가에 대해 그냥 단순히 마음챙김을 한다. 이런 가르침은 이 수행이 호흡 연습이 아니라, 마음챙김의 훈련이라는 점을 상기시켜 준다. 어떤 종류의 호흡이라고 해도 상관없이 이렇게 수행을 한다.

이 경전의 많은 가르침에 대해서 여러 스승들은 다양한 해석과 수행 접근법을 제시하였다. 마하시 전통의 미얀마 스승들 중의 한 사람인 사야도 우 빤디따는 마음이 대상을 향해서 달려가 강하게 그 대상을 잡고 그것을 깊이 통찰하는 것에 대해 말하였다. 다른 스승들은 마치 무엇을 조용히 듣는 것처럼 (문자 그대로 호흡을 듣는다는 것이 아니라, 그것을 받아들이는 태도를 말한다) 보다 수용적인 태도를 강조하였다.

우리는 어떤 접근법이 옳은지에 대해 내적으로라도 갈등할 필요는 없다. 오히려 모든 접근법이 나름대로 마음챙김, 집중, 통찰을 계발하는 데 유익한 수단이라고 생각하는 것이 낫다. 마음이 너무 지나칠 정도로 노력하고 너무 빡빡하면, 마음을 좀 더 부드럽게 하고 이완하는 편이 낫다. 만약 마음이 너무 흔들리거나 너무 나른하면, 대상을 향하여 강하게 달려가는 편이 도움이 될 것이다. 태국 숲속 수행 전통의 인기 있는 스승인 아잔 차는 이렇게 균형을 잡는 것에 대해 유명한 예를 사용하였다.

누군가 아잔 차에게 와서 그의 가르침이 혼란스럽다고 불평을 하였다. 때로는 이렇게 가르치기도 하였고, 때로는 그와 반대되는 내용을 말하기도 하였다. 아잔 차는 대답하였다. "그것은 마치 이런 것과 같다. 누군가가 길을 걸어가는데 왼쪽에 있는 도랑에 빠질 것 같으면 나는 '오른쪽으로 가'라고 외칠 것이다. 그 후 바로 그 사람 또는 다른 사람이 길을 가다가 오른쪽에 있는 도랑에 빠질 것 같으면, 나는 '왼쪽으로 가, 왼쪽으로 가'라고 외칠 것이다. 이 모든 것은 길을 제대로 가게 하기 위한 것이다."

때로는 호흡이 아주 미세해져서 거의 느끼지 못하게 된다. 우리는 호흡을 느끼기 위해서 호흡을 강하게 하려고 애쓸 필요는 없다. 오히려 호흡은 마음이 미묘한 상태로 가는 그대로 따라가게 하면 된다. 마치 멀어져 가는 플루트 연주를 듣는 것과 같다. 호흡의 미세함은 마음을 더 미세하게 하는 매개체와 같다. 호흡이 정말로 사라지고 그것을 전혀 느낄 수 없을 때는, 단순히 호흡이 저절로 다시 나타날 때까지 앉아서 몸을 알아차리기만 하면 된다.

숨을 들이쉬면서, 나는 온 몸으로 체험하며…

경전의 이 지점에서 흥미로운 언어 변화가 일어난다. 아날라요가 지적한 바와 같이, 첫 두 수행에서 붓다는 동사 '안다(to know)'[7]를 사용한다. 예를 들면 숨을 들이쉴 때 숨을 들이쉰다는 것을 안다. 그

••••••

7) 여기서 저자가 '안다(to know)'라고 영역한 단어의 경전 원문 빨리어는 'pajānāti'이다. 이것은 단순히 '안다'는 것보다는 '꿰뚫어 안다', '분명히 안다', '통찰한다'는 뜻에 가깝다. 그래서 부록의 『염처경』 번역에서는 '꿰뚫어 안다'라고 번역했다. 본문에서는 경우에 따라 '꿰뚫어 안다', 혹은 '안다'라고 번역했다.

러나 호흡의 마음챙김의 그 다음 두 수행에서 붓다는 '훈련한다(to train)'[8)]라는 동사를 사용한다.

> "온 몸을 체험하면서 숨을 들이쉬겠다"라고 훈련하고, "온몸을 체험하면서 숨을 내쉬겠다"라고 훈련한다. "몸의 작용을 고요하게 하면서 숨을 들이쉬겠다"라고 훈련하고, "몸의 작용을 고요하게 하면서 숨을 내쉬겠다"라고 훈련한다.[8]

이런 용어의 변화-안다에서 훈련한다로의 변화-는 호흡에서 온 몸으로 알아차림을 확대시키면서 수행이 갖는 의도의 정도를 증가시킨다는 것을 의미한다.

그러나 또한 이 맥락에서 온 몸을 체험한다는 것이 무슨 의미를 갖는지에 대해 두 가지 해석이 있다. 말 그대로 문자적인 의미를 가질 수 있다. 즉 몸 전체를 통해서 호흡을 느끼는 것, 또는 호흡하면서 온 몸을 느끼는 것이다. "온 몸을 체험한다"의 두 번째 해석은 불교 주석 문헌에서 주장하는 것으로서, 이 구절은 전체 '호흡 몸'을 가리킨다는 것이다. 이것은 매 호흡의 처음·중간·끝을 체험하도록 훈련한다는 의미이다. 단순히 호흡이 길고 짧은 것을 아는 것에서 개별적인 들숨과 날숨의 전체 흐름의 변화를 체험하면서 더 친밀하게 호흡을 느끼는 것까지 나아가는 것이다.

앞에서 언급한 바와 같이 두 해석은 모두 적절한 때에 적용할 수

8) '훈련하다(to train)'에 해당하는 경전 원문의 빨리어는 'sikkhati'이다. 이것의 의미는 '훈련하다', '배우다', '연습하다'이다.

있는 유익한 수단으로 생각된다. 만약 호흡을 너무 조절하고 있다면 호흡에 너무 관심을 집중하는 것은 도움이 되지 않을 것이다. 그럴 경우 온 몸이라는 보다 큰 맥락에서 호흡을 알아차리는 것이 더 좋다. 그러나 다른 한편으로 만약 우리가 무언가 멍해 있어서 마음이 갈피를 잡지 못하는 경우라면 호흡의 감각 흐름으로 초점을 좁히는 것이 마음챙김과 집중을 강화하는 데 도움이 될 것이다.

몸의 작용을 고요히 한다

여기에서 마지막 가르침은 매 호흡마다 몸의 작용을 고요히 하도록 훈련하는 것이다. 우리는 두 가지 방식으로 이것을 할 수 있다. 우리가 "온 몸을 체험하면서 들숨과 날숨을 쉰다"라는 구절을, 우리가 앉아 있는 자세 전체를 알아차리는 것이라고 해석하면, 몸의 작용을 고요히 한다는 것은 고요하고 안정된 자세를 유지하는 것, 그리고 움직이고자 하는 성향을 고요히 하는 것을 의미한다. 우리는 일정한 시간 동안 어떤 의도적인 움직임을 하지 않으려고 마음먹을 수 있다. "온 몸을 체험한다"를 호흡의 몸을 의미하는 것으로 이해하면, 이때 몸의 작용을 고요히 한다는 것은 호흡 그 자체를 고요히 하는 의도를 견지하는 것이 된다. 때로는 아주 부드럽게 단지 "고요하게, 고요하게"라고 반복하는 것도 호흡을 진정시키는 데 도움이 된다. 호흡이 고요해지면 몸도 점차로 더욱 차분해진다. 그리고 몸이 차분해지면 호흡 자체가 고요해진다. 이런 두 접근법은 서로 얽혀져 있고 서로를 지지해 준다.

우리의 일상적인 삶에서 종종 호흡을 간과하고, 또한 명상 수행에서 때로 호흡에 싫증을 느끼는 것은 놀라운 일이다. 매 호흡은 우리의 삶을 유지해 주고 있을 뿐만 아니라, 호흡을 알아차리고 마음챙김을 하는 것은 붓다 자신의 깨달음의 기반이기도 했다. 그것은 또한 우리 자신의 깨달음을 위한 것이기도 하다.

> "비구들이여, 만약 외도 유행승들이 그대들에게 '도반들이여, 세존은 우기의 안거 동안에 어떻게 머무르며 지내십니까?'라고 묻는다면, 그 외도 유행승들에게 그대들은 이렇게 답해야 한다. '도반들이여, 세존께서는 우기의 안거 동안에 보통 호흡에 대한 마음챙김을 통한 삼매에 머물면서 지내십니다.' …."
>
> "비구들이여, 만약 바르게 말하는 자라면, 이것은 '고귀한 머무름'이고, '신성한 머무름'이고, '여래의 머무름'이라 할 것이다. 그 사람은 호흡에 대한 마음챙김을 통한 삼매에 대해 이렇게 바르게 말하는 것이다."
>
> "비구들이여, 아직 최상의 마음을 얻지 못해 훈련 중이며, 속박을 벗어난 위없는 안온(安穩)을 열망하는 비구들이 호흡에 대한 마음챙김을 통해 삼매에 머물며 그것을 잘 닦으면 번뇌의 소멸로 나아가게 된다. 이런 비구들이 아라한이다. 아라한은 번뇌를 소멸시킨 자, 성스러운 삶을 사는 자, 해야 할 바를 다한 자, 짐을 내려놓은 자, 자신의 목표에 도달한 자, 완전히 존재의 속박을 부순 자, 궁극의 지혜를 통해 온전히 해탈한 자이다. 아라한은 호흡에 대한 마음챙김을 통해 삼매에 머물며 그것을 잘 닦았기 때문에, 바로 이러한 삶에 기쁘게 머물게 된 것이고, 마음을 챙기고 명료하게 이해하게 된 것이다."[9]

08

자세에 대한 마음챙김

경전의 다음 절에서 붓다는 몸에 대한 마음챙김의 시야를 호흡에서 몸의 자세로 확대하고 있다.

"또한 비구들이여, 비구는 걸어가면 걸어간다고 꿰뚫어 알고, 서 있으면 서 있다고 꿰뚫어 알고, 앉아 있다면 앉아 있다고 꿰뚫어 알고, 누워 있으면 누워 있다고 꿰뚫어 안다. 그는 신체적으로 어떠한 자세를 취하든지 그 자세 그대로 꿰뚫어 안다."[1]

이 수행은 간단함에 대단한 힘이 있다. 이렇게 몸을 알아차리게 되면, 생각과 관념에 휘둘리는 대신 몸을 알아차리는 것에서 튼튼한 기초를 마련하게 된다. 나의 첫 스승인 무닌드라-지는 종종 이렇게 말하였다. "앉아서 네가 앉아 있다는 것을 알아라. 그러면 온 법이 드러날 것이다." 이것은 네 가지 몸의 자세 중 어느 것에도 해당된다.

즉 걷고, 서 있고, 앉고, 눕는 것[行住坐臥] 어느 것에도 해당된다.

그러데 이런 간단한 마음챙김 수행이 어떻게 진리인 법을 정확하게 드러낼 수 있는가?

이것은 지속적인 알아차림을 강화한다

몸의 자세에 대한 마음챙김-우리가 하루 종일 한 자세에서 다음 자세로 움직이는 것을 그냥 단순히 알아차리는 것-은 지속적인 알아차림을 강화하는 데 도움이 된다. 이것은 복잡한 것이 아니다. 우리는 고도의 집중상태를 유지할 필요도 없고, 조용히 혼자 있을 때뿐만 아니라 수행 장소에서 벗어나 있을 때에도 단순하고 쉽게 이것을 수행할 수 있다. 앉아 있을 때 앉아 있는 것을 안다. 걷고 있을 때 걷는 것을 안다. 서 있을 때 서 있는 것을 안다. 알아차리기 위해 명상 학교에 있을 필요가 없다. 붓다의 시대에는 일곱 살 먹은 아라한들도 많이 있었다. 그들은 완전히 깨달은 자들이다. 나는 이것이 가능한 이유는 그냥 아주 단순히 가르침을 그들이 따를 수 있었기 때문이라고 생각한다.

그것은 우리 마음 상태를 드러낸다

몸의 다양한 자세가 자신의 마음 상태에 대해 많은 것을 드러낸다는 것을 마음챙김하라. 예를 들면 우리가 어딘가에 서둘러 걸어가고 있거나 또는 무엇을 하고 있을 때 종종 자신을 보게 되는가? 서둘러 급히 움직이는 것이 꼭 속도와 연관될 필요는 없다. 그것은 무엇에 대한 기대, 무엇을 원함, 힘차게 앞으로 나아가고자 하는 마음상태를 반영한다. 이것은 바로 그 순간으로 돌아가는 것이 아니다. 걷기 명상에서 가장 도움이 되는 가르침 중 하나는 "걸을 때는 그냥 걸어라"이다. 이런 간단한 가르침은 서둘러 급히 움직이는 에너지와 어떤 명상 상태로 나아가고자 하는 알아차리기 어려운 욕망을 단절시켜 줄 수 있다. 걸을 때 단순히 그냥 걸어라. 우리는 단지 그런 단순한 순간으로 돌아간다. 서 있을 때 안절부절하여 참을 수 없는가, 아니면 지금 이 순간에 기반을 두면서 편히 서 있는가?

몸의 자세에 대한 마음챙김은 불선한 마음, 심지어 아주 강한 정도의 불선한 마음을 극복하는 기반이 되기도 한다. 붓다가 깨달음을 성취하기 전, 여전히 보살이었을 때 그는 종종 마음속에 있는 두려움을 직면하기 위한 하나의 방법으로 멀리 있는 정글에 가곤 하였다.

> "그리고 내가 거기에서 지낼 때, 맹수가 접근하거나, 공작새가 나뭇가지를 떨어뜨리거나, 바람에 나뭇잎이 바스락거리거나 하면 나는 이렇게 생각했다. '이제 두려움과 공포가 오는 것이 아닐까?' 그리고는 나는 생각했다. '왜 나는 항상 두려움과 공포에 대한 예상을 떨치지 못하는가? 내가 두려움과 공포가 오더라도 같은 자세를 유지하면서 그 두려움과 공포를 억누른다면 어찌 되겠는가?'"
>
> "내가 걷고 있을 때, 두려움과 공포가 나를 덮친다. 그러면 나는 두려움과 공포를 억누르기 전에는 서지도 않고 앉지도 않고 눕지도 않는다. 내가 앉아 있을 때, 두려움과 공포가 나를 덮친다. 그러면 나는

두려움과 공포가 억누르기 전에는 걷지도 않고 서지도 않고 눕지도 않는다. 내가 누워 있을 때, 두려움과 공포가 나를 덮친다. 그러면 나는 두려움과 공포를 억누르기 전에는 걷지도 않고 서지도 않고 앉지도 않는다."[2]

깨달음에 대한 강한 열망을 지닌 보살조차도 우리가 삶속에서 겪는 것과 동일한 어려움에 직면하였다는 것을 아는 것은 고무적이기도 하다. 나뭇잎이 바스락거리는 소리나 가지가 떨어지는 소리처럼 조그만 것도 보살에게 큰 두려움을 야기하였다는 바로 그 사실은 붓다의 여정과 우리의 여정을 연결시켜 준다. 위의 경전 인용문은 마음의 정화라는 것이 반드시 앉아서 수행하는 것에 한정되지 않는다는 것을 명백히 보여준다. 우리는 언제 어디서나 불선한 마음이 일어나는 것을 직면하고 보게 된다. 그런 불선한 마음이 일어나는 어떤 몸의 자세에서도 마음챙김의 깃발을 꽂을 수 있다.

미국 남서부의 유명한 예술가인 조지아 오키프(Georgia O'keeffe)는 이처럼 두려움에 대해 용기 있게 대처하는 태도를 다른 식으로 표현하였다. "나는 삶의 매 순간 완전히 공포에 눌려 살았다. 그러나 나는 공포 때문에 작은 일 하나라도 내가 원하는 일을 못 해 본 적은 없다."

그것은 세 가지 특성에 대한 이해를 도와준다

몸의 자세에 대한 마음챙김-"걸어가면 걸어간다고 알고, 서 있으면 서 있다고 아는 것"-은 또한 모든 존재의 세 가지 특성[三相]을 이해하는 문을 열어준다.

무상(無常), 즉 *아닛짜(anicca)*는 한 자세에서 다른 자세로 이동할 때 분명히 드러난다. 이것은 자세의 비교적 큰 변화, 예를 들면 앉은 자세에서 일어선 자세로 변화하는 것, 또는 일어선 자세에서 누운 자세로 변화하는 것에서뿐만 아니라, 한 자세에서 다른 자세로 변화하는 과정에서 일어나는 수많은 작은 변화에서도 진실이다. 특히 우리가 천천히 움직일 때 매 순간 미세한 감각을 감지할 수 있다. 실험적으로 당신의 팔을 앞에서 천천히 왔다갔다 단순하게 움직여보라. 아주 천천히 움직이면 무게, 무거움, 박동, 동작의 아주 많은 서로 다른 감각들을 느끼게 될 것이다. 심지어 아주 간단한 동작에서도 수많은 것이 움직인다.

네 가지 자세에 대한 마음챙김은 *둑카(dukkha,* 苦), 즉 불만족의 진실을 보여준다. 그것도 아주 즉각적인 방식으로 보여주고 있다. 이것은 우리가 움직이거나 자세를 변화시켜야 하는 이유를 탐색할 때 명확해진다. 우리가 주의를 기울이면, 거의 모든 동작은 일종의 고통 또는 불편함을 줄이기 위한 시도라는 것을 알 수 있다.

우리가 앉아 있을 때 자세를 조금씩 움직인다는 것을 볼 수 있다. 이것은 긴장을 약간 줄이기 위한 것이다. 또는 자세의 보다 큰 움직임은 고통을 참을 수 없을 때 일어난다. 먹으러 갈 때 배고픔의 고통을 완화시키고, 화장실에 갈 때 불편함을 줄인다. 피곤함을 줄이기 위해 눕는다. 그렇다 해도 결국 일정 시간 후 약간의 편안함을 누려야겠다고 생각할 때는 누워서 뒹굴거나 늘어져 있어야 한다. 그리고 몇 시간이 지난 다음 몸을 일으켜 세운다. 왜냐하면 가만히 누워만 있으면 몸이 뻣뻣해지기 때문이다. 이런 모든 것은 설법에 잘 요약되어 있다. "움직임은 둑카를 감춘다." 하루 종일 무엇이 이렇게 많은 움직임을 야기하는지 살펴보는 것은 가치 있는 일이다.

자세에 대한 마음챙김은 또한 무아(無我), 즉 *아낫따(anattā)*에 대한 통찰을 깊게 해 준다. 걸을 때 마음속으로 질문을 던질 수 있다. "누가 걷고 있는가? 누가 일어서 있는가?" 여러 가지 자세에 대한 지속적인 마음챙김을 통해서 무아가 갖는 비개인성을 보기 시작한다.

견해의 정화라고 부르는 중요한 통찰 단계가 있다. 즉 모든 현상의 무아성을 처음으로 깊게 깨닫는 것이다. 이것은 *나마루빠(nāmarūpa,* 名色), '마음과 물질' 또는 '정신성과 물질성'에 대한 통찰이다. 명상의 이 단계에서 일어나고 있는 모든 것은 어떤 것이라도 단순히 앎과 그 대상의 과정-일어서 있는 몸의 감각과 그것을 아는 것, 앉아 있는 몸의 감각과 그것을 아는 것-에 불과하다는 것을 본다. 우리는 이런 과정이 일어나고 있는 배후에 그 누군가가 있는 것이 아니라는 것을 본다. 단지 앎과 그 대상이 함께 짝을 이루어 계속해서 전개되고 있는 것뿐이다.

우리는 또한 마음과 몸의 물질 요소들 사이에 존재하는 상호 인과적 조건화를 봄으로써 무아에 대한 이해를 심화시킬 수 있다. 몸은 마음이 의도하기 때문에 움직인다. 그리하여 행동이 유발된다. 이것은 마음이 조건화시킨 물질성이다. 또 다른 경우 몸의 체험-광경, 소리 또는 다른 감각-은 즐거움 또는 혐오의 마음을 조건화시킬 수 있다. 이것은 몸이 마음을 조건화시킨 것이다.

명상 수행에서 우리는 마치 움직임이 그 자체로 일어난 것처럼, 걷는 것을 느낄 때 그 과정에서 자아는 없다는 통찰을 체험한다. 때로는 마치 그렇게 하도록 떠밀려진 듯한 느낌을 받는다. 이것은 어떤 것을 하고 있는 사람은 없다는 체험이다. 단지 다양한 인과관계로 상호작용하고 있는 정신적 요소와 물질적 요소의 유희일 뿐이다.

변화하는 자세에 대한 지속적인 마음챙김은 무상에 대한 알아차림의 지속성을 보장한다. 이로써 몸을 영원한 자아로 동일시하는 것에서 자유로워진다. 우리는 붓다가 아들인 라훌라(Rāhula)에게 준 가르침대로 살아가기 시작한다. "너는 적절한 지혜로 모든 현상을 보아야 한다. 즉 이것은 나의 것이 아니고, 나도 아니고, 나 자신도 아니다"라는 가르침대로 살아가게 된다. 몸이 '나의 것이 아니라는 것'을 이해하게 되면 욕망과 집착에서 자유로워진다. 더 이상 몸의 물질적 요소, 또는 그것을 아는 마음을 자신의 것이라고 주장하지 않는다.

모든 수행의 목적은 방해가 되고 유익하지 않은 마음을 정화하는 것이다. 붓다의 말을 빌리면 "악한 의도와 증오를 버리고 모든 존재의 안녕을 위해서 자비로운 마음에 머무는 것"이다.

아난다의 깨달음

자세에 대한 마음챙김을 통해서 아라한을 성취한 많은 비구와 비구니에 대한 이야기가 경전에 실려 있다. 아난다는 붓다의 사랑스런 시자였다. 아난다는 깨달음의 첫 단계인 예류과(預流果)를 성취하였지만 완전한 깨달음에 도달하지 못하였다. 붓다의 열반 후에 커다란 결집이 열렸고 거기에서 아난다는 모든 가르침을 암송하였다. 그때 499명의 아라한과 아난다가 참석하였다. 아난다는 뛰어난 기억력과 붓다가 설법하실 때 항상 같이 있었다는 이유로 그 결집에 초대받았다. 아난다는 자신이 붓다의 가르침을 완전히 깨닫지 못했다는 사실에 부끄러움을 느꼈다. 그리하여 회의가 열리기 전날 밤 아난다는 걷기 명상을 하면서 밤을 지새웠다. 늦은 밤까지 애를 너무 많이 써서 약간의 휴식을 취하기로 하였다. 계속해서 깊이 마음챙김을 하면서 잠자리에 누웠다. 눕는 바로 그 순간에, 말하자면 베개에 머리를 놓기 전, 또는 잠자리에서 발을 뻗기 전에 아난다는 마음이 활짝 열려 완전한 깨달음을 성취하였다. 또한 모든 정신적인 능력도 성취하였다. 그는 한 동안 침대에 누워서 깨달음의 환희를 맛본 후 자발적으로 회의에 나타났다. 모든 사람은 아난다가 자신의 목적을 이루었다는 것을 알았다.

우리는 흔히 앉은 자세의 명상에 상당히 중점을 두지만, 깨달음의 길은 어떤 한 자세에 한정되지 않는다는 것은 명백한 사실이다. 자세의 마음챙김에 대한 『염처경』의 이 부분은 집중적인 안거 수행의 통찰을 우리 일상의 행동들로 가져오는 가장 효과적인 방법들 중 하나를 보여주고 있다. 아잔 차는 말한다. "어떤 사람들은 오래 앉아 있을수록 더 지혜로워질 거라고 생각한다. 나는 닭장 안에서 닭들이 계속해서 며칠 동안 앉아 있는 것을 보았다. 지혜는 항상 깨어 있으면서 마음챙김을 하는 것에서 나온다."[3]

자세에 대한 마음챙김의 부분에도 정형구가 역시 따라나온다. 그리하여 수행의 중요한 부분을 다시 일깨워 준다. 우리는 내적으로, 외적으로, 그리고 내외적으로 몸의 자세를 관찰하며 머무른다. 일어나고 사라지는 것을 관찰하고, 그것의 무상함을 관찰하고, 온전한 앎과 지속적인 마음챙김을 위해 필요한 만큼 자세에 대한 마음챙김을 하면서 머문다. 그리고 이 세상의 어떤 것에도 집착하지 않고 의존하는 바 없이 머무른다.

09

행동에 대한 마음챙김

몸의 자세에 대한 알아차림은 자연스럽게 『염처경』의 다음 부분인 행동에 대한 마음챙김으로 넘어가게 한다.

> "또한 비구들이여, 비구는 나아가고 돌아오는 것을 분명히 알아차린다. 앞을 보고 뒤를 보는 것을 분명히 알아차린다. 굽히고 펴는 것을 분명히 알아차린다. 옷을 입고 발우와 가사를 드는 것을 분명히 알아차린다. 먹고 마시고 소화시키고 맛보는 것을 분명히 알아차린다. 대변보고 소변보는 것을 분명히 알아차린다. 가고 서고 앉고 잠들고 깨어 있고 말하고 침묵하는 것을 분명히 알아차린다."[1]

'분명한 앎'은 빨리어 *삼빠잔냐(sampajañña)*를 번역한 것이다. 이것은 때로는 '분명한 이해'라고 번역되기도 한다. 분명한 앎은 정확하게, 또는 철저하게 다섯 가지 정신적 기능들{5근(五根): 믿음[信], 정진(精進), 마음챙김[念], 집중[定], 지혜[慧]}을 잘 조화시켜 들여다보는 것을 의미한다.

명확한 이해를 훈련하기

붓다가 자주 말한, 마음의 자질을 훈련하는 네 가지 방법이 있다.

행동의 배후에 있는 동기를 인식한다

훈련의 첫 번째 방법은 행동을 하기 전에 그 행동을 하는 목적을 분명히 알고, 그 행동이 자신과 타인에게 유익한지 아닌지를 이해하는 것이다. 이런 수행은 몸의 자세를 단순히 아는 것에서 명상을 한 단계 더 나아가게 해 준다. 무엇인가를 할 때는 동기를 보고 그것을 성찰해야 한다. 이것은 유익한 것인가? 유익하지 않은 것인가? 이렇게 분별하는 수행은 세상을 살아가는 우리의 삶에 대단히 함축적인 의미를 띠게 된다. 동기는 종종 아주 미세하고 보기 어렵기 때문에- 흔히 동기들은 혼합되어 있거나 여러 모순되는 것들로 이루어져 있기에- 그것을 분명하게 보고 그 행동의 배후에 있는 내적인 목적을 알기 위해서는 솔직함, 명확함, 마음챙김이 더욱 필요하다.

이렇게 동기들이 복잡하다는 것을 잘 보여주는 사례가 하나 있다. 한때 나는 오랜 시간 동안 혼자서 수행을 하고 있었다. 계속해서 진리의 말씀인 법을 읽고 있었는데, 우연히 내 생각으로 나의 동료인 샤론 잘쯔버그(Sharon Salzberg)에게 유익할 만한 이야기를 접하게 되었다. 법을 가르치는 선생 입장에서 좋은 이야기는 마치 금과도 같다. 그래서 나는 처음에는 이 이야기를 그녀와 공유하고자 하였고, 그것만으로도 마음이 기뻤다. 그러나 즉시 다음과 같은 생각이 들었다. '아니야, 나만을 위해서 이 이야기를 잘 간직해야지.' 그러자 바로 이어서 다른 생각도 끼어들었다. '그것이 바로 이기적인 것이야. 나는 이것을 그녀와 나눠 가져야 해. 아마 내가 이런 상황을 그녀에게 말하면, 그녀는 나에게 약간은 빚진 마음이 들겠지. 아니, 그것은 더 이기적인 거야.' 이런 식으로 생각들이 계속 이어졌다.

결국 나는 이런 일련의 생각들 가운데 순수한 동기가 어디에 있는지 헤매기 시작하였다. 돌이켜 보면 순수한 순간이 있었다고 한다면, 아마도 맨 처음 공유하고자 하는 마음이 불쑥 들었을 때였을 것이다. 그러므로 명확한 앎, 또는 명확한 이해가 모든 유익하지 않은 생각의 마음을 자동적으로 정화시켜 주지는 않는다. 오히려 명확한 앎으로 인해서 무엇이 마음에서 일어나고 있는가를 보게 되고, 그렇게 명확하게 본 것을 바탕으로 해서 보다 지혜로운 선택을 할 수 있게 해 준다. 명확한 이해는 마라와 매일 부딪치는 일상적인 삶에서 함께 하는 위대한 동맹자이다.

마라는 망상을 체현한 자이다. 마라는 서구 종교에서 지하세계의 왕으로 여겨지는 악마 또는 사탄과는 다르다. 불교 전통에서 마라는 가장 높은 하늘 영역[天界]의 왕으로 간주된다. 그의 사명은 우리 모두를 자신의 영역인 윤회의 집착에 얽매이게 하는 것이다. 이런 목적을 달성하기 위해 마라는 매혹적이고 혼란한 술책을 많이 사용한다.

마라는 탐욕이라는 간단한 유혹으로 나타날 수도 있다. 종종 이런 유혹이 음식을 둘러싸고 나타난다. 그럴 때 건강에 좋지 않을 정도로 과식하거나 과도하게 음식에 탐닉한다. 아주 미묘한 수준에서 수행에 장애가 되는 마음이 친구인 척 가장하고 나타나기도 한다. 예를 들면 나태와 무기력이 연민으로 나타날 수도 있다. 피곤하거나 좌절감을 느끼기도 한다. 이럴 때 친절한 목소리가 들린다. "충분하게 했어. 열심히 했잖아. 조금 쉬어." 때로는 휴식이 정말로 필요할 때도 있지만, 그 친절한 목소리는 어려운 상황에서 물러서는 나태와 무기력의 한 측면이기도 하다. 나는 때로는 다른 경전의 다음 구절이 도움이 된다는 것을 알곤 하였다. "마라, 나는 너를 본다." 이것은 유익하지 않은 상태의 유혹에서 벗어나는 한 방법이다. 물론 마라의 이런 모든 점들을 보고 거기에서 스스로 자유로워질 수 있는가는, 지금 무엇이 일어나고 있는가를 아는 능력에 달려 있다.

분명한 이해의 이런 측면-우리 행동의 목적과 그것이 유익한지 아닌지를 보는 것-은 마음챙김의 윤리적 차원을 이해하는 것에 바탕을 두고 있다. 이것은 선한 마음과 행동, 또는 불선한 마음과 행동을 식별하는 것이다. 그런 마음과 행동에 따라 행복 또는 고통이 각각 뒤따르게 된다. 이런 이해를 표명한 어떤 티벳인의 기도와 열망이 있다. "당신에게 행복과 행복의 원인이 있기를. 당신이 고통과 고통의 원인에서 해방되기를." 우리 일상의 모든 행동에 마음챙김을 하고 분명하게 그것을 알아야 한다는 『염처경』의 구절은, 우리의 삶에서 이런 기도를 실현하는 출발점이다.

우리가 행동의 목적과 유익함을 분명하게 이해하면 할수록 더 지혜로운 선택을 할 가능성은 높아진다. "이 행동은 무엇을 초래하는가? 내가 거기로 가기를 원하는가?" 베트남의 유명한 승려이자 시인이고 평화운동가인 틱낫한 스님은 이것을 아주 간명하게 표현하였다. "불교는 삶을 즐기는 현명한 방법이다. 행복은 얻을 수 있다. 부디 행복을 얻는 데 도움이 되기를."

행동의 적합성을 안다

두 번째 훈련 방법은 행동의 적합성을 아는 것이다. 비록 무엇인가가 선한 것이라고 할지라도 그것이 시간과 장소에 적합한 것인지 더 멀리 내다보아야 할 필요가 있다. 붓다는 올바른 언어[正言]에 대한 가르침을 펴면서 이런 점을 특히 강조하였다. 이런 점은 두 가지 질문으로 요약할 수 있다. 이것은 진실인가? 이것은 유용한가? 진실된 어떤 것이 있다고 할지라도 그것을 드러내기에 적합한 때가 아닐 수도 있다. 행동의 적합성을 분명히 아는 것은 보다 큰 맥락에 행동을 두는 것이다. 말하자면 자신의 행동이 타인에게 어떤 영향을 미치는지를 고려하는 것이다.

또한 이런 지혜로운 성찰은 영적인 자기-이미지에 사로잡히지 않게 해 준다. 나는 인도의 보드가야에서 충격적인 교훈을 얻은 적이 있다. 그때 스승인 아나가리까 무닌드라가 시장의 땅콩 노점상과 맹렬하게 가격 협상을 하는 것을 보았다. 서구인인 내겐 하찮은 일로 보였다. 위대한 명상 스승이 몇 센트의 땅콩 값을 놓고 실랑이를 벌이고 있었던 것이다. 내가 이것에 대해 물었을 때 그의 대답은 간단하였다. "법의 도정은 단순해지는 것이지 멍청이가 되는 것이 아니다." 그는 자기-이미지의 문제를 전혀 갖고 있지 않았다. 그는 시간과 장소에 적합한 행동을 하고 있었다.

수행의 영역들을 안다

분명한 이해의 세 번째 훈련은 명상 수행의 적절한 영역을 아는 것이다. 붓다는 『염처경』에서 아주 간결하게 이것을 요약하였다. 즉 마음챙김의 네 가지 영역-몸·느낌·마음·다양한 경험의 범주들(법들)-에 대해 언급하였다. 이 영역들은 깨달음을 위한 적절한 수행영역이다.

수행을 할 때마다 마음챙김이 잘 되지 않아서 처음으로 다시 돌아가곤 하였던 한 승려의 이야기가 있다. 그는 이렇게 20년 동안 수행하여 마침내 아라한이 되었다. 나는 그의 이야기가 수행에 대해 암시해 줄 뿐만 아니라 깨달음에 대한 전적인 헌신을 말해 주고 있어서 좋아한다. 수행의 적절한 영역을 분명하게 안다는 것은 감각 절제의 중요성을 지적해 주는 것이다. 마음이 감각에 휘둘려서 마음챙김을 하지 못하여 유혹에 빠지면 이리저리 헤매게 된다. 절제는 우리 문화에서 그다지 높게 평가받는 덕목은 아니다. 우리는 종종 금욕을 부담스러운 것으로 간주한다. 금욕이 좋은 것이라고 생각하지만 실제로는 별로 좋아하지 않는다. 그러나 금욕의 가치를 이해하는 또 다른 방법은 금욕을 중독에서 벗어나는 수행으로 보는 것이다. 이렇게 이해하면 자유를 주는 금욕의 진정한 향기를 더 쉽게 체험할 수 있게 된다.

망상에서 벗어나는 것을 이해하기

분명한 이해의 마지막은 망상에서 벗어나는 것이다. 즉, 앞에서 언급한 세 가지 보편적인 특성[共相]을 명확하게 보는 것이다. 우리는 모든 현상이 무상(無常)하고, 믿을 수 없고[苦], 무아(無我)인 성질을 명확하게 안다. 망상에서 벗어나는 것은 앞에서 언급한 신체행동을 행하는 그 누구도 없다는 것, 즉 행위자가 없는 행함이 있다는 것을 이해하는 것이다. 모든 것은 인과의 위대한 법칙에 따라서 일어나는 공(空)한 현상들일 뿐이다.

유명한 13세기 일본 선승인 도겐(道元)이 현성공안(現成公案)에서 이렇게 표현하였다, "불도(佛道)는 무엇인가? 그것은 자아를 배우는 것이다. 자아를 배우는 것은 무엇인가? 그것은 자아를 잊는 것이다. 자아를 잊는 것은 모든 것에 의해 깨달아진다는 것이다."

『염처경』의 이 구절-행동에 대한 마음챙김-은 비구와 비구니의 행실을 강조하고 있다. 붓다는 비구와 비구니에게 고요하고 품위 있는 행실을 하도록 가르쳤다. 이것은 경직되거나 가장하라는 의미가 아니다. 오히려 티벳 족첸 스승인 촉니(Tsoknyi) 린포체가 말한 바와 같이 그것은 '걱정 없는 품위'이다. 서구에서는 행실과 품위에 대한 것을 한물 간 것으로 여기는 듯하지만, 아시아의 불교문화에서는 아주 중요하고 아름다운 덕목으로 여기고 있다. 사원 또는 재가에서 마음챙김을 수행하는 사람들은 특히 서로에 대해 존경과 예의를 갖추고 있다. 그렇다고 해서 아시아에서는 서구와 같은 정신적 오염이 없다고 말하는 것은 아니다. 아시아에도 있다. 단지 행동하고 움직일 때 산만하기보다는 더 잘 알아차리고, 분명하게 아는 것이 문화적인 배경을 이루고 있고, 그것이 문화에 녹아 있다는 점이다.

행동에 대한 마음챙김의 이 절 이후 붓다는 정형구를 반복한다. 그리하여 이런 모든 행동을 내적으로, 외적으로 관찰하여 명상하고, 일어남과 사라짐의 본성을 보고, 온전한 앎과 지속적인 마음챙김을 위해 필요한 만큼 마음챙김을 확립하고, 이 세상의 어떤 것에도 집착하지 않고 의존하는 바 없이 머물기를 가르치고 있다.

10

신체 특성에 대한 마음챙김

이 장에서 우리는 신체를 구성하는 여러 부분에 대해 논의할 것이고, '몸'이라는 바로 그 개념을 넘어서는 데로 우리를 데려다 줄 명상 수행에 대해 언급할 것이다. 『염처경』의 이 절에서 붓다는 해부학적인 부분들 및 요소들로 나누어서 우리가 '몸'이라고 부르는 것을 더욱 자세히 분석하면서 몸이 갖는 성질인 죽음과 부패를 고찰하고 있다. 이것은 우리가 몸과 자신을 강하게 동일시하는 것과 동일시에서 오는 고통에서 벗어나게 해 주는 강력한 명상 수행이다.

해부학적 부분들

마음챙김의 첫 번째 토대인 몸에 대한 것에서 붓다의 그 다음 가르침은 몸을 해부학적인 부분으로 나누어 관찰하고 명상하는 것에 주의를 직접적으로 기울이라는 것이다.

> "또한 비구들이여, 비구는 이 몸을 발바닥에서부터 위로, 머리카락에서부터 아래로 피부로 싸여 있고 온갖 오물로 가득 찬 것으로 살펴본다. 즉 '이 몸에는 머리카락, 몸의 털, 손톱, 피부, 살, 근육, 뼈, 골수, 신장, 심장, 간장, 늑막, 비장, 폐, 창자, 장간막, 위장, 배설물, 뇌수, 담즙, 가래, 고름, 피, 땀, 지방, 눈물, 임파액, 침, 점액, 관절액, 오줌이 있다'고 살펴본다."[1]

이 경전에서는 31가지가 언급되고 있다. 다른 경전에서는 32가지 또는 36가지를 말하기도 한다. 또한 일부 경전에서는 "그리고 많은 여러 부분으로 이루어져 있다"고 간단히 끝을 맺기도 한다.

여기에서 의문은 다음과 같은 것이다. 왜 붓다는 빨리어로 *아수바(asubha, 不淨)*라고 부르는 것, 즉 아름답지 못하거나 매력적이지 않은 몸의 부분들을 가르치는가? 그리고 왜 우리가 그것을 관찰하고 명상하기를 원하는가? 우리가 '몸'이라고 부르는 것, 그리고 어떤 측면에서 보면 매력적이고 기쁘게 보이는 것이 실제로는 서로 연관된 부분들의 모음이다. 이런 것들 자체로는 그 부분들 어떤 것도 특별하게 욕정을 불러일으키지 않는다. 그리고 이렇게 관찰하고 명상하게 되면 마음에 강하게 조건화되어 있는 힘을 약화시킬 수 있다.

또한 이런 관점에서 몸-우리 자신의 몸과 타인의 몸들-을 내적으로, 외적으로 관찰할 때, 무상함과 이런 해부학적 구성 부분들의 상호의존적 성질을 보게 된다. 우리가 몸이라고 부르는 것, 그리고 종종 자아로 간주하는 그것은 장기들, 뼈들, 혈액, 신경경로들, 그리고 다른 구성 부분들의 상호의존적 체계라는 것을 이해하는 것이다. 이런 식으로 관찰하게 되면 몸의 일부 구성 부분들 또는 일부 체계가 적절하게 작동하지 못하거나 작동을 멈추게 되어도 그것을 자아의 실패 또는 몸의 패배라고 여기지 않고, 오히려 그것을 단순히 모든 조건화된 것[有爲]이 갖는 성질임을 이해하게 된다. 그것은 정확하게 열역학 제2법칙에 요약되어 있다. 제2법칙은 엔트로피 법칙으로서 모든 체계는 결국 해체되어 간다는 것이다.

참으로 놀라운 것은 이런 기본적인 진실, 그리고 너무나 분명한 우주적 증거에 직면해서도 이런 진실을 우리가 얼마나 받아들이기 어려워하는가라는 점이다. 『염처경』의 이런 특별한 관찰과 명상 수행은 몸이 갖는 비개인적이고 신뢰할 수 없는 성질을 강력하게 상기시켜 주고 있다. 이것을 통해서 우리는 자만심과 욕정, 경멸과 공포에서 벗어나서 몸이 정말 무엇인지를 너무나 분명하게 바로 볼 수 있게 된다.

잘못된 태도의 잠재적인 가능성

그러나 우리가 이런 수행을 할 때는 다소 주의가 필요하다. 잘못된 태도로 이런 수행을 하게 되면 욕망을 고요히 하고 평정심과 자유로움에 도달하는 대신, 의도하지 않게 불선한 역겨움과 혐오감을 강화시키게 된다. 몇 년 전 유명한 캄보디아 승려인 마하 고사난다(Maha Ghosananda)가 통찰명상협회에 와서 3개월 연례 안거 수행을 지도하였다. 한번은 고사난다 스님이 흔하지 않은 수행인 먹기 명상으로 수행자들을 인도하였다. 수행자들 앞에 음식이 놓여져 있고, 그것을 향해 손을 뻗고, 그것을 입안에 넣고, 음식물을 씹을 때 어떤 일이 일어나는지를 머리로 상상하라고 하였다. 모든 것이 그다지 흥미롭게 보이지 않았다. 그는 계속해서 음식물을 삼키고 나서 어떤 일이 일어나는지, 위에서 음식물이 어떻게 소화되는지, 마침내 몸에서 어떻게 배출되는지를 상상하라고 하였다.

흥미로운 점은 수행자들 편에서 이런 수행에 어떻게 반응하느냐 하는 것이었다. 수행자들 중 한 사람이 고사난다 스님께 질문하였다. "왜 그렇게 음식에 혐오감을 갖고 있는지요?" 사실 스님은 음식물에 전혀 혐오감을 갖고 있지 않았다. 그가 하고자 하는 것은 실제로 일어나는 과정 전부를 보여주고자 하는 것이었다. 그러나 일부 사람들은 먹는다는 것이 갖는 매력적이지 않은 측면에 대해 자신의 반감과 불쾌감을 투사하고 있었다.

우리는 즐거운 것에 대한 욕정 없이, 또는 즐겁지 않은 것에 대한 혐오감 없이 사물을 있는 그대로 볼 수 있도록 배울 수 있다. 『염처경』의 이 절에서 붓다는 적합한 태도를 잘 지적하고 있다.

> "마치 양쪽에 입구가 있는 자루에 여러 가지 곡식, 즉 밭벼·보리·녹두·완두·참깨·논벼 등의 곡식이 가득 담겨 있는데 그 자루를 열어서 사람이 눈으로 이것은 밭벼, 이것은 보리, 이것은 녹두, 이것은 완두, 이것은 참깨, 이것은 논벼라고 살펴보듯이, 비구는 이와 같이 이 몸을 발바닥에서부터 살펴본다. …."[2]

몸이 갖는 이런 아름답지 않은 성질을 균형 잡힌 태도로 관찰하고 명상하는 것은 완전한 깨달음에 이르게 하는 힘을 갖고 있다. 왜냐하면 몸 안에 그리고 몸에 대해 아무 것도 집착할 것이 없다는 것과 그것이 '나' 또는 '나의 것'이라고 주장할 만한 것이 없다는 것을 알기 때문이다. 순간적으로 또는 오랜 시간에 걸쳐서 서서히 마음은 모든 집착에서 벗어나서 자유를 누릴 수 있다. 붓다가 말한 바와 같이 "비구여, 집착하면 마라에 사로잡히지만, 집착하지 않으면 자유를 얻는다."

원소들

몸을 관찰하는 것에 대한 붓다의 다음 가르침은 마음을 더 미묘하고 정교한 단계로 내려가게 한다.

> "또한 비구들이여, 비구는 이 몸을 '이 몸속에는 땅의 원소[地大], 물의 원소[水大], 불의 원소[火大], 바람의 원소[風大]가 있다'고 원소로서, 놓여진 대로 구성된 대로 살펴본다."[3]

여기서 붓다는 물질을 네 가지의 기본 성질로 이루어진 것으로 보는 고대 인도의 사유방식을 채택하고 있다. 이런 사유방식을 현재의 과학적 이해에서 보면 흥미로운 질문이 생긴다. 이런 네 요소를 보다 친숙한 용어인 딱딱함, 액체성, 플라스마(plasma), 가스로 바꾸어 볼 수 있다. 또한 일반적인 지각 수준을 넘어서는 높은 집중상태인 선정에서 극도로 미묘한 차원으로 몸을 체험할 수도 있다. 네 가지 원소는 바로 이런 차원에서 겪는 독특한 체험에 상응한다. 현대 과학자가 물질의 최소 입자를 기술하는 방식을 이런 선정의 지각과 비교하여 보면 아주 흥미로울 것이다. 그렇지만 일상적이고 평범한 지각에서도 물질의 네 가지 원소[四大]는 몸과 물질세계의 주관적 감각 체험을 기술하는 데 유용하다.

땅의 원소는 견고함의 공통된 체험, 경직됨, 딱딱함 또는 부드러움의 성질을 말한다.

다음으로 물의 원소는 응집과 유동의 성질을 말한다. 수분이 없이 말라 있는 가루를 생각해 보라. 그 자체로 가루들은 서로 붙지 않는다. 물을 부으면 가루들은 서로 붙어 반죽이 된다. 주석에 의하면 물의 원소는 다른 원소들과 분리되어 지각되지 않는다고 한다. 그렇지만 물의 원소는 다른 것들을 모두 결합시킨다.

불의 원소는 온도-뜨거움과 차가움-를 말한다. 또한 몸의 가벼운 느낌을 말하기도 한다. 불의 원소는 다양한 방식으로 기능한다. 불은 사물을 뜨거워지게 만들기도 하고, 시간에 따라서 사물을 변화시키기도 한다. 과도한 열은 사물을 태워버린다. 그리고 소화기관의 열도 있다. 미얀마에서는 '위장 열(stomach fire)'이라고 부르는 것이 있다. 그것이 강할수록 음식물이 소화가 잘 된다. 너무 약하면 소화에 문제가 생긴다. 이것을 보면 미얀마 사람들이 아주 매운 칠리 고추를 왜 그렇게 좋아하는지를 알 수 있다. 고추를 먹으면 화끈거리지만 사람들은 그것이 건강에 좋다고 하면서 즐겨 먹는다.

바람의 원소는 몸을 움직이게 하고, 확장·팽창·확대의 느낌을 준다. 그것은 압력의 느낌이기도 하다. 명상에서 배의 오르내림에 대해 마음챙김을 하면 실제로 바람의 원소를 마음챙김하고 있는 것이다.

원소를 관찰하고 명상하기

경전과 주석서들은 개별적인 원소에 대해 아주 자세하게 언급하고 있지만, 우리는 어떤 감각이 어떤 원소에 해당되는지 특별히 알 필요는 없다. 우리가 느끼는 감각에서 어떤 원소가 주된 것인지를 알고 거기에 공통되는 용어를 사용하는 것으로 충분하다.

우리는 원소들을 여러 다른 방식으로 명상할 수 있다. 각 원소는 세 가지 특징, 즉 무상·고·무아를 직접적으로 통찰할 수 있게 해 준다. 그로써 우리 마음은 집착에서 벗어나게 된다. 예를 들면 걷기 명상을 통해 걸어가면서 서로 다른 원소들이 작동하는 것을 체험할 수 있다. 발을 떼어서 올릴 때 발과 다리에서 느끼는 가벼움은 불의 요소이다. 그리고 발을 앞으로 내밀고 그 움직임과 압력을 느끼면 바람의 원소를 느끼는 것이다. 발을 땅에 내리면서 바닥의 딱딱함 또는 부드러움을 느끼면 땅의 원소를 느끼는 것이다.

친숙한 행동인 걷기를 이런 식으로 체험하게 되면 명상 수행에서 중요한 전환점이 마련된다. 몸의 일상 체험에서 우리는 "나는 내 다리를 느끼고 있어"라고 말한다. 그러나 '다리'라고 부르는 감각은 없다. 오히려 느끼는 것은 어떤 감각이다.

예를 들면 압력감, 무거움, 가벼움 등이다. 이런 것들을 기반으로 하여 하나의 이미지 또는 개념, 즉 '다리'라는 개념을 만든다. 명상을 통해서 몸을 개념적 차원으로부터 변화하는 에너지 장의 차원으로 알아차리게 된다. 이런 단계에서 무엇인가 딱딱하고 실체적인 그 무엇인 몸의 감각은 사라져 버린다.

우리가 사야도 우 빤디따에게 보고를 할 때, 빤디따는 우리에게 걸음을 걸으면서 실제로 느낀 것을 가능한 한 정확하게 기술하고, 그런 개별적인 감각에서 무슨 일이 일어났는지 알아차리라고 요청한다. 이렇게 정밀하게 마음챙김함으로써 몸은 이런 네 원소의 상호작용이라는 사실을 명확히 알게 된다. 우리가 '몸'이라는 개념에서 자유로워지고 점차로 느낌 그 자체를 직접 체험하게 되면, 마음은 집착과 욕망, 혐오감, 자만심에서 점차로 더 멀어지게 된다.

'내가 있다'는 것과 함께 작업하기

원소들을 관찰하고 명상하는 것은 자만심이라는 깊이 조건화된 것에 대한 강력한 치료제이다. 불교 용어로 '자만심[慢]'은 '내가 있다', '내가 있었다', '내가 있을 것이다'라는 깊게 뿌리내린 느낌을 말한다. 이것은 그 뿌리에서부터 단절해야 하는 마지막 번뇌이고, 무지의 마지막 장막 중 하나이다. 이것은 완전히 깨달음에 이르기 전에 반드시 제거되어야 한다.

'내가 있다'라는 느낌이 몸과 관련하여 얼마나 자주 일어나는지를 주목하라. 특히 어떤 방식으로든지 자신의 몸과 타인의 몸을 비교할 때 더욱 그러하다. 이런 비교를 통해서 복잡한 생각과 감정이 얼마나 많이 발동되는지, 얼마나 많은 정신적 투사에서 헤매고 있는지를 주목하라. "우리가 이 물건을 사면 광고에 나오는 완벽하게 아름다운 사람과 비슷하게, 아니 그 사람처럼 보이겠지"라고 하는 데서도 볼 수 있듯 비교라는 것이 이런 책략을 부리고 행동을 조건 짓는다는 것을 보면 얼마나 우리 마음에 깊이 뿌리내리고 있는가를 분명히 알 수 있다.

몸이라는 것을 부분들의 집합이라고 보고 어떤 것에도 유혹받지 않으면, 그리고 몸이라는 것은 단순히 원소들의 상호작용이라는 것을 체험하게 되면 '내가 있다'는 자만심은 떨어져 나간다. 몸에 대한 자부심 또는 무가치함이라는 것 모두 별 의미가 없다. 비구 냐나난다가 원소를 자아로 간주하는 자만심을 '공공재의 잘못된 할당'이라고 했는데, 바로 이것을 말한 것이다. 붓다의 수제자인 사리뿟따(Sāriputta)는 이렇게 말하였다.

"큰 바다의 물이 손가락의 가운데 마디 적시기에도 충분치 않은 때가 온다. 외부의 물의 요소가 아무리 크더라도, 무상하고, 파괴되며 사라지고 변할 것으로 드러나는데, 하물며 갈망에 의해 모여졌으며 잠깐밖에 유지되지 않는 이 몸은 어떻겠는가? 그것에 대해 '나'라거나 '내 것'이라거나 '나다'라는 생각을 할 수는 없다."[4]

이것은 몸의 원소들에 내재하는 불안정성을 강력하게 상기시켜주고 있다. 마치 태양이 다른 별처럼 그 수명을 다할 때 일어나는 변화를 기술하고 있는 것과 놀라울 정도로 유사하다. 우리는 무엇에 기반을 두어야 하는가, 우리는 이 세상 어디에서 피난처를 찾아야 하는가? 이것은 무엇을 의미하는가? 원소들에 대한 관찰 명상은 완전히 다른 전망으로 인도한다. 완전히 다른 전망에서는 '존재'라는 개념조차 넘어서 있다.

요소에 대한 가르침의 두 번째 부분에서 붓다는 이런 지각의 변화가 어떤 영향을 미치는지를 보여주기 위해 시각적 이미지를 사용하고 있다.

"마치 솜씨 좋은 도축업자나 그의 조수가 소를 도살하여 사거리에 따로따로 나누어 놓는 것처럼, 비구는 이 몸을 놓여진 대로 구성된 대로 원소들의 구성으로 본다. 즉 '이 몸 안에는 땅의 원소, 물의 원소, 불의 원소, 바람의 원소가 있다'고 본다."[5]

우리의 감정이 소를 잡는 이미지(불교도는 아니었을 것이다!)로 인해 별로 좋지 않을 수 있지만, 붓다는 농경사회의 일상적인 체험을 이용하여 심오한 법의 진리로 나아간 것이다. 심지어 오늘날까지 인도에서는 탄생과 삶과 죽음의 모든 과정이 거리에 널려 있다. 그들은 오늘날의 서구에서처럼 그것을 숨기거나 치장하지 않는다.

붓다는 왜 이런 예를 사용하였을까? 소가 살아 있든 죽었든 그것이 전체적인 모습을 갖추고 있으면 그것을 여전히 소라고 간주한다. 그러나 그 소가 조각조각 나누어져 고기로 팔리면, 그때는 소라는 개념은 더 이상 존재하지 않는다. 이런 이미지는 별로 유쾌하지 않지만 우리의 몸이 원소로 체험될 때 일어나는 것의 예로 사용될 수 있다. 우리는 하나의 존재라거나 한 사람이라는 개념을 상실하기 시작한다. 걷기 명상을 할 때 이런 것을 체험할 수 있다. 단지 서로 다른 원소의 감각들이 일어나고 사라진다. 그때에는 견고한 몸이라는 감각이 없다. 단지 공간에서 그런 감각이 있고, 그것을 아는 것뿐이다.

서기 5세기 위대한 불교 주석서 중의 하나인 『청정도론』에서는 원소에 대한 관찰 명상이 갖는 힘을 기술하고 있다.

이 네 가지 원소의 구분에 전념하는 비구는 공함에 몰입하여 중생이라는 지각을 제거한다. 그는 중생이라는 인식을 제거했기 때문에 … 두려움과 공포를 이겨내고 즐거움과 싫어함(지루함)을 이겨내고,

마음에 드는 것이나 마음에 안 드는 것에 대하여 들뜨거나 우울해하지 않는다. 그는 큰 지혜를 얻거나, 불사(不死)를 성취하거나, 내생에 좋은 곳에 태어난다.[6]

상대적인 진리와 궁극적인 진리

네 가지 원소를 명상하는 수행을 통해서 우리는 대단히 중요한 원리를 이해하는 문을 열게 된다. 이 중요한 원리는 2600년 동안의 불교 역사의 틀을 형성한 것이다. 이것은 상대적인 진리[俗諦]와 궁극적인 진리[眞諦]의 원리이다. 『염처경』이 이런 진리 자체를 언급하는 것은 아니지만, 경전에서 보이는 여러 가르침들은 이런 두 가지 원리를 직접적으로 함축하고 있다.

상대적인 진리는 주관과 객관, 자아와 타인, 탄생과 죽음이라는 통상적인 세계를 말한다. 우리가 삶을 살아가면서 친숙한 체험들은 이런 진리에 모두 속한다. 궁극적인 진리는 이런 동일한 세상을 완전히 다르게 본다. 궁극적인 진리라는 차원에서는 주관-객관의 분리가 없다. 사실 '사물'이라는 것이 전혀 없다. 가장 심오한 차원에서는 나타나는 것도 없고, 만들어지는 것도 없고, 태어나는 것도 없고 죽는 것도 없다.

이런 두 진리가 서로 어떻게 연관을 맺고 있는지에 대해 이해하는 한 가지 방법은 영화관에서 그 영화의 스토리에 완전히 몰두하고 있는 순간을 떠올려보는 것이다. 우리는 행복해하고 슬퍼하고 흥분하고 공포에 휩싸인다. 우리 모두는 영화 장면에 따라서 이렇게 감정이 뒤바뀐다. 이제 고개를 들어서 영화는 스크린에 비친 이미지에 불과한 것이라고 보는 것을 상상해 보자. 스크린에서 불빛과 색깔만이 움직인 것 이외에 아무 것도 진정으로 일어난 것은 없다는 것을 깨닫는다. 거기에는 실제로 사랑에 빠지거나 죽음에 도달한 사람은 아무도 없다. 그렇지만 이야기에 몰입하여 마치 실재인 것처럼 느껴진다. 더 나아가서 빛이 비추어지는 장소, 즉 스크린이 없다면, 심지어 공기 가운데 먼지조차 없다면, 빛을 체험하는 우리에게 어떤 일이 벌어지는가? 빛은 그 대상이 없으면 발현될 수 없다.

우리는 상대적인 수준에서 살아가고 행동하고 다른 사람들과 관계를 서로 맺고, 개인적인 이야기와 역사를 만들어간다. 궁극적인 수준에서는 자아, '나', 그리고 아무도 없다. 모든 것은 순간적인, 변화하는 원소들의 놀이이다. 붓다의 가르침의 가장 오래된 모음집에 속하는 『숫따니빠따(Sutta Nipāta)』에서 붓다는 또 다시 직접적으로 자유를 향하여 수행할 것을 지적한다.

> 과거에 있었던 것을 말려버리고, 미래에 당신에게 아무 것도 없게 하라. 그리고 당신이 현재의 어떠한 것에도 집착하지 않는다면, 평안하게 유행(遊行)할 것이다. 이러한 마음과 몸[名色]의 복합체에 대해서 '내 것'으로 소중히 여김이 전혀 없는 사람, 존재하지 않는 것을 슬퍼하지 않는 사람, 그는 진실로 세상에서 잃을 것이 없다. '이것은 내 것이다'라거나 '이것은 남의 것이다'라는 생각이 없는 사람, 어떠한 소유의식도 없고, '아무 것도 나의 것이 아니다'라는 것을 깨달은 사람은 슬퍼하지 않는다.[7]

"존재하지 않는 것을 슬퍼하지 마라." 원소들을 관찰 명상하면 '나'와 '자아'는 단순히 존재하지 않는다는 것이 드러난다. 그 차원에서 우리는 진정으로 삶의 드라마에 매달려 있는 것에서 자유로워진다. 하나의 이야기가 이런 것을 아주 아름답게 보여주고 있다. 지난 세기의 위대한 티벳 스승들 중의 한 명인 16대 걀와 까르마빠(Gyalwa Karmapa)는 일리노이스의 시온에 있는 한 병원에서 암으로 죽어가고 있었다. 그의 마지막 생애 동안 제자들이 모여서 위대한 스승이 조만간 돌아가실 것을 슬퍼하고 있었다. 그러자 까르마빠가 그들을 향해 다음과 같이 말했다고 한다. "걱정하지 마라, 아무 일도 일어나지 않는다." 깨달은 자에게는 태어남도 없고 죽음도 없다. 모든 것은 스크린에 비치는 영화와 같다.

여기에서 또한 주의할 점이 있다. 우리가 진정으로 자유로움을 얻기 전에 이런 궁극적인 관점에 집착할 수 있다는 점이다. 우리는 모든 것은 공하다는 것, 아무 것도 중요하지 않다는 관점에 사로잡혀서 수행할 필요도 없다고 하면서, 고대 도교에서 "수만 가지의 기쁨과 수만 가지의 슬픔"이라고 부른 것과 아무 연결도 갖지 않는 협소한 이해에 고착될 수도 있다.

2세기의 위대한 인도 수행승 중 한 명인 나가르주나(Nārgārjuna, 龍樹)는 이런 위험성을 강조하였다. "물질, 구체적인 실재를 잘못 믿고 있는 사람을 보는 것은 슬픈 일이지만, 더 애처로운 것은 공에 집착하는 사람들이다."[8] 유명한 족첸의 스승이자 많은 서구 수행자들의 지도자인 노슐 켄(Nyoshul Khen) 린포체는 공에 떨어져 집착할 가능성에 대해 더 상세하게 기술하고 있다.

> 사물을 믿는 사람은 여러 종류의 수행과 유익한 수단을 통해 도움을 받을 수 있지만, 공의 심연에 떨어진 사람은 새롭게 헤쳐 나오는

것이 거의 불가능에 가깝다. 왜냐하면 거기에는 손잡이도, 계단도, 점진적인 진전도, 할 수 있는 것이 아무 것도 없기 때문이다.[9]

성숙된 정신적 수행은 상대적인 차원과 궁극적인 차원의 결합을 보는 것이고, 하나는 또 다른 하나를 드러내고 밝혀준다. '4무량심(四無量心)-자애[慈], 연민[慈], 같이 기뻐함[喜], 평정심[捨]-'이라고 불리는 것의 계발은 모두 존재의 개념적 차원에 그 기반을 두고 있다. 즉 "모든 존재가 행복하기를. 모든 존재가 고통에서 자유로워지기를." 기원한다. 동시에 무아에 대한 이해가 깊어질수록 이런 아름다운 마음은 더 자유로워지고 자발적이 된다.

상대적인 수준에서 사랑과 연민은 우리가 함양해야 하는 마음이지만, 궁극적인 수준에서 그것은 마음 자체의 반응일 뿐이다. 딜고 켄체(Dilgo Khyentse) 린포체는, 우리가 현상의 공함을 인식하면 타인에게 선한 것을 하고자 하는 에너지가 아무 노력 없이 자연스럽게 생긴다고 말한다.

이렇게 이해하면 아주 희귀한 꽃인 *보리심(bodhichitta)* 즉 깨어난 마음이 일어난다. 이것은 우리의 수행과 삶이 자신을 위한 것이 아니라, 모든 사람의 안녕과 유익함을 위한 동기에서 나왔다는 것을 말해 준다. 우리는 아주 겸손하게 내면에서 단순히 이런 열망의 씨를 뿌리기 시작할 필요가 있다. 여기에는 가장도 거대한 기대도 있지 않다. 보리심을 발현하는 것이 평생의 수행이다.

달라이 라마는 자신에게조차 이것을 인정하였다. "나는 내가 *보리심*을 진정으로 수행할 수 있다는 식으로 말할 수 없다. 그러나 그것은 나에게 엄청난 영감을 준다. 내 마음 속 깊은 곳에서 그것이 얼마나 가치 있고 유익한지를 깨닫는다. 그것이 전부이다."[10]

시체의 부패

몸에 대한 마음챙김에서 붓다가 마지막으로 가르침을 주고 있는 것은 시체가 부패하면서 일어나는 여러 다양한 모습에 대한 관찰 명상이다. 우리들 대부분은 이런 수행을 할 기회가 제한되어 있다. 나는 여기에서 가르침 그 자체만을 언급할 생각이다. 독자들 스스로 자신에게 맞는 적절한 방식으로 이 수행을 하도록 여지를 남겨둔다.

"또한 비구들이여, 비구는 묘지에 버려진 시체를 보듯이-하루나 이틀이나 사흘이 지나 부풀어 오르고 검푸르게 되고 고름이 흘러나오는 시체를 보듯이 … 까마귀, 매, 독수리, 개, 승냥이, 여러 가지 벌레에 먹히는 시체를 보듯이 … 해골이 되어 살과 피가 있는 채로 힘줄에 얽혀 있는 것을 보듯이 … 살은 없어졌지만 아직 피가 있는 채로 힘줄에 얽혀 있는 것을 보듯이 … 살도 피도 없이 힘줄에 얽혀 있는 것을 보듯이 … 뼈들이 흩어져서 여기저기 널려 있는 것을 보듯이 … 백골이 되어 조개껍데기 같은 색깔의 뼈가 된 것을 보듯이 … 1년 이상 쌓인 뼈 무더기가 있는 것을 보듯이 … 뼈가 썩어서 가루로 부서지는 것을 보듯이- 이 몸을 '이 몸도 이와 같은 성질을 가지고 있고, 이와 같이 될 것이고, 이와 같은 운명을 벗어나지 못할 것이다'라고 비교한다."[11]

우리는 묘지에 갈 기회가 거의 없지만, 마지막 구절은 몸의 부패 과정을 깊이 성찰하고, 죽음 이후에 무슨 일이 일어나는지를 강력하게 상기시켜 준다. 다양한 단계에서 시체가 부패하는 과정을 머리에 그려볼 수 있다. 나 자신의 몸도 꼭 같은 운명을 겪을 것이라고 생각한다. 우리는 몸과 동일화되어 있어 시체의 부패를 보거나 머리에서 상상해 보는 것이 어려울지 모른다. 그러나 부패가 일어나는 것은 자연스러운 일이다. 이것은 모든 살아 있는 존재에게는 진리이다. 우리가 이런 진리에 마음을 열면 열수록 이 몸이 변하지 않을 것이라는 생각과 그런 일이 절대로 일어날 리가 없다고 하는 생각에 덜 집착하게 된다. 그리고 변화에 덜 고통스러워한다.

도로에서 지나가는 차에 치여 죽은 동물을 잘 들여다보는 것도 강렬한 수행이 된다. 때로는 가만히 그냥 평화롭게 있는 듯이 보인다. 그러나 어떤 식으로든지 동물의 사체는 으깨지거나, 청소 동물이 시체를 갈가리 찢어놓기 시작한다. 아주 즐겁지 않은 광경이 흔히 펼쳐진다. 이러한 것이야말로 몸의 성질을 그대로 보여준다고 할 수 있다.

우리의 몸도 마찬가지이다. 그리고 이로 인해 죽음과 부패의 자연스러운 진리에 대해 마음의 문을 열게 된다. 여기서 핵심은 죽음에 강박적으로 사로잡히는 것이 아니라 몸에 집착하지 않고 몸을 잘 활용하고 보살피는 것이다. 이런 관찰명상이 우리를 완전한 깨달음으로 이끌어 줄 것이다.

IV

느낌에 대한 마음챙김

11

느낌을 통한 해탈

우리가 『염처경』의 가르침을 계속 탐구해 가는 동안 중요하게 기억해야만 하는 것이 있다. 즉 붓다가 이러한 가르침을 펴는 목적은 우리의 마음이 고통에서 자유로워지라는 것이다. 붓다는 해탈에 대해 말하고 있는 것이지 단순히 우리의 삶이 안락해지거나 개인적인 삶을 정리하는 것에 대해 말하는 것이 아니다. 이런 것은 수행의 부산물로 얻을 수 있을지 모르지만, 경전의 가르침은 생로병사라는 아주 엄청나게 커다란 문제를 드러내고, 존재가 직면한 거대한 윤회의 바퀴에서 어떻게 하면 자유로워질 수 있는지에 대해 언급하고 있다.

비록 우리 대부분은 이 세상에서 여러 종류의 의무·어려움·즐거움 등을 겪으면서 살아가고 있지만, 그래도 여전히 최고의 열망을 품으면서 수행할 수 있다. 물론 이런 수행에 대한 열망을 최상의 행복, 평화, 또는 깨달음이라고 부를 수 있을지도 모르겠다. 그리고 이런 수행의 가능성을 얼핏 보는 정도에 그치거나 수행이 완전한 깨달음에 이르거나에 상관없이, 수행에 대한 이런 이해는 세상을 살아가는 우리의 삶을 변화시킬 것이다.

붓다는 이 다음 절을 다음과 같은 웅변적인 의문을 던지면서 시작한다. "비구들이여, 비구가 느낌에 대해서 느낌을 관찰하며 머무른다는 것은 어떠한 것인가?"

느낌이라는 단어가 뜻하는 바는 무엇인가? 이것은 빨리어 *웨다나*(*vedanā*)를 번역한 것이다. 영어에서는 이 단어가 다양한 방식으로 사용되고 있다. 웹스터 사전에는 그 뜻이 14가지 의미로 열거되어 있다. 때로는 정서를 말하기도 한다. 즉, "나는 행복, 슬픔, 평화, 분노를 느낀다"고 할 때가 그러하다. 때로는 신체적 감각을 말하기도 한다. "뜨겁거나 차갑다, 압박감을 느끼거나 꽉 조이는 느낌을 받는다"고 할 때이다. 또는 일종의 의견 또는 태도를 말할 수도 있다. "그 집단의 전체적인 느낌은 행동하는 것이다"라고 할 때이다.

불교에서 웨다나, 즉 느낌은 더 협소하게 정의된다. 그리고 수행에서 강력한 힘을 갖는 요소라는 특별한 의미를 갖는 바로 그런 것, 이것이 정확한 의미이다. 느낌에 대한 마음챙김은 조건화된 우리 삶의 가장 깊은 패턴을 드러내고 풀어내는 마스터 키 중의 하나이다. *웨다나*는 즐거움[樂], 즐겁지 않음[苦], 중립적인 느낌[不苦不樂]을 특정해서 말한다. 이런 느낌은 매 순간의 접촉 체험에서 발생한다. 느낌은 신체적 현상이면서 동시에 정신적 현상이다. 몸에서 감각을 느끼거나 소리를 들을 때, 그 소리를 즐겁거나 즐겁지 않거나 중립적으로 느낀다. 마찬가지로 어떤 생각이나 감정이 있으면 우리는 그것을 즐겁거나 즐겁지 않거나 중립적인 것들 중 하나로 느낀다.

느낌과 조건화된 반응

이것이 왜 중요한가? 붓다가 느낌을 마음챙김의 네 가지 토대 중 하나로서, 5온 중의 하나로서, 연기의 가르침 중 핵심적인 고리로서 거론하고 있는 이유는 무엇인가?[9] 체험에서 느낌은 매우 중요하다. 왜냐하면 느낌은 마음의 여러 반응과 행동을 조건화시키기 때문이다.

우리가 마음챙김을 하지 않으면, 즐거운 느낌은 습관적으로 욕망과 집착을 조건화하고, 즐겁지 않은 느낌은 싫어함과 혐오감을 조건화하고, 중립적인 느낌은 망상을 조건화한다. 그러면서도 지금 정말로 무엇이 일어나고 있는지는 모른다. 그렇지만 마음챙김을 하고 있으면 바로 이런 동일한 느낌이 자유의 매개체가 된다.

붓다는 가르침을 펼 때 두 종류의 사람을 구별하여 상세히 언급하였다. 한 종류의 사람은 가르침을 받지 못한 범부이고, 또 다른 종류의 사람은 가르침을 받은 성스러운 제자들이었다. 범부는 고통스러운 느낌을 만나면 그것을 혐오하고 싫어한다. 그리고 슬픔과 비통함을 느끼면서 마음이 산란해진다. 붓다는 두 종류의 화살을 비유로 들면서 설명하였다. 고통스러운 느낌 그 자체는 첫 번째 화살이다. 마음챙김을 하지 못하여 즐겁지 못한 정신적 반응이 일어나면 그것은 두 번째 화살이다. 화살은 두 번 덮친다. 그러나 두 번째 화살이 첫 번째 화살보다 더 심한 고통을 야기한다.

그러나 고통은 거기서 멈추지 않는다. 붓다는 계속해서 말한다.

9) 느낌[受]은 4념처(四念處) 중 수념처(受念處)에 해당하고, 5온 중 수온(受蘊)이며, 12연기 중 일곱 번째 요소[支]이다.

"괴로운 느낌과 접촉하여, 그는 감각적 쾌락에서 즐거움을 찾는다. 왜 그러한가? 가르침을 받지 못한 범부는 감각적 쾌락 말고는 괴로운 느낌에서 벗어나는 길을 알지 못하기 때문이다." …

"비구들이여, 가르침을 받지 못한 범부는 태어남·늙음·죽음에 속박된 자, 슬픔·비탄·아픔·불쾌함과 절망에 속박된 자, 고통에 속박된 자라고 불린다."[1]

우리가 처음 느끼는 것에 대해 마음챙김을 하지 않으면 습관화된 경향을 따르게 마련이다. 하루 종일 취하는 행동들 중 자세를 아주 조금 바꾸는 것이라 하여도, 즐겁지 않은 느낌을 피하기 위해 어느 정도로 자세를 바꾸는지 알아보는 것도 흥미로운 것이라고 생각된다.

아마 감각적 쾌락을 통해서 즐겁지 않은 느낌을 피하는 것에 어떤 어려움이 있는지 의아할 것이다. 이것은 세상에서 보통 살아가는 방식이다. 이것에 대해서는 뒤에서 붓다가 말한 것, 즉 '만족, 위험, 감각적 쾌락에서 벗어남'을 탐구하면서 더 자세하게 살펴볼 것이다. 그러나 우선 즐거운 느낌이 갖는 덧없는 성질에 대해 단순하게 성찰해 보는 것으로도 즐거운 느낌들이 고통의 최종 피난처가 아니라는 것을 알게 될 것이다.

붓다는 또한 가르침을 받은 성스러운 제자들에 대해서 언급하였다. 우리에게는 이것이 마음챙김의 순간들을 잘 알려주는 구절이다.

"그런 똑같은 괴로운 느낌과 접촉해도, 그는 그것에 대해 혐오감을 품지 않는다. … 괴로운 느낌과 접촉하여도, 그는 감각적 쾌락에서 즐거움을 찾지 않는다." …

"그가 즐거운 느낌을 느끼면, 그는 초연하게 그것을 느낀다. 그가 괴로운 느낌을 느끼면, 그는 초연하게 그것을 느낀다. 그가 괴롭지도 즐겁지도 않은 느낌을 느끼면, 그는 초연하게 그것을 느낀다. 비구들이여, 성스러운 제자는 태어남·늙음·죽음에 초연한 자, 슬픔·아픔·불쾌함과 절망에 초연한 자, 고통에 초연한 자라고 불린다." …

"비구들이여, 이것이 가르침을 받은 성스러운 제자와 가르침을 받지 못한 범부 사이의 구분이고, 격차이고, 다른 점이다."[2]

붓다는 이런 가르침에 이어서 단 두 줄로 비반응성의 지혜를 요약하고 있다.

원하는 것에 마음이 자극받지 않고,
원하지 않는 것에 혐오감이 없네.[3]

그러므로 느낌에 대한 마음챙김은 작은 일이 아니다. 가르침은 명확하다. 좋아하는 것과 싫어하는 것에 대한 이런 경향이 강력하게 우리를 조건 짓는다는 것은 놀라운 일이다. 나는 한때 2개월간 혼자서 수행을 한 적이 있다. 당시 아주 힘든 시간을 보내고 있었다. 몸에서는 편치 않은 감각들이 있었고 마음에는 즐겁지 않은 것들-좌절감, 절망감, 비통함-이 가득했다. 앉기 수행과 걷기 명상을 지속하였지만, 편치 않은 몸의 감각들이 어디서 시작하였는지도 알지 못하였고, 마음챙김은 시작도 못한 상태였다. 말하자면 이것저것에 반응하는 혼란스러움에 길을 잃고 있었다. 그러다가 어느 때인가 마음챙김이 시작되었고, 그 후 마음은 탁 트인 개방적인 알아차림의 상태가 되었다. 그때 나는 즐겁지 않은 강한 신체적 감각에 그냥 마음챙김만을 할 뿐이었다. 즐겁지 않은 감각은 혐오하는 마음으로 이어지지 않았다. 즐겁지 않은 감각에 마음챙김을 하는 것과, 즐겁지 않은 감각에 마음이 반응하여 헤매는 것 사이에 존재하는 차이가 명확해졌다. 그리고 나는 계속해서 다음과 같은 것을 곰곰이 생각하였다.

즉 마음은 고통스럽거나 편안해질 수도 있는데, 마음은 왜 공포와 희망의 질곡으로 반복해서 계속 들어가고자 하는가? 공포는 고통스러운 느낌이 영원하지 않을까 하는 공포이고, 희망은 그 고통이 결국 사라져 버릴 것이라는 희망이다. 왜 마음은 마음챙김의 편안함 가운데 머물지 못하는가?

이런 총체적인 체험을 통해 내가 배운 것은 습관적인 반응이 갖는 힘과 깊이이고, 내가 확인한 것은 마음을 다시 훈련시키는 것이 가능하다는 것이다. 어떤 순간에도-그것이 고통스런 체험의 순간이든 아니면 혼란스럽게 반응하는 순간이든- 이런 느낌에 대한 마음챙김 훈련을 적용할 수 있다. 붓다는 이런 훈련의 중요성을 아주 통렬하게 강조하고 있다.

> "비구들이여, 누군가 지금 여기서 즐거운 느낌[樂受]을 탐하는[貪] 잠재 성향을 버리지 않고, 괴로운 느낌[苦受]을 증오하는[瞋] 잠재 성향을 버리지 않고, 즐겁지도 괴롭지도 않은 느낌[不苦不樂受]에 대해 무지한[癡] 잠재 성향을 버리지 않고서도 고통을 소멸시키겠다고 하는 사람이 있다면 … 이것은 불가능하다."[4]

붓다가 계속해서 말하고 있는 것은 이런 성향을 포기하여 고통을 끝낼 수 있다는 것이다.

느낌을 순간순간 알아차리기

붓다가 말한 성향의 포기가 불가능한 과제라고 여겨질지 모른다. 즉 "어떻게 욕망과 혐오에서 완전히 자유로울 수 있단 말인가?" 그러나 붓다는 이것을 우리가 할 수 있다는 것과 순간순간 하게 된다는 것을 말하고 있다. 여기서 제기되는 질문은 이런 가르침을 어떻게 수행으로 옮길 것인가 하는 점이다. 다시 경전으로 돌아가 보자.

> 즐거운 느낌을 느끼면 '즐거운 느낌을 느낀다'고 꿰뚫어 알고, 괴로운 느낌을 느끼면 '괴로운 느낌을 느낀다'고 꿰뚫어 알고, 즐겁지도 괴롭지도 않은 느낌을 느끼면 '즐겁지도 괴롭지도 않은 느낌을 느낀다'고 꿰뚫어 안다.[5]

이것은 느낌에 대한 간단하고, 직접적이고, 명확한 인식이다. 우리는 이런 느낌이 왜 일어나는지 그것을 분석하거나 판단하거나 비교하거나 심지어 특별히 왜 이런 느낌이 일어났는지 이해하려고 할 필요가 없다. 즐거운 느낌은 즐거운 느낌으로, 즐겁지 않은 느낌은 즐겁지 않은 느낌으로, 중립적인 느낌은 중립적인 느낌으로 단순히 알기만 하면 된다.

공식적인 명상 수행 동안 순간순간의 느낌에만 오로지 초점을 두는 데 일정한 시간을 보낼 것이다. '즐거움, 즐거움, 즐겁지 않음, 즐거움, 즐겁지 않음' 등. 핵심은 이것을 기계적으로 하는 것이 아니라, 신체적인 감각 또는 정신적인 사건의 느낌을 더욱 정교하게 알아차리는 것이다. 비록 짧은 시간 동안 이런 수행을 하더라도 느낌이 갖는 아주 덧없는 성질이 환하게 드러날 것이다.

바쁘게 움직이는 세상에서 좋아함과 싫어함이라는 느낌은 더 분명하게 드러나기도 한다. 이런 분명한 느낌에 우리가 어떻게 반응하고 있는지 주의를 집중함으로써 이런 느낌을 활용할 수 있다. 그러므로 우리가 보이는 반응이 하나의 신호가 될 수 있다. 왜냐하면 이런 반응은 때로 간파하지 못하는 느낌에 뒤이어서 나오기 때문이다.

웨다나, 즉 느낌을 잘 조율하는 한 가지 방법은 처음에는 아주 강한 즐거운 느낌 또는 즐겁지 않은 느낌에 주의를 기울이는 것이다. 특히 뉴잉글랜드의 추운 겨울은 이런 점에서 도움이 된다. 세찬 바람이 부는 몹시 추운 겨울날 산책을 하면 즐겁지 않은 느낌을 확실하게 인식할 수 있다. 너무 추워서 고통스러울 때 태양을 향해 등을 돌리면 대조적으로 따뜻함이라는 즐거운 느낌을 받게 된다. 또한 먹을 때 서로 다른 느낌을 받기도 한다. 맛있는 음식의 냄새 또는 맛을 볼 때의 즐거운 느낌과 과식을 했을 때의 즐겁지 않은 느낌은 아주 대조적이다.

느낌의 변화하는 성질을 본다

느낌에 대해 마음챙김을 하는 수행을 하다 보면 그 느낌이 무상하다는 깊고 직접적인 통찰로 이어지게 된다. 우리에게 일어나는 그 어떤 느낌도 덧없다는 것을 알게 되면, 그 느낌과 동일화하거나, 즐거운 느낌에 집착하거나, 즐겁지 않은 느낌을 두려워하지 않게 된다.

우리는 성장하면서 모두 다 이러한 체험을 하였을 것이다. 어린 시절을 생각해 보라. 만약 어린 시절이 생각나지 않는다면 당신이 알고 있는 어떤 어린이를 생각해 보라. 어린이는 정서적으로 불안정하기 때문에 즐거움 또는 불편함에 즉각적으로 반응하여 갑자기 웃다가 금방 한 순간에 울어버리기도 한다. 그러나 나이가 들어가면서 즐거운 것과 즐겁지 않은 것이 다 지나간다는 것을 아주 명확하게 안다. 그래서 더 이상 어린이와 같은 심한 정서적 요동을 겪지 않는다. 다소 평정심을 유지하고 편안하게 된다.

경전의 한 구절에서 붓다는 발생하고 소멸하는 느낌의 작동을 하늘에서 부는 변덕스러운 바람에 비유하고 있다.

허공에 온갖 바람들이 이리저리 부는 것처럼.
동쪽에서 불어오는 바람, 서쪽에서 불어오는 바람,
북쪽에서 불어오는 바람, 남쪽에서 불어오는 바람,
먼지 섞인 바람, 먼지 없는 바람,
때로는 차갑고 때로는 뜨거운 바람,
거센 바람, 그리고 부드러운 바람,
이렇게 다양한 바람이 부는 것처럼.

그렇게 여기 이 몸에서도 다양한 느낌들이 일어나니,
즐거운 느낌, 괴로운 느낌,
즐겁지도 괴롭지도 않은 느낌들이 일어나네.

그러나 부지런히 수행하는 비구가

명료한 이해를 등한시하지 않을 때,
그때 그 현자는 환히 아네.
그 모든 느낌들을 온전히 그대로.

느낌들을 환히 알고서,
현자는 바로 이 삶을 번뇌 없이 사네.
몸이 부서질 때, 진리 가운데 서 있는
지혜의 스승은 헤아릴 수도 없네.[6]

이것, 즉 즐거운 것이든 즐겁지 않은 것이든 중립적인 것이든 모든 느낌은 무상하다는 것을 이해하는 것은 쉽지만, 지속적으로 이것을 알아차리면서 마음챙김을 하는 것은 쉽지 않다. 마음은 이런 느낌에 반응하여 집착하거나 혐오하기 때문이다. 걷기 명상을 하다가 이런 생각이 떠오르기도 한다. '차 한 잔 하고 싶어.' 만약 우리가 이런 생각과 관련된 즐거운 느낌에 대해 마음챙김을 한다면 계속해서 걷기 명상을 할 것이다. 이런 느낌에 주의하는 것을 놓치면 한 잔의 차가 행복하게 해 줄 것이라는 생각에 유혹 당한다. 그리고 이것은 단지 마음에서 빠르게 지나가는 느낌일 뿐이라는 것을 보지 못한다.

마음을 훈련하기

명상은 여러 느낌에 마음이 반응하는 것을 관찰하는 기회를 준다. 즐거운 성적 느낌이 몸에서 일어날 때, 즐거운 환상이 마음속에 일어날 때 마음은 어떻게 반응하는가? 우리는 거기에 빠져드는가, 아니면 저항하는가? 우리는 거기에 마음챙김을 하여 반응하지 않고서 그 무상함을 명확하게 보는가? 마음은 고통 또는 불편함이라는 즐겁지 않은 느낌에 어떻게 반응하는가? 마음은 우리가 아플 때 어떻게 반응하는가? 붓다는 여기서 몇 가지 직접적인 가르침을 주고 있다. "너희들은 이렇게 수행해야만 한다. 내 몸은 아플지라도 마음은 여전히 괴로워하지 않을 것이다."

우리는 종종 어떤 상황-특별히 즐겁거나 또는 즐겁지 않은 경우-을 수행의 범위 외에 두기도 한다. 특히 후자의 경우 죽어가는 것을 명상하는 수행으로 보면 도움이 된다. 우리 모두는 평화로운 마음 상태에서 죽기를 원할 것이다. 그러나 죽을 때 약간의 고통 또는 불편함이 있을지도 모른다. 그러나 일상에서 겪을 수 있는 신체적·정신적으로 즐겁지 않은 느낌에 마음챙김 수행을 하는 데 익숙해져 있다면, 죽을 때 우리의 마음과 영혼은 대단히 편안한 상태에 머물면서 죽음을 맞이할 것이다.

또한 우리는 외부적인 환경을 다루면서 느낌에 대한 마음챙김을 할 수 있다. 아잔 차가 들려준 다음과 같은 이야기가 있다.

한때 그는 혼자서 숲속에 있는 조그마한 오두막집에서 안거 수행을 하고 있었다. 그곳은 마을에서 그렇게 멀지 않은 위치에 있었다. 어느 날 밤에 마을 사람들이 시끄러운 스피커를 틀고 커다란 음악소리와 함께 축제를 즐기고 있었다. 처음에 아잔 차는 짜증이 나서 생각하였다. '내가 여기서 수행하고 있다는 것을 그들은 모르는가?' 그러나 잠깐 생각한 다음, 문제는 그 소리에 있는 것이 아니라 자신의 마음에 있다는 것을 깨달았다.

그는 생각하였다. '그래, 그들은 단지 거기에서 즐거운 시간을 보내고 있을 뿐이야. 여기서 나를 비참하게 만들고 있는 것은 나 자신이야. 내가 분노하면 할수록 그 분노는 내면의 마음을 어지럽게 할 뿐이야.' 그리고서 그는 깨달았다. '아, 소리는 단지 소리일 뿐이야. 그것에 대해 분노하는 것은 다른 게 아니라 바로 나 자신이야. 내가 그 소리를 내버려 두면 나를 괴롭히는 것은 없어. 소리는 자신의 할 일을 하고 있을 뿐이야. 그것이 소리가 하는 일이야. 그것은 옳은 일이야. 그것이 소리의 일이야. 내가 소리를 귀찮게 하지 않으면 소리도 나를 귀찮게 하지 않겠지.'[7]

우리는 종종 집착하거나 혐오하는 것이 느낌이지 그 대상 자체가 아니라는 것을 보지 못한다. 환상에 집착하거나, 소리 또는 몸의 어떤 감각을 싫어한다고 생각할지도 모르지만, 자세히 들여다보면 마음의 이런 모든 움직임은 느낌을 축으로 돌아가고 있다는 것을 알게 된다. 우리가 좋아하고 잡아두기를 원하는 것은 즐거운 느낌이고, 멀리하고자 하는 것은 즐겁지 않은 느낌이고, 느끼고 있다는 것조차도 알지 못하는 것은 중립적인 느낌이다.

그러나 느낌이 일어나는 것에 대하여 마음챙김을 하고, 그것이 무상하다는 것을 바로 그 순간 알아차리면, 그 느낌에 사로잡히는 것이 덜해지고 덜 반응하게 된다. 붓다는 느낌에 대한 마음챙김과 관련해서 직접적이고 분명한 가르침을 주었다. 그것은 궁극적인 자유에 이르는 길을 제시하는 것이다.

무엇을 느끼든지 간에, 즉 즐거운 느낌이든 즐겁지 않은 느낌이든 즐겁지도 괴롭지도 않은 느낌이든 그는 이 느낌들의 무상함을 관찰하고 사라짐을 관찰하고 … 사라짐을 관찰하며 머무른다. 이렇게 관찰명상하면서, 그는 이 세상에서 그 어떤 것에도 집착하지 않는다. 집착하지 않으면 동요하지도 않는다. 동요하지 않으면 개인적으로 열반을 얻는다.[8]

12

세간적인 느낌과 출세간적인 느낌

붓다는 느낌에 대한 마음챙김의 가르침을 계속 해주면서, 우리 삶의 행복과 고통을 더 깊이 이해할 수 있도록 문을 열어주고 있다. 붓다는 즐거운 느낌, 즐겁지 않은 느낌, 중립적인 느낌을 세간적인 느낌과 출세간적인 느낌으로 나누고 있다. 여기서 느낌에 대한 마음챙김은 단순히 느낌이 미치는 영향, 즉 즐거운 느낌인지, 즐겁지 않은 느낌인지, 중립적인 느낌인지를 인식하는 것보다 더 깊이 나아가고 있다. 보다 깊은 차원에서 느낌에 대한 마음챙김을 하게 되면 이런 느낌의 기원-느낌들이 기반을 두고 있는 것-을 인식하게 된다. 그리고 이런 구분은 심오한 함의를 지니고 있다.

세간적인 느낌과 출세간적인 느낌 사이의 구별

세간적인 느낌은 감각의 접촉에서 일어난다. 이것은 보는 감각, 소리 감각, 냄새 감각, 맛 감각, 접촉 감각 그리고 이런 대상과 연관된 생각에 의존한 느낌이다. 우리는 좋은 음식 또는 부드러운 감촉을 즐기고, 즐거운 세간적인 느낌을 체험한다. 또는 나쁜 냄새나 고통스러운 감각을 느끼면 즐겁지 않은 세간적인 느낌을 체험한다. 또는 일상적으로 보는 즐겁지도 않고 불쾌하지도 않은 것은 중립적인 세간적인 느낌을 야기한다. 이런 모든 세간적인 느낌은 일상적인 삶의 작동에서 일어난다.

출세간적인 느낌은 아주 다른 그 무엇을 말한다. 이것들은 금욕과 연관된 느낌이다. 서구 문화에서 금욕이라는 개념이 항상 영감을 불러일으키는 것은 아니다. 우리는 금욕을 무엇인가 박탈하는 것으로 생각하는 경향이 강하다. 결국에는 좋은 그 무엇일지 모르지만, 당장은 그렇게 재미있는 것은 아닌 것으로 받아들인다. 하지만 금욕을 이해하는 또 다른 방식에서 보면, 금욕을 감각적 즐거움에 중독되지 않은 것으로 볼 수도 있다. 이런 관점에서 보면 금욕은 이제 행복의 가능성을 담보하고 있다. 감각적 즐거움의 유혹에 덜 중독되면 마음의 소란도 덜하다. 우리는 보다 편안하고 단순한 삶을 체험한다.

텔레비전에서 광고하는 모든 것을 마음이 원한다면 어떻게 될지 상상해 보라. 우리는 이것저것을 원하면서 항상 편치 않은 상태를 지속하게 될 것이다. 나는 이것이 사람들 모두가 상업광고가 없는 프로그램을 원하는 이유라고 생각한다. 한 티벳 스승의 말을 빌리자면, 피곤하고 싫증난 마음을 안정시키는 것을 배워야 한다. 붓다는 다음과 같이 말하면서 이런 이해를 강조하였다. "세간에서 행복이라고 부르는 것을 나는 고통이라고 부른다. 세간에서 고통이라고 부르는 것을 나는 행복이라고 부른다."

세간적인 즐거움에 감춰진 위험성

세간적인 느낌과 출세간적인 느낌의 구별, 즉 감각적 대상과 연관된 느낌과 금욕과 연관된 느낌은 명상에서 보다 더 미세한 것을 잘 알아차리게 해 주고, 즐거움과 행복에 대한 다른 이해가 있다는 것을 극적으로 보여준다. 일상적인 삶에서 얻게 되는 거의 모든 메시지에 의하면 행복은 쾌락적이고 즐거운 감각 체험에서 온다고 한다. 그리고 우리들 대부분 일시적으로는 그렇게 느낀다. 그러나 즐거움은 또한 그 속에 숨겨진 위험성을 내포하고 있다.

이런 위험성은 무엇인가? 때로는 즐거움 그 자체가 여러 중독과 마찬가지로 궁극적으로 해롭다. 어떤 담배 광고를 보면 아름다운 여성과 잘생긴 남성이 목가적인 풍경을 배경으로 손에 담배를 들고 서 있다. 광고 문구에는 "내가 즐기는 데 방해되는 어떤 것도 허용하지 않을 거야"라고 써져 있다. 이 광고의 위험성은 그 자체가 말해 주고 있다. 감각적 즐거움이 주는 행복이 갖는 또 하나의 단점이 있다. 그것은 즐거움에 집착하기 때문에 그 즐거움이 변화하게 되면 슬픔과 상실감을 갖게 된다는 점이다. 그리고 즐거운 세간적인 느낌이 일어날 때 그것에 마음챙김을 하지 못하면 자신도 모르게 욕망의 습관을 강화하게 된다.

사람이 즐거운 느낌과 접촉할 때, 그가 그 느낌을 즐기고 반기고

계속 그것에 매여 있으면, 탐욕에 대한 잠재 성향이 그 사람 안에 자리를 잡는다.[1]

출세간적인 느낌: 깨달음에 이르는 길

붓다는 출세간적인 느낌은 다른 차원의 즐거움이고, 보다 깊은 행복감을 준다고 가르친다. 여기에는 숨겨진 위험성이 없다. 이런 출세간적인 즐거운 느낌은 바로 깨달음의 기초가 된다. 그러나 느낌에 대한 이런 이해는 깨달음에 이르는 보살의 길에서 처음에는 그다지 분명하지 않다. 29세에 집을 떠난 고타마 싯다르타는 붓다가 되기 위해 6년 동안 엄청난 고행을 하였다. 여기 그 생생한 기록이 있는데 이 고행은 자아를 정복하기 위한 것이었다. 그러나 6년간의 뼈를 깎는 고행을 하고 난 다음, 보살은 그 목표에 도달하지 못한 자신을 바라보았다.

"나는 이렇게 생각했다. '과거·현재, 또는 미래의 그 어떤 사문이나 바라문들이 분투하면서 체험했던 그 어떤 괴롭고 혹독한 느낌보다도, 이것이 극한이며 이것을 넘어서는 것은 없다. 그러나 이 고된 고행 수행으로도 나는 성자들에게 어울리는 탁월한 지혜와 견해를 얻지 못했다. 깨달음으로 향하는 다른 길이 있는 것일까?'"

"나는 이렇게 숙고했다. '나의 아버지가 석가족의 농경제를 거행할 때의 일이 기억난다. 나는 시원한 복숭아나무 아래에 앉아 있었다. 그때 나는 감각적 쾌락에서 완전히 벗어나고 불선(不善)한 상태에서 벗어나 첫 번째 선정(jhāna)에 들어가 머물렀다. 그 선정에서는 초기의 거친 마음 작용(vitakka, 尋)과 지속되는 미세한 마음 작용(vicāra, 伺)이 수반되었고, 벗어남에서 생긴 기쁨(pīti, 喜)과 행복(sukha, 樂)이 있었다. 이것이 깨달음으로 향하는 길이 될 수 있을까?' 그러한 기억에 이어 깨달음이 왔다. '이것이 깨달음으로 향하는 길이다.'"

"나는 생각했다. '왜 내가 그런 즐거움을 두려워하고 있는가? 그런 즐거움은 감각적 쾌락과 불선한 상태와는 아무 상관이 없는데.' 그리고는 '감각적 쾌락과 불선한 상태와 아무 상관도 없기 때문에 그런 즐거움이 두렵지 않다'라고 생각했다."[2]

붓다는 자신이 깨달음을 얻고 난 후 스스로 자신을 행복 안에서 사는 사람이라고 천명하였다. 여기에는 수행의 길에서의 기쁨과 행복의 역할에 대한 중요한 메시지가 있다. 고통과 그 원인에 대한 위대한 진리, 올바른 노력, 감각적 욕망에 대한 지속적 갈망의 위험성만을 강조하다 보면, 이것이 행복으로 나아가는, 그리고 행복의 길이라는 것을 때로는 간과하기 쉽다. 한 경전에서는 붓다 당시 위대한 통치자 중의 한 사람이었던 빠세나디(Pasenadi) 왕에 대해 말하고 있다. 그 왕은 붓다에게 와서 자신이 본 것을 말하였다.

"그러나 여기서 저는 비구들이 언제나 미소 짓고 생기 넘치고 기쁨에 차 있고 꾸밈없이 즐거워하며 감각기능들이 청정하고 편안하고 차분하게 지내고 다른 사람에게 받은 시주로 먹고 살며 사슴과도 같은 [초연한] 마음을 지키고 있는 것을 보았습니다."[3]

이로운 즐거움과 이롭지 않은 즐거움

『염처경』에서 붓다는 느낌에 대한 마음챙김의 가르침을 주면서 세간적인 것과 출세간적인 것을 구별하고 있다. 이것은 이로운 즐거움과 이롭지 않은 즐거움의 차이를 강조하기 위한 것이다. 붓다 시대에 위사카(Visākha)라고 하는 부유한 상인이 라자가하(Rajāgaha)라는 고대 도시에 살고 있었다. 그와 그의 아내는 깨달음의 세 번째 단계인 '불환과(不還果)'를 성취하였다. 이후 그의 아내는 출가하여 비구니가 되어 담마딘나(Dhammadinnā)라는 법명을 받았으며, 그녀는 얼마 지나지 않아서 영적인 여행을 마치고 마침내 아라한이 되었다.

어느 날 위사카는 비구니 담마딘나에게 질문하였다.

"즐겁거나 즐겁지 않거나 중립적인 느낌의 기저에 있는 습관적인 성향은 어떤 것입니까?"

그녀는 예상대로 대답하였다. "욕망 또는 욕정이 즐거운 느낌의 기저에 있는 조건화된 성향이고, 혐오감이 즐겁지 않은 느낌의 기저에 있는 조건화된 성향이고, 망상이 중립적인 느낌의 기저에 있는 조건화된 성향입니다."[4]

앞에서 언급한 바와 같이 이런 성향을 버리지 않고서는 해탈을 이룰 수 없다.

그러자 위사카는 더 심도 있는 질문을 던졌다. 이 질문은 수행의 길을 걷는 우리에게 대단히 함축적인 의미를 지니고 있다.

"담마딘나여, 욕망·혐오·망상의 이런 습관적인 성향이 모든 즐거운, 즐겁지 않은, 중립적인 느낌의 기저에 있는가?"

그녀는 대답한다. "이런 습관적인 성향이 모든 느낌의 기저에 있는 것은 아닙니다. 모든 느낌이라는 점에서 버려져야 할 것은 아닙니다."[5]

그녀는 불선하지 않은 즐거운 느낌이 있다고 하면서, 이런 즐거운 느낌은 깨달음을 향하여 가는 것이라고 말하였다. 그리고 금욕에서 일어나는 즐겁지 않은 느낌들도 있고, 이것들은 혐오감을 조건화하지 않으며, 이것들 또한 깨달음으로 이끌 수 있다.

출세간적인 즐겁지 않은 느낌과 중립적인 느낌

혐오감과 관련이 없는 즐겁지 않은 느낌은 무엇인가? 수행을 하면서 종종 어려운 단계를 지나가게 된다. 즐겁지 않은 신체적 감각이 주를 이루는 단계가 있다. 또는 수행과 세상에 대해 공포, 처참함, 또는 절망감을 느끼기도 한다. 그리고 깨달음이 저 멀리 있는 것처럼 느껴지기도 한다. 이것이 십자가의 성 요한이 말한 '영혼의 어두운 밤'이다. 이런 모든 것은 수행의 깊은 단계에서 나오는 즐겁지 않은 느낌이다.

마찬가지로 망상 또는 망각과 관련이 없는 중립적인 느낌이 있다. 세간적인 중립적인 느낌은 대상에 대한 무감각에 조건 지워져 있다. 거기에는 아무 것도 두드러지게 나타나는 것이 없다. 그래서 눈에 띄는 것이 없다. 출세간적인 중립적인 느낌은 평정심(upekkhā, 捨)에서 나온다. 그것은 제4선정과 '평등지(平等智)'라는 통찰의 단계에서 아주 강하게 된다. 마음이 아주 정화된 이때에는 중립적인 느낌이 즐거운 것보다 실제로 더 즐거움을 가져다준다.

담마딘나의 대답, 즉 욕망·혐오감·망상의 모든 습관적인 성향이 모든 느낌의 기저에 있는 것이 아니라는 것, 그리고 모든 느낌이라는 점에서 전부 버릴 것은 아니라는 대답은 세간적으로, 그리고 출세간적으로 일어나는 느낌이 서로 다르다는 것을 지적하고 있다. 그녀는 행복도 다르게 이해해야 한다는 것과 출세간의 기쁨이 수행의 길에서 하는 역할을 강조하고 있다. 붓다는 그녀의 대답을 인정하고 위사카에게 말하였다.

"담마딘나는 지혜롭다. 그대가 내게 똑같은 질문을 하였다고 해도, 나는 담마딘나가 대답한 것과 똑같이 그대에게 설명하였을 것이다."

우리 자신의 체험에서 느낀 출세간적인 기쁨

세간적인 그리고 출세간적인 느낌의 차이를 파악하기 시작함으로써, 우리는 여러 번뇌의 오염과 섞이지 않은 행복의 가능성에 서서히 문을 열어놓을 수 있게 되었다. 그러나 이 세상에서 살아가는 존재로서 이런 가능성을 이해하였다고 해도, 이것을 완전히 신뢰하거나 이렇게 이해한 대로 살아가지는 않는다. 우리들 삶의 대부분은 감각적 쾌락의 한계를 잘 알고 이해하고 있다 해도, 실제로는 다양한 감각적 쾌락을 추구하고 즐기는 데 많은 시간을 소비하고 있다. 우리가 정말로 세간적인 즐거운 느낌에 기뻐하지 않고 행복할 수 있을까? 붓다는 이런 점을 직설적으로 말하고 있다.

그대는 이렇게 생각할지도 모른다. "아마도 이 오염된 상태[욕망·혐오·무지]는 사라질지 모른다. 그래도 우리는 여전히 행복하지 않을 것이다." 그러나 그렇게 생각하면 안 된다. 오염된 상태가 사라지면… 평정심·마음챙김·명료한 인식과 함께하는 행복과 즐거움이 늘어날 것

이다. 이것이 행복한 상태이다.[6]

보시

우리는 아직 완전한 깨달음이 주는 행복을 잘 알 수 없을지도 모른다. 그러나 수행의 길을 가면서 때로는 감각적이지 않은 기쁨의 청정한 시간, 출세간적인 즐거운 느낌을 체험하기도 한다. 마음이 탐욕과 인색함에서 멀어져서 보시를 할 때 이런 체험을 하게 된다. 누군가에게 관대해져서 사랑 또는 연민, 존경 또는 감사의 마음으로 무엇인가 줄 때를 생각해 보라. 보시를 하는 것은 금욕에 기반을 둔 행복하고 출세간적인 느낌으로 들어가는 가장 쉬운 관문이다. 바로 이것이 붓다가 보시에 대한 언급으로 자신의 가르침을 시작하는 이유이기도 하다.

사랑과 연민

우리는 사랑과 연민[慈悲]을 수행할 때 감각적이지 않은 기쁨을 느낀다. 위대한 선승이자 시인인 료칸은 다음과 같은 표현으로 이런 느낌을 간명하게 드러내었다. "이토록 힘든 세상에서 살아가는 사람들 모두를 품을 정도로 나의 가사 장삼은 넓다."

때로는 엄청난 재해를 당했을 때 이런 최고의 인간적 자질이 드러나기도 한다. 이때는 세상의 모든 사람들에게 넘칠 정도로 보시를 하고, 우리는 이럴 때 마음의 순수함을 느낀다. 사람들은 무엇인가 돌려받기 위해 주는 것이 아니다. 그들은 자신이 가진 것보다 종종 더 많이 주기도 한다. 타인의 고통을 보고 연민에 가득 찬 반응을 자발적이고도 순수하게 보이는 것이다. 이것은 결국 행복을 가져다준다.

금욕

계율을 따르면서 금욕을 수행할 때 우리는 감각적이지 않은 기쁨을 느낀다. 우리는 해로운 행동을 절제한다. 그리고 이런 금욕과 절제는 회한을 남기지 않는 출세간적인 즐거운 느낌을 가져다준다. 비록 과거에 유익하지 않은 행동을 했다 해도-우리는 모두 그렇게 한다- 타인에게 해를 끼치지 않는 일을 하는 순간 거기에는 힘과 신뢰와 행복이 있다.

우리는 안거 동안 친숙해진 안락함을 절제하고, 출세간적인 즐거운 느낌을 갖는다. 단순함이 주는 아름다움을 즐기기 시작한다. 빠세나디 왕이 붓다 주위의 비구와 비구니들을 보고 묘사했던 것을 맛본다. 내가 안거에 들어가면, 내게 필요한 것은 그곳 조그만 방에 모두 다 있다. 일상적인 생활과 비교하면 아주 소박하다. 집에 있을 때 밤에 나는 서재에서 명상을 한다. 그 방은 반짝이는 불빛 이외에는 어둡다. 그 불빛들은 컴퓨터, 모뎀, 고전압 방지기, 프린터, 전화에서 나온다. 그 방은 마치 세상에서의 내 삶을 통제하는 곳으로 보인다.

집중

우리는 집중[定] 상태에서 출세간적인 즐거운 느낌의 감각적이지 않은 기쁨을 체험한다. 집중할 때 마음은 유익하지 않은 상태와 멀어져 있다. 처음에 마음은 종종 안절부절 어쩔 줄을 모른다. 여기저기로 뛰어다니고, 즐거운 느낌과 즐겁지 않은 느낌에 여러 가지로 반응한다. 그러나 지속되는 시간이 짧든 길든 간에 마음이 쉽게 안정되어 대상에 주의를 기울이고, 마음챙김의 흐름으로 이어지는 경우도 있다. 이럴 때는 일상적인 기쁨보다 더 큰 편안함과 즐거움이 있다.

그리고 여기에는 더 큰 합일의 느낌이 있다.

나의 스승 중 한 사람인 디빠 마(Dipa Ma)는 선정 상태에서 3일간 가부좌를 틀고 앉아 있은 적도 있었다. 붓다는 이런 선정 상태에서 7일간 집중을 유지하였다고 한다. 어떤 즐거움이 있어서 그렇게 할 수 있는가? 3일 동안 먹지도 않고, 음악도 듣지 않고, 성적인 즐거움도 없이 지낼 수 있다는 것을 상상이라도 해 본 적이 있는가? 어떤 경우에는 그렇게 하면 탈진해 버려서 심지어 바람직하지 않을 수도 있다. 이것이 세간적인 즐거움과 출세간적인 즐거움이 보여주는 차이이다.

명확하게 봄

우리는 통찰과 깨달음의 여러 단계에서 훨씬 더 높은 비감각적 기쁨을 체험한다. 이런 상태는 항상 선정 상태는 아니지만, 명확하게 볼 때 느낄 수 있는 특별한 행복이다. 즉 모든 일어나는 것들은 항상 변화하고, 무아(無我)라는 것을 심오하고 분명하게 보는 것이다. 그리고 통찰의 수행이 여러 가지 방식으로 성숙함에 따라서 더욱 더 정화된 행복이 형성된다.

지난 세기의 위대한 미얀마 스승 중 한 사람인 마하시 사야도는 이렇게 기술하고 있다. “때로는 알아차리는 여러 대상이 하나 또는 둘로 축소되거나 또는 사라져 버리는 경우도 있다. 그러나 이러한 때라고 하여도 이러한 상태를 인식하는 의식은 여전히 존재한다. 아주 깨끗하게 확 트인 하늘의 무한한 공간에서 단지 하나의 바로 그 명징하고 환희에 찬 의식만이 존재한다. 그것은 비교를 넘어선 아주 명징하고, 아주 환희에 찬 것이다.”

출세간적인 즐거운 느낌으로 수행하는 방법

우리는 어떻게 출세간적인 즐거운 느낌으로 수행하게 되는가? 『염처경』의 가르침으로 돌아가 보자. 『염처경』에 의하면 깨달음의 길은 느낌이 일어나는 대로 그것을 단순히 마음챙김하는 것이다. 즐거운 느낌이 일어날 때 그것을 세간적 또는 출세간적인 즐거운 느낌으로 안다. 그리고 즐겁지 않은 느낌이 일어나면 그것을 세간적 또는 출세간적인 즐겁지 않은 느낌으로 안다. 중립적인 느낌에 대해서도 마찬가지이다.

여기서 주의해야 하는 점은 이것을 너무 복잡하게 하거나 의심과 혼란의 근원으로 삼지 말아야 한다는 것이다. 우리는 그것이 정확히 어떤 느낌인지를 알아내려고 시간을 보내지 말아야 한다. 오히려 이것을 이해의 틀로 단순히 이용하고, 감각적 즐거움과 다르마의 즐거움[法樂]이라고 부르는 것 사이의 차이를 알아차리고 탐색하기 시작해야만 한다. 즐겁지 않은 느낌과 중립적인 느낌에 대해서도 마찬가지이다.

붓다는 이 가르침에서 오로지 출세간적인 느낌만 갖도록 애를 써야 한다고 말씀하시지는 않았다. 우리가 살아가는 동안 세간적인 그리고 출세간적인 느낌이 일어나는 것은 자연스러운 일이다. 그러나 어떤 느낌인지를 알아차리고 그것에 마음챙김을 함으로써 우리는 세간적인 느낌의 바탕에 있는 성향-욕망·혐오·망상-을 더 명확하게 인식하는 것을 배우고, 마음챙김 수행을 통해서 이런 성향들을 버리는 것을 배우게 된다. 우리는 다음과 같이 단순한 알아차림에 머물 수 있다. "이것은 감각과 연관된 즐거운 (또는 즐겁지 않은 또는 중립적인)

세간적인 느낌이다." 그리고 우리는 해탈에 이르는 흐름의 한 부분으로서 출세간적인 느낌의 잠재성을 잘 파악하게 된다.

정형구를 적용시킴

이 경전의 다른 절에서와 마찬가지로 여기에서도 붓다는 정형구를 반복하고 있다. 우리는 느낌을 내적으로, 외적으로, 그리고 내외적으로 관찰 명상해야 하고, 일어남과 사라짐의 성질과 느낌의 일어남과 사라짐을 관찰 명상해야 한다. 붓다는 다음과 같이 말하면서 이 가르침을 끝맺고 있다.

> "단지 그에게 온전한 앎과 지속적인 마음챙김을 위해 필요한 정도로 '느낌이 있다'라고 하는 마음챙김도 확립된다. 그는 세상의 어느 것에도 집착하지 않고 의존하는 바 없이 머무른다. 비구들이여, 비구는 이와 같이 느낌에 대해서 느낌을 관찰하며 머무른다."[7]

느낌에 대해 외적으로 마음챙김한다는 것은 타인에게서 일어나는 느낌을 안다는 것을 의미한다. 마음챙김은 타인이 즐거운 느낌을 체험할 때 공감의 기쁨을 불러일으킨다. 그리고 타인이 고통스러워할 때 연민을 불러일으킨다. 우리가 느낌-즐거운, 즐겁지 않은, 중립적인 느낌, 그리고 세간적인, 출세간적인 느낌-을 마음챙김하지 않고 내적으로, 외적으로, 내외적으로 마음챙김하지 않으면 우리는 쉽게 이런 느낌을 동일시하고, 그런 느낌을 자아로 받아들이게 된다.

붓다는 한 경전에서 자신의 충실한 시자인 아난다에게, 사람들은 자아를 어떻게 여기느냐고 수사학적인 질문을 던진다. 붓다는 계속해서 사람들은 느낌은 '나의 것'이다, 또는 '나의 자아가 느낀다', 또는 심지어는 '나의 자아는 느낌이 없다'라고 믿는다고 말한다.

이런 동일화는 즐거운 것에 대한 욕망, 즐겁지 않은 것에 대한 혐오, 중립적인 것에 대한 망상을 조장하여 우리를 윤회의 바퀴에 묶어 놓는다. 느낌을 여섯 감각기관(마음은 여섯 번째 감각기관으로 이에 포함된다)과 접촉해서 일어나는 비개인적인 과정으로 관찰하는 것을 통해서 이런 느낌을 자아로 여기지 않게 된다. 그럴 때 붓다의 본질적인 가르침을 수행하게 된다. 즉 "어떤 것이라고 할지라도 나[我] 또는 나의 것[我所]으로 집착해서는 안 된다."

V

마음에 대한 마음챙김

13

마음의 선근(善根)과 불선근(不善根)

『염처경』의 이 절에서 붓다는 마음챙김의 네 가지 토대 중 세 번째에 해당하는 것에 대한 가르침을 주고 있다. 즉, 마음에 대한 마음챙김이다. 그는 다음과 같은 질문으로 시작한다. "그러면 비구들이여, 어떻게 그는 마음에 대하여 마음을 관찰하면서 머무는가?" 그리고 그는 계속해서 설명한다.

"비구는 탐욕이 있는 마음을 탐욕이 있는 마음이라고 꿰뚫어 알고 탐욕이 없는 마음을 탐욕이 없는 마음이라고 꿰뚫어 알며, 성냄이 있는 마음을 성냄이 있는 마음이라고 꿰뚫어 알고 성냄이 없는 마음을 성냄이 없는 마음이라고 꿰뚫어 알며, 어리석음이 있는 마음을 어리석음이 있는 마음이라고 꿰뚫어 알고 어리석음이 없는 마음을 어리석음이 없는 마음이라고 꿰뚫어 알며, 위축된 마음을 위축된 마음이라고 꿰뚫어 알고 산란한 마음을 산란한 마음이라고 꿰뚫어 안다."[1]

붓다는 마음의 여러 성질 중 세 가지 불선근이 있는지 없는지를 알고, 그것이 마음을 어떻게 물들이거나 조건 짓는지에 대해 강조하고 있다. 이런 세 가지 뿌리는 탐욕[貪] 또는 욕정, 나쁜 의도와 분노를 포함하는 증오[瞋], 당혹과 혼돈을 내포하는 망상 또는 무지[癡]이다.

붓다는 이런 불선한 마음이 있고 없음을 단순히 아는 것을 강조하고 있지만, 탐욕·증오·망상의 서로 다른 형태에서 자유로워졌을 때 마음의 성질에 주의를 기울이는 것은 가치 있는 일이다. 그럴 때에 비록 우리가 직접적으로 그에 대응하는 긍정적인 것을 체험하지 못한다(분노 또는 나쁜 의도가 없다고 해서 반드시 강한 자비를 느끼는 것은 아니다)고 하여도, 마음이 편안하고 평화롭고 개방되는 것을 알 수 있다. 이후의 장에서 우리는 깨달음의 요소들이 갖는 선한 상태를 더 자세하게 고찰할 것이다.

유익한 것과 유익하지 않은 것

붓다는 불선근(不善根)을 인식하고 아는 것은 유익한 것으로, 그리고 선근(善根)이 없음을 유익하지 않은 것으로 강조함으로써 이 둘의 지혜로운 식별을 언급하고 있다. 즉, 행복과 해탈로 이어지는 것과 고통으로 이어지는 것에 대한 식별이다. 이러한 식별은 붓다의 가르침의 기본이지만, 서구 문명에서 이것은 아주 민감한 문제이다. 많은 사람들은 탐욕 또는 증오와 같은 특별한 마음의 상태를 불선한 것으로 여긴다. 그러나 이에 그치지 않고 이런 마음을 당신이 갖게 되면 스스로는 나쁜 사람이 되고, 뿐만 아니라 이런 마음이 드는 것조차 나쁘다고 느끼게 된다. 이런 반응 패턴은 자신을 판단하게 하고,

자신에게 혐오감을 느끼고, 자신을 고통스럽게 만든다. 이것은 도움이 되는 순환이 아니다.

어떤 마음이 유익한지, 그리고 어떤 마음이 유익하지 않은지를 이해하는 것은 중요하다. 그 이유는 자신을 단죄하거나 그 마음에 반응하기 위해서가 아니라, 어떤 마음이 행복으로 이끄는지 알고, 어떤 마음을 함양해야 하는지를 알고, 또한 어떤 마음이 고통으로 이끌기 때문에 버려야 하는지를 알기 위해서이다. 선한 마음과 불선한 마음의 구별은 도덕적인 차원을 심리학의 차원으로 바꾼다. 이런 점은 특히 더 중요하다. 왜냐하면 이런 여러 상태는 우리 마음에서 일어날 뿐만 아니라, 또한 그런 마음이 우리의 행동을 촉발하기 때문이다.

이 세상에는 왜 그렇게 고통-폭력·전쟁·기아·정의롭지 못함-이 많은가? 또는 우리의 개인적인 인간관계에서도 이런 어려움이 왜 그렇게 많은가? 그런 고통은 불선한 마음 상태가 발동한 것이다. 우리 자신의 행복과 더 평화로운 세상을 위해서 먼저 무엇이 유익한 것이고, 유익하지 않은 것인지를 알고, 또한 그것이 마음에 일어날 때 이런 모든 마음상태를 인식해야만 한다. 달라이 라마는 이것의 중요성을 강조하면서 다음과 같이 말하였다.

즉 우리의 행동만으로 궁극적인 성공 또는 실패로 평가되어서는 안 되고, 오히려 그 이면에 있는 동기에 의해 판단되어야 한다. 우리는 항상, 아니 종종 결과를 조절할 수 없지만, 우리 마음과 영혼을 훈련할 수는 있다. 이것은 마음챙김의 세 번째 토대를 훈련하는 것이다. 즉 마음에 대한 마음챙김이다.

우리가 어떻게 이 훈련을 수행으로 가져갈 수 있을까? 경전의 말씀을 빌리면, 탐욕스러운 마음을 탐욕스럽다고 알고, 탐욕스러운 마음이 없으면 탐욕스러운 마음이 없는 것으로 어떻게 알 수 있는가? 마찬가지로 스스로 화난 마음 또는 망상에 젖은 마음을 어떻게 알 수 있는가? 『법구경』의 한 구절은 간결하게 불선한 마음이 어떻게 일어나는가를 기술하고 있다. "탐욕과 같은 불은 없고, 분노와 같은 마수는 없고, 망상과 같은 그물은 없다."

마음에 대한 마음챙김을 수행하면서 이런 개별적인 마음 상태를 스스로 어떻게 체험하는지를 살펴볼 필요가 있다. 우리는 맹렬하게 탐욕의 흥분을 느낄 수도 있고, 분노와 증오의 긴장·압박·소외를 느낄 수도 있다. 망상의 혼돈스러운 질곡을 느낄 수도 있다. 태국의 고승 붓다다사(Buddhadasa)는 이런 성향을 다른 식으로 표현하고 있다. "잡아당기고, 밀어내고, 뱅글뱅글 원 주위를 돌고 있다."

이런 명상을 하는 하나의 실험으로, 당신은 가부좌를 틀고 앉아서 다음과 같이 질문할지도 모른다. "지금 이 순간 내 마음의 태도는 어떤가?" 이런 질문은 마음이 무엇에 매달려 있는지, 또는 마음이 어떻게 되기를 원하는지를 환하게 보여주기도 한다. 그리고 이런 질문은 마음에 대한 마음챙김을 바로 적용하는 것이다. 종종 이런 질문을 던지면서 우리는 거기에 있었다고 깨닫지도 못했던 집착 또는 혐오감에서 벗어나는 편안함을 느낄 수도 있다.

불선한 마음 상태가 없다는 것을 안다

어떤 경우 수행에서 더 어려운 측면은 이런 마음 상태가 없다는 것을 알아차리는 것이다. 어떤 이유에서인지 우리는 어려움에 잘 머무르는 경향을 더 많이 보이고, 종종 선한 마음 상태를 간과하곤 한다. 이것은 우리가 자신을 보는 방식에 심대한 영향을 미친다. 『염처경』

의 이 절에서 붓다는 이런 상태 하나하나에 마음챙김을 하는 것에 똑같이 중요성을 부여하고 있다. 우리는 불선한 마음 상태의 손아귀에 사로잡히지 않고 마음을 편히 하는 것을 알아차린다. 그리고 또한 불선한 마음이 일어날 때, 이에 대응하는 긍정적인 마음 상태도 존재한다는 것을 알아차린다. 하나의 실험으로, 마음에서 무엇인가를 강하게 원하는 것을 느끼고 난 다음을 주목해 보자. 마음과 몸에 어떤 일이 일어나는지에 대해 가능한 만큼 마음챙김을 해 본다. 그러면 한 순간에 또는 시간이 지나면서 서서히 원하는 마음이 사라지는 것을 알아차리게 될 것이다. 호흡 또는 다른 명상 주제로 급하게 돌아가는 대신, 무엇을 원하는 마음에서 자유롭게 된 마음에 주의를 기울이면 마음이 차분해지고 평화로워진 것을 체험하게 된다.

무엇이 무엇인지를 명확하게 인식하는 것-이것은 탐욕이다, 이것은 탐욕이 없는 상태이다-은 어떤 단어 또는 개념에서 벗어나서 마음 그 자체를 직접 더욱 깊이 체험하는 바탕이 된다. 마이클 커닝햄(Michael Cunningham)은 자신의 소설 『시간들(The Hours)』에서 "세상의 모든 것은 그 나름대로 비밀스러운 이름을 갖고 있다. 그 이름은 말로써 전달될 수 없지만, 그 자체를 단순히 보고 느끼는 것이다"라고 말하였다. 이것이 그 대상에 깊이 침잠하여 그것을 완전히 아는 마음챙김이다.

불선근이 있는지 없는지를 아는 이런 가르침에서, 붓다는 우리의 자유에 필수적인 그 무엇을 지적하고 있다. 번뇌, 즉 오염은 항상 존재하는 것이 아니다. 말하자면 번뇌는 선천적이거나 마음에 내재하는 것이 아니라 밖에서 온 것이라는 의미이다. 그것은 마음 그 자체의 본질이 아니라 상황에 따라 방문하는 손님에 불과하다. 붓다는 이런 점을 아주 직접적으로 지적하고 있다.

"비구들이여, 이 마음은 빛나지만, 그것은 밖에서 온 번뇌[客塵煩惱]에 의해서 오염되어 있다. 가르침을 받지 못한 범부는 이것을 있는 그대로 이해하지 못한다. 그러므로 나는 가르침을 받지 못한 범부에게는 마음의 향상이 없다고 말한다."

"비구들이여, 이 마음은 빛나고, 밖에서 온 번뇌로부터 자유롭다. 가르침을 받은 성스러운 제자는 이것을 있는 그대로 이해한다. 그러므로 나는 가르침을 받은 성스러운 제자에게는 마음의 향상이 있다고 말한다."[2]

간단하지만, 쉽지 않다

경전에 있는 이렇듯 명백한 가르침은 불선한 마음을 대하는 태도가 일상적인 수행과는 다르다는 것을 시사해 준다. 번뇌와 동일화하면서 그 속에 빠지거나 판단하거나 부인하는 대신, 붓다는 불선한 마음이 있든 없든 그 모두에 단순히 마음챙김을 하라고 환기시키고, 그것들은 단지 손님일 뿐이라고 상기시켜 준다. 이것은 아주 단순하지만 항상 쉽게 할 수 있는 것은 아니다.

수년 동안 나는 수행하는 동안 어려움에 봉착하여 힘든 싸움을 하였다. 여러 번뇌가 일어나거나 마음이 이리저리 흔들릴 때 스스로를 신통찮은 수행자라고 여겼다. 때로는 나 자신에 대한 비판이 너무 심하여 스스로를 희망이 없고 심리적으로 엉망인 사람으로 간주하였다. 특정한 어떤 경우에는 격심하게 일어나는 수많은 공포를 단순히 마음챙김하지 못하고 그것과 격렬하게 싸웠다. 그럴 때마다 생각은 제멋대로 부풀어 올랐다. '나는 무서움을 많이 타는 사람이야, 이것을 치료하는 데 30년이나 걸리겠는데'라고 생각하였다.

붓다의 가르침을 실제로 따르고, 어려운 마음 상태가 그 자체로 문제이거나 잘못이 아니라고 보기까지 상당한 시간이 걸렸다. '그것은 단순한 수행 도정의 일부일 뿐이고 무상이고 무아이다. 공포는 단지 마음의 상태이다'라고 이해하자 번뇌를 알아차리면서 일종의 기쁨이 솟아났다. 왜냐하면 내가 번뇌를 보지 못하고 생각 없이 행동하는 것이 아니라 오히려 번뇌를 보고 탐색하였기 때문이다.

위축된 마음과 산란한 마음

이런 마음관찰의 다음 가르침은 위축된 마음을 위축된다고 알고, 산란한 마음을 산란하다고 아는 것이다. 여기 위축된다는 것은 나태와 무기력으로 인해서 마음이 안으로 움츠러드는 것이다. 대상을 만날 에너지가 없거나, 있다고 해도 아주 적다. 우리는 이때 멍함과 무거움을 체험하고 내면으로 쪼그라들어간다. 이런 상태는 외부 대상에 마음이 산란해져서 이런저런 감각대상물을 좇아다니는 상태와는 대조된다.

마음에 대한 마음챙김에서 이 절의 가르침은 흥미롭게 진행되어 간다. 첫째로 세 가지 선근과 불선근을 알아채서, 그것에 마음챙김을 하고 그리하여 마음이 자유롭고 집착에서 벗어나게 된다. 그 다음 붓다는 나태로 인한 마음의 위축과 안절부절함으로 인한 마음의 산만함 모두에 마음챙김을 하라고 가르친다. 어떤 마음 상태에서 헤매지 않거나, 그것과 동일화하지 않으면서, 마음은 깊은 집중과 더 높은 마음 상태를 추구하는 데 필요한 균형을 잡는다.

이런 모든 가르침에 대해 안심할 수 있는 것은 모든 가르침이 수행에서 일어나는 어려움을 충분히 인정하고 있다는 점이다. 그것은 수행의 진전을 위해서 모든 장애와 번뇌에서 자유로워져야 한다는 것을 말하지 않는다. 여기서 붓다는 일어나는 마음 상태에 마음챙김을 하는 것은 그 자체로 자유를 향한 도정(道程)이라고 말한다. 순수한 집중과 거울 같은 지혜를 통하여 그것이 갖는 덧없고 무상하고 무아인 성질을 본다. 그것 자체로 해탈을 위해서는 충분하다.

이후 경전에서 여러 장애와 깨달음의 요소에 대해 충분하고 자세하게 탐구하고 있다. 거기에서는 장애와 깨달음의 요소 그 자체가 명상의 특별한 대상이 된다. 그러나 마음챙김의 세 번째 토대인 마음에 대한 마음챙김에서는 단순히 마음의 일반적인 성질만을 알아차리는 데 강조점을 두고 있다. 이런 마음의 일반적인 성질은 여러 다른 마음상태·기분·정서에 영향을 받는다.

스스로에게 질문하라. "무엇이 일어나고 있는가?"

나는 이런 식으로 마음의 성질을 알아차리는 것이 두 가지 점에서 특별히 가치가 있다고 생각한다. 첫째는, 이런저런 이유로 무엇이 일어나고 있는지를 전혀 알지 못하여 마음이 편치 않거나 생각이 잘 연결되지 않을 때, 노력하고 애쓰고 힘든 투쟁을 하지만 별로 성공적이지 못할 때, 여유롭게 자세를 취하고 마음을 열고 알아차리면서 단지 "무엇이 일어나고 있는가?" 하고 질문을 던지는 것이 도움이 된다. 단순히 마음을 알지 못하는 경우가 종종 있다. 아마도 극복하고

자 하는 것이 멍함일 수도 있고, 너무 생각이 많아서 산만하고 안절부절한 상태일 수도 있고, 또는 어떤 일에 사로잡혀 분노하고 있는 것일지도 모른다. 이런 경우 단지 그것이 무엇인지 알고 받아들이게 되면 마음은 더 이상 싸움을 하지 않는다. 우리는 이것이 무엇인지 순수한 주의로써 알아차리기만 하면 된다. 붓다의 말을 다시 반복해 보자.

"비구는 탐욕이 있는 마음을 탐욕이 있는 마음이라고 꿰뚫어 알고 탐욕이 없는 마음을 탐욕이 없는 마음이라고 꿰뚫어 알고, 성냄이 있는 마음을 성냄이 있는 마음이라고 꿰뚫어 알고 성냄이 없는 마음을 성냄이 없는 마음이라고 꿰뚫어 알고, 어리석음이 있는 마음을 어리석음이 있는 마음이라고 꿰뚫어 알고 어리석음이 없는 마음을 어리석음이 없는 마음이라고 꿰뚫어 알고, 위축된 마음을 위축된 마음이라고 꿰뚫어 알고 산란한 마음을 산란한 마음이라고 꿰뚫어 안다."[3]

싸우고 있다는 느낌은 유용한 피드백이 될 수 있다. 싸우고 있다는 것은 무엇인가를 받아들이지 못하고, 마음을 열지 못한다는 것을 보여주고 있기 때문이다. 받아들이지 못하기 때문에 싸우고 있는 것이다.

기분과 정서를 알아라

마음에 대한 마음챙김을 이렇게 적용하는 데 특히 유용한 두 번째 방법은 일상생활의 배후에 놓여 있는 기분 또는 정서를 알아차리는 것이다. 우리는 종종 어떤 기분의 영향 아래 하루 종일 또는 한 나절을 보내곤 한다. 그런 기분은 슬픔이나 지루함, 또는 흥분된 마음일 수도 있다. 또는 약간의 짜증이나 명료한 기분, 또는 우울감이나 행복감일 수도 있다. 이런 기분과 마음 상태는 눈에 띄지 않고 형체가 없어서 자신도 알지 못하는 사이에 그 기분에 젖어들게 된다. 그리고 그 기분과 동일화되어 버려서, 그런 기분들이 무의식적인 필터 역할을 하게 된다. 이런 경우 우리는 색안경을 끼고서 세상을 바라본다.

정서와 기분은 흔히 가장 개별화된 것이라고 말할 수 있다. 우리가 그런 기분과 정서와 동일화하게 되면 변화하는 체험의 풍경 위에 자아의 상부구조를 쌓게 된다. 즉 '나는 화가 난다', '나는 슬프다', '나는 행복하다'라고 생각한다. 그러나 마음에 대한 마음챙김을 하면 어떤 기분 또는 정서가 있는지, 그것이 생각이나 자아감 없이 마음의 색깔을 어떻게 바꾸고 변화시키고 있는지를 명료하게 알아차리게 된다. 우리는 단순히 화가 나 있으면 화가 나 있는 것을 알고, 슬픈 마음이면 슬프다고 알고, 행복하면 행복하다고 안다. 이런 식으로 마음을 체험하게 되면, 우리에게 아잔 차가 말한 바와 같은 '자유의 맛'을 향한 문이 열리게 된다.

마음은 그 자체로 이미 평화롭다. 마음이 평화롭지 못한 것은 기분을 따라가기 때문이다. 기분이 마음을 속이기 때문에 마음이 동요하는 것이다. 훈련되지 않은 마음은 어리석다. 감각에 주어진 인상들이 다가와 마음을 불행·고통·기쁨·슬픔으로 속인다. 그러나 마음의 진정한 본성은 이들 어떤 것들도 아니다. 기쁨 또는 슬픔은 마음이 아니고, 단지 기분이 다가와 우리를 속이는 것이다. 훈련되지 않은 마음은 현혹되어 이런 것들을 따라가고, 자기 자신을 망각한다. 그래서 우리는 속상하거나 편안하거나 또는 그 어떤 기분을 느끼더라도 그게 바로 우리라고 생각한다. 그러나 우리의 이 마음은 참으로 이미 부동이며 평화롭다. 참으로 평화롭다. 그러니 우리는 이 마음을 훈련하여 이 감각에 주어진 인상들을 알고 그것들에 현혹되면 안 된다. 단지 이것이 우리가 이 모든 힘든 수행을 겪어내는 것의 목적이다.[4]

위대한 마음과 좁은 마음, 초월할 수 있는 마음과 초월할 수 없는 마음

마음에 대한 마지막 가르침에서 붓다는 위대한 마음은 위대한 마음으로 알고, 좁은 마음은 좁은 마음으로 알고, 초월할 수 있는 마음은 초월할 수 있는 마음으로 알고, 초월할 수 없는 마음은 초월할 수 없는 마음으로 알고, 집중하는 마음은 집중하는 마음으로 알고, 집중하지 않는 마음은 집중하지 않는 마음으로 알고, 마지막으로 해탈한 마음은 해탈한 마음으로 알고, 해탈하지 않은 마음은 해탈하지 않은 마음으로 알아야 한다고 말하였다.

집중의 성질들

주석서에 의하면, 첫 세 가지는 집중의 다른 측면을 말한다고 한다. *위대함과 좁음*의 의미는 집중이 어느 정도 퍼져 나가는지를 말한다. 예를 들면, 4무량심(四無量心) 수행 중 자무량(慈無量)과 비무량(悲無量) 수행에서, 위대함과 좁음의 의미는 이런 사랑[慈]과 연민[悲]

의 느낌이 모든 존재를 향해 펴져 나가는지, 또는 딱 한 사람에게만 향하고 있는 것인지를 말한다. *초월할 수 있음*과 *초월할 수 없음*은 선정의 단계를 말하고,[10] 그런 최상의 단계를 성취했는지 여부를 말한다[하나의 흥미로운 주석에서는 초월할 수 없음을 제4선정으로 말하고 있다. 왜냐하면 무색계(無色界)의 선정은 제4선정과 동일한 정도의 선정인데, 단지 그 대상이 더 정제된 것이기 때문이다.][5] 세 번째인 집중하는 마음과 집중하지 않는 마음은 *사마타*(*samatha*, 집중)와 *위빠사나*(*vipassanā*, 통찰)에 안정적인 심일경성(心一境性)이 존재하는지의 여부에 대한 마음챙김을 강조하고 있다.

마음에 대한 마음챙김의 이 부분에서 붓다는 두 가지를 강조하고 있다. 첫째로, 집중과 선정이 아무리 깊다고 하여도 지혜를 동반하여 관찰할 필요가 있다는 점이다. 왜냐하면 집중과 선정이 즐겁고 만족스러워도, 그런 상태는 여전히 만들어진 것이고 조건화된 상태라서 일어나고 사라지기 때문이다. 집중과 선정이 마지막 안식처는 아니다. 둘째로, 우리는 집중할 때와 집중하지 않을 때 모두 마음챙김을 할 수 있고, 마음챙김을 해야만 한다. 마음이 어지러울 때 자신을 판단하는 대신, 단순히 '집중하고 있지 않는' 것을 알아차릴 수 있다. 이런 식으로 마음챙김 수행은 모든 것을 포괄한다. 예외로 남겨두는 것은 없다.

------

10) 저자가 '초월할 수 있는 마음(surpassable mind)'과 '초월할 수 없는 마음(unsurpassable mind)'으로 표현하고 있는 것은 빨리어로 각각 'sauttara citta(위가 있는 마음)'와 'anuttara citta(위가 없는 마음, 無上心)'이다. 전자는 아직 향상될 여지가 있는 마음을 가리키고, 후자는 이미 최상의 마음이어서 더 이상 향상될 여지가 없는 마음을 가리킨다.

해탈한 마음을 알아차리기

이 가르침의 마지막 줄에서 붓다는 해탈한 마음은 해탈한 마음으로 알고, 해탈하지 않은 마음은 해탈하지 않은 마음으로 알아야 한다고 말한다. 여기서 해탈이라는 것은 모든 불선한 성향이 뿌리째 제거되어 완전한 깨달음에 이른 상태, 또한 마음이 일시적으로 번뇌에서 자유로워진 상태로서, 우리가 위빠사나 수행에서 종종 체험하는 상태를 의미한다. 수행에서 장애와 번뇌와 어려움에 초점을 맞추는 분위기가 있다는 점을 고려하면, 이것은 마음이 탐욕과 욕정에서, 혐오와 나쁜 의도에서, 혼돈과 망상에서 자유로워질 수 있다는 것을 상기시켜 준다. 우리는 집착·비난·비판이 없이 알아차리는 그런 순수한 주의의 순간에 마음의 편안함과 청정함을 알아챌 수 있다. 티벳의 스승이 이런 해탈의 순간을 "짧은 순간이 여러 번 반복된다"라고 기술하였다.

마음에 대한 마음챙김과 마음챙김의 모든 토대들은 사야도 우 떼자니야(Sayadaw U Tejaniya)의 가르침에 참으로 잘 요약되어 있다. 그는 우리의 마음을 주시하는 것이 얼마나 중요한지를 거듭 강조하고 있다.

> 당신이 기억하고 이해해야 하는 한 가지는 결코 마음을 떠날 수 없다는 것입니다. 계속해서 마음을 주시해야 합니다. 정원을 돌보지 않으면 잡초가 무성해집니다. 마음을 주시하지 않으면 번뇌는 자라고 번식합니다. 마음은 당신에게 속하지 않습니다. 그러나 당신은 마음을 돌볼 의무가 있습니다.[6]

14. 정형구

느낌과 마음에 대한 정형구

우리는 5장과 6장에서 『염처경』의 정형구에 대해 자세히 논했었다. 명상 수행의 핵심적인 측면을 전형적으로 살펴보기 위해서 몸의 마음챙김을 이용하여, 특히 호흡의 마음챙김을 활용하여 언급하였다. 다시 돌이켜 보자면 정형구는 『염처경』의 절마다 마지막에 언급되어 있다. 정형구를 그렇게 자주(13회) 언급함으로써 붓다가 깨달음에 이르는 길의 가장 핵심적인 부분을 강조하고 있다고 생각하는 편이 옳은 것처럼 보인다. 이 장에서는 마음챙김의 두 번째와 세 번째 토대인 느낌의 마음챙김과 마음의 마음챙김에 정형구를 적용해 보고자 한다.

내적으로, 외적으로 마음챙김을 수행한다

첫째로, 우리는 느낌과 마음을 내적으로, 외적으로 그리고 내외적으로 관찰 명상한다. *내적으로* 그리고 *외적으로*에 대한 해석이 서로 다르지만, 서로 다른 해석들에 공통되는 해석이 있다. 이 해석은 마음챙김의 네 가지 토대 모두에 분명히 해당된다. 즉 '*내적으로*'는 자신의 체험을 의미하고, '*외적으로*'는 타인의 체험을 말한다는 해석이다. 이것은 마음챙김이 갖는 포괄성을 상기시켜 준다. 우리의 수행은 내면에서 일어나든 외부에서 일어나든, 그것이 어떤 것이든, 결국은 이런 구분 모두를 넘어서는 것을 알아차리는 것이다.

위의 마지막 몇 장에서 내적으로 느낌과 마음을 관찰하고 명상하는 것을 깊게 논의하였다. 이런 관찰은 세간적이고 출세간적인 즐겁고 불쾌하고 중립적인 느낌이 마음에서 일어나는 대로 알아차리는 것을 의미한다. 또한 마음이 선근과 불선근에 영향을 받고 있는지, 마음이 집중되어 있는지의 여부, 초월할 수 있는지의 여부, 해탈해 있는지의 여부를 알아차리는 것이다.

그러나 이런 마음들을 외적으로 *어떻게* 관찰 명상하는가? 붓다는 여러 방식으로 통찰의 계발에 대해 언급하고 있다. 하나는 자신의 직접적인 체험을 통해서, 또 다른 하나는 추론과 귀납법을 통해서 알 수 있다. 우리가 불에 손을 넣어서 데인다면, 그것을 알기 위해서 반복해서 그런 행동을 할 필요가 없다. 한두 번 겪은 다음에는 불에 손을 넣으면 데인다는 것을 유추해서 배우게 된다.

우리는 느낌에 대해서도 이런 동일한 통찰을 할 수 있다. 어떤 사람의 신체 표현 또는 말을 통해서 그 사람이 즐거운 것을 느끼는지 아니면 고통스러운 것을 느끼고 있는지가 분명히 드러나는 일이 흔하다. 그리고 우리 자신의 즐거운 체험과 고통스러운 체험을 통해 유추하여 적어도 어느 정도는 타인이 무엇을 느끼는지 알 수 있다. 외적으로 마음에 대해 마음챙김을 하면서, 다른 사람이 화났거나 다정한 것, 탐욕스럽거나 관대한 것, 산만하거나 집중되어 있는 것을 우리 자신의 체험을 기반으로 유추하여 알 수 있다. 바로 그렇게 해서 우리는 자신의 마음챙기지 못하는 마음에서 벗어나게 된다.

이것이 왜 중요한가? 왜 붓다는 느낌과 마음의 외적 알아차림을 포함시켜 놓고 있는가?

내적으로 마음챙김을 하지 않으면 즐거운 느낌이 욕망을 조건 짓고, 즐겁지 않은 느낌이 혐오감을 조건 짓고, 중립적인 느낌이 무지를 조건 짓는 것처럼, 외적으로 마음챙김을 하지 않으면 타인의 고통스런 느낌이 우리 자신의 슬픔·비통·부정을 촉발한다. 어떤 상황에서는 타인의 고통스런 느낌이 잔인함을 촉발하기도 한다. 나는 인도의 지저분한 개들을 보면서 내 마음에서 일어나는 여러 가지 반응을 겪어 본 적이 있다. 이 개들은 집도 없고 시장에서 남은 음식찌꺼기를 얻어먹는다. 사람들은 종종 개들을 무시하거나 쫓아버린다. 때로는 개에게 돌을 던져 멀리 쫓아버린다. 왜냐하면 사람들은 개의 배고픔과 절망적인 몸부림을 직면하고 싶지 않기 때문이다.

마찬가지로 우리가 외적으로 마음챙김을 하지 않으면, 타인의 즐거운 느낌은 질투 또는 질시를 불러일으킨다. 작가인 앤 라모트(Anne Lamott)는 다른 작가, 특히 친구의 성공을 보는 것이 얼마나 어려운가를 잘 기술하고 있다. "그것이 당신의 자존심을 아주 약간 긁어놓을 수 있다. 그래서 당신은 그 친구에게 어떤 작은 나쁜 일이 일어나기를, 말하자면 그 친구의 머리가 터져버릴 만한 일이 일어나기를 바라게 된다."[1]

선한 마음 상태를 일으키기

우리가 자신에 대해서뿐만 아니라 타인의 느낌에 대해 마음챙김을 하면(외적으로 마음챙김을 하면), 우리에게는 선한 상태가 자동적으로 일어나거나 성찰에 의해 추동되어 일어날 가능성의 문이 열리게 된다. 우리는 질투 대신 다른 사람의 즐거운 느낌에 대해 기쁨을 느끼게 되고, 그리고 다른 사람의 고통스러운 느낌에 대해 공포 또는 무관심 대신 연민을 느끼게 된다.

외적으로 마음챙김을 수행하여 선한 마음을 계발할 수 있는 방법에 대해서는 많은 예들이 있다. 나는 한때 미얀마의 명상센터에 머물렀던 적이 있다. 그때 미국에서 온 친구를 만났다. 그는 나보다 먼저 승려가 되었고, 수년 간 거기에 살고 있었다. 나는 마음이 평안을 얻는 데 시간이 걸렸다. 그렇지만 나의 친구가 평안하고 집중되어 있다는 것을 보았을 때, 비교하는 마음이 전면에 나와 질투와 자기-비난에 마음이 물들었다.

그러나 나의 이러한 반응 패턴이 고통을 동반한다는 것을 알아차린 다음에는 *무디따*(muditā) 즉 같이 기뻐함(喜)이라는 명상을 하기 시작하였다. 이 수행은 다른 사람의 행복과 성공이 계속해서 자라고 커지기를 원하는 명상이다. 나의 마음이 질투의 고통으로부터 친구의 성공에 대한 기쁨의 행복으로 얼마나 빨리 변화하는지를 보는 것은 놀라운 일이었다. 이것은 유익한 것을 선택하고 그것을 함양하는 것이 갖는 수행의 힘에 대한 또 다른 하나의 교훈이었다. 우리 마음의 채널을 변화시키는 것은 가능하다.

토마스 머튼(Thomas Merton)이 살면서 저술활동을 하였던 장소인 켄터키의 겟세마니 수도원에서 불교-기독교 회의가 열렸는데, 거기서 나는 다른 사람에 대한 마음챙김이 얼마나 중요한 결과를 가져오는지를 절실하게 체험하였다.

우리는 수도원의 회의실에서 며칠 동안 회의를 하였다. 어느 날 회의가 끝난 다음에 나는 달라이 라마를 따라서 회랑을 쭉 걸어가고 있었다. 회랑 복도의 끝에 성모 마리아 상이 있었다. 달라이 라마가 그곳을 지나다가 잠시 멈추어서 절을 하고 지나갔다. 나로서는 생각도 할 수 없는 일이었지만, 달라이 라마는 그 마리아 상에 깊은 존경심을 품고 절을 하였음이 분명하였다.

그리하여 내가 품고 있는 외적으로 마음챙김한다는 것의 한계가 드러났다. 더구나 회의가 끝날 무렵에 겟세마니 수도원장이 폐회사를 하면서 자신은 달라이 라마가 성모상에 절하는 것을 보고 깊은 감동을 받았으며, 그런 존숭의 행동이 종교간 대화에서 수백 마디의 말보다도 훨씬 중요하다고 말하였다.

마음의 반응

우리는 또한 처음부터 외적으로 마음챙김을 하면서 많은 것을 배울 수는 없지만, 그러나 자신의 반응을 통해서 무엇이 일어나고 있는지를 알아차리게 된다. 다른 사람에게 가장 심하게 반응하는 것이 사실은 일반적으로 우리 자신이 받아들이기 힘든 것이라는 심리학적인 이해가 있다. 다른 사람이 화를 내거나 탐욕스러울 때 우리는 거기에 어떻게 반응하는가? 우리는 다른 사람에게서 그런 마음이 일어났다는 것을 그냥 단순히 알아차리는 것뿐인가, 아니면 단순히 알아차리는 것에서 더 나아가서 마음에서 약간의 반응을 보이는가?

다른 사람에 대한 반응은 강력한 마음챙김의 경고음일 수 있다. 그 덕분에 우리가 주의를 기울이게 된다. 그럴 때 관찰해야 할 것이 많다. 우리는 자신이 반응하는 마음 상태에 대하여 마음챙김을 할 수 있다. 예를 들면 성급함·분노·공포이다. 우리는 그때 우리의 반응을 불러일으킨 다른 사람의 신체 반응·느낌·마음상태에 대해 마음챙김을 하면서, 또한 우리 자신의 그런 것에 반응하고 있지 않은지를 알아차리게 된다. 그리고 이런 모든 것에 마음챙김을 하면서 무엇이 일어나고 있는지에 대해 주의를 기울일 수 있다.

내적으로 그리고 외적으로 마음챙김을 하는 것은 균형 감각이 필요하다. 우리는 자신이 살고 있는 환경을 잊어버리고 자신에게만 집중하고 몰입해서는 안 될 뿐만 아니라, 자신의 몸과 마음에 무슨 일이 일어나는지를 모르고 외적인 일에만 사로잡혀서도 안 된다.

내적으로, 외적으로 그리고 내외적으로 마음챙김을 수행하면서 우리는 *무아(anattā)*, 즉 느낌과 모든 체험이 공하고 자아가 없다는 성질을 이해하는 데 마음의 문을 열기 시작한다. 우리는 "나는 즐거운 느낌이야" 또는 "그녀는 즐거워하고 있어"라는 것에서 "즐거운 느낌이 있어"라는 식으로 이해를 옮겨가야 한다. 아날라요가 지적한 바와 같이 이런 관찰 명상에서는 '나'와 다른 자아들인 '타인들' 사이의 경계선은 뒤로 물러나게 된다. 이것은 어떤 소유 관념을 떠나서 현상을 체험하는 것이다.

일어남과 사라짐

몸과 느낌에 대해 앞에서 언급한 정형구의 두 번째 부분은 일어남과 사라짐의 성질과 그 일어남과 사라짐은 여러 가지에 따라 조건화되어 있다는 것을 관찰 명상하라고 말하고 있다. 빨리어 *삼사라*(輪廻)는 '헤매고 다님', '계속됨', '반복해서 돌다'라는 뜻을 갖고 있다. *삼사라*의 전통적인 뜻은 여러 생에 걸쳐서 여러 다른 영역의 존재로 돌면서 나타난다는 것이다. 그러나 우리는 이런 동일한 과정이 한 생에서 나타난다고 볼 수도 있고, 심지어 하루 중에도 나타난다고 생각할 수 있다.

한 시간 동안 이런 세상에 살다가 그 다음 시간에는 얼마나 다른 세상에 살고 있는가? 우리는 행복하고 슬프고 지루하고 흥분하고 두려워하고 조용하다. 그 목록은 끝이 없다. 우리가 이런 다양한 상태의 일어남, 사라짐, 일어남과 사라짐을 관찰 명상할 때 우리는 그런 것과 동일시하거나, 그런 것에 반응하지 않고 스스로 자유로워질 수 있다.

우리는 여러 방법으로 이런 상태가 무상하다는 것을 관찰 명상할 수 있다. 일어남의 성질에 초점을 맞추면, 그것이 나타나는 첫 순간의 알아차림을 강조할 수 있다. 분노가 일어날 때, 욕망이 일어날 때, 평정함이 일어날 때 등이다. 우리는 무엇이 그런 상태를 자극하는지를 봄으로써 마음의 발생이 갖는 무상함과 조건화되어 있음을 더 잘 이해할 수 있다. 우리는 사고와 정서의 관계, 정서와 사고의 관계를 볼 수 있고, 그것들이 서로 얼마나 강력하게 얽혀 있는지를 알아차릴 수 있다. 예를 들면 사람들이 집중 명상 안거 수행을 할 때 '시간 사고'가 마음에 떠오른다. 우리가 조용히 집중하고 있을 때, '다음 주의 명상 수행' 생각으로 열성 또는 기쁨의 느낌이 올라온다. 또는 어떤 장애와 싸우고 있을 때, 바로 그 똑같은 다음 주의 명상 수행 생각은 안절부절하게 만들거나 외롭게 한다. 이런 촉발 사고와 이에 따른 마음 상태를 알아차림으로써, 이런 상태가 발생하는 성질을 관찰 명상하며 변화하는 체험의 흐름에서 자유로워진다.

또한 우리는 일정한 마음 상태의 사라짐에 대해 마음챙김을 할 수 있다. 그럴 때는 그것이 떨어져 나가는 순간, 또는 사라지는 순간에 대한 알아차림을 강조한다. 나는 욕망이 마음에 있을 때 사라지는 순간에 대한 관찰이 특히 유용하다고 생각한다. 종종 원하는 마음의 절박한 고통에서 그 욕망을 긴급하게 충족시켜서 만족해야만 한다. 우리는 욕망하는 것이 욕망 그 자체라는 것과 무상의 위대한 법칙이 자연히 그것을 해소시킨다는 것을 잊어버린다. 우리는 욕망, 욕망과 그 끝, 사라짐을 알아차린다. 우리가 그렇게 하면 붙잡는 성질이 있는 욕망의 손아귀에서 빠져나오게 된다.

이런 마음 상태와 욕망의 소멸하는 성질을 보면 볼수록, 우리는 그것에 사로잡혀 추동되는 것이 적어진다. 직접적인 통찰-즉 그것의 소멸을 바로 보는 것-로 인해서 우리는 공포 없이, 동일화 없이, 반응 없이 마음 상태와 정서에 여유 공간을 마련할 수 있다.

가장 깊은 차원에서 일어남과 사라짐은 지혜와 깨달음으로 이어진다. 이것은 경전에서 종종 다음과 같이 표현된다. "일어나는 성질을 가진 모든 것은 결국 사라지는 성질을 갖는다." 때로 사람들은 이 하나의 가르침을 듣고 바로 깨달음의 경지에 이르기도 한다. 어떤 면에서 이 구절은 아주 분명하게 보이지만 매우 심오한 함축성을 내포하고 있다. 우리는 이것이 갖는 진리에 완전히 마음이 열려 있으면, 어떤 것에 집착하거나 매달리지 않고 자유로워진다.

이런 통찰의 중요성은 담마빠다의 한 구절로 요약된다. "만물의 일어남과 사라짐을 보지 못하고 백 년을 사는 것보다, 일어남과 사라짐을 보고 하루를 사는 것이 낫다."[2] 우리의 삶에서 가치를 두어야 하는 것과, 한 순간에 변화의 진리를 직접 보는 것이 주는 해방됨에 대해 이것은 무엇을 말하고 있는가? 정형구는 몸·느낌·마음에 대해 그것을 내적으로·외적으로, 그리고 내외적으로 마음챙김을 하고, 그 일어남과 사라짐을 관찰 명상할 것을 상기시켜 주고 있다.

온전한 앎

정형구의 다음 구절은 묻지 않은 질문에 대답하고 있다. "어느 정도의 마음챙김이 필요한가?" 경전은 말한다. "온전한 앎과 지속적인 마음챙김을 위해 필요한 정도로 그 사람에게 '느낌이 있다' 또는 '마음이 있다'라고 마음챙김을 확립한다." 여기서 '온전한 앎'이라고 하는 것은 이런저런 생각·반응·판단·평가에 사로잡혀 길을 잃지 않고 일어나고 있는 것을 객관적으로 관찰하거나 아는 것을 말하거나, 또는 설사 현혹되었다 하여도 바로 그 현혹된 상태라는 것을 알아차리는 것을 말한다.

한 예로서 턱에 고통스러운 감각을 느꼈다고 해 보자. 우리는 그 즐겁지 않은 느낌을 알아차릴지도 모른다. 그러나 여기에 다른 사족을 붙인다고 해 보자. "나는 이렇게 예민한 사람이야." 또는 우리는 집중되고 넉넉한 마음의 즐거운 느낌을 가지면서도, 얼마나 훌륭한 명상가인지에 대해 이리저리 생각을 복잡하게 하기도 한다. 그러나 이렇게 즐겁거나 즐겁지 않은 느낌에 대해 이런 복잡한 생각을 하는 대신, 단순히 즐겁거나 즐겁지 않은 느낌이 있다는 것을 온전히 알 수 있다. 또는 어떤 정서가 왜 일어나서 전체적으로 심리적 인생사 속에 들어오는지를 분석하는 대신, 단순히 욕망 또는 욕망의 부재, 나쁜 의도 또는 나쁜 의도의 부재에 대하여 알 수 있다. 여기서 우리는 온전한 알아차림에 필요한 정도만큼 마음챙김을 하는 것이다.

이런 온전한 앎은 아는 마음의 성질에 대해 많은 것을 말해 준다. 우리는 온전한 앎은 아무 노력 없이 이루어진다는 것을 관찰하기 시작한다. 그것은 바로 마음 그 자체의 성질이다. 우리는 이것을 소리에서 명확하게 알 수 있다. 우리가 산만하지 않으면 어떤 소리가 날 때 그 소리는 자동적으로, 노력 없이 정확히 알려진다. 우리는 그것을 들으려고 어떤 노력도 할 필요가 없다. 이것은 마음의 거울과 같은 성질이다. 우리는 또한 몸의 동작을 저절로 알게 될 때 동일한 체험을 할 수 있다. 산만하지 않으면 몸동작의 감각은 아무 노력 없이 저절로 알려진다. 이런 온전한 앎은 노력하거나 만드는 그 무엇이 아니다. 오히려 그것은 원래로 돌아오는 그 무엇이다. 나의 수행에서 많은 도움을 주는 작은 만트라는 이런 알아차림의 알아차리는 성질을 일깨워 주는 것이다. 즉 "그것은 여기 이미 있다."

정형구의 이런 가르침에서 붓다는 우리가 온전한 앎에 필요한 만큼 마음챙김을 확립해야 한다고 처음으로 말하고 있다. 이것이 의미하는 바는 바로 단순화하는 것이다. 이것은 서구에 사는 우리에게는 특별한 하나의 도전이다. 이것은 마음을 무엇으로 방해받지 않는 원래의 상태로 돌아가게 한다는 의미이다. 바로 있는 그대로를 아는 것이다. 온전한 앎은 체험한 것에 대해 무슨 이야기를 만들지 않고, 있는 그대로를 바로 직접적으로 그리고 단순하게 그대로 아는 것이다.

지속적인 마음챙김

지속적인 마음챙김은 우리가 산만할 때마다 온전한 앎으로 반복해서 돌아가는 것이다. 지속적이라는 것은 일종의 옳은 노력을 말한다. 그것은 알고자 하는 노력이 아니라, 온전한 앎으로 반복해서 돌아가는 노력이다. 이리저리 헤매는 것으로부터 지금 이 순간 있는 그대로의 것으로 돌아가는 이런 수행을 통해 우리는 마음챙김의 힘을 수립하고, 그리고 어떤 지점에서 그 자체가 저절로 흘러가기 시작한다. 자전거를 배울 때를 상기해 보라. 처음에 우리는 균형을 잡으려고 노력하고, 넘어지고 그리고 다시 시작한다. 그러나 어느 지점에서 우리는 자연스럽게 노력 없이 균형을 잡고서 앞으로 나아가는 힘을 형성한다. 이런 과정은 악기를 배울 때도 똑같이 적용할 수 있다. 그리고 어떤 스포츠에 숙달하거나 어떠한 분야에서든 기술을 향상시킬 때도 이런 과정을 거친다. 수행도 마음챙김의 어느 순간 힘이 확립되면, 별로 애쓰지 않고도 아주 편하게 된다.

수행에서 마음챙김의 네 가지 토대 모두를 포함하여 붓다는 온전한 앎과 지속적인 마음챙김을 달성하는 방법에 대한 가르침을 주고 있다. 여기에서는 어떤 체험도 버려지지 않는다. 즐거운, 즐겁지 않은, 중립적인 느낌 중 어느 것이 주된 것이 되어도 우리는 항상 그것에 마음챙김을 할 수 있다. 선한 마음이 일어나든, 불선한 마음이 일어나든 그것에 마음챙김을 할 수 있다.

지속되는 온전한 앎이 강해지면 알아차림은 더 전면적으로 된다. 강조점이 체험의 내용에 대한 마음챙김에서, 변화 그 자체의 과정에 대한 마음챙김으로 이동해간다. 이 지점에서는 단순히 체험의 흐름만이 있고, 세 가지 보편적인 진리-무상·고·무아-만이 점차로 생생해진다.

의존하는 바 없이 머무른다

이렇게 하여 정형구의 마지막 구절에 도달한다. 이것은 우리 수행의 결과를 마무리한다. "그리고 그 사람은 이 세상의 어느 것에도 집착하지 않고 의존하는 바 없이 머무른다." "의존하는 바 없이 머무른다"는 뜻은 욕망을 통해서, 또는 자아에 대한 견해를 통해서 체험 대상에 의존하지 않고, '자아' 또는 '나의 것'인 어떤 것과 동일화하지 않는다는 의미이다. 어떤 경전에서 붓다는 이것을 들은 사람은 모든 가르침을 들은 사람이고, 이것을 수행하는 사람은 모든 가르침을 수행하는 사람이고, 이것을 깨달은 사람은 모든 가르침을 깨달은 사람이라고 하였다. 우리는 이 세상의 어떤 것에도 집착하지 않고 의존하는 바 없이 머무른다.

VI

법에 대한 마음챙김

– 다섯 가지 장애

15

욕망

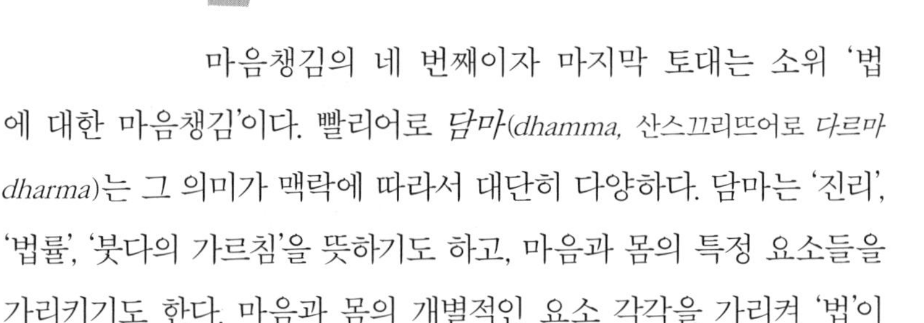

마음챙김의 네 번째이자 마지막 토대는 소위 '법에 대한 마음챙김'이다. 빨리어로 *담마*(*dhamma*, 산스끄리뜨어로 *다르마* *dharma*)는 그 의미가 맥락에 따라서 대단히 다양하다. 담마는 '진리', '법률', '붓다의 가르침'을 뜻하기도 하고, 마음과 몸의 특정 요소들을 가리키기도 한다. 마음과 몸의 개별적인 요소 각각을 가리켜 '법'이라고 부르기도 한다.

『염처경』에서 이 마음챙김의 마지막 토대는 종종 정신적 대상들[法境]에 대한 마음챙김이라고 번역되기도 한다. 그러니 이것은 다소 혼란을 초래할 수 있다. 왜냐하면 정신적 대상은 두 번째와 세 번째에서도 이미 포함되기 때문이다. 그렇다면 붓다가 마음챙김을 확립하는 네 번째 방법을 하나의 구별된 것으로 따로 마련해 놓은 이유는 무엇인가? 아날라요는 자신의 책 『염처경: 깨달음에 이르는 직접적인 길』에서 여기에서 말하는 담마, 즉 법이라는 용어를 어떻게 사용해야 하는지에 대해 분명하고 설득력 있게 밝히고 있다. 그는 이 맥락에서 *법*은 '현상의 범주'를 의미하는 것으로서, 서로 다른 법 또는 체험의 요소들이 어떻게 기능하고 있는가를 강조하여 밝혀 주고 있다고 제시하고 있다. 붓다는 이 경전에서 가르침의 기본 구성 원리의 포괄적인 목록을 열거하고 있다. 즉 장애들[五蓋], 온들[五蘊], 감각처들[六內外處], 깨달음의 요인들[七覺支], 4성제(四聖諦)이다.

스리랑카의 숲 속 스님들에 대해 저서를 낸 마이클 캐리터스(Michael Carrithers)는 마음챙김의 이 토대 안에서 "교리의 주장들은 지금 여기서 생생하게 직접적인 지각으로 변화되었다"라고 말하였다.[1] 우리 모두에게 가르침이 살아 있게 만드는 것은 다름이 아니라 바로 이런 교리가 생생한 직접적인 지각으로 변화되는 것이다. 철학적 분석 또는 논의 대신에 붓다는 우리에게 우리 자신을 위해서 이런 진리들, 이런 담마들을 어떻게 탐구해야 하는지를 보여주고 있다.

나에게 이것은 변화의 가능성을 제시해 주는 것이었다. 나는 대학에서 철학을 전공하였다. 그러나 결국은 좌절감을 맛보았다. 왜냐하면 다양한 철학들을 삶에, 그리고 우리의 순간순간의 체험에 어떻게 적용시켜야 하는지에 대한 탐구는 없었기 때문이다. 이 네 번째 마음챙김의 토대에서-범주와 일반적 원리에 대한 마음챙김-에서 붓다는 바로 이것을 어떻게 해야 하는지에 대해 자세하게 가르쳐 주고 있다.

> "법(法)에 대해서 법을 관찰하며 머무른다는 것은 어떠한 것인가? 비구들이여, 여기 비구가 다섯 가지 장애의 법에서 법을 관찰하며 머무른다. 비구들이여, 어떻게 비구는 다섯 가지 장애의 법에서 법을 관찰하며 머무르는가?"[2]

붓다는 여기에서 왜 장애로부터 시작하는가? 우리가 장애에 마음챙김을 하지 않으면, 장애가 마음을 덮어버려서 유익한 것과 유익하지 않은 것을 지혜롭게 식별하는 것을 방해할 것이다. 장애는 집중[定]과 그 외의 다른 깨달음의 요소[覺支]를 함양하는 것을 방해하고, 4성제에 대한 깨달음을 훼방한다. 깨달음의 길을 진전시켜 가기 위해서는 먼저 여정을 방해하는 것을 능숙하게 다루는 방법을 알 필요가 있다.

장애가 마음에 미치는 영향

장애가 마음에 미치는 영향을 표현하기 위해 붓다가 사용한 비유 중 잘 알려진 두 가지가 있다. 첫 번째 비유는 장애가 여러 다양한 방식으로 우리의 지각을 흐리게 하는 것에 관한 비유이다. 붓다는 맑은 물이 담긴 연못에 비유하여 설명한다. 맑은 연못은 우리 자신의 상을 잘 비추어 준다. 감각적 욕망이 마음에 있으면, 마음은 마치 색깔 있는 염료를 풀어놓은 연못과 같아진다. 욕망은 우리의 지각을 물들인다. 혐오가 있으면, 연못이 부글부글 끓는 것과 같다. 우리가 분노로 차 있으면 소용돌이 상태에 있는 것과 같아 분명하게 볼 수가 없다. 마음의 침체 상태인 나태와 무기력은 연못에 이끼가 끼어 있는 것과 같아 명료하게 보는 것을 방해한다. 불안과 걱정은 바람에 물이 흔들리는 것과 같아 마음이 불안 초조로 흔들린다. 그리고 의심은 진흙탕 물과 같아서 바닥을 볼 수 없고, 모든 것이 흐려진다.

붓다가 사용한 두 번째 비유는 장애에 사로잡혀 있을 때의 기분이 어떠한지, 또한 장애에서 벗어났을 때 어떤 상태와 같은지를 일깨워 주고 있다.

"비구들이여, 어떤 사람이 빚을 내서 사업을 했는데, 사업이 성공해서 빚도 다 갚고 부인을 둘 수 있을 만큼의 여유 자금도 생겼다고 하자. 그러면 그 사람은 이것을 생각하면서 기쁨에 차서 즐거워할 것이다. 또는 어떤 사람이 병에 걸려 극심한 통증에 시달리며 고통스러워한다고 하자. 음식도 소화시킬 수 없고 몸에 힘도 없는 상태이다. 그런데 나중에 그 병에서 회복되어 음식도 소화시킬 수 있고 몸에도 힘이 생겨났다. 그러면 그 사람은 이것을 생각하면서 기쁨에 차서 즐거워할 것이다.

또는 어떤 사람이 감옥에 갇혔다가 나중에 안전하고 안심할 수 있게 풀려났다고 하자. 재산 손실도 없었다. 그러면 그 사람은 이것을 생각하면서 기쁨에 차서 즐거워할 것이다. 또는 어떤 사람이 노예여서 자립하지 못하고 남에게 종속되어 있으며, 어디든 마음대로 갈 수도 없다고 하자. 그러나 나중에 노예 상태에서 풀려나 남에게서 독립하여 어디든 마음대로 갈 수 있는 자유인이 되었다고 하자. 그러면 그 사람은 이것을 생각하면서 기쁨에 차서 즐거워할 것이다.

또는 어떤 사람이 재물을 많이 가지고 사막을 가로지르는 길에 들어섰다고 하자. 나중에 그 사람은 안전하고 안심할 수 있게 사막을 건너갔으며, 재산 손실도 없었다. 그러면 그 사람은 이것을 생각하면서 기쁨에 차서 즐거워할 것이다. 비구들이여, 이와 같이 다섯 가지 장애가 자신에게서 제거되지 않았을 때, 비구는 그것들을 각각 빚, 질병, 감옥, 노예상태, 사막을 가로지르는 길로 본다. 그러나 이 다섯 가지

> 장애가 자신에게서 제거되었을 때, 그는 빚과 질병에서 자유로워진 것으로, 감옥과 노예상태에서 풀려난 것으로, 안전한 곳에 이른 것으로 본다.[3]

이런 비유를 문자 그대로의 이미지로 생각할 것이 아니라, 장애의 유무에 따라서 마음이 실제로 어떻게 되는지에 대한 지침으로 생각하는 것이 도움이 될 것이다. 여러 장애들 중 하나에 사로잡혀 있다가 거기에 마음챙김을 하여 마음이 변화하는 그 순간에 특별히 주의를 기울이도록 하라. 그럴 때 장애가 마음에 어떻게 영향을 미치고 조건 지우는지를 명확하게 직접적으로 알아차릴 수 있다. 종종 우리에게 장애가 있지만, 그 장애가 내면적 풍경의 친숙한 일부가 되어 있기 때문에 장애가 우리의 삶에 미치는 영향을 간과하거나 깨닫지 못하기도 한다. 이런 이유 때문에 장애를 절실하게 또는 부지런히 극복해야겠다는 생각을 하지 못할 수도 있다.

여기 마음챙김의 네 번째 토대에서 붓다는 깨달음의 길에서 이런 장애를 버리는 것이 필요한 단계라고 상기시켜 준다. 붓다는 주의 깊게 이런 장애를 살펴보지 않으면, "이런 다섯 가지 장애들은 눈을 멀게 하여 제대로 보지 못하게 하고, 알지 못하게 하고, 지혜에 치명적인 결과를 초래하여 혼돈스럽게 하고 열반에서 멀어지게 한다"고 말한다.[4] 그러나 우리가 이런 상태에 깊이 주의를 기울이면, 장애가 공하고 투명한 성질을 갖고 있다는 것을 배우게 되고, 더 이상 장애가 갖는 유혹적인 힘에 사로잡히지 않게 된다. 그리하여 장애는 마음챙김의 대상이 되는 동시에, 바로 깨달음의 수단이 된다.

장애를 극복하는 다섯 가지 단계

우리가 해야 할 질문은 다음과 같은 것이다. 즉 어떻게 하면 장애를 억누르지 않고, 싫어하지 않고, 스스로를 비난하지 않고 장애를 잘 다룰 수 있는 수행을 할 수 있을까? 붓다는 장애에 빠져 있는 것과 장애를 억압하는 것 사이의 중도(中道)를 발견하는 다섯 단계를 가르치고 있다. 이 장에서 우리는 다섯 가지 장애 중 첫 번째인 감각적 욕망을 경전에서 말하고 있는 다섯 단계에 적용해 보고자 한다. 나머지 장애도 동일한 단계가 적용된다.

> "어떻게 비구는 다섯 가지 장애의 법에서 법을 관찰하며 머무르는가? 여기 비구가 자기에게 감각적 욕망[혐오, 나태와 무기력, 들뜸과 회한, 의심]이 존재하면, '나에게는 감각적 욕망[등]이 있다'고 꿰뚫어 안다. 자기에게 감각적 욕망[혐오, 나태와 무기력, 들뜸과 회한, 의심]이 존재하지 않는다면, '나에게는 감각적 욕망[등]이 없다'고 꿰뚫어 안다. 전에 없던 감각적 욕망[등]이 생겨난다면, 그것이 어떻게 일어나는지를 꿰뚫어 안다. 일어난 감각적 욕망[등]이 사라지면, 어떻게 해서 그것이 사라지는지 꿰뚫어 안다. 이미 사라진 감각적 욕망[등]이 어떻게 미래에 생겨나지 않는지를 꿰뚫어 안다."[5]

단계 1: 욕망이 있을 때 그것을 인식한다

첫 번째 단계는 욕망이 있을 때 마음에 그것이 있다는 것을 단순히 아는 것이다. 우리는 이런 무엇인가 원하는 마음을 여러 방식으로 체험할 수 있다. 때로는 강박적인 열정에 압도되기도 한다. 저 멀리 호머의 『일리아드(The Iliad)』를 비롯하여 많은 문학작품들이 이런 주제를 잘 보여주고 있다. 크든 작든 중독적으로 갈망하는 욕망이 있다. 우리는 반복적인 환상 속에서 또는 스쳐 지나가는 한 순간에 욕망에 빠질 수도 있다. 명상 중에 욕망은 마음속의 드라마 또는 이야기에 몰두하는 형태를 띠고 나타나기도 하고, 또는 무엇을 기대하는-어떤 일이 일어나기를 바라는 욕망- 형태로 나타날 수도 있다.

나는 때로는 이런 현상을 '~하기 위한' 마음-다른 무엇인가가 일어나게 *하기 위해* 무엇인가를 알아차리는 것-이라고 부른다. 예를 들면 통증을 사라지게 하기 위해 통증을 알아차리거나, 즐거운 느낌을 지속하기 위해 즐거운 느낌을 알아차리는 것과 같다. 욕망이 있을 때 욕망을 알아차리지 못하면, 우리는 그 왜곡된 에너지에 그냥 빠져버리게 된다. 그것을 알아차리면, 욕망은 깨달음에 이르는 길의 일부가 된다.

단계 2: 욕망이 없을 때 욕망이 없다는 것을 안다

두 번째 단계는 감각적 욕망이 없을 때 없다는 것을 아는 것이다. "감각적 욕망이 없으면, '나에게 감각적 욕망이 없다'는 것을 안다." 이것은 장애-여기서는 특히 욕망의 경우--의 부재를 인식하는 의식적 행동이다. 이것은 붓다가 '빛나는 마음'이라고 부른 것으로, 욕망에서 자유로워진 것이다. 이것은 즐거움·기쁨·평정·행복·집중·통찰의 기반이 되는 마음이다.

장애가 없는 것을 단순히 형식적으로 알면서 대충 얼버무리지 않는 것이 중요하다. 욕망과 다른 장애에서 해방된 마음을 실제로 관찰 명상 즉, 마음챙김을 하면 믿음과 희망이 아니라 자신의 실제적인 체험을 바탕으로 한 수행을 신뢰하고 그것에 충실하게 된다. 그때 우리는 스스로 빚에서 벗어난 것, 좋은 건강상태인 것, 감옥에서 풀려난 것, 노예 상태에서 해방된 것, 안전한 상태에 머무르는 것의 비유를 이해하게 된다.

다음 세 가지 단계는 조건 지워짐에 대한 것을 강조하고 있다.

단계 3: 욕망의 있음 또는 없음을 조건 지우는 것이 무엇인지를 안다

감각적 욕망을 일으키는 것들이 많다. 아주 분명한 사실은 발생하는 감각적 욕망의 대상, 또는 그 대상과 연관된 즐거운 느낌에 마음챙김을 하지 않으면, 습관적으로 조건화되어 있는 욕망과 갈망은 쉽게 발동하기 마련이라는 점이다. 나는 안거 수행에서 점심을 먹으려고 줄을 서 있을 때 이런 느낌을 체험하곤 한다. 음식을 보거나 냄새가 날 때 쉽게 욕망을 자극한다. 또는 매력적인 누군가를 보았을 때 스스로 단순하게 마음챙김이 되어 있지 않으면, 흔히 말하는 '위빠사나 로맨스'에 빠져서 순간적으로, 또는 수 시간, 수 일 동안 환상에 넋을 잃는다. 붓다는 이렇게 주의를 기울이지 못하는 것의 위험성을 지적하고 있다.

> "비구들이여, 비구가 자주 생각하고 숙고한 것은 무엇이든 마음의 기질이 된다. 비구가 감각적 욕망에 대해 자주 생각하고 숙고하면, 그는 금욕[出離]과 관련된 생각을 버리고 감각적 욕망을 키우게 된다. 그러면 그 마음은 감각적 욕망에 대한 생각으로 기울어진다."[6]

이런 점에서 우리는 마음에서 어떤 생각이 일어나는지를 아는 것이 중요하다는 것을 알게 된다. 왜냐하면 어떤 것이 반복되면 반복될수록 점점 더 그쪽으로 쏠리게 되기 때문이다. 우리는 어떤 습관 패턴이 자리 잡는 것을 자각하기 시작하지만, 종종 그것을 간과해 버린다.

또한 감각적 욕망이 지속적인 행복을 줄 것이라는 근본적으로 잘못된 지각이 발생하기도 한다. 그러나 모든 것은 무상하기 때문에 이것은 불가능하다. 톨스토이의 『안나 까레니나(Ánna Karenina)』에서 안나의 연인은 다음과 같이 깨닫게 된다.

"어쨌든 브론스키가 그렇게 오랫동안 바라던 것이 완전히 실현되었음에도 불구하고, 그는 완벽하게 행복하지 않았다. 그는 자신의 욕망 충족이 기대하였던, 산처럼 거대한 행복감이 사실은 불과 한줌의 모래에 불과하다는 것을 바로 알아차렸다. 욕망의 충족을 행복이라고 생각했던 것은 그의 실수였다."

우리 대부분은 어느 정도 이런 진실을 알고 있다. 이것은 우리를 다르마, 즉 진리로 데려다 준다. 그러나 우리 삶속에서, 특히 평범한 사람의 일상에서 이런 이해를 실현하는 것은 쉬운 일이 아닐 수도 있다. 안거 수행을 하는 동안에는 마치 사찰에서 지내는 것과 유사하게 아주 단순하게 지낼 수 있다.

그러나 세속적인 삶을 살아가는 동안 우리는 수많은 이미지와 소리들에 둘러싸여 있고, 그것들은 감각적인 즐거움에서 기쁨을 누리라고 우리를 재촉하고 있다. 나는 신문과 잡지, 인터넷에서 좋은 일이라도 권하는 것처럼 "당신의 욕망을 부풀어 오르게 하세요"라고 말하는 광고를 수도 없이 자주 보았다. 이런 것을 보면 감각적 욕망이 어떻게 발생하는지를 이해하는 수행이 얼마나 중요한지 알게 된다. 그렇게 함으로써 우리는 현재의 지배적인 가치관과 균형을 이룰 수 있게 된다.

이런 것이 우리 시대만의 문제가 아니라는 것을 알면 다소 안심이 될지 모르겠다. 붓다는 자신이 깨닫기 전 동일한 습관과 유혹에 직면하였다.

> "예전에 내가 재가자였을 때, 나는 다섯 가닥의 감각적 즐거움을 갖추고 타고나서 즐겼다. … 즉 그것들은 바라는 바이고, 욕구하는 것이고, 사랑스럽고, 마음에 들고, 감각적 욕망과 연결되며 욕정을 불러일으킨다. 나는 우기에 지내는 곳, 겨울에 지내는 곳, 여름에 지내는 곳 등 세 곳의 처소가 있었다. 우기에 지내는 처소에서 넉 달 동안 악사들과 함께 즐겼다. … 그리고 나는 아래쪽의 궁전에는 내려가지도 않았다.
>
> 나중에 그것들 감각적 즐거움에 대하여 만족감·단점·불이익·벗어남을 있는 그대로 정말로 이해한 다음, 나는 감각적 즐거움에 대한 갈망이 사라졌고, 감각적 욕망의 열병을 제거했으며, 갈증 없이 내적으로 편안한 마음으로 지냈다. … 감각적 즐거움과 떨어진, 불선(不善)한 상태와 떨어진 기쁨이 있으며, 이것은 천상의 행복도 뛰어넘는다. 그러한 기쁨을 느낀 이래로, 나는 질 낮은 것을 부러워하지 않았고, 질 낮은 것을 즐기지 않았다."[7]

단계 4: 욕망의 제거를 조건 지우는 것이 무엇인지를 안다

경전은 이 절의 그 다음 가르침에서 "일어난 감각적 욕망이 어떻게 해서 제거되는지 … 꿰뚫어 안다"라고 한다. 이런 욕망이 분명히 일어날 것이라는 것을 전제하고, 그 욕망이 현재 있다면 어떻게 대처하는가? 감각계 욕망의 화신인 마라가 나타나면 그 마라를 인식하는 순간 마라가 힘을 잃어버리는 것을 묘사하는 경전들이 많다. "마라, 나는 너를 본다"라는 것은 마라의 인식에 관한 반복 구절이다. 그리고 나의 체험을 통해서 보아도 이 구절은 수행에 아주 큰 도움이 된다. 이미 감각적 욕망이 일어났을 때 그 감각적 욕망에 마음챙김을 하는 순간 우리는 더 이상 감각적 욕망에 빠지지도 않고, 그 감각적 욕망을 키우지도 않고, 그 감각적 욕망과 동일화하지 않게 된다. 우리가 마음에서 일어난 욕망에 마음챙김을 할 때 비로소 욕망은 나의 것이 아니고, 무상하다는 것을 보기 시작한다.

마음챙김의 힘을 과소평가하지 않는 것이 중요하다. 영어에서 *마음챙김(mindfulness)*이라는 단어는 다소 평범해 보이지만 그 단어를 통해서 마음 자체가 갖는 성질을 보게 되면 마음챙김이 갖는 엄청난 힘을 보게 된다. 마음챙김은 모든 선한 것의 뿌리이다. 그러나 마음챙김이 욕망에서 즉각적으로 벗어나게 해 줄 정도로 충분히 강한 정도가 아니라면, 욕망이 갖는 힘을 약화시키기 위해 지혜로운 성찰을 이용할 수도 있다. 나는 이런 마음챙김의 성찰을 내적 다르마 코치(internal dharma coach)라고 부른다. 이런 코치는 현실에서 적용 가능한 순간순간 붓다의 가르침을 성찰할 수 있게 도와준다. 종종 수행의 근본 목적-욕망에 헤맬 것인가 아니면 자유로울 것인가?-을 상기하게 되면 마라의 손아귀에서 빠져나올 수 있다.

단계 5: 미래에 욕망이 일어나는 것을 피한다

법에 대한 마음챙김의 가르침 중 감각적 욕망이라는 장애의 마지막은 미래에 일어나는 감각적 욕망을 어떻게 피할 수 있는가에 대한 것이다. 그것이 어떻게 일어나는가를 알게 되면서 지혜로운 예방책을 갖춘 수행을 할 수 있다. 즉 신체적 건강을 보살피듯이 같은 방법으로 정신적 건강과 안녕을 보살피는 것이다.

우리는 때로 매력적이지 않은 신체 측면을 성찰할 수 있다. 물론 이것은 삶에 대한 아주 비서구적인 접근 방식이다. 이것은 우리의 문화적 상황과는 맞지 않다. 우리 문화에서는 아름다움에 중점을 두고, 아름다움에 강박적으로 매달리고, 나이를 먹고 늙거나 신체가 병들고 죽는 것과 연관된 것은 어떤 것이라도 피하고자 한다. 신체의 매력적이지 않은 측면을 성찰하는 것은 우리를 매혹시키는 모든 것을 강하게 상쇄시킬 수 있다.

또한 붓다는 감각의 문을 수호하는 것에 대해서도 언급하였다. 즉 그것은 모든 개별적인 감각과 접촉하는 순간 바르게 마음챙김을 하는 것이다. 붓다는 음식을 적당히 먹고 좋은 동료들과 함께하는 것에 대해서도 말하였다. 경전의 이 전체 절이 아름다운 이유는 마치 좋은 의사처럼 붓다가 진단에서 시작하여 치료와 예방에 이르기까지 우리를 이끌어주기 때문이다. 그리고 개별적인 가르침 끝에 반복되는 정형구처럼 "세상의 어느 것에도 집착하지 않고 의존하는 바 없이 머무른다"라고 말한다.

이 장에서 언급한 다섯 단계 모두는 일체의 현상이 조건화되어 있고 무아라는 성질을 갖고 있다는 이해를 더욱 심화시켜 준다. 모든 것은 적절한 조건이 있으면 일어나고, 그 조건이 변화하면 사라진다. 이런 과정의 배후나 전면에 나서서 무엇을 하는 '자아'라는 것은 없다.

일반적으로 다섯 단계는 세 가지 더 넓은 범주로 구분할 수 있다.

• 장애가 있을 때, 그리고 장애가 없을 때 그것을 안다.
• 장애의 발생과 제거를 일으키는 조건을 안다.
• 미래에 장애가 일어나는 것을 방지하는 조건을 안다.

16장부터 19장까지 우리는 나머지 장애-혐오·나태와 무기력·불안과 근심·의심-를 이런 보다 넓은 관점에서 논의할 것이다.

16

혐오

붓다가 강조한 두 번째 장애는 혐오[瞋恚]이다. 이 정신적 상태는 무엇이며, 우리는 그것을 어떻게 인식하는가? 혐오의 빨리어는 *빠띠가(paṭigha)*이다. 말 그대로 "어떤 것에 맞서다"라는 의미이다. 비구 보디는 저항·거부·파괴의 태도를 취하는 것으로 설명한다. 이것들은 모두 비난하는 마음의 여러 형태를 표현한 것이며, 아주 싫어하는 모든 광범위한 것들을 다 포함한다. 즉 폭력적인 분노와 증오·화·나쁜 의도·적대감·짜증·불안·공포, 그리고 아주 미묘한 형태로 슬픔과 애도를 말한다.

이것을 영어로 표현하는 것을 잘 살펴보면 흥미로운 점이 있다. 아비달마에 의하면 이런 모든 정신 상태들은 증오(빨리어로는 *dosa*, 瞋)이다. 영어로 우리가 보통 증오라고 하면 심한 적대감 또는 극도로 싫어함을 의미한다. 그러나 우리가 일상생활에서 친숙하게 여기는, 심지어 별로 심하지 않은 혐오라도 사실 보다 강력한 증오의 힘에 깊이 그 뿌리를 두고 있다. 이런 사실을 생각해 보면 마음에 대해 아주 명확한 이해는 아니라고 할지라도 다소 의미 있는 통찰이 있다고 할 수 있다. 우리는 전쟁, 종족과 인종 또는 성적 폭력, 대인관계의 극심한 갈등에서 이런 힘을 볼 수 있다.

우리 마음에 종종 감추어져 있으면서도 강력한 힘을 발휘하는 증오처럼, 마음챙김의 힘도 강력해서 우리 자신의 마음을 깊고 명확하게 볼 수 있고 또한 마음의 아주 깊은 습관과 경향을 약화시키고 마침내 뿌리를 뽑아버리기 시작한다. 스위스의 심리학자 C.G. 융(Jung)은 이런 과정의 가능성과 어려움 모두를 잘 표현하고 있다. "빛을 상상한다고 해서 깨달음을 얻는 것이 아니라, 어둠을 의식함으로써 깨달음으로 들어간다. 그러나 후자의 과정은 유쾌하지 않고, 그래서 별로 인기도 없다."[1]

혐오의 원인을 안다

법에 대한 관찰 명상의 첫 번째와 두 번째에서는 혐오가 있는지 없는지를 알아차린다. 그 혐오가 어떤 모습이든 상관없다. 그리고 혐오의 발생을 야기하는 조건에 대해 마음챙김을 한다. 어떤 다양한 모습의 혐오라고 할지라도 모든 혐오 그 자체는 조건화된 반응이다. 이 조건화된 반응에 우리는 즐겁지 않은 느낌을 갖는다. 수행을 하지 않은 마음이 즐거운 느낌에 매료되듯이, 즐겁지 않은 느낌에 대해서 불만스럽거나 분노하거나 두려움을 느낀다.

신체적 고통

이런 조건화를 신체적 고통과 연관 지어 생각하는 것은 어렵지 않은 일이다. 우리는 대개 고통에 대해 싫고, 두렵고, 낙담하고, 위축되고, 절망적이고, 참지 못하는 식으로 반응한다. 우리는 이것을 좋아하지 않는다. 그리고 다소 미묘한 차원에서 살펴보면 고통에 대해 아주 열려 있고 마음챙김을 하고 있다고 생각할지 모르지만, 그러나 객관적인 방식으로 고통으로 표현한다고 하는 바로 그 언어 표현이 사실은 혐오를 더 조건화하고 있다는 것을 알 수 있다.

이런 것에 대한 좋은 실례가 내가 미얀마에서 수행을 할 때 겪은 한 사건이라고 할 수 있다. 나는 적지 않은 시간 동안 앉아서 수행을 하고 있었다. 몸은 에너지가 자유롭게 흘러가는데 활짝 열려 있었다. 그러나 목의 특정한 부위가 뻣뻣하였다.

사야도 우 빤디따에게 면담을 하러 갔을 때 내가 하고 있는 수행에 대해서뿐만 아니라 목 부위에 에너지가 막힌 것도 말하였다. 그는 내가 '막힌 것'이라고 부르는 것은 자신의 체험에 덮어씌운 하나의 개념일 뿐만 아니라, '막힌 것'이라는 그 개념 안에 욕망과 혐오의 씨앗이 내포되어 있다는 것을 통렬하게 지적하였다. '막힌 것'-이것은 내가 제거하기를 원하는 그 무엇이었다. 나는 다시 단순한 체험으로 되돌아와서 뻣뻣함과 딱딱함을 느꼈다. 나는 마음에 있는 미세한 혐오와 긴장이 어떻게 되기를 바라는 마음을 그냥 그대로 흘려보냈다. 마음이 이완되고 편안해졌을 때 '막힌 것'이라고 불렀던 것이 무엇인지를 보기 시작하였고, 그러자 딱딱하게 느껴졌던 것이 사실은 감각이 약간 변화한 것일 뿐이라는 것을 알았다.

즐겁지 않은 생각

고통스럽거나 즐겁지 않은 상황을 생각할 때 혐오감 또한 일어난다. 우리가 누군가를, 또는 어떤 일을 생각할 때 생각하는 그것만으로도 분노가 치밀 수 있다. 그리고 아직 일어나지 않은 일이라고 하여도 일어날 일을 생각하면 이와 비슷한 혐오감을 느낄 수 있다. 바로 이런 순간에 우리는 그 한 생각에 화가 치밀어 오른다.

선(禪)에 대한 일화는 이런 점을 잘 보여주고 있다. 일본의 어느 산악지방에 동굴에서 은둔하며 수행을 하는 스님이 있었다. 그는 그림에 재능이 있는 스님이었다. 오랜 시간에 걸쳐서 동굴 벽에 호랑이를 그렸다. 그 스님은 아주 치밀하게 작업을 하였다. 그림을 완성하는데 몇 년이 걸렸다. 마침내 그림이 완성되었는데, 호랑이가 너무 생생하게 보여서 자신도 놀랄 지경이었다. 나는 이것에 '그림 속의 호랑이'라는 이름을 붙인다. 과거를 기억하거나 미래를 생각하면서 무엇인가에 화를 내는 순간, '그림 속의 호랑이'를 떠올리면서 그것은 단지 그림 속의 호랑이에게 화를 내는 것이라고 상기한다.

사고와 정서가 밀접하게 연관되어 있다는 것을 알아차리는 것은 의미심장한 일이다. 하나는 또 다른 하나를 종종 촉발시키고, 그리하여 정신을 복잡하게 만드는 연쇄반응을 일으킨다. 어떤 생각이 일어나고, 그 생각에 마음챙김을 하지 않으면 금방 정서가 뒤따른다. 그 반대도 마찬가지이다. 장애를 포함하여 여러 다양한 정서들은 홍수같이 쏟아지는 생각을 부추긴다. 그러나 이런 상호 조건화된 관계를 보게 되면 일어나는 것과 동일화하는 것을 약화시키는 데 도움이 되고, 보다 깊은 차원에서 장애와 여러 다른 마음 상태의 조건화된 성질을 이해하게 된다. 우리는 사고와 정서를 개인적인 차원에서 다루지 않게 된다. 붓다는 이런 조건화에 대해 여러 흥미로운 실례를 들고 있다. 어떤 경전에서 붓다는 과거(또는 현재 또는 미래)에 우리에게 상처를 주거나, 내가 사랑하는 사람에게 상처를 주거나, 적(싫어하는 누군가)에게 호의를 베푸는 누군가를 생각하면 악의와 적의가 올라오는 것에 대해 말하고 있다. 우리는 악의로 나아가는 그런 종류의 생각이 정말로 있는지 자신의 마음을 잘 살펴보아야만 한다.

즐겁지 않은 상황

집중 안거 수행 때 혐오감을 불러일으키는 상황들이 있다. 우리는 즐겁지 않은 불편한 상황을 참지 못하거나 좌절감을 느끼기도 한다. 또한 '위빠사나 복수'라고 부르는 현상도 있다. 이것은 수행에서 어려움에 직면하여 생기는 불만을 다른 사람 탓으로 돌리는 현상이다. 피곤하거나 기분이 저조해지면 사소한 것에도 화를 내거나 예민해진다. 대개는 이렇게 자극을 하는 사람이 누군가 있게 마련이다. 그 사람이 움직이는 것, 옷 입는 것, 먹는 것 모두를 좋아하지 않는다. 그리고 그 사람에게는 말도 거의 걸지 않는다. 그 사람을 비판하고 싫어하는 마음이 우리 마음을 물들이고 사로잡는다.

어려움들을 개인화하다

일상적인 삶의 환경에서 혐오는 본질적으로 개인적인 것이 아닌 어려움을 개인화할 때 일어난다. 공항에 두 시간 일찍 가서 비행기를 기다렸지만 결국 기상조건 악화로 비행이 취소되면 짜증을 낼 것인가, 아니면 마음의 평정을 유지할 것인가? 교통이 정체되거나 날씨가 좋지 않으면 우리는 어떻게 반응하는가? 의도적으로 우리를 대상으로 한 것도 아니고, 우리가 어떻게 할 수 없는 일인데도 불구하고 우리는 마치 개인적으로 모욕을 받은 것처럼 종종 반응한다.

붓다는 혐오의 이런 모든 원인을 고통 받는 마음에 대한 언급에서 한 줄로 요약하고 있다. 즉 혐오는 우리가 원하는 것을 얻지 못할 때, 그리고 원하지 않는 것을 가질 수밖에 없을 때 일어난다. 법에 대한 마음챙김-이 경우는 혐오의 장애-이 이런 나쁜 의도의 조건화된 습관에서 자유롭게 해 준다.

어떤 조건에서 혐오의 제거가 일어나는지를 안다

붓다의 다음 가르침은 이미 일어난 혐오를 제거하는 조건을 아는 것에 대한 것이다.

혐오가 있으면 마음챙김을 수행한다

가장 직접적이고 우선적으로 할 수 있는 방법은 혐오 또는 혐오감을 느낀 자신을 비난하지 않고, 그 혐오를 단순히 마음챙김하는 것이다. 우리는 혐오를 마음속에서 일어난 하나의 현상으로 보고 그냥 혐오에 마음의 문을 연다. 이때 이름 붙이기의 수행이 도움이 되기도 한다. 우리는 부드럽게 이름을 붙일 수 있다. '나쁜 의도', '분노', '실망'이라는 식으로 이런 느낌이 일어날 때 이름을 붙이고 사라질 때까지 계속한다. 혐오의 마음 상태가 사라질 때까지 이름 붙이기를 얼마나 해야 하는지를 살펴보는 것도 흥미로운 일이다. 5번 또는 20번 또는

100번? 일정한 시점이 되면 마음 상태가 변할 것이다. 그리고 그 사라짐을 알아차리면서 그것의 무상한 성질에 대해 깊고도 중요한 통찰을 하게 된다.

때로는 이름 붙이기를 하여도 혐오의 마음상태가 지속되기도 한다. 정말로 계속해서 이런 마음에 사로잡혀 있으면 좀 더 자세하게 들여다볼 필요가 있다. 첫째로, 이름 붙이기가 정확한지를 점검해 본다. 혐오라는 일반적인 이름을 붙이는 대신, 그 혐오가 어떤 모습을 구체적으로 띠고 있는지를 조심스럽게 살펴본다. 예를 들면 한때 나는 미얀마에서 수행을 하다가 주위의 소음 때문에 전반적으로 마음에 불쾌감이 들었다. 그러나 나는 내 마음이 어떻게 작동하는지를 정확하게 보지 못하였다. 불편함이 지속되자 나는 더 섬세하게 들여다보았고, 그리고서 나의 마음이 툴툴거리는 불편한 내적 불만을 맴돌고 있다는 것을 보았다. 내가 '불평, 불평'이라고 이름을 붙일 수 있게 되자마자, 마음을 지배하는 그 힘은 약화되기 시작하였다.

마음과 정서의 관계를 주목한다

일단 일어난 장애를 제거하기 위한 또 다른 탐구적 방법은 마음과 정서의 관계를 들여다보는 것이다. 우리는 자신이 마음챙김을 하고 있다고 느낄 수도 있지만, 실제로는 거기에 반응하여 오히려 혐오를 키우는 경우도 있다. 몇 년 전 나는 내가 아주 옳다고 생각하는, 분노를 자극하는 상황에 놓인 적이 있었다. 내가 보는 관점에서 누군가가 심하게 해를 끼치는 무엇인가를 하였다고 생각되었다. 나는 그 일을 생각하면 할수록 점점 화가 나서 견딜 수 없었다. 그 분노가 너무 강해서 새벽 4시에 잠에서 깰 지경이었다. 당시 내가 보이는 반응이 너무 강해서 아주 흥미로웠다. "정확하게 무슨 일이 일어나고 있는가? 이런 분노에 어떻게 이런 정도로 사로잡혀 버리게 되었는가?"

계속 반복해서 이런 상황에 완전히 사로잡혀 버리는 것 대신 이러한 질문을 던지고 분노와의 관계를 살펴보기 시작하자, 분노 그 자체가 녹아버리기 시작하였다. 더 깊고 더 직접적인 방식으로 내가 이해한 것은 아무도 이런 식으로 느끼라고 *시키지* 않았다는 것이다. 느낌이 여러 상황에 따라 다양하게 일어나지만, 결국 그 느낌과 어떻게 관련을 맺을 것인가는 전적으로 우리 자신에게 달려 있다.

분노, 나쁜 의도, 그밖의 여러 다양한 혐오와 유익한 관계를 맺는 다양한 방법들이 있다. 그 중에서 우리는 자신의 상황에 적절한 것을 선택할 필요가 있다. 예를 들면 자신이 자기비판과 무가치함으로 기울고 있다면, 분노에 대한 관대한 접근을 강조할 필요가 있다. 틱낫한 스님은 다음과 같이 말하고 있다.

> 불교는 분노를 잘 보살피는 태도를 견지합니다. 우리는 분노를 억압하지 않습니다. 분노에서 도망가지도 않습니다. 우리는 호흡하면서 아주 부드럽게 양팔을 벌려 분노를 껴안습니다. … 그러면 분노는 더 이상 혼자가 아닙니다. 분노는 마음챙김과 함께 있습니다. 분노는 아침에 피지 않은 꽃과 같습니다. 태양이 꽃을 비추면 꽃이 피어납니다. 왜냐하면 햇빛이 꽃 깊숙이 뚫고 들어오기 때문입니다.
>
> 마음챙김은 그와 같습니다. 당신이 계속 호흡을 하면…, 마음챙김의 입자들은 분노에 침투합니다. 햇빛이 꽃을 뚫고 들어오면 그 꽃은 저항할 수 없습니다. 스스로 열리고 태양에 심장을 드러냅니다. 당신이 분노에 호흡 수행을 계속 유지하고, 분노에 자비를 비추고, 분노를

이해하면 당신의 분노는 바로 깨어지고 분노의 깊이를 들여다보고 그 뿌리를 보게 될 것입니다.[2]

다른 한편, 방종 또는 자기연민의 태도를 갖고 있다면, 사야도 우 빤디따가 말한 바와 같이 전사(戰士) 모드가 더 적절할 수도 있다. 즉 "번뇌를 분쇄하고 어떤 자비도 베풀지 마라." 여기에서는 지혜의 검을 휘둘러 번뇌에 집착하고 동일화하는 것을 완전히 절단해야 한다. 두 가지 간단한 이름 붙이기가 반복적으로 장애에 사로잡히는 패턴을 완화시키는 데 도움이 될 것이다. 즉 '막다른 길'과 '충분해'이다. '막다른 길'은 이런 반복적인 사고 패턴이 더 이상 갈 곳이 없다는 것을 상기시켜 준다. 단순히 반복해서 빙빙 돌 뿐이다. 그리고 '충분해'는 혐오스러운 생각에 탐닉하지 않고, 지혜의 검을 휘두르는 방식이다.

우리는 또한 지하에 숨어 있는 샘과 같은 혐오의 마음상태를 조장할지도 모르는 정서가 있는지를 보기 위해 탐구적인 힘을 이용할 수 있다. 상처받은 느낌 또는 자신이 옳다는 느낌 또는 공포는 분노와 분노를 조장하는 것 아래에 있는 감정들이다. 이 감정들에 마음챙김을 하게 되면 이런 패턴에서 벗어날 수 있다.

혐오를 줄이기 위해 지혜로운 성찰을 한다

이미 일어난 장애에 마음챙김을 하고, 장애가 지속되면 더욱 더 탐구해서 자세히 살펴보는 것 이외에도 혐오의 마음상태가 갖는 지배력을 약화시키는 데 지혜로운 성찰이 도움이 된다. 분노 또는 짜증은 아주 유혹적이다. "나는 이런 식으로 느낄 만한 충분한 이유가 있어." 붓다는 이런 패턴을 간결하게 기술하고 있다. "분노는 뿌리에

독이 있지만 그 끝은 달콤하다." 우리가 달콤함에, 분노가 갖는 에너지의 분출에, 자신을 정당화하는 것에 유혹을 받을 때, 다른 측면에서 성찰해 보는 것도 도움이 된다. 붓다는 적의와 악의를 자극하는 사고에 대해 말하면서 다음과 같은 성찰로 끝을 맺고 있다. "적의·분노·분개에 매달리는 것은 어떤 유익함이 있는가?" 이런 마음이 지배적이면 붓다가 언급한 질문을 스스로 제기하면서, 우리 자신이 고통받는 사람이라는 것을 상기한다. 혐오의 마음 상태에서 헤매는 것은 불타는 뜨거운 석탄을 안고 있는 것과 같다. 이것을 놓아버리지 않고 끌어안고 있어야 할 아무런 정당한 이유도 없다. 이런 점을 잘 보여주는 『법구경』의 잘 알려진 구절이 있다. "그가 나를 무시했다. 그가 나를 때렸다. 그가 나를 괴롭혔다. 그가 내 물건을 훔쳤다. 이런 생각을 품고 있는 자는 자신의 증오를 진정시키지 못한 사람이다."

두 번째 도움이 되는 성찰은 수행의 궁극적인 목표점을 상기하는 것이다. 즉 수행의 주된 관심이 올바름을 추구하는 것인가, 아니면 자유로움을 추구하는 것인가? 이런 질문은 분노를 정당화하려는 상황에서 흥미로운 도전을 야기한다.

경전에는 위데히까(Videhika)라는 이름의 여성이 나온다. 그녀는 고대 도시 사와띠에 살고 있었는데, 아주 친절하고 관대하다는 명성이 자자했다. 그녀의 시종 깔리는 그녀가 진정으로 관대한지 시험해 보기로 하였다. 깔리는 늦잠을 자고 일도 제대로 하지 않았다. 위데히까는 처음에는 그냥 단순히 약간 화가 난 듯이 보였다. 하지만 시간이 흘러도 여전히 깔리가 제대로 일을 하지 않자 위데히까는 점차로 짜증을 내거나 화를 냈다. 마침내 엄청난 분노를 일으키면서 그녀의 시종을 때렸다.

나는 경전에서 처음 이 이야기를 읽었을 때, 예기치 않은 반응이 일어났다. 신체적으로 학대하는 것을 받아들이는 것은 아니었지만, 어쩐지 위데히까의 입장에 심정적으로 공감이 되었다. 누군가가 정해진 의무를 다하지 못하면 그렇게 대하는 것이 정상적이지 않은가, 그리고 심지어 게으름과 소홀함으로 자신의 임무를 수행하지 못하면 짜증을 내고 화를 내는 것은 정당하지 않는가? 그것도 한 번이 아니고 여러 번 그렇게 한다면?

이 이야기를 하면서 붓다는 아주 다른 관점을 제시하고 있다. 붓다는 보다 깊은 차원에서 철저하고 완전한 열반과 해탈의 자유에 대해 상기시켜 주고 있다. 이는 단순히 기분을 좋게 하고, 그럼직한 상황에 좌우되는 그런 자유가 아니다. 혁명적이고 완전한 자유는 변화하는 상황의 바람에 흔들리지 않는 자유이다. 일상생활에서 우리가 부딪치는 어려움은 우리 마음의 진실을 반영하는 거울이다. 우리가 바라는 대로 일이 풀리지 않을 때, 화가 나거나 짜증이 나는가? 또는 지혜의 관점에서 반응하는가? 우리들 대부분은 아마도 둘 다일 것이다. 그러나 혐오 반응이 일어날 때 마음챙김을 하고, 그 상황이 주는 중요한 메시지-"이것은 잘못된 것이야, 나는 무엇인가를 하지 않으면 안 돼"-를 보게 된다면, 적절한 행동을 하면서 자유가 갖는 성질을 성찰하게 될 것이며 분노 또는 증오에 사로잡히지 않을 것이다.

마음이 어떤 혐오에 사로잡혀 있지만 마음챙김이 사로잡힘에서 벗어날 정도로 강하지 못할 때 도움이 되는 세 번째 성찰은 인내의 가치와 중요성을 생각해 보는 것이다. 샨띠데와(Shāntideva)는 『입보리행론』에서 "고칠 수 있다면 왜 불행하겠는가? 고칠 수 없다면 무엇인가에 불행해 한들 무슨 소용이 있는가?"[3]라고 말하였다.

달라이 라마는 종종 적을 공경한다고 말하였다. 왜냐하면 적이 우리에게 인내를 가르쳐 주기 때문이다. 이것은 이론적으로 받아들이기는 쉬울지 모르지만, 실제로 행하기는 어렵다. 어떤 사람 또는 상황에 어려운 일을 겪은 다음, 그 사람에게 또는 그 상황이 인내를 수행할 수 있는 기회를 주었다고 정말 순수하게 감사하는 마음을 가질 수 있는가? 심지어 이렇게 해 보려고 시도한 적이 있는가? 모든 것이 잘 돌아갈 때 인내력을 발휘하는 것은 쉽다. 인내라는 중요한 요소를 강화하도록 만들어 주는 것은 바로 이런 시련들이다. 인내를 수행으로 만들면 자신의 관점에만 사로잡히는 것과 그 집착이 옳다고 고집피우는 것이 완화된다.

그 외 다른 것을 생각하라

이런 모든 가능성을 시도한 다음 붓다가 일깨워 준 혐오를 다루는 마지막 가르침은 아주 간단하고 실용적이다. "그 외 다른 것을 생각하라." 우리는 별로 생산적이지 않은 복잡한 생각을 끊임없이 되새기곤 한다. 이럴 때 마음을 다른 데로 돌리거나 분산시키는 것도 유익한 방법일 수 있다.

미래에 혐오가 일어나는 것을 방지한다

경전에 나오는 이 절의 마지막 가르침은 미래에 일어나는 혐오를 방지하는 조건을 아는 것이다. 이러한 조건에 가장 지대한 영향을 미치는 것은 자애, 빨리어로 *멧따(mettā)*의 계발이다. 이것은 모든 존재가 평안하고 행복하기를 단순히 바라는 관대한 마음이다. 멧따는 사람들의 단점보다 장점에 초점을 두기 때문에 혐오가 일어나는 것을 방지한다.

때로는 우리가 너무 자애로워서 다른 사람들의 장점만을 보다 보면, 어떤 면에서는 어리석어질 것이라고 생각한다. 그래서 실제로 일이 어떻게 돌아가고 있는지도 모르게 되고, 적절한 조치를 취하지도 못할 것이라고 생각하기도 한다. 그러나 이런 마음은 분노 또는 증오에 가려지지 않은 마음이므로 오히려 상황을 명료하게 보게 되어 아주 어려운 상황이라고 할지라도 올바른 행동을 취하게 해 준다.

모든 혐오는 첫 번째 자애의 소원으로 모두 사라진다는 점을 깨닫는 것이 중요하다. 보살은 이 마음의 자질을 함양하고 정화하기 위해 수년 동안, 아니 평생을 보낸다. 그리고 우리가 자애를 수행하고, 자애를 인식하고, 자애에 친숙해질수록, 자애는 더욱 더 자연스럽게 일어나기 시작한다. 자애는 우리가 해야 할 그 무엇이 아니라 바로 우리 자신이 된다. 우리 자신을 위해서, 그리고 다른 사람들을 위해서 자애가 강해질수록, 더 잘 참고 덜 비판적이 되며 배려와 선한 의도의 품속에서 점차로 천천히 살아가게 된다. 여기에서 멧따는 혐오의 해소자이면서 또한 지혜의 바탕이 된다. 우리가 시련과 어려움에 직면하여 더 자애롭고 인내를 더하면 할수록 생각 없이 반응하는 것에서 덜 헤매게 된다. 우리의 선택과 행동은 더 지혜로워지고, 더 행복해지고, 더 자애로워지고, 더 큰 자유를 얻게 된다.

17

나태와 무기력

나태[惛沈]와 무기력[睡眠]은 서로 다른 마음의 요소들이지만 항상 서로 밀접하게 연관되어 있다. 그 둘의 차이를 간단하게 살펴보겠지만, 대부분 이 두 요소를 한 쌍으로 간주하여, 그것들이 있거나 또는 없거나 그리고 그 두 요소가 일어나고, 사라지고, 방지하는 조건을 살펴볼 것이다.

나태는 마음과 의식이 게을러져서 에너지를 없애 버리는 것이다. 이 상태는 추동력이 없고 가라앉은 상태이다. 무기력은 마음이 멍해지거나 약화되어 있고 마음을 조절할 수 없는 상태이다. 무기력은 무거운 담요같이 여러 마음 요소들을 억압해 버린다. 이런 무기력을 우리는 기가 꺾인 느낌, 졸려서 무력한 느낌, 나른한 느낌으로 체험한다. 그래서 나태는 의식의 둔감과 연관성이 있고, 무기력은 마음 요소의 둔감 또는 무거움과 연관되어 있다.

나태와 무기력이 강해지면 마음은 "나무에 매달려 있는 박쥐나

막대기에 엉겨 붙어 있는 당밀(唐蜜), 아니면 유통시키기에는 너무 딱딱하게 굳은 버터 덩어리처럼 활발하지 못한 상태"가 된다. 이런 나른함 또는 둔감함은 안거수행을 처음 시작할 때 많은 사람들에게 흔히 나타나는 것이다. 특히 정신없이 바쁘고 복잡한 생활을 했던 사람들에게 더 그렇다. 우리의 삶은 대개 자극적인 에너지-다른 사람들과의 교제, 한 잔의 커피, 인터넷 접속-에 노출되어 있다.

사람들이 안거 수행의 조용함과 자극 없는 환경에 들어가면, 둔감함과 나른함으로 퇴행하는 경우가 종종 있다. 그러나 서서히 우리 내면의 보다 깊은 에너지의 원천과 접촉하면, 외부 자극의 필요성을 느끼지 않고 마음은 점차로 각성되고 밝아진다. 나태와 무기력의 나른함과 둔감함은 때때로 계속 일어나고, 아마도 하루 중 특정 시간에 그러할 것이다. 그러나 시간이 지나면서 우리는 마음에 대해 그것을 특정 상태로 규정하기보다는 흘러가는 마음의 상태를 있는 그대로 보는 것에 익숙해지면서 수행을 잘할 수 있게 된다.

명상 수행의 나태와 무기력

그러나 이런 장애에는 보다 미세한 측면이 있어 알아차리기에 비교적 어려운 면이 있다. 이것은 단순히 나른한 느낌이 아니라, 오히려 어려움에서 물러서는 보다 깊은 차원의 패턴 또는 경향이라고 할 수 있다. 이것은 어떤 도전적인 상황에 맞서서 노력과 에너지를 동원하기보다 그 어려움에서 후퇴하는 습관이다. 이런 상황에서 나태와 무기력은 자동차의 후진 기어와 같은 것으로, 맞닥뜨려서 앞으로 나아가지 못하고 항상 뒤로 물러서는 것이다.

어려움에서 물러서는 이런 패턴은 게으름과 움직이지 않음, 수동성과 기력의 쇠퇴로 향하는 경향을 강화시킨다. 이럴 때는 어떤 것을 하거나 성취하고자 하는 에너지 또는 힘이 없다. 나태와 무기력의 요소는 우리가 실제로 가지고 있는 힘을 동원하지 못하게 만든다.

이런 눌러 앉아버리는 안주함이 눈에 분명히 보이는 경우도 있지만, 때로는 아주 미세한 차원에서 일어나는 경우들도 있다. 우리의 명상이 아주 잘 되어가서 모든 것이 노력 없이 저절로 흘러갈지도 모른다. 그러면 분명한 노력이 필요하지 않기 때문에, 나태와 무기력이 살금살금 스며들어 오게 된다. 이것은 마치 우리의 마음이 명료하게 깨어 있으면서 평정을 유지하지 못하고 자동 주행 장치로 움직이는 것같이 되어 타성에 젖어버리게 되는 것과 같다.

어떤 형태를 띠든지 간에 일단 나태와 무기력이 마음을 지배하게 되면 마음을 딴딴하게 휘감아버린다. 마치 세 발가락 나무늘보처럼 나무에 딱 붙어서 바로 옆에서 총이 발사되어도 움직이지 않는 것과 같다. 이런 상태는 아주 편안하고 안락하기 때문에 매혹적이다. 자명종의 알람 버튼을 누르는 바로 그런 마음이다. 일어나서 해야 할 일을 준비하는 대신 마음은 "몇 분만 더 이렇게 따뜻하고 편하게 있자"고 말한다.

나태와 무기력은 활기에 가득 찬 사람을 별로 좋아하지 않는다. 한때 나는 사야도 우 빤디따와 함께 호주에서 안거 수행을 한 적이 있었다. 강당 건너편 방에 거주하고 있던 사람 가운데 한 명이 아주 활기에 넘쳤다. 그는 항상 나보다 늦게 자고 일찍 일어났다. 처음에 나는 그 사람과 비교하고 스스로를 비난하는 마음이 들었다. 그러나 곧바로 내게 향한 모든 비난을 그 사람에게 투사하여 그 사람의 결점을 보고 있다는 것을 알았다. 이러한 점이 명료해지자 이 모든 것을 개인적인 차원에서 보지 않게 되었고, 여러 마음 요소들이 저절로 작동하고 있다는 것을 깨달았다. 그것은 정말로 에너지에 대해 나태와 무기력으로 반응한 것이었다. 이런 반응은 나의 것이 아니었다. 내가 그것을 깨닫자 모든 것을 둘러싼 상황은 보다 밝고 자유롭고 조화롭고 결국은 더 영감을 주는 것으로 변화되었다.

나태와 무기력의 원인을 안다

나태와 무기력으로 마음이 위축되면 수행에서 기쁨이나 즐거움은 없고, 일상생활에서도 특별히 기쁨을 느낄 일이 없다. 우리는 항상 물러서고 망설인다. 이런 장애와 관련하여 법에 대한 마음챙김의 수행을 하는 것은 나태와 무기력의 영향으로부터 마음을 자유롭게 하는 강력한 방법이다. 첫 번째 단계는 나태와 무기력이 있으면 그것을 알고, 나태와 무기력이 없으면 없다고 알면서 그 차이를 인식하는 것이다. 우리는 마음을 아주 명료하게 알게 된다.

불만, 지루함, 게으름, 졸림

나태와 무기력이 있는지 없는지에 대한 것에 익숙해진 다음, 그것들이 일어나는 조건을 명상하고 관찰한다. 놀랍게도 경전에서는 나태와 무기력을 발생시키는 주요한 조건이 지혜 요소와 관련이 있다는 점을 언급하고 있다. 즉 불만·지루함·게으름·졸림과 같은 마음

상태에 지혜롭지 못하거나 조심성 없는 주의를 기울인다는 것이다.

> "비구들이여, 불만·권태·나른한 기지개·식곤증·마음의 굼뜸이 있다. 그것들에 자주 조심성 없이 주의를 기울이는 것은 아직 일어나지 않은 나태와 게으름을 일어나도록 하고, 이미 일어난 나태와 게으름은 더 늘리고 확장시키는 자양분이 된다."[1]

이런 지혜롭지 못하거나 조심성 없는 주의라는 표현이 뜻하는 것은 이런 마음 상태, 또는 이런 마음 상태를 조장하는 달콤한 생각들인 "나는 정말 피곤해", 또는 "이것은 너무 지루해"라고 하는 것에는 아무런 해가 없다는 의미이다. 생각이 욕망과 분노라는 정서를 촉발하는 것처럼, 생각이 나태와 무기력의 발생을 강력하게 조건 지을 수 있다. 나태와 무기력이 자신을 위한 연민으로 가장되어 나올 수 있기 때문에 지혜롭지 못한 주의에 바보처럼 빠질 수도 있다.

우리는 피곤하거나 지루하거나 불안할 수 있다. 그리고 나태와 무기력이 나와서 아주 친절한 목소리로 "너무 열심히 일하면 병에 걸릴지도 몰라. 나 자신도 좀 보살펴야지. 낮잠이라도 조금 자 두는 것이 좋겠지"라고 말한다. 물론 우리에게는 때로 휴식이 필요하다. 그러나 그렇지 않을 때도 많다. 사실은 이런 장애의 물러서는 모드가 단순히 작동하고 있는 것뿐이다.

수행 초기 몇 년간 나는 종종 안거 수행을 하였는데, 그때는 아침 4시에 일어나서 아침 식사 전 두 시간 동안 앉아서 명상을 하였다. 등을 기댈 만한 장소를 차지하기 위해 일찍 강당에 가고 싶었다. 처음에는 앉아서 명상을 하다가 얼마 지나지 않아서 벽에 등을 기대자 금방 잠에 빠져 들었다. 이런 패턴이 며칠 동안 계속되었다. 어느 순간 나는 생각하기 시작하였다. '이것은 멍청한 일이야. 시간 낭비만 할 뿐이야. 나는 아침을 먹을 때까지 잠을 자야만 해. 그래야 적어도 낮에는 깨어 있을 수 있어'라는 생각이 줄기차게 들었다. 하지만 나는 포기하지 않고 계속 강당에 아침 일찍 앉아서 명상을 하였다. 놀랍게도 이렇게 조는 상태가 4~5일 흐른 다음, 하루는 강당에서 명상을 하였지만 전혀 졸지 않고 딱 정신이 들어서 명상을 하게 되었다.

이런 체험은 내게 중요한 교훈을 주었다. 명상 수행에서 아무 것도 일어나지 않고 졸기만 한다고 해도 그것을 계속하면, 인내의 의지와 에너지는 언제든 결실을 맺게 된다.

어려운 정서

지혜롭지 못한 주의의 또 다른 측면은 어려운 정서를 인정하지 않는 것이다. 강하고, 심지어는 트라우마가 되는 정서가 일어나고, 때로는 나태와 무기력이 이런 느낌의 방어책으로 발생한다. 여기에 주의할 점이 있다. 왜냐하면 나태와 무기력은 강력하게 억압된 느낌이 얼마나 많이, 그리고 얼마나 빨리 나타나는가에 대한 적절한 조절자로서 작동하기도 하기 때문이다.

그러나 지극히 통상적으로 일어나는 즐겁지 않은 느낌에 대해서도 나태하고 무기력해지는 것은 무엇이 어떻게 돌아가고 있는 것인지 우리가 살펴보아야 한다는 신호일 수 있다. 이것은 숨겨진 정서를 과잉 분석하거나 탐색해야만 한다는 의미는 아니다. 오히려 편안하게 이것을 이해하고, 단순히 거기에 무엇이 있는지를 들여다 볼 수 있다.

과식

나태와 무기력을 일으키는 세 번째 원인은 과식이다. 음식을 먹고 난 다음 느낌이 어떤지를 파악해 보라. 그리고 음식의 양과 마음상태의 관계를 보라. 붓다는 배부른 것에서 다섯 입이 모자란 지점에서 먹기를 멈추라고 조언한다. 이때가 언제인지를 정확히 아는 것은 쉽지 않지만, 이런 조언을 마음에 두는 것은 우리의 위장 상태에 더 마음챙김을 하는 것이고, 마음의 욕망과 갈망에 빠져드는 것을 방지해 준다.

때로는 나태와 무기력이 충분히 먹지 않아서 발생할 수도 있다. 한때 나는 미얀마에서 다이어트와 먹는 것에 마음챙김을 하면서 아주 천천히 먹었기 때문에 음식을 제대로 섭취하지 못했다. 그래서 10킬로그램 정도 몸무게가 빠졌다. 점점 더 몸이 약해졌다. 때로는 앉아 있는 자세에서 넘어지기도 하였다. 그때가 사야도 우 빤디따가 음식의 마음챙김을 좀 가볍게 하라고 말한 유일한 때였고, 그로 인해 나는 건강하게 몸을 유지할 정도로 충분한 음식을 먹게 되었다.

집중과 에너지의 불균형

이런 장애의 발생에서 네 번째 조건은 집중과 에너지의 불균형이다. 만약 집중이 에너지보다 너무 강하면, 때로는 '잠기는 마음(sinking mind)'이라고 부르는 상태에 빠져든다. 그것은 아주 즐겁고, 꿈과 같은 상태로, 그 상태에서는 조용하고 붕 뜨는 느낌이 있을 수 있지만, 정신이 아주 맑은 상태는 아니다. 우리는 그런 상태에서 오랜 시간을 보내면서 불안하지 않은 마음을 즐길 수 있을지 모르지만, 그럼에도 불구하고 정말로 깨어 있는 상태는 아니다. 이런 상태는 장시간 자동차 또는 기차로 여행하는 경우 각성과 수면의 중간 상태 속으로 빠져 들어가는 상황에서 느낄 수도 있다. 이것은 이완되고 다소 즐거운 상태일지는 모르지만, 마음챙김을 할 수 있는 에너지가 없는 상태이다.

나태와 무기력을 없애기 위한 조건을 안다

나태와 무기력이 일단 이미 발생하고, 우리가 그 발생 조건을 어느 정도 탐구하였다면, 법에 대한 관찰 명상은 이런 장애를 어떻게 극복하고, 이렇게 굳어버린 마음을 어떻게 흥미·에너지·알아차림으로 녹일 수 있는지를 파악하는 것이다.

마음챙김을 수행한다

다른 장애와 마찬가지로 첫 번째 전략은 단순히 그것에 마음챙김을 하여, 나태와 무기력이 주의를 기울이는 바로 그 대상이 되게끔 한다. 나태와 무기력이 일어나자마자 바로 그것에 이름을 붙이려고 노력하고, 그것들을 어떻게 체험하는지를 조사한다. 바로 그것들에 잠기지 말고 자신에게 자문한다. "내가 졸림 또는 둔감함이라고 부르고 있는 이 체험이 무엇인가?" 우리는 몸에서 특별한 감각을, 마음에서 느낌을 알아차릴 수 있다. 우리는 졸림이 갖는 위축되고 물러서고 가라앉는 성질을 알아차릴 수 있다. 그렇게 되면 그때 많은 에너지 또는 각성이 있지는 않지만 마음은 불안하지 않게 된다. 그리고 만약 우리가 마음챙김과 관심을 이용할 수 있다면, 졸린 상태 그 자체에서 집중과 평온함의 실마리를 찾을 수 있을 것이다.

때로 명료함에 너무 집착하다 보면 졸림 또는 둔감함에 깊게 마음챙김을 하지 못하게 된다. 너무 애를 쓰는 바람에 마음의 상태를 있는 그대로 명료하게 실제로 보지 못한다. 안거 수행에서 나의 스승인 디빠 마는 밤에 세 시간만 자고 낮에는 눕지 말라고 하였다. 이런 충고는 나의 일상적인 수행 범위를 넘어서는 것이었다. 나는 하루 종일 아주 피곤하였다. 그러나 디빠 마는 또 하나의 지침을 주었다. "앉아서 잠에 빠져도 개의치 마라." 이 지침은 핵심적인 부분이다. 나는 앉아서 졸아도 깨어나려고 애를 쓰는 대신, 디빠 마의 말을 상기하고 그 속에서 이완하려고 하였다. 뭔가 놀랄 만한 일이 일어났다. 때로는 잠깐잠깐 졸았지만, 깨려고 애를 쓰지 않았기 때문에 갑자기 어느 순간 알아차림으로 정신이 번쩍 들었고, 그리하여 앉아 있는 나머지 시간 동안은 점차로 정신이 맑아지고 각성되는 것을 느꼈다.

욕망 또는 분노처럼 마음챙김의 위대한 힘은 모든 마음상태에서 함께할 수 있는 것이고, 그래서 일어난 마음이 사라질 때까지 그 마음 상태를 알아차릴 수 있다. 마음챙김과 순수한 주의는 무상에 대한 우리의 통찰을 강화하고, 그리하여 우리는 그것들을 사라지게 하기 위해서 욕망을 충족하거나 분노를 터뜨리거나 졸음에 떨어질 필요가 없다. 우리는 이런 마음 상태가 스스로 오고 가는 것을 그냥 보게 된다.

정신적 명료함을 개발한다

그러나 때로 단순한 마음챙김은 나태와 무기력 가운데서 알아차린 상태로 머물러 있을 만큼 충분히 강하지 않은 경우도 있다. 항상 실용적이었던 붓다는 역시 다른 처방을 주기도 하였다. 그는 이런 장애의 해독제로서 인지의 명료함을 계발해야만 한다고 말하였다. 이것은 무엇을 의미하는가? 정신적 명료함 또는 명료한 앎을 계발하는 것은 여러 가지 방식으로 가능하다.

첫째로, 알아차림을 맑게 하는 방법으로 여러 많은 대상들에 대해 주의를 기울여 이름 붙임으로써 계발하는 방식이다. 예를 들면 주의의 주된 대상으로 호흡에 이름 붙이기를 계속하였다면, 아니 하고 있다면, 그 호흡 주기에 덧붙여 몇몇 접촉 지점을 주의 대상에 추가할 수 있다. 우리는 엉덩이가 방석 또는 의자에 닿는 부위, 또는 허벅지에 닿은 손의 감각, 또는 그것 모두를 알아차릴 수도 있다.

"들이쉬고, 내쉬고, 접촉, 접촉, 들이쉬고, 내쉬고, 접촉, 접촉"이라는 식으로 체험에 이름을 붙이기도 한다. 또는 몸 전체의 느낌이 추가될 수도 있다. "들이쉬고, 내쉬고, 앉기, 접촉." 때로는 여러 대상의 소리를 추가하는 것이 도움이 되기도 한다. 소리는 소리가 날 때 아무 노력 없이 알아차릴 수 있기 때문에 좋은 대상이 된다.

우리가 알아차림의 영역에 많은 대상을 포함하면 할수록, 마음은 더 능동적으로 되고 각성이 된다. 그리하여 나태와 무기력의 영향을 감소시킬 수 있다. 명료한 인지를 계발하는 또 다른 방법은 마음의 두 가지 특별한 요소에 강조점을 두는 것이다. 첫째는 빨리어로 *위따까*(*vitakka*, 尋)라고 부르는 것으로, 때로 '초기의 거친 마음 작용'으로 번역되기도 한다. 이것은 마음이 대상을 향하여 다가가는 것을 말한다. 두 번째 요소는 빨리어로 *위짜라*(*vicāra*, 伺)라고 하는 것으로, '지속되는 미세한 마음 작용'으로 번역된다. 이것은 대상에 대한 지속적인 주의를 기울이는 것을 말한다. *위따까*는 벌이 꽃에 처음 매력을 느끼는 것을 말하고, 그 다음 *위짜라*는 벌이 그 꽃 주위를 맴도는 것이다. 초기의 거친 마음 작용과 지속되는 미세한 마음 작용은 첫 번째 선정(禪定)의 요소들이다. 그리고 그것들은 나태와 무기력에 대항하는 힘이다. 우리는 각 대상의 일어남을 향하여 의식적으로 연결하고, 일정한 시간 동안 그 주의를 지속함으로써 이런 요소들을 강조하게 된다.

명료한 인지는 빛나는 마음을 계발하는 것을 의미하기도 한다. 티벳에서 '빛남'과 '앎'은 동일한 의미이다. 그러므로 빛나는 마음을 계발하기 위해서 알려지는 대상보다는 아는 측면에 더 유의하게 된다. 나태와 무기력에 이렇게 하는 것은 거울에 비친 안개를 보는 것과 다소 유사하다. 하나의 대상으로 안개는 아주 분명하지는 않지만, 거울은 완벽하게 그것을 반영한다. 여기에서 우리가 원하는 것은 거울에 비추어진 것보다 거울을 더 잘 알아차리는 것이다. 마찬가지로 둔감함과 졸림이 희미한 마음상태이긴 하지만, 아는 마음은 그것을 완벽하게 알 수 있고, 우리는 아는 것 자체를 알아차릴 수 있다.

마지막으로 빛에 주의를 기울임으로써 명료한 인지를 계발할 수 있다. 우리는 그 빛이 자연스러운 빛이든 인공적인 빛이든 외부 원천에서 또는 마음에서 일어난 빛이든 상관없이 빛의 지각에 단순히 주의를 직접 기울임으로써 명료한 인지를 계발할 수 있다.

눈을 뜨거나 자세를 바꾸어라

위에서 언급한 대로 나태와 무기력에 마음챙김의 노력을 함에도, 또는 명료한 인지를 계발하기 위해 노력함에도 불구하고, 이런 장애가 여전히 해결되지 않는 경우도 있을 수 있다. 그러나 이런 마음상태에 대응할 수 있는 또 다른 방법들이 있다. 아주 졸리다면 눈을 뜨고 시선을 약간 위로 올려서 보는 것도 도움이 된다. 이렇게 하기 위해서는 약간의 노력이 필요하지만 덜 졸리게 하는 효과를 본다.

나도 수행하면서 나태와 무기력이 특히 강하게 몰려오는 것을 체험한 아주 흥미로운 경우가 있었다. 수행하는데 계속 졸려서 주체할 수가 없었다. 너무 졸려서 만화에 나오는 인물처럼 눈을 아주 크게 부릅뜨기로 작정하였다. 똑바로 앉아서 눈을 크게 부릅뜨고 앉아 있자 졸음의 파도가 다소 가라앉는 것을 느꼈다. 내 몸 전체가 눈을 감고 잠에 들기를 원하였다. 그러나 나는 계속 눈을 부릅뜨고 있었다. 그러자 얼마 지나지 않아 졸음의 파도가 머리와 눈을 지나 몸속으로 들어가면서 마침내 사라지는 것을 느꼈다. 약 1분 후 또 다른 파도가 지나갔다. 이런 일이 5~6차례 지나간 후 나는 완전히 깨어 있게 되었다. 이 체험은 나에게 소중한 것이 되었다. 졸음이라는 것도 잠을 자러 가야만 하는 변하지 않는, 고정된 것이 아니라 우리가 통과할 수 있는, 변화하는 에너지라는 것을 알게 되었다.

나태와 무기력을 이기는 다른 방법으로는 자세 바꾸기, 일어서거나 걷기, 바깥에 나가서 세수하기, 귓불을 잡아당기기 등도 있다.

지혜로운 성찰을 수행한다

나태와 무기력을 치료하는 또 다른 강력한 방법은 흥미를 일으키고 부지런함을 자극하는 지혜로운 성찰을 하는 것이다. 그 중 하나는 인간의 삶이 얼마나 소중한 것인가, 그리고 그것이 얼마나 짧은가를 성찰하는 것이다. 죽음의 순간, 우리의 마음은 약해지고, 몸은 쪼그라들고, 감각은 둔해진다. 이런 상태에서 죽기를 원하는가? 죽을 때 마음이 깨어 있고, 명료하게 죽음의 전 과정을 보고, 죽는 순간을 의식하기를 원한다고 말하기는 쉽다. 그러나 이렇게 되기 위해서 어떻게 수행해야 하는가? 나태와 무기력이 일어나고 그것에 마음챙김을 할 때, 이것을 죽음을 위한 수행 기회로 받아들일 수 있을까?

이것은 위축되기보다 우리에게 닥친 어려움을 일종의 도전으로 보는 태도이다. 니코스 카잔차키스의 소설 『그리스인 조르바』에 나오는 이야기가 하나 있다. 어떤 사람이 고치를 보고, 나비가 나오려고 분투하는 것을 도와주어야겠다고 생각했다. 그러나 그렇게 하면 그 사람은 나비가 나중에 날개의 힘으로 날아가는 데 필요한 그 분투를 없애버리는 셈이 된다. "고통을 통해 성숙된다"는 격언은 우리가 힘든 때를 극복하는 데 영감을 준다.

좋은 친구를 사귀고 유익한 대화를 하라

나태와 무기력을 이기는 마지막 방법은 좋은 친구와 유익한 대화를 나누는 것이다. 비록 조용한 안거 수행의 환경에서도 우리는 서로를 격려할 수 있다. 우리가 나태함-너무 혐오에 사로잡히지는 말고-을 느낄 때 열심히 수행하는 다른 사람을 보면 더욱 힘이 난다. 그리고 우리가 에너지에 차 있다고 느낄 때는 다른 사람을 고무시킬 수도 있다. 이것은 수행이 단지 나 자신만의 것이 아니라는 것을 이해하는 아주 실제적인 적용 사례이다.

나의 명상 도정에서 처음 몇 년은 인도 보드가야의 미얀마식 위하라에서 살았다. 부지런한 수행자인 덴마크 친구가 바로 나의 건너편에 살았다. 내가 종종 밤늦게 잠을 자러 방에 들어갈 때에도 그의 방에는 여전히 불이 켜져 있는 것을 보곤 하였다. 그의 부지런함에 자극을 받아서 나는 계속 앉아서 수행을 하거나 걷기 명상을 하였다. 그러면서 졸음을 극복하곤 하였다.

법의 친구들 또는 스승과 함께하는 유익한 대화와 아울러, 하루에 15~20분 정도 경전을 읽는 것은 에너지를 불러일으키고, 또한 수행의 동기를 고취시키는 하나의 방법이다. 마찬가지로 마음이 내키면 경전을 암송하는 것도 마음을 자극하여 수행의 신뢰와 믿음을 증강시킨다.

휴식을 취하기

아라한이 될 때까지는 누구나 나태와 무기력을 완전히 뿌리 뽑기 어렵다는 것을 기억하는 것도 도움이 된다. 붓다의 위대한 제자들조차도 수행 중에 여러 번 나태·무기력과 싸웠다는 것을 알면 마음에 위안이 될 것이다. 붓다의 위대한 두 제자 중 한 사람인 목갈라나(Mogallāna)는 1주일 만에 깨달음을 성취하였음에도 불구하고 이런 장애와 싸웠다고 한다. 그 1주일 동안 숲에서 명상을 하면서 그의 마음은 위축되었고 시들어서 작동하지 않았다고 한다. 붓다는 마음의 힘을 통하여 이런 사실을 알고 목갈라나에게 나타났다.

붓다는 "목갈라나여, 졸리는가?"라고 물었다.

"예, 부처님, 저는 졸고 있습니다."

"잘 들어라. 내가 그것을 극복하는 법을 가르쳐 줄 것이다."

붓다는 에너지를 증강시키는 모든 다양한 방법을 말해 주었다. 그리고 이런 방법이 다 통하지 않으면 쉬어야만 한다고 하였다. 그러나 우리가 휴식을 취하는 동안에도 마음챙김은 전면에 있어야 한다. 나는 피곤하여 낮잠을 자고 싶을 때에도, 잠깐 누워서 모든 것이 그냥 흘러가게 내버려두고, 막 잠이 들려고 하는 바로 그 순간 일어나는 것만으로도 원기를 회복하는 데 충분하다는 것을 알았다.

마음을 있는 그대로 흘려보내는 그 순간에 일어난다는 것은 우리에게 정말로 필요한 것은 약간의 수면이라기보다는 깊은 이완의 순간이라는 것을 보여준다. 우리는 일정 시간 후에 일어나야겠다는 결심을 하고 잠깐 누워 있을 수도 있고, 잠자는 동안 마음챙김을 하겠다고 생각할 수도 있다.

미래에 나태와 무기력이 일어나는 것을 방지한다

나태와 무기력을 관찰 명상하는 마지막 단계는 이러한 것이 미래에 일어나는 것을 방지하는 방법을 아는 것이다.

> "그리고 비구들이여, … 무엇이 아직 일어나지 않은 나태와 무기력이 일어나지 않도록 방지하고, 이미 일어난 나태와 무기력이 늘어나고 확장되지 않도록 방지하는가? 비구들이여, 각성의 요소·노력의 요소·애씀의 요소가 있다. 그것들에 대하여 조심성 있게 자주 주의를 기울이면 … 아직 일어나지 않은 나태와 무기력은 일어나지 않도록 방지되고, 이미 일어난 나태와 무기력은 늘어나고 확장되지 않도록 방지된다."[2]

각성·노력·애씀 등 이런 자질들이 계발되고 강화되면 나태와 무기력뿐만 아니라 모든 다른 장애들이 약화되고 방지된다. 그러나 유익한 것을 항상 상기시켜 주는 아날라요는 장애를 다루면서 다음과 같은 점을 지적하고 있다. 염처의 첫 단계는 적극적으로 장애와 맞서거나 그것과 싸우는 것이 아니라, 장애를 분명히 인지하고 그것에 마음챙김을 하는 것, 장애의 존재 여부와 관련된 조건들을 인식하는 것이다. 더 적극적인 방법이 필요할 때, 우리는 장애의 결과로부터 마음을 해방시키는 다른 불법(佛法)의 자원들을 활용하게 된다. 태국의 숲속 수행 전통의 스승인 아잔 차는 다음과 같이 말한다.

> 마지막으로 나는 바랍니다. 당신의 수행 여정을 더 현명한 지혜와 계속 함께하시길 바랍니다. 수행에서 얻은 지혜를 계속 간직하고 사용하십시오. 이런 지혜는 성장의 기반이 됩니다. 이해와 사랑이 더 커지고 깊어집니다. 여러 방식으로 수행을 심화시킬 수 있다는 것을 이해하십시오. 게으르지 마십시오. 스스로 게으르다고 생각되면 게으름을 극복하는 자질들을 강화하십시오. 두려워하거나 소심해지지 마십시오. 수행에서 소심해지면 그것을 극복하도록 마음을 다잡으세요. 적절하게 노력하고 시간이 지나면 스스로 이해는 자랍니다.
>
> 그러나 이런 모든 경우에도 당신의 자연스러운 지혜를 사용하십시오. 오늘 말하는 이것이 당신에게 도움이 될 것입니다. 그리고 정말로 이것을 실천하면 모든 의심이 사라집니다. 더 이상 질문이 없는 곳에 도달합니다. 그리고 고요함의 장소에 도달하고 붓다와 법과 한 몸이 되면 모든 우주와 함께하게 됩니다. 그리고 당신만이 그것을 할 수 있습니다. 이미 그렇게 하고 있습니다. 모든 것은 지금부터 당신에게 달려 있습니다.[3]

18

들뜸과 근심

『염처경』에서 붓다가 언급한 네 번째 장애는 들뜸[掉擧]과 근심[惡作]의 마음상태이다. 들뜸에 대한 빨리어는 *웃닷짜(uddacca)*인데, 이것은 초조·흥분·산만함이라는 뜻이다. 때로는 '위에서 흔들리다'로 번역되기도 하는데, 이것은 한 대상에 안착하지 못하고 그 위를 빙빙 맴돈다는 뜻이다.

'들뜸'-말 그대로 안정되지 못한 상태-은 이런 모든 측면들을 표현하고 있다. 빨리어로 근심은 *꾹꿋짜(kukkucca)*라고 하는데, 후회 또는 불안의 마음상태이다. 이것은 우리가 해야만 하는 것을 하지 않았거나, 하지 말아야 할 것을 한 경우에 느끼는 감정이다. 들뜸은 항상 거의 근심을 동반하지만, 근심 또는 후회가 없는 들뜸도 있을 수 있다.

들뜸과 근심이 드러나는 방식

개별적인 장애의 수행에 대한 첫 번째 가르침은 마음에 그 장애가 있는지 없는지를 단순히 알아차리는 것이다. 그리고 다른 장애-욕망·혐오·나태와 무기력-와 마찬가지로 들뜸과 근심에도 분명하면서도 미세한 현상들이 있다. 우리는 들뜸과 근심이 명백히 드러나는 것에는 아주 익숙하다. 신체적인 들뜸을 느낄 수 있는데, 그때는 안절부절 가만히 있을 수가 없다. "놀라서 펄쩍 뛰다"라는 표현은 이런 상태를 말하는 것이다. 또한 마음에도 분명히 들뜨고 불안한 상태가 있다. 우리는 이러저러한 생각들에 반복적으로 빠져 들어가서 그런 상태를 내면적인 혼란 또는 정신없는 상태로 느끼기도 한다.

수행자(yogi) 마음

정신적으로 들떠있거나 불안한 상태에는 강박적인 성질이 종종 있다. 이것은 우리가 흔히 '수행자 마음'이라고 하는 것이다. *수행자*는 명상을 하는 사람을 말한다. 우리는 집중적인 안거 수행 기간 동안 때로는 중요하지도 않고 현실성도 없는 생각에 사로잡히는 시기를 겪기도 한다. 나는 통찰명상협회의 수행에서 주전자의 물 끓는 소리를 사람들의 대화 소리로 착각한 적이 있다. 그 소리는 아주 멀리서 들리는 것이었는데, 이 대화가 너무나 현실적으로 들려서 무슨 일이 없는지 확인하러 부엌으로 간 적이 있을 정도였다. 또 다른 수행에서 한 수행자는 수행 관리자에게 비행기 노선을 바꾸어 달라는 편지를 써달라고 한 적도 있다. 수행하는 동안 비행기가 지나가서 자신의 수행이 방해받는다는 이유였다. 때로는 마음이 안정되지 못한 불안한 상태의 고통에서 자신의 강박적인 사고에 사로잡혀서 실제로 일어나고 있는 현실에서 동떨어진 경우도 있다.

들뜸의 미세한 종류들

또한 들뜸에는 보다 미세한 종류들도 있다. 때로는 우리의 수행은 아주 잘 되어가기도 한다. 그럴 때는 별로 애쓰지 않아도 마음챙김이 되고, 집중도 그에 맞게 강해진다. 그러나 심지어 이런 때도, 아주 잠깐 동안 마음은 옆으로 빠져나가 이리저리 재빨리 지나가는 생각으로 줄달음친다. 마음챙김의 힘이 강해서 옆길로 새버릴 우려는 없지만, 마음의 이런 들뜸을 인식하는 것은 흥미로운 일이다.

들뜸과 근심은 다른 번뇌와 마찬가지로 아주 미세한 방식으로 좀 다르게 나타나기도 한다. 붓다의 위대한 제자 중 한 사람인 아누룻다(Anuruddha)가 지혜 제일인 사리뿟따를 만나러 가는 이야기가 있다.

아누룻다가 점차 선정과 정교한 명상적 지각을 완벽하게 익혀가고 있었을 때, 그가 하루는 사리뿟따 존자를 만나러 가서 말했다.

"도반 사리뿟따여, 나는 청정하고 인간의 시력을 넘어선 천안(天眼)으로 천 개의 세계를 볼 수 있습니다. 내 정진은 확고하고, 꾸준히 노력하며, 내 마음챙김은 생생하게 깨어 있어 혼란이 없습니다. 몸은 편안하여 동요하지 않습니다. 내 마음은 집중되어 하나로 모아집니다. 그러나 아직 내 마음은 갈망에서 자유로워지지 않아 고뇌로부터 자유롭지 않습니다."

그러자 사리뿟따가 답했다. "도반 아누룻다여, 당신이 자신의 천안

(天眼)에 대해 생각하는 것, 이것은 당신 안에 있는 자만심입니다. 당신이 자신의 확고한 정진과 생생하게 깨어 있는 마음챙김과 동요하지 않는 몸, 집중된 마음에 대해 생각하는 것, 이것은 당신 안에 있는 들뜸입니다. 당신이 마음의 고뇌로부터 자유로워지지 않았다고 생각하는 것, 이것은 당신 안의 근심입니다. 만약 당신이 이 세 가지 마음 상태를 버리고, 그것들에 신경 쓰지 않고, 마음을 불사(不死)의 열반으로 향하게 한다면 참으로 좋을 것입니다."[1]

나태와 무기력과 마찬가지로 들뜸의 마음 요소는 완전한 깨달음에 도달할 때까지는 전면적으로 뿌리 뽑히는 것이 아니다. 심지어 자아가 환상이라는 것을 보고 욕망과 혐오에서 자유로워졌을 때에도 이 미세한 들뜸과 집착은 여전히 거기에 있다. 이런 것을 잘 성찰해 보게 되면 자신의 들뜸에 더 인내를 갖게 되고 이런 마음상태가 깊은 뿌리를 갖고 있다는 것을 인식하게 될 것이다.

일반적 불안

근심 역시 여러 가지로 나타난다. 때로는 유익하지 않은 행동 또는 유익한 행동을 하지 못한 것에 대한 뉘우침이나 후회의 형태를 띠기도 한다. 때로는 상상의 미래, 일어나지 않은 일에 대한 근심도 있다. 한 친구는 모든 것이 잘 되어 가고 있음에도, 사랑하는 사람에게 무슨 일이 일어날지도 모른다는 강박적인 근심을 하고 있다고 내게 말하였다. 종종 우리는 앞으로 일어나게 될 일에 대해 근심하며 불안해하기도 한다. 여행할 때 이런 것이 많이 일어난다. 내가 타는 비행기가 연착하지 않을까, 다음 비행기와 연결이 잘 될까 하고 염려

한다. 이런 불안과 긴장을 느끼면서 비행기 의자에 앉아서는 비행기가 좀 더 빨리 갔으면 하고 바란다. 이와 같은 경우 근심은 그 결과와는 절대로 아무 관계가 없다는 점을 생각하는 것이 도움이 된다. 우리는 단순히 스스로를 긴장시키고 가엾게 여기고 있는 것이다. 거기에 불편함이 있든 없든 간에 사실상 "그런 뒤섞인 것에 조금 더 고통을 가하자"라고 말하고 있는 셈이다.

비교하는 마음

때로는 우리는 스스로의 수행에 대해 걱정한다. 목표와 염원이 수행의 도정에서 핵심적인 요소들이지만, 마음은 수행의 진전, 자신의 평가에 대해 지나치게 쉽게 염려하면서, 깨달음에 강박적으로 매달리고 깨닫지 못한 마음을 염려한다. 이렇게 근심 걱정을 하다 보면 자기비판, 일종의 영적 자아몰입에 쉽게 빠져든다. 우리는 자신과 다른 수행자들을 비교-명상하는 시간, 음식의 양, 수행 진전 속도 등-하기 시작한다. 그래서 자신의 수행에 대한 걱정으로 쉽게 초조해질 수 있다. 한 순간 한 순간에 마음 편하게 머무르고, 일어나는 것이 무엇이든 그것에 마음챙김을 하는 단순함을 잃어버린다.

들뜸과 근심의 원인을 안다

이런 장애가 있는지 없는지를 단순히 알아차리는 것이 첫 번째 가르침이다. 붓다는 경전에서 이렇게 말한다.

"자기에게 들뜸과 근심이 존재하면, '나에게는 내적으로 들뜸과 근심이 있다'고 꿰뚫어 안다. 자기에게 들뜸과 근심이 존재하지 않는다면 '나에게는 들뜸과 근심이 없다'고 꿰뚫어 안다. …"[2]

그 다음으로는 다른 장애와 마찬가지로 우리는 이런 상태가 일어나는 그 이유가 무엇인지를 인식하고 탐구한다.

집중과 에너지의 불균형

들뜸이 일어나는 원인들을 이해하는 기본 틀은 집중과 에너지의 불균형을 보는 것이다. 들뜸은 에너지는 넘쳐나는데 그것을 다잡을 정도로 마음이 집중되어 있거나 차분해 있지 못한 데서 가끔 오기 때문이다. 그것은 마치 통 바깥으로 에너지가 흘러넘치는 것과 같다.

이런 불균형은 여러 다른 요인에서 올 수 있다. 우리의 생각 또는 고요하지 못한 마음상태에 지혜롭지 못한 주의를 기울이는 데서 오기도 한다. 우리는 마음의 내용에 빠진다. 이런 경향은 생각에 더 비중을 두는 사람들-우리 대부분에 해당된다-에게 더욱 흔히 볼 수 있다. 우리는 이런 경향을 정확히 볼 필요가 있다. 붓다의 핵심적인 두 제자 중 한 사람인 사리뿟따는 이런 유형에 속하는 사람이었다. 그의 위대한 분석적인 힘이 깨달음에 이르는 속도를 다소 더디게 만들었다. 이것이 그가 붓다의 설법을 듣고 완전히 깨닫는 데 2주일이나 걸린 이유이다. 붓다의 다른 제자인 목갈라나는 단지 1주일밖에 걸리지 않았다.

우리는 사유가 지혜로 가는 좋은 방법이라는 생각에 깊이 길들여져 있기 때문에 쉬지 않고 생각하는 것에 빠져들기도 한다. 물론 생각은 창조적이기도 하고 보다 깊은 이해를 가져다주기도 한다. 그러나 통찰과 지혜의 전 영역은 산만한 생각으로 다가갈 수 있는 차원 너머에 있다. 이 영역은 사고 과정을 통해서 도달할 수 없고, 오로지 직접적인 체험을 통해서만 가능하다. 우리가 맛있는 식사에 대해 아무리 많이 읽고 생각한다고 하여도, 그것은 우리가 실제로 맛있는 식사를 하는 것과는 다른 것과 같다.

지혜롭지 못한 주의

들뜸과 근심은 세상일들에 지혜롭지 못하게 주의를 기울이는 데서도 온다. 이는 세상일에 무관심하거나 반응하지 말라는 의미가 아니다. 오히려 우리는 지혜의 눈으로 세상일을 살펴보고, 적절히 반응하는 것이 어떤 것인지를 보아야 한다는 것을 뜻한다. 정신적인 초조감은 혼란만을 초래할 뿐이다. 십자가의 성 요한이 "고요하지 못한 불안은 항상 무익하다. 왜냐하면 불안·초조는 좋은 것을 낳을 수 없기 때문이다. 비록 온 세상이 혼란스럽다고 하여도, 그리고 모든 것이 혼란 속에 있다고 하여도, 그 일에 마음을 초조하게 하는 것은 여전히 무익하다"라고 말할 때 바로 이것을 표현한 것이다.

너무 많은 말

들뜸이 일어나는 원인들 중 하나는 불교경전에서 언급하고 있는 바와 같이 우리 시대에 흔히 주고받는 즉석 대화와 특히 연관성을 갖고 있다. 즉 자극적인 대화와 오래 끄는 논쟁이다. 조용한 안거 수행에서는 실제적인 대화가 그렇게 많지 않지만, 전자 기기의 편리함과 이용하기 쉬운 점으로 말미암아 우리는 다른 방식의 소통에 종종 유혹되기도 한다. 빠른 이메일 또는 문자 메시지가 별것 아닌 것 같이 보이지만, 실제로 얼마나 많은 에너지를 소모하는지 우리는 잊어버리고 있다. 작은 일이라고 생각되는 것이 커다란 물결 효과를 일으킬 수 있다. 그리하여 마음을 불안하게 하고 지속적인 집중을 어렵게 한다.

과거의 유익하지 않은 행동을 곰곰이 곱씹는다

근심과 후회가 일어나는 또 다른 이유는 과거의 좋지 않은 행동을 기억하는 것이다. 그 행동이 작위이든 부작위이든 관계없다. 이런 생각과 기억들은 명상 수행의 고요함 가운데 아주 생생하게 될 수 있다. 한 차원에서 이런 기억들을 의식하는 것은 정화 과정의 일부–불선한 것을 명확하게 보고, 거기에서 배우고, 흘려보내는 과정–이다. 그러나 종종 마음은 이런 과거의 행동에 강박적으로 사로잡히고, 단순히 자기 판단과 자기 비난의 수렁에 빠진다.

초조·근심·후회의 이러한 원인을 보고 이해하는 것은 붓다가 말한 '열 가지 불선한 행동들[不善業]'을 조사하는 데 도움이 된다. 이런 행동들은 다른 사람에게 해를 입히고, 자신에게는 자책하게 하고, 원치 않는 업의 결과를 가져다준다. 세 가지 불선한 몸의 행동[身業]이 있다. 즉 살인[殺生]·도둑질[偷盜]·성적 방종[邪淫]이다. 네 가지 불선한 말의 행동[口業]이 있다. 즉 거짓말[妄語]·심한 말[惡口]·뒷담화[兩舌]·쓸데없는 말[綺語]이다. 그리고 세 가지 불선한 마음[意業]이 있다. 탐욕[貪欲]·나쁜 의도[瞋恚]·잘못된 자아관[邪見]이다. 우리는 이런 것들을 성찰하고 개별적인 것이 마음을 어지럽게 하는 원인이 될 수 있다는 것에 대해 마음챙김할 수 있다.

수행의 도정에서 자신의 수행 진전 정도를 판단한다

근심과 초조는 너무 과도하게 열심히 수행하면서 자신의 수행 진전 과정 또는 통찰의 정도에 지나치게 염려할 때에도 발생한다. 스스로 '수행 평가 테이프'라고 부르는 것에 사로잡히는 것이다. 그렇게 해서 계속해서 자신이 하고 있는 것을 판단하고 평가한다.

내가 소년이었을 때, 내 인생에 정원을 처음 가꾸었던 적이 있다. 그때 홍당무의 첫 꼭지가 땅 위로 나왔을 때 나는 너무 흥분해서 어느 정도 자랐는지를 보기 위해 그것을 뽑아보았다. 자라고 있는 야채에게 그것은 썩 좋은 전략이 아니었다. 아니, 정말로 그것 말고는 무엇을 해도 괜찮았을 것이다. 몇 년이 흐른 후 명상을 하면서 도대체 내가 무엇을 하고 있는지에 대해서 자기 판단을 자주 하게 되었을 때, 나는 내 자신에게 다음과 같이 상기시켰다. "조셉, 단지 앉고 걸어. 불법은 좀 쉬어두고." 한국의 선승인 숭산 스님은 이런 점을 잘 표현하고 있다. "점검하지 마라. 바로 그냥 앞으로 나아가라."

무엇이 들뜸과 근심의 제거를 조건 짓는지를 안다

들뜸과 근심이 일어나는 원인을 관찰 명상하고 이해하고 난 후, 다음 단계는 일단 일어난 장애를 어떻게 다루어야 하는지를 아는 것이다.

마음챙김을 수행한다

다른 모든 장애와 마찬가지로 그 상태 자체에 대해 마음챙김을 하는 것이 첫 번째 접근방법이다. "욕망은 이와 같다", "들뜸은 이와 같다." 그리고 지혜의 눈을 가져와서 그것들이 '나의 것', '나', '나 자신'이 아니라는 것을 보는 수행을 한다. 나는 때로는 그런 장애에 빨리어 이름을 붙이는 것이 도움이 되곤 하였다. 이 빨리어 단어들을 사용함으로써, 그것들을 내 것으로 개인화하지 않고 영어 단어에 따라 붙는 온갖 상상과 덧붙임 없이 그것들을 보는 데 도움을 받았다.

마음이 한 대상에 자리를 잡지 못하고, 쉬지 못할 때마다 우리는 들뜸 그 자체에 마음챙김을 할 수 있다. 몸에서 일어나는 신체적 에너지를 알아차린다. 들뜸과 근심 사이에 있는 정서적 톤의 차이를 알아차린다. 그리하여 서로를 구분할 수 있다. 들뜸이 정리되지 않은 산만함을 의미한다면, 근심은 보다 더 큰 불안함을 내포한다.

우리가 이런 마음 상태에 빠지지 않고 마음챙김을 하게 되면, 마음챙김 그 자체가 집중과 에너지 사이에 균형이 잡히도록 해 주기 시작한다. 이것은 두 가지 방식으로 일어난다. 첫째로, 우리는 광각 렌즈를 착용한 것처럼 마음챙김을 할 수 있다. 마음을 편히 하면서 몸 전체를 알아차리고, 신체적·정신적 에너지의 전체 흐름을 느끼고 파악해 간다. 나는 때로 이런 장애를 잭슨 폴락(Jackson Pollock)의 그림으로, 마음챙김은 그 주위를 둘러싸는 틀로 묘사한다. 그 틀의 역할은 그 그림을 더 명확하게 보는 것을 돕는 것이다.

당신의 주의를 세밀하게 하라

에너지와 집중의 균형을 이루는 두 번째 방법은 정신적인 줌 렌즈를 사용하는 것이다. 이런 경우 우리는 호흡과 같은 특정 대상에 더욱 정확하게 마음의 초점을 맞추게 된다. 또는 움직임에 있어서 매우 정밀해져서 침착하게 움직이는 능력이 커진다. 이런 두 가지 행동들 모두 마음에서 일어나는 모든 강박적인 생각을 잠재우는 데 도움이 된다.

네팔에서 수행할 때 우리는 아주 어려운 환경에 놓여 있었다. 다섯 명 모두 콘크리트 바닥을 같이 사용하였고, 화장실은 바로 옆에 있었다. 그리고 도시의 소음으로 사원이 꽉 찼다. 이런 모든 산만함 속에 내가 있어야 한다는 것에 약간은 불만스러운 마음이 들었다. 사야도 우 빤디따에게 명상 체험에 대한 보고를 하러 갔을 때, 그는 단지 몇 마디의 충고만 줄 뿐이었다. "더 마음챙김을 하세요."

나의 첫 반응은 다소 부정적이었다. 나는 그가 내 어려움을 진지하게 고려하지 않는다고 생각하였다. 그러나 바깥에서 걷기 명상을 하기 시작하면서 그의 말을 실제로 실천에 옮긴다고 생각하였다. 나는 더욱 마음챙김이 강해졌고, 움직임의 가장 미세한 감각에도 열심히 주의를 기울였다. 그리고 아주 놀랍게도 더욱 주의를 기울이는 바로 그 순간에 모든 마음의 투덜거림이 사라졌다. 더 세심하게 마음챙김을 하자 이런 장애가 일어날 공간이 없어졌다.

여기서 작동하는 세 가지 마음 요소가 있는데, 그것은 에너지와는 상대적으로 집중을 강화하는 것이다. 첫 두 가지는 나태와 무기력을 다루는 장에서 언급하였는데, 그것은 초기의 거친 마음 작용[尋]과 지속되는 미세한 마음 작용[伺]이다. 집중을 강화하는 세 번째 요소는 마음챙김, 즉 그 당시 체험이 무엇인가를 알아차리면서 머무는 것이다.

눈을 뜨라

들뜬 마음을 다스리는 또 다른 간단한 방법은 이런저런 산만한 생각의 흐름에 빠질 때 눈을 뜨는 것이다. 때로는 실제로 우리가 있는 곳의 물리적 참조점을 갖는 것이 생각 과정의 모멘텀에 휩쓸리지 않고 그 순간의 현실과 연결되는 데 도움을 준다.

지혜로운 성찰을 수행한다

이런 모든 방법으로 마음챙김을 하여도 여전히 마음이 어지러우면, 지혜로운 성찰이 균형을 잡는 데 도움이 될 수 있다. 우리는 수행 목적을 성찰할 수 있다. 왜 우리는 수행을 하고 있는가? 이런 모든 노력의 바탕을 이루는 근본적인 목적이 우리 마음을 정화하고, 탐욕·증오·무지의 힘에서 벗어나 자유로워지는 것이라는 점을 상기한다. 그리고 자신을 위해서뿐만 아니라 우리 모두의 안녕을 위해서 수행하고 있다는 것을 상기한다. 이런 성찰을 통해 우리는 수행에 대한 존경심과 수행을 하고 있는 자신에 대한 존경심에 다시 연결된다.

우리가 자신의 목적을 상기하면 알아차리는 대상과 연결되는 것, 바로 거기에 있는 것에 마음챙김을 하는 것이 더 쉬워진다. 그리하여 흐트러지고 산만한 마음이 현 순간의 체험에 안정되기 시작하면서, 우리의 마음은 들뜬 상태를 벗어나 평온해지며 우리의 수행은 계속해서 깊어진다.

계율에 대한 현재의 헌신, 윤리적 행동에 대해 성찰하는 것은 과거 행동에 대한 과도한 근심·후회, 또는 죄책감에서 벗어나 마음을 편하게 해 준다. 붓다를 포함하여 우리 모두는 과거에 유익하지 않은 행동을 하였다. 잊어버리거나 억압하거나 자기비난에 빠지는 것

대신 우리는 지혜로 이런 과거의 좋지 않은 행동을 보고, 그 실수에서 배우고, 남을 해치지 않는 것에서 힘과 자신감을 이끌어낸다. 갤웨이 킨넬(Galway Kinnell)의 시 「성 프랜시스(St. Francis)와 씨뿌리기」의 일부 구절은 이것을 잘 표현하고 있다. "때로는 하나의 사물에게 그 사랑스러움을 다시 가르칠 필요가 있다.… 내면에서, 자기축복을 꽃피울 때까지."

내면에서 자기 축복을 꽃피우기 위해서는 죄책감과 뉘우침 사이를 구분하는 것이 필요하다. 죄책감은 불선한 마음 요소[不善心所]로서, 부정적인 자기 판단과 함께 단순히 자아감을 강화하는 것이다. 즉 '나'를 강조하면서 "나는 나빠"라고 하는 것이다. 죄책감은 단순히 마음의 자아 여행이다. 그 반면에 뉘우침은 행동을 인정하고, 그 불선함을 이해하고, 가능한 한 수정하고, 그리고 앞으로 나아가는 것이다. 이것은 자기 용서의 한 행동이고, 평가 면에서 솔직하고, 무상성과 무아를 이해하는 점에서 지혜로운 일이다.

자기 판단의 순간에는 힘이 들지만, 이런 패턴을 보고 있을 때 마음의 유머 감각을 유지하는 것이 도움이 된다. "그래, 이것은 나의 마음이 하는 일이야. 자기 판단은 이런 것이야." 내가 나를 많이 평가하거나 남을 평가하는 것을 알아차릴 때 좋은 결과를 보인 하나의 기법은 마음에서 평가를 얼마나 하는지를 세는 것이다. "자기 판단 하나, 자기 판단 둘, … 자기 판단 538번." 어떤 때 나는 단순히 나의 마음에 미소를 짓기 시작하고, 그 판단을 믿는 것이 얼마나 어리석은지를 보고, 심지어 그것을 야단치고, 그러고는 이런 과정이 다시 되풀이된다. 내가 이런 마음의 움직임을 미소를 지으면서 바라볼 수 있게 되면 이런 독특한 패턴은 그 대단한 힘을 잃게 된다.

알아차림이 이미 있다는 것을 안다

마지막으로, 우리가 수행과 수행의 진전 정도에 대한 과도한 근심에 사로잡혀 있을 때, 우리는 단선적인 수행 모델과 태국 또는 티벳 족첸 전통에서 강조하는 관점 사이에서 균형을 잡을 수 있다. 태국이나 티벳 족첸 전통에서는 마음의 텅 빈, 알아차리는 성질은 이미 거기에 있다고 이해하는 관점을 취한다. 이런 관점에서 마음은 우리가 갖거나 계발시킬 필요가 있는 그 무엇이 아니라, 인식하고 되돌아가야 할 필요가 있는 그 무엇이다. 내게는 수행에 큰 도움을 주곤 하던 두 문장이 있다. 그것들은 "이미 알아차린다"와 "그것은 이미 여기에 있다"이다.

우리는 여러 가지 방법으로 들뜸과 근심이 미래에 일어나는 것을 방지할 수 있다. 우리가 남을 해치지 않는다는 계율에 다시 헌신하는 그 순간부터 마음은 뉘우침 없음을 떠나 자유로움에 안착한다. 비록 우리 모두가 그랬던 것처럼 과거에 유익하지 않은 일을 행하였다고 하여도, 앞으로 이 시점에서부터 우리는 몸·언어·마음의 움직임에 주의를 기울이리라는 것을 안다. 물론 이것은 8정도(八正道)를 따르는 것 이외의 것은 아니다. 이것에 대해서는 다음 장에서 더 자세히 살펴볼 것이다. 경전을 읽는 것, 좋은 도반과 대화를 하는 것, 지혜로운 스승과 만나는 것, 이런 모든 것은 아직 일어나지 않은 마음의 들뜸과 초조에서 자유롭게 머물 수 있도록 도와준다.

19

의심

다른 모든 장애와 마찬가지로 붓다는 의심[疑]에 대해 관찰 명상하는 다섯 단계를 전체적으로 언급하고 있다.

> "비구는 자기에게 의심이 존재하면 '내게는 의심이 있다'고 꿰뚫어 알고, 자기에게 의심이 존재하지 않는다면 '내게 의심이 없다'고 꿰뚫어 알고, 전에 없던 의심이 생겨난다면 그것이 어떻게 일어나는지를 꿰뚫어 알고, 일어난 의심이 어떻게 해서 제거되는지 꿰뚫어 알고, 이미 사라진 의심이 어떻게 미래에 생겨나지 않는지를 꿰뚫어 안다."[1]

덧붙여 말하자면 붓다가 언어를 사용하는 방식을 잘 들여다보면 흥미롭다. 궁극적인 관점에서 보면 자아, '나'라는 것은 없지만, 일상적인 언어 사용에서 보면 붓다는 "의심이 나에게 있다면, 없다면"이라는 식으로 말하고 있다. 여기에 상대적 진리[俗諦]와 궁극적인 진리

[眞諦]의 통합이 있다. 통상적인 차원에서 우리는 '나' '나에게' 그리고 '자아'를 말한다. 그렇지만 보다 더 궁극적인 차원에서는 모든 현상은 무아(無我)의 성질을 지니고 있다고 이해한다.

의심을 어떻게 인식하는가라는 문제를 탐구하기 전에, 우리는 그 단어의 두 가지 일반적인 사용법을 구별할 필요가 있다. 의심의 첫 번째 종류인 질문과 탐구의 측면은 우리에게 도움이 된다. 그것으로 인해서 사물들을 조심스럽게 살펴보는 동기 부여가 되기 때문이다. 우리가 들은 모든 것을 교조적으로 믿기를 원치 않는 것처럼, 우리는 자신의 현재 관점에 맞지 않는다고 해서 자동적으로 어떤 것을 무조건 불신하고 싶어 하지는 않는다.

붓다의 메시지의 아름다움과 힘은 무엇이든 책에서 읽었다고 해서, 또는 어떤 스승이 그것을 가르쳐 주었다고 해서 무턱대고 믿으면 안 된다는 것을 계속해서 상기시켜 준다는 점이다. 모든 가르침이 유익한지 무익한지를 알기 위해 그것들을 탐구해야 할 필요가 있다.

의심의 두 번째 종류는 불확실·흔들림·결정하지 못함이라는 마음상태이다. 이것은 장애로 간주되는데, 마치 교차로에 서서 어디로 가야 할지를 모르는 것과 같다. 마음은 단순히 양쪽 사이에서 이리저리 흔들린다. 그러다가 아무 곳에도 가지 못하고 끝이 나 버린다. 잘 살피지 않으면 의심은 장애 중에서 가장 위험한 것이다. 왜냐하면 의심으로 말미암아 수행이 정체되기 때문이다. 의심이 강하여 아무 것도 결정하지 못하고 마비되어 버리면, 잘못된 선택을 다시 돌리고 그 실수에서 배울 수 있는 기회를 잃어버린다.

의심에 가득 차 있으면 우리는 항상 자신을 점검하고 망설이고 결정하려고 애쓴다. 얀 마르텔(Yann Martel)은 자신의 훌륭한 책 『파이 이야기(Life of Pi)』에서 의심이 미치는 영향을 아주 잘 표현하고 있다. "인생의 철학으로 의심을 선택하는 것은 마치 운송수단으로 움직이지 않는 장치를 선택하는 것과 같다."

의심의 현상들

『염처경』의 맥락에서 볼 때 의심이라는 것은 특히 붓다·법·승가[佛法僧]에 대한 의심을 말한다. 이런 용어들은 폭넓은 함축성을 띠고 있고, 명상 수행에서 이런 함축성에 대한 의심은 아주 특별한 형태를 갖는다. 우리가 붓다와 그의 가르침에 대단한 신뢰를 갖는다고 하여도, 일정한 의심은 발생하기 마련이다.

붓다와 그의 가르침의 관련성에 대한 의심

붓다는 수천 년 전에 살았다. 우리는 붓다가 말한 것을 현시대에 정말로 적용할 수 있는지, 또는 정말 그가 말한 것인지 의심할지 모른다. 이런 의심은 탐구라는 방향으로 나아갈 때는 유익한 것이 되지만, 이로 인해서 결심을 하지 못하거나 혼돈스러워하고, 또는 들어보지 못한 것이라고 해서, 이런저런 이유로 입맛에 맞지 않다고 해서 자동적으로 거부한다면 해로운 의심이다. 우리는 까르마 또는 환생에 대해 의심을 할 수도 있고, 또는 아름답지 못한 신체 부위를 명상하라고 하는 것에 대해 의심할 수도 있다. 그러나 그것들이 우리에게 어떤 의미를 갖는지에 대해서 탐구하거나 살펴보지 않고, 우리의 현재 이해 범위를 넘어선 것을 거부하는 방법으로 의심을 종종 활용한다. 의심에 대항하는 또 다른 방법은 시인 사무엘 테일러 콜리지(Samuel Taylor Coleridge)가 말한 글귀에 잘 표현되어 있다. 즉 '불신의 자발적 위예'이다.

수행의 도정에서 만나는 의심

또 다른 경우 우리는 수행에 대해 의심하기 시작할 것이다. "앉아서 나의 호흡을 바라보고 있는 것이 도대체 무슨 상관이 있는가? 정말로 쓸데없는 일이야!" 이렇게 되면 여러 수행들을 비교하게 되거나, 고통으로 가득 찬 세상에서 수행을 한다는 것 자체가 무슨 가치가 있는가 하고 회의를 품게 된다.

나의 수행에서 가장 강력한 의심들 중 하나는 티벳 족첸 가르침에 대한 것을 배우기 시작한 바로 그때 일어났다. 위빠사나의 미얀마식 전통에서 수년 간을 수행한 뒤였기 때문에 내 마음은 다음과 같은 의문으로 괴로워하고 있었다. "어떤 전통이 올바른가?" 나는 이리저리 흔들렸고 양쪽의 변호사 노릇을 하였다.

마침내 이런 계속되는 의문이 한 달 동안 지속된 후 내가 잘못된 질문을 하고 있다는 것을 알았다. 어떤 전통이 옳은가는 문제가 아니었다. 오히려 모든 가르침은 해탈을 위한 유익한 수단이라는 것을 이해하게 되었다. 우리가 가르침을 어떤 절대적인 형이상학적인 진리의 진술이라고 여기면, 서로 다른 모순되는 가르침은 종종 커다란 장애가 된다. 그러나 형이상학을 유익한 수단으로 보게 되면, 질문은 다음과 같은 식이 된다. 즉 이 가르침은 마음을 자유롭게 하는 데 도움이 되는가? 이런 관점에서 보면 서로 다른 경우에 서로 다른 가르침이 도움이 되는 것도 가능하다는 것을 알 수 있다.

자신의 수행능력에 대한 의심

아마도 보다 강한 의심은 붓다의 특정 가르침에 대해 별로 확신하지 못하면서, 그 가르침을 수행으로 이어가는 자신의 능력에 의구심을 품는 식으로 나타날 것이다. 이것은 자기 의심의 아주 깊이 박힌 패턴이다. 우리는 마음속으로 이런 목소리를 들으면서 말한다. "내가 이것을 올바르게 할까?", "나는 할 수 없어", "이것은 너무 힘들어", "지금은 적기가 아니야. 나는 기다렸어야 했는데." 이런 자기 의심의 패턴이 강해지면 수행에 방해가 될 뿐만 아니라 우리의 삶에서도 파괴적인 힘을 발휘한다. 이렇게 되면 종종 우리 자신을 망치게 되고, 앞으로 나아가지 못하고 뒷걸음질친다.

이런 마음 상태에 대해 영어로 잘 표현한 구절이 있다. 우리는 누군가가 "의심으로 병들어 있다"고 말한다. 의심은 우리를 약화시키는 질병과 같은 것이다. 의심이 강하면 명상이나 다른 분야에서 실험해 보는 것이 아니고, 또한 그 체험을 충분히 해 보면서 그것이 유익한지 아닌지를 살펴보지도 않고 마음은 그냥 끊임없는 잡생각 속에 빠져서 헤매게 된다. 그리하여 의심은 자기 충족적이 된다. 왜냐하면 의심에 빠져 지내는 것은 정말로 무익하기 때문이다. 이렇게 되면 스스로 탐구하는 기회를 잃어버린다. 이런 끊임없는 복잡한 생각들은 소모적이다. 의심은 가시 달린 마음과 같다. 그것은 계속해서 잔 펀치를 날리고, 그로 인해 우리는 초조해지고 불만스럽고 기가 꺾인다.

지혜로 변장한 의심

의심이 갖는 이런 모든 어두운 점을 고려해 보았을 때, 왜 그것은 마음에 그렇듯 강력한 힘이 있는가? 의심의 커다란 유혹은 의심이 지혜를 가장하고 나타난다는 점이다. 우리는 자신의 능력에 질문을 던지면서, 우리가 하는 수행에 질문을 던지면서, 스승들에 대해 질문을 던지면서, 이런 질문들이 지혜롭게 들리는 듯이 보인다. 그리고 이런 모든 질문들이 합당하고 지혜롭게 보여서 우리는 이 끊임없는 사고의 순환 고리를 믿게끔 사로잡히게 된다. 이때에는 이런 생각들이 단순히 의심의 장애라는 것을 인식하지 못한다.

의심이 있다는 것과 없다는 것을 안다

그래서, 첫 번째 단계는 의심이 지혜로 가장하고 나타나는 것을 꿰뚫어 보고, 의심이 일어날 때 의심을 인식하는 것을 배운다. 경전에서 말한 대로, "내게 의심이 있다는 것을 안다." 자신의 생각에 대해 주의 깊게 마음챙김함으로써 자신만이 갖는 반복적인 테이프에 더 익숙해지고 정확하게 그것들에 이름을 붙이게 된다. 즉 다음과 같은 식이다. "나는 할 수 없어." --- 의심의 테이프. "나는 올바르게 할 수 없어." --- 의심의 테이프. "요점이 뭐지?" --- 의심의 테이프.

가르침의 그 다음 단계는 의심이 없으면 없다는 것을 안다는 것인데, 이것은 동일하게 중요한 것이지만 종종 간과된다. 우리는 두 가지로 의심이 없다는 것을 알 수 있다. 첫째로, 일들이 잘 풀려나갈 때, 마음챙김과 집중이 상대적으로 강하고 안정되어 있으면, 그때 마음의 성질을 실제로 알아차리는 것이 도움이 된다. 우리는 의심을 포함한 모든 장애들이 없다는 것을 알아차린다. 그때 마음이 체험하는 것은 무엇인가? 의심이 없을 때를 알아차리는 두 번째 방법(그리고 이것은 다른 장애에도 역시 사실이다)은 한 마음 상태에서 다른 마음 상태로 이동할 때 특히 마음챙김을 하는 것이다. 예를 들면, 당신이 의심의 폭풍 속에 빠져 있다고 해 보자. 어떤 지점에서 당신은 그것을 인식하여 그것에 마음챙김을 하기 시작할 것이다. 그리고 마음챙김의 빛 아래 아주 빨리 또는 서서히 의심이 사라질 것이다. 영원히 지속되는 것은 없다. 의심이 사라지는 그 순간 그 차이의 체험을 알아차린다. 심지어 아주 짧은 순간이라고 할지라도 의심에서 자유로워진 느낌은 어떤 것인가?

의심의 원인과 그것을 어떻게 제거할 것인가를 안다

경전의 그 다음 가르침은 일어난 의심의 원인과 이미 일어난 의심을 어떻게 제거할 것인가를 우리가 탐구해야 한다는 것이다.

대략적인 마음챙김

붓다는 지혜롭지 못한 주의가 의심이 일어나는 근접 원인이라고 지적하였다.

"비구들이여, 의심의 기반이 되는 것들이 있다. 의심스러운 것들에 조심성 없이 자주 주의를 기울이는 것은 일어나지 않은 의심을 일어나게 하고 일어난 의심을 늘리고 확장시키는 자양분이다."[2]

우리는 지혜롭지 못한 주의를 여러 방식으로 체험한다. 하나는 바로 그 순간에 면밀하게 주의를 기울이지 못하기 때문에, 의심을 일으키는 바로 그 특별한 생각과 느낌이 무엇인지를 보지도 인식하지도 못하는 것이다. 이런 일은 내가 '대략적인 마음챙김'이라고 부르는 상태에 있을 때 일어난다. 우리는 무엇이 일어나는지를 어느 정도는 알고 있지만, 정밀하고 정확하게는 아니다. 이런 상황에서 미처 알아차리지 못한 사고의 테이프가 힘을 얻어서 마음의 흐름을 지배하기 시작한다.

우리가 순간에 세밀하게 주의를 기울이면, 막 일어나는 생각을 바로 알아차리게 되면 그럴듯한 것에 유혹되지 않는다. 이런 의심 하나하나가 그 자체로 바로 또 하나의 지나가는 생각이라는 것을 보고, 그 생각에 힘을 부여하지 않는다. 우리는 다시 순간의 단순함-호흡에, 한 걸음에, 바로 그 일어나고 있는 것-으로 되돌아갈 수 있다. 이런 순간에 의심의 힘은 더 이상 위력을 발휘하지 못한다.

선과 불선

의심을 야기하면서 지대한 영향을 미치는 또 다른 지혜롭지 못한 주의는 무엇이 선하고, 무엇이 불선한지를 알지 못하는 것이다. 이런 이해와 지혜로운 분별이 없으면, 우리는 탐욕과 혐오감 및 망상의 힘을 극복할 수 없다. 행복을 주는 것과 고통을 주는 것을 구별하지 못하면, 우리는 잘못된 많은 행동의 수렁에 빠지게 된다. 이런 모든 것은 향후 의심을 배태하는 기반이다.

이렇게 구별을 잘 못하는 한 예로서, 많은 사람들이 더 많은 감각적 즐거움의 축적이 행복으로 가는 열쇠라고 믿으면서 살아가고 있는 것을 들 수 있다. 이것은 소금물을 마시면 갈증을 해소할 수 있다고 믿는 것과 유사하다. 소금물을 많이 마시면 마실수록 목은 더 갈증에 시달린다. 선한 것과 불선한 것을 이해하지 못하고서는 기대한 결과를 얻지 못하거나, 실제로는 자신과 타인에게 해가 되는 행동들을 많이 하게 되는 것으로 끝을 맺는다. 이것은 다시 우리의 삶과 수행에 의심과 혼란을 야기한다.

이런 이유로 해서 언뜻 보기에는 잘 이해되지 않는 다음과 같은 가르침이 있다. 즉 불선한 것을 알고 불선한 행동을 하는 것이 모르고 하는 것보다 낫다는 것이다. 불선한 행동을 하였다고 해도 그 행동이 불선한 것이라는 것을 알게 되면 미래에 자신의 행동을 제어하는 지혜의 씨앗이 될 수 있다.

지혜롭지 못한 주의가 의심을 야기하듯이, 우리는 명상 수행에서뿐만 아니라 일상생활에서 지혜로운 주의를 함양함으로써 이런 장애를 극복하고 방지할 수 있다. 의심의 대극에 있는 것이 믿음이라는 아름다운 마음 요소라는 것을 지적해 두는 것도 흥미로운 일이다. 비구 보디는 믿음의 기능에 대해 마음을 깨끗하게 하는 것이라고 언급하였다. 이것은 마치 물을 정화하는 세균이 흙탕물을 맑히는 것과 같다. 가르침을 듣고 연구함으로써, 그리고 그 가르침들을 우리 스스로 탐구함으로써 붓다·다르마·승가·우리 자신에 대한 신뢰를 강화할 수 있다. 어떤 경지에서 더 이상 의심의 흔들림에 시달리지 않게 된다. 심지어 어려움과 도전에 직면해서도 이런 신뢰는 인내의 힘과 결심을 준다. 의심을 점차적으로 극복하게 되면 안식처를 얻는 데 더 큰 의미와 힘을 얻게 된다. 왜냐하면 이것은 어느 정도 우리 자신의 체험을 통해서 검증되고, 깨달음의 모든 단계를 통해서 앞으로 나아가게 해 주기 때문이다.

VII

법에 대한 마음챙김

– 5취온

20

물질 요소, 느낌, 지각

법에 대한 마음챙김의 다음 절에서 붓다는 소위 '5온[빨리어로는 *칸다(khandhas)*]'의 관찰 명상에 대해 언급하고 있다. 5온은 물질 요소[色]·느낌[受]·지각[想]·형성[行]·의식[識]이다. 붓다는 이 관찰 명상을 이용하여 우리의 주관적인 체험을 분석하고, 이런 체험적인 분석을 통해서 자아라고 하는 뿌리 깊은 개념을 와해시키고 있다.

경전에서는 이런 가르침을 듣고 완전한 깨달음에 도달하거나, 완전히 성숙된 깨달음에 이르지는 못했지만, '흐리지 않고, 흠이 없는 법에 대한 관점'이 마음에서 일어나게 되어, "넘어진 자를 일으키고, 덮인 것을 들추고, 길 잃은 자에게 길을 알려주고, 눈 있는 자에게 어둠 속에서 등불을 비춰주는 것"[1]과 같게 된다는 구절들이 여기저기 있다.

5온의 가르침을 직접적인 체험의 영역으로 가져오게 되면, 우리가 '삶'이라고 부르는 것을 더 깊이 탐구하게 된다. 이런 가르침은 새로운 차원의 이해에 이르는 문을 열게 해 준다. 이것은 마치 우리의 통상적인 세계 이해의 바탕을 이루는 원자 또는 양자의 위대한 발견에 버금가는, 아니 그것보다도 더 우리의 삶을 변화시키는 그런 이해이다. 5온에 대한 가르침은 '자아' 또는 '나' 또는 '존재'라고 하는 표면적인 외양의 밑바닥에 있는 실재를 바로 가리키고 있다. 이런 탐구를 통하여 우리는 자신의 실제적 모습을 발견하기 시작한다.

『염처경』에서 붓다는 수행에 대한 기본적 질문으로 이 절을 시작한다. "비구는 어떻게 5취온의 법에서 법을 관찰 명상하며 머무르는가?" 그러나 이런 질문을 살펴보기 전에 이 가르침에 대해 몇 가지 사실을 언급해 두는 것이 도움이 될 것이다.

붓다는 *칸다*라는 용어로 무엇을 의미하고자 하는 것인가? 이것은 빨리어[산스끄리뜨어로는 *스칸다(skandha)*]로서 대개 '온(蘊, 무더기)'으로 번역된다. 우리는 이것을 두 가지 차원에서 이해할 수 있다. 일반적인 차원에서, 그것은 사물들의 덩어리를 의미한다. 사물들을 구성하거나 어떤 것의 모임을 이루는 모든 요소들의 집합이다. 예를 들면 *둑카칸다(dukkhakhandha)*라는 용어는 *둑카*라는 용어 아래 포함된 모든 것, 고통 또는 아픔이라는 생각을 이루는 모든 것을 의미한다. 더 상세하게 말하자면 *칸다*가 언급하는 것은 삶의 여러 형태로 드러나는 존재 기층의 요소들이다. 붓다는 이렇게 말하고 있다.

> "마치 부분들이 모여 있는 것에
> 수레라는 이름을 붙이듯이,
> 이와 같이 온들이 존재할 때
> 가명(假名)으로 '중생(衆生)'이라 한다."[2]

이러한 관점에서 우리가 어떤 사람·존재·자아의 탄생과 죽음이라고 부르는 것은 서로 다른 온들이 일어나고 사라지는 바로 그것으로 간주된다. 이 가르침의 힘은 우리 스스로 이런 것을 체험하는 방향으로 이끌고 있다는 점이다.

『염처경』에서, 그리고 다른 많은 경전에서 붓다는 5온 그 자체를 언급하지 않고, 종종 5온의 확장형, 즉 '집착을 일으키는 5온[五取蘊]'이라는 말을 사용하고 있다. 이것은 개별적으로나 집단적으로 5온 각각을, 또는 5온 모두를 자신과 동일시하고, 5온을 욕망하고, 5온에 대해 집착하는 것을 가리킨다. 이런 경향은 결국 자아 또는 존재라는 개념에 사로잡히는 결과로 이어진다. 그리고 집착을 일으키는 5온이야말로 바로 고통의 바탕을 이루는 원인이다. 붓다는 4성제의 첫 번째를 요약하면서, "간단히 말해서, 집착을 일으키는 5온이 고(苦)이다"라고 말하였다.

이런 5온을 어떻게 관찰 명상할 것인가? 5온은 함께 일어나지만, 하나씩 고찰하여 보는 것이 도움이 된다. 그리하여 5온의 하나하나가 무엇인지, 우리가 그것을 직접 어떻게 체험하는지를 보다 명확하게 이해하게 될 것이다. 이 장에서 우리는 5온들 중 첫 세 가지를 탐구할 것이다.

물질 요소들[色蘊]

이 가르침은 가장 분명하고 유형(有形)적인 것, 말하자면 물질 형태 또는 물질성인 색온[빨리어로는 *루빠(rūpa)*]에서 시작한다. 몸에 대한 마음챙김의 초기 절에서 우리는 이런 물질 요소들의 성질에 대해 다소 자세하게 언급하였다. 우리가 신체적 감각-딱딱함·부드러움·압력·떨림·따뜻함·차가움·가벼움·무거움-에 대한 마음챙김을 할 때마다 우리는 첫 번째 온을 관찰하고 있는 셈이다. 그리고 경전의 가르침에서 붓다는 이런 개별적인 기본 요소들, 개별적인 감각들을 *루빠*로 알라고 말하고 있다.

이것은 우리가 처음 생각하였던 것보다 더 깊은 의미를 지닌 가르침이다. 왜냐하면 이것은 우리를 개념의 차원-몸·머리·가슴·팔·다리·발-에서 직접 체험의 차원으로 이끌어주기 때문이다. 우리는 자신이 발 또는 다리를 느끼고 있다고 생각할지 모르지만, '발'이라는 감각은 없다. 단지 우리가 실제로 느끼고 있는 것에 개념을 더했을 때 발을 느낀다고 말하게 된다. "이제 '그것이 물질의 형태인 것을, 물질의 일어남인 것을, 물질의 사라짐인 것'을 알게 된다."

개념이 가진 가장 망상적인 측면 중 하나는 개념 그 자체는 변하지 않는다는 것이다. 우리는 오늘·어제·내일에 상관없이 동일한 단어들-*머리·몸·남자·여자*-을 사용한다. 이 단어들은 동일하므로 그 단어가 말하고 있는 그 무엇이 영원하다고 생각하는 망상을 강화한다. 우리가 물질 요소인 첫 번째 온을 관찰할 때, 우리는 이것이 변한다는 것을 명확하게 체험한다. 이런 모든 감각들은 끊임없이 흐르고 변화한다.

이것은 걸을 때, 천천히 걷든지 또는 보통의 속도로 걷든지 관계없이 명확한 사실로 드러난다. 우리가 산만하지 않다면 공간에서 이루어지는 감각들을 단순히 알아차린다. 거기에는 몸·발·다리가 없다. 즉 고정되어 있고 영원한 것은 아무 것도 없다. 마찬가지로 우리가 벨 소리 또는 다른 소리를 들을 때, 우리가 듣고 있는 것의 개념-벨 소리, 새 소리-은 동일하지만, *루빠*에 대해 관찰 명상하는 체험은 변화하는 진동 흐름 중 하나이다.

느낌[受蘊]

우리가 첫 번째 온인 물질 형태, 즉 유형적인 것의 체험에 주의를 기울이고 마음챙김을 하는 것이 안정화되면 자연스럽게 두 번째 온, 즉 느낌의 온[受蘊, 빨리어로는 *웨다나(vedanā)*]에 대한 관찰 명상으로 넘어가게 된다. 우리는 이미 느낌의 마음챙김에 대해서는 어느 정도 자세하게 논의하였다. 그러나 이제 우리는 깨달음의 여정에서 이런 느낌의 온이 갖는 핵심적인 역할을 보게 될 것이다.

느낌은 아주 중요하다. 왜냐하면 그것은 우리의 반응을 조건 짓는 요인이기 때문이다. 우리가 무엇인가 즐거운 것을 체험하고 그것을 좋아하면, 그것에 매달리고 그것이 계속되었으면 하고 바란다. 그러므로 우리는 즐거운 느낌이 어떻게 욕망·갈망·탐욕의 조건이 되는지를 알 수 있다. 우리가 무엇인가 즐겁지 않은 것을 체험하고 그것을 좋아하지 않으면, 그것을 멀리하고 그것과 관계를 끊어버리려고 한다. 따라서 이런 즐겁지 않은 느낌은 혐오·분노·초조·공포의 조건이다. 우리가 붓다의 가르침, 즉 "그는 그것은 이와 같고, 그것의 일어남은 이와 같고, 그것의 사라짐은 이와 같다고 안다"는 가르침을 잘 활용하게 되면, 느낌을 재빨리 인식하고 그것이 변화하는 성질을 갖고 있다는 것을 배운다.

간단한 말처럼 들리지만 강렬한 즐거운 느낌 또는 즐겁지 않은 느낌을 체험할 때 그것 또한 변화하고 사라질 것이라는 사실을 우리는 얼마나 상기하고 있는가? 우리는 수행 중에서뿐만 아니라 일상생활에서도 느낌이 갖는 무상성에 주의를 기울여야 한다. 아마도 당신은 앉아서 좀 더 집중된 상태에 있는 중일 것이며, 그 상태에는 고요함·조용함·몸의 편안함이 있을 것이다. 이런 마음 상태를 좋아하고, 그것에 집착하고, 그것이 계속되기를 바라는 경향을 주시하라.

이때는 느낌의 온, 즉 수온을 알아차리고 '즐거움, 즐거움'이라고 이름을 붙이기 좋을 때이다. 그러나 심지어 즐거운 느낌을 인식하고 그것에 이름을 붙인다고 하여도, 우리의 마음은 "즐겁다, 즐겁다, 나는 즐거움을 느끼고 있다"는 그것에 미세하게 동일화하는 것으로 옮겨가게 될 것이다. 우리는 무엇이 일어나고 있는지를 알아차리고 있지만, 여전히 즐거움을 누리는 것과 동일화될 수 있다.

이런 동일화를 뚫고 나가는 데 도움이 되는 기법으로 내가 흔히 사용하였던 것은 현재 일어나고 있는 것에 더 포괄적인 이름 붙이기를 하는 것이다. 수행의 한때 나는 마음에서 성적인 환상이 많이 일어나는 것을 느꼈다. 나는 '즐거움, 즐거움'이라고 이름 붙이기 시작했다. 그러나 성적인 집착을 떨쳐낼 정도로 강력하지 못하였다. 그래서 나는 좀 더 자세하게 '접촉, 즐거움'이라고 이름 붙이기를 하여, 시각적 이미지와의 접촉이 즐거운 느낌이 일어나는 조건이라는 것을 더욱 명확하게 보게 되었다. 이것은 즐거운 느낌을 보다 더 탈개인화된 것으로 보게 하는 데 도움이 되었다. '접촉, 즐거움'으로 이름 붙이기를 함으로써 나는 침을 제대로 놓은 느낌을 받았다. 느낌과의 동일화는 사라져 버리고, 유혹적인 이미지는 훨씬 더 빨리 사라졌다.

즐겁지 않은 느낌과의 동일화에 사로잡힐 때도 동일한 방법을 사용할 수 있다. 이런 식으로 느낌의 온, 즉 수온을 수행하면, 붓다가 아들 라훌라에게 준 심오한 가르침, "완벽한 지혜로 모든 것을 보아라. 이것은 내 것이 아니고, 내가 아니고, 나 자신이 아니다"라는 가르침을 적용하고 있는 것이다.

지각[想蘊]

5온에서 세 번째는 지각이다. 지각은 느낌과 마찬가지로 조건화와 해탈의 과정에서 중요한 역할을 하기 때문에 다른 모든 정신적 기능 가운데서 하나의 온으로 채택되었다. 앞에서 언급한 바와 같이 지각은 대상의 특징적인 부분을 뽑아내어, 그것에 이름을 붙이고, 이 단어 또는 개념을 기억하고, 그 다음 그 대상을 체험할 때 개념 또는 단어를 적용하는 마음 요소이다.

예를 들어 우리가 어떤 소리를 들었다고 하자. 그 소리의 파동과 귀는 물질적 현상이다. 그것이 즐거운가, 즐겁지 않은가는 느낌의 톤이다. 그에 따른 소리를 인식하고, 그것을 '새'라고 이름 붙이고, 그 다음에 비슷한 소리를 들었을 때 그것을 새소리라고 적용시키는 것은 지각이다. 지각과 마음챙김이 균형을 이루면 통찰을 이루는 데 함께 작용한다. 그러나 균형이 깨지면 지각은 우리를 개념의 세계, 자아라는 통상적인 사고에 가두어 버린다.

우리가 갖고 있는 일정한 지각들, 우리가 사물을 묘사할 때 사용하는 개념들은 종종 다른 체험을 느끼는 방식을 조건 짓는다. 불행하게도 많은 상황에서 우리의 지각은 정확하지 않다. 한 안거수행에서 어떤 명상 수행자가 교외에 자신의 새 집을 짓는 이야기를 들려주었다. 그가 수개월에 걸쳐 건물이 올라가는 것을 바라보았을 때, 두 마리의 거대한 푸른 왜가리가 그 지역 주위를 날아가는 것을 보았다. 그것은 위풍당당한 새였다. 그래서 그는 그 새들을 보고 기뻐하였다. 그러고 나서 건물은 완성되었고 그 집으로 이사를 간 뒤 얼마 지나지 않아서 지하실에서 짹짹거리는 소리를 듣기 시작하였다. 그는 집을 짓는 동안 푸른 왜가리가 둥지를 틀고 바로 새끼를 얻었다고 생각하면서 그 소리를 들을 때마다 기뻤다.

그 후 지하실에서 수리를 해야 할 일이 있었다. 수리공이 와서 말하기를 일종의 새소리 비슷한 소리를 내는 연기 감지기가 고장 났다고 하였다. 기쁨을 주는 푸른 왜가리의 소리에서 성가신 연기 감지기 소리로 바뀌어 버린 것이다. 그 감지기는 바로 고치지 않으면 안 되었다. 이런 상황에서 개념 외에 아무 것도 바뀐 것은 없다. 그러나 마음의 태도는 매우 달랐다.

지각의 고정성

우리가 5온을 주의 깊게 살펴보지 않으면, 깊게 뿌리내린 습관화된 지각으로 세상과 우리를 지각하게 되고 그것은 많은 부정확한 결론의 원천이 되어버린다. 무엇이 진실인지 이해하지 못하게 하는 것은 바로 이런 지각이다. 이것은 사물에 고정된 것이 있다고 믿는 지각이다. 우리는 물질 현상의 고정성, 관계와 사회의 안정성과 고정성을 믿는다. 그러나 고정성과 안정성의 지각이 고착되어 버리면 모든 현상의 무상성과 무실체성을 깊이 이해하지 못한다.

이런 지각의 고정성이 왜 그렇게 실재를 보는 우리의 시각을 강하게 조건화시키는가? 하나의 이유는 변화가 너무 빠르게 일어나기 때문이다. 사물이 너무나 빨리 움직여서 우리는 그것의 불연속성을 보지 못한다. 예를 들면 우리가 영화를 보면서 필름이 서로 분리된 프레임이라는 것을 보지 못한다. 프레임들은 스크린에서 너무나 빨리 움직여서 모든 이미지들이 서로 끊어지지 않고 흘러간다. 또는 우리가 전등을 볼 때 우리는 필라멘트의 전자 흐름이 아니라 연속적인 흐름으로 빛을 본다.

우리가 현상의 무실체성을 보지 못하는 또 다른 이유는 대개 멀리서 사물을 보게 되고 그 구성 성분의 성질로 보지 않기 때문이다. 멀리서 언덕을 바라보면 보이는 모든 것은 하나의 색 덩어리이다. 그러나 가까이 다가가서 보면 개별적인 나무를 보게 되고, 나무의 여러 부분을 보게 되고, 세포 또는 분자 차원에서도 보게 된다. 거기에 나무는 없다. 이런 차원에서 지각의 고정성, 심지어 나무라는 것도 사라져 버린다. 이것은 체험하는 모든 대상이 마찬가지이다. 제한된 관점에서 보면 그것들은 모두 고정된 것처럼 보인다. 이런 이유로 인해서 고정된 관점은 일종의 환각일 뿐이다.

지난 세기의 위대한 티벳 스승인 칼루 린포체(Kalu Rinpoche)는 이런 점을 명확하게 표현하였다.

"당신은 사물의 혼돈과 환상 속에서 살고 있습니다. 하나의 실재가 있습니다. 당신은 그 실재입니다. 당신이 그것을 알 때, 당신은 스스로가 아무 것도 아니라는 것, 아무 것도 아니므로 모든 것이라는 것을 알게 될 것입니다. 그것이 전부입니다."

개념들

마음챙김 없이 지각하는 것, 이것이 우리가 세상을 살아가는 평범한 삶의 방식인데 이렇게 하면 사물의 겉껍데기만을 인식하게 된다. 체험 깊이 들어가지 못하고 그 무상성, 그 무실체성을 보지 못한다. 우리는 삶의 여러 영역에서 피상적인 지각과 개념을 통해서 세상을 고정된 것으로 파악하는 경향을 볼 수 있다. 이런 것은 때로는 아주 해로운 결과를 낳는다.

장소와 소유권

우리는 장소에 대한 개념을 창조한다. 그리고 그것을 실재로 여긴다. 영역을 둘러싸고 얼마나 많은 전쟁이 있었고 얼마나 많은 사람들이 죽었는가? 우주선에서 지구를 보았을 때, 많은 사람들이 그 전체성과 비분리성의 아름다움을 언급했다. 우리는 소유권과 재산권의 개념을 만들어 내었다. 이런 개념에서 보면 우리는 근본적으로 사물을 '소유한다.' 때로는 이것이 전 지구적 규모로 이루어진다.

식민주의 시대를 보라. 그때는 한 나라가 다른 나라의 소유권을 주장하였다. 때로는 국한된 규모에서 일어나기도 한다. 우리는 자신의 개인적 공간을 주장한다. 안거 수행을 할 때 명상 홀을 걸어가면서 누군가가 '당신'의 장소에 앉아 있으면 어떤 느낌을 받았는가? 대개 약간의 혼란을 느낄 것이다. 붓다는 이런 마음과 몸까지도 우리가 정말로 소유한다고 말할 수는 없다고 가르쳤는데, 하물며 다른 어떤 것을 소유한다고 말할 수 있겠는가.

시간

종종 우리의 삶을 지배하고 있는 하나의 강력한 개념은 시간 개념, 과거와 미래의 개념이다. 그러나 우리가 '시간'이라고 부르고 있는 것을 어떻게 체험하고 있는지, 주의 깊게 살펴보면 어떤 것을 발견하게 되는가? 지각은 어떤 생각들-기억들·회상들·계획들-을 인식하고, 과거와 미래라는 개념을 만들어 내고, 그리고 이런 개념에 어떤 내적 실재를 부여한다.

그러나 실제로 일어나고 있는 것은 한 순간에 일어나고 사라지는 서로 다른 생각일 뿐이다. 우리가 체험한 과거와 미래가 한 순간의 생각에 불과한 것임을 보기 시작하면 인생의 무거운 짐이 가벼워진다. 우리가 이런 생각들을 유용하게 사용하지 말아야 한다는 뜻은 아니다. 그보다는 우리 마음이 만들어낸 세상에서 길을 잃지 말아야 한다는 뜻이다.

그리고 보다 더 미세한 차원에서 우리는 또한 '현재'라는 관념 자체도 하나의 개념이라는 것, 여기에 우리가 집착하고 있다는 것을 볼 수 있다. 포르투갈의 시인인 페르난도 페소아(Fernando Pessoa)는 이것을 잘 표현하고 있다.

> 당신은 말하기를, 현재에 살라고 한다.
> 단지 현재에 살라.
> 그러나 내가 원하는 것은 현재가 아니다. 나는 실재를 원한다.
> …
> 나는 단지 실재, 즉 현재라는 시간이 없는 사물을 원한다.[3]

그리고 붓다는 가르침을 펴면서 이 통찰을 바로 그 깨달음의 과정과 연결시킨다.

> 과거도 내려놓고,
> 미래도 내려놓고,
> 현재도 내려놓고,
> 존재의 저 언덕을 건너라.
> 마음이 완전히 해탈하여,
> 그대는 다시 태어남과 죽음을 겪지 않으리.[4]

자아

장소와 시간을 구성하는 것 이외에도, 우리는 또한 마음이 만들어낸 자아상 또는 역할의 세계에 살고 있다. 이것은 우리가 다른 사람에게 내어놓는, 우리가 우리 자신이라고 믿고 있는 그런 자신에 대한 생각이다. 우리가 어떤 역할 또는 자아상과 동일화하자마자 이미 한계가 생긴다. 그것은 마치 우리 자신을 하나의 틀에 집어넣고는 왜 이렇게 작아졌다는 느낌이 드는가 하고 의아해 하는 것과 같다.

또한 우리는 한계가 설정된 영적 자아상을 만들어낸다. 이것은 우리가 수행 평가 테이프에 사로잡혀서, 자신의 수행이 잘 되어 가는지 어떤지를 생각하는 것과 동일화되어 버리는 것과 같다. 나는 이것을 '좋은 수행자, 나쁜 수행자 증후군'이라고 부른다. 우리는 이런 평가를 다른 사람에게 투사하고 비교하는 마음으로 고통을 겪는다.

우리가 이런 자아상 개념에 사로잡히지 않을 때, 마음이 좀 더 열려서 이완되고 순간순간 더 자발적이 된다. 작가이자 편집자인 크리

스틴 콕스(Christine Cox)가 달라이 라마와 함께했던 훌륭한 순간에 대해 이렇게 쓰고 있다.

> 내 친구 시드(Sid)가 한 번은 아이비리그 대학을 방문하는 동안 달라이 라마가 묵을 호텔 방 안에 그루초 막스(Groucho Marx)[11]의 마스크를 두었다. 그것은 업보를 포기하다시피 하는 행동이었다. 왜냐하면 정말로 그 누가 그러한 행동이 이 땅에서, 그리고 영적으로 어떤 결과를 초래할지 추측이나 할 수 있겠는가? …
>
> 그러니 이것을 상상해 보라. 일군의 대학 임원들이 손님이 나타나기를 기다리면서 달라이 라마의 스위트룸에 모여 있었다. 그들은 축 기대어 늘어지도록 디자인된 안락의자에 똑바른 자세로 꼿꼿이 앉아 있었다. …
>
> 몇 분 후 문이 왈칵 열렸다. 기묘하게도, 그루초 막스–적갈색 법복을 입고 끈으로 묶는 신발을 신었다–가 큰 소리로 껄껄 웃으면서 들어 왔다. 하도 심하게 웃어서 안경 쓴 눈에 눈물이 나고 있을 정도였다. …
>
> 자, 그렇다면 이 높으신 분–그것도 특히 영적인 면에서 높으신 분–께서 뭔가 채신머리없는 행동을 하였을 때, 사람들은 어떻게 반응했을까? 호기심으로, 나는 대단한 사람들, 유명한 사람들, 대통령의 방문을 담당하는 대학 관계자에게 전화해 보았다. 그녀는 분명히 쉽게 감동하는 타입의 여자는 아니었다. 나는 달라이 라마가 그루초 막스 마스크를 쓰고 나타난 순간에 어떤 기분이었느냐고 물었다. 그녀

11) 그루초 막스(1890~1977)는 미국의 코미디언이다. 그는 항상 가짜 콧수염을 붙이고 눈썹을 짙게 칠하고 가짜 안경을 쓰고 나왔다. 요즘도 파티나 코미디 프로그램에서 종종 사용되는 '코주부 안경'은 그의 모습을 따서 만든 것이다.

는 내게 처음에는 어떻게 반응해야 할지 몰랐다고 말했다. 그러고 나서 그녀와 거기 있던 모든 사람들은 그 상황의 멋진 부조화에 웃음을 터뜨렸다고 했다. 그들은 그런 위치에 있는 사람들답지 않게 즐거워하며 거리낌 없이 웃어댔다. …

달라이 라마는 자신의 이미지를 유지하는 데 신경 쓰지 않았다. 그는 다른 사람들의 예상을 깨서 재미를 줄 만한 기회를 보았고, 그 기회를 잡았다. 그리고 그는 어쨌든 누구에게 고마워해야 할지를 알았다. 그는 시드를 가리키며 손가락을 흔들고, 웃으면서 마스크를 벗었다. 달라이 라마조차도 그의 인생에 어느 정도는 그루초 막스가 필요하다.[5]

우리는 보다 더 근본적으로 보이는 것들에 대한 개념들, 예를 들면 나이·성·인종·문화에 대한 개념들을 만들어낸다. 당신의 호흡은 몇 살인가? 무릎 통증은 남자인가, 여자인가? 당신의 마음은 무슨 색깔의 피부인가? 이런 개념들이 체험의 어떤 차이들을 가리키지 않는다고 말하려는 것이 아니다. 개념들은 차이들을 지시한다. 그러나 우리는 자신들이 누구라는 것을 고정화시키고 고착시키는 개념들과 종종 동일화하고 집착하곤 한다. 노벨상을 수상한 시인 비스와바 쉼보르스카(Wislawa Symborska)는 그녀의 시 「한 알의 모래알과 함께 본다(View with a Grain of Sand)」에서 이런 관습적인 세상의 지각이 갖는 한계를 잘 밝혀주고 있다.

우리는 그것을 하나의 모래 알갱이라고 부르지만,
그러나 그것은 자신을 알갱이라고도, 모래라고도 부르지 않는다.

그것은 이름 없어도 그냥 괜찮다.
보편적인 것이든 개별적인 것이든
영원한 것이든 일시적인 것이든
부정확한 것이든 적절한 것이든.

우리가 흘낏 보는 것도 손대는 것도 그것에게는 무의미하다.
그것은 시선도 감촉도 못 느끼니
창턱에 떨어져도
우리가 체험하는 것일 뿐 그것의 체험이 아니다.
그것에게는 어디에 떨어지더라도 다를 게 없다.
다 떨어졌는지, 아직도 떨어지는 중인지도 확신할 수 없기에.

창 밖에는 멋진 호수 풍경이 펼쳐져 있지만,
풍경은 자기 스스로를 보지 못한다.
풍경은 이 세상에서
색깔도 없이 모양도 없이
소리도 없이 냄새도 없이 고통도 없이 존재한다.

호수 바닥은 바닥 없이 존재한다.
호수 기슭은 기슭 없이 존재한다.
물은 스스로를 축축한 것도 마른 것도 아니라고 느낀다.
물결은 자신에게는 하나도 아니고 여럿도 아니다.
자신의 철썩이는 소리도 듣지 못하면서
크지도 않고 작지도 않은 조약돌들에 물결이 철썩인다.

본래 하늘 없는 하늘 아래의 모든 것
거기서 태양은 지지 않고 지며
무심한 구름 뒤에 숨지 않으면서 숨는다.
오직 부는 존재라는 이유로
바람은 구름을 흐트러뜨린다.

1초가 지난다.
두 번째 1초.
세 번째 1초.
그러나 그것은 오직 우리에게만 3초이다.

시간은 급한 소식을 전하는 배달원처럼 지나간다.
그러나 그것은 우리의 비유일 뿐.
배달원은 우리가 만든 가공의 인물,
그의 분주함도 지어낸 것이며
그가 전하는 소식은 비인간적이다.[6]

우리를 가장 깊게 조건 짓는 것 중 하나이자, 우리 삶의 수많은 고통의 원천은 하나의 근본적인 왜곡된 지각, 즉 마음이 만들어낸 자아의 개념에 기인한다. 이것은 체험의 뒤에 누군가 있어서 그에게 모든 일이 일어난다는 생각일 뿐이다. 우리는 신체적 및 정신적 요소들의 패턴을 인식하고, 그것을 '조셉' 또는 '자아'라고 부른다. 그리하여 지각된 패턴을 넘어서서 보지 못하며, 이런 개념들은 복잡한 상호작용이 일어난 모습에 대해 단순히 이름을 붙인 것뿐이라는 것을 알지 못한다.

여름의 거대한 폭풍이 일어나는 순간을 상상해 보라. 거기에는 바람·비·천둥과 번개가 있다. 그러나 이런 요소들과 동떨어진 폭풍은 없다. '폭풍'은 이런 현상의 상호 연관된 복합체의 개념 또는 명칭일 뿐이다. 동일한 방식으로 우리가 '자아'라고 부르는 것을 좀 더 면밀히 살펴보면 우리는 빠르게 변화하는 요소들의 집합을 본다. 그리고 그 개별적 요소들 각각은 그 자체로 순간적이고 무실체적인 것이다. 5온을 통해서 체험을 이해하게 되면 모든 현상은 근본적으로 자아가 없는 성질을 갖는다는 것을 깨닫는 데 도움이 된다.

21

형성과 의식

형성[行蘊]

네 번째 온은 빨리어로 *상까라*(*saṅkārā,* 行)라고 한다. 이것은 붓다의 가르침에서 매우 중요한 용어이다. 빨리어 *담마*(산스끄리뜨어로 *dharma*)와 마찬가지로 *상까라*는 아주 폭넓은 의미를 지니고 있다. 이것은 모든 형성[行] 또는 조건 지어진 것을 말한다. 경전에서 자주 반복되는 다음과 같은 구절이 있다. "모든 행은 무상하고, 모든 행은 만족스럽지 않고, 모든 행은 무아이다." 특히 행은 마음에서 무엇을 결정하는 업의 힘으로서의 마음의 의지를 가리킨다. 5온의 맥락에서 *상까라*, 즉 행온은 독특한 중요성을 지니는 수온과 상온을 제외한, 의식의 매순간에 서로 다르게 결합하여 일어나는 마음 요소들 모두를 가리킨다.

마음 요소의 네 가지 범주

불교 심리학에서 마음 요소들은 모든 마음 활동의 구성요소이다. 여기에는 생각·정서·기분·마음 상태들이 포함된다. 이것들은 서로 여러 가지로 결합하여 일어나서 자신의 특성에 따라서 의식의 매 순간을 채색한다. 아바담마는 이런 요소들을 네 가지 기본 범주로 분류하고 있다. 이런 가르침은 우리의 삶을 보다 깊게 이해하는 것에 대하여 실천적으로 큰 연관성이 있다. 주가 되는 이런 모든 여러 요소들에 마음챙김을 함으로써 우리는 그것이 갖는 무상성과 무아성을 보기 시작한다.

첫 번째 범주는 '보편적 마음 요소[共一切心心所]'라고 부르는 것이다. 왜냐하면 그것들은 모든 의식의 순간에 공통적으로 있기 때문이다. 이런 일곱 가지 보편 요소들 중에서 몇 가지 마음의 성질은 이미 논의하였다. 그 일곱 가지 공통 마음 요소는 접촉[觸]·느낌[受]·지각[想]·주의[作意, 마음챙김과 다르고 더 피상적이다]·한 곳 집중[心一境性]·의지[思]·'생명 기능[命根]'이라고 부르는 것이다. 이 개별적인 요소들은 매 순간에 일어나고 여러 다양한 강도를 갖는다.

두 번째 범주는 '때때로 일어나는 마음 요소[雜心所]'라고 부르는 것이다. 왜냐하면 이것들은 때로는 있고 때로는 없기 때문이다. 여기에 포함되는 요소는 초기의 거친 마음 작용[尋]과 지속되는 미세한 마음 작용[伺]·결정[勝解]·정진(精進)·환희[喜], 그리고 '하고자 하는 욕망[欲]'이다. 마지막 요소는 어떤 행동을 하게 하는 동기 유발 요소이다. 흥미로운 것은 하고자 하는 이런 욕망이 윤리적으로는 중립적이라는 것이다. 이것은 선한 행동과도, 불선한 행동과도 결합할 수 있다.

세 번째 범주는 열네 가지 불선한 마음 요소이다. 탐욕[貪]·증오

[瞋]·망상[癡]·부끄러움을 모름[無慚]·잘못된 행동을 두려워하지 않음[無愧]·들뜸[掉擧]·근심[惡作]·잘못된 관점[邪見]·자만심[慢]·질투[嫉]·인색[慳]·나태[惛沈]·무기력[睡眠]·의심[疑]이다. 이런 모든 불선한 마음 상태는 우리 자신과 타인에게 고통을 주는 것이다. 그 중에서 네 가지, 즉 망상·부끄러움을 모름·잘못된 행동을 두려워하지 않음·들뜸은 항상 모든 불선한 의식에 있다.

우리가 이런 네 가지 불선한 요소들을 알아차려서 잘 살펴보는 것은 매우 도움이 된다. 왜냐하면 그렇게 하는 것이 불선한 행동을 추동하는 것이 무엇인지를 이해하는 데 도움을 주기 때문이다. 때로는 우리가 그렇게 선하지 않다는 것을 아는 그 무엇-배가 이미 찼는데도 두 번째 디저트를 먹으려고 할 때, 또는 나쁜 말을 하는 순간-을 하려고 할 때, 우리는 그것들이 행동을 어떻게 조건 짓는가를 보면서 마음에 이런 특정한 요소들이 있다는 것을 직시하게 된다. 무엇이 일어나고 있는지를 능동적으로 보면서 개입하는 것은 우리 자신을 불선한 마음 요소의 손아귀에서 벗어나게 하는 데 도움이 된다.

마음 요소들의 네 번째 범주는 '아름다운 마음 요소[善淨心所]'라고 부르는 것들이다. 나는 왜 불선함과 선함이라는 용어 대신에 불선함과 아름다움이라는 용어를 선택하는지를 잘 모르겠지만, 어쨌든 이런 요소들을 계발함으로써 마음이 아름다워지는 기쁨을 맛볼 수 있다. 스물다섯 가지의 아름다운 마음 요소 중에서 열아홉 가지는 공통적으로 모두 유익한 상태이다. 몇몇은 우리에게 친숙하다. 예를 들면 믿음[信]·마음챙김[念]·무탐욕[無貪]·무증오[無瞋]·평정[中捨]·양심[愧, 잘못된 행동에 대한 두려움]·유연성[身輕安]·마음의 가벼움[心輕快性]이다. 다른 것들은 우리가 즉시 인식할 수 없을지도 모른다. 예를 들어, 의식의 적응성[心適業性]·능숙함[心練達性]·강직성[心端直性]이 그러한 것들이다. 우리가 아름다운 마음 요소가 있다고 인식할 때, 특히 더 분명하게 인식할 때, 우리는 그것을 함양하여 순간순간 선한 상태를 기르면 미래에 행복한 결과가 생긴다는 것을 알게 된다.

마음 요소들을 관찰 명상한다

행온을 관찰 명상하는 것은 수행에서 핵심적인 부분이다. 왜냐하면 선한 것이든 불선한 것이든 이런 요소들과 동일화할 때마다 우리는 자아개념과 자아감을 강화하기 때문이다. 마음 요소와의 동일화는 "내가 생각한다", "내가 분노한다", "내가 슬프다", "내가 행복하다", "내가 노력한다", "내가 환희를 느낀다", "내가 초조하다"라는 관점을 만들어낸다. 우리는 이런 '나', '자아'라는 상부구조를 짓는다. 사실 이것은 순간적이고 변화하는 상황 위에 세워진 상부구조일 뿐이다. 우리가 그것을 더 세밀하게 관찰할 때 이런 개별적인 마음 요소들은 순간적으로 일어나고 자신의 성질을 드러내고 상황이 바뀌면 사라진다는 것을 보게 된다.

한 티벳 경전은 이런 현상을 하늘을 지나가는 구름, 뿌리 없음, 고향이 없음으로 표현하고 있다. 이런 요소들과 동일화하는 것보다 더 유용하고 더 자유로운 관점은 다음과 같은 표현들이다. "생각이 생각하는 자이다", "사랑이 사랑한다", "분노가 분노한다", "기쁨이 기뻐한다." 이런 마음 요소들은 '자아', '나', '나의 것'이 아니다. 그것은 어느 누구에게도 속하지 않는다. 지혜와 통찰로 이런 모든 마음 요소들을 관찰 명상하는 데 도움이 되는 것은, 서로 다른 감정과 마음상태를 일으키는 조건을 살펴보는 것이다. 우리는 특정한 생각으로 인해 감정 또는 정서가 얼마나 자주 일어나는가를 잘 알고 있다. 어떤 사람을 생각하며 기뻐하기도 하고 그리워하기도 하고 분노하기도 한다. 그 사람에 대한 생각 또는 이미지가 아주 빠르게 일어난다 하여도 그 자극된 감정은 마음과 몸에 계속해서 남아 있다. 또는 때로는 우리의 감정이 어떤 생각을 자극하기도 한다. 피곤하고 좌절하고 불만스럽게 되면 비판적인 생각을 많이 하게 된다.

우리는 생각과 감정, 마음 요소의 모든 것들이 배경이 되는 이해와 이해 수준에 따라 조건 지어진다는 것을 알 수 있다. 한 사람을 행복하게 만드는 것이 다른 사람에게는 불편하게 여겨질 수도 있다. 보통사람에게 감각적인 즐거움은 일종의 행복감을 주지만, 수행자인 승려에게 세속적인 삶에 대한 탐닉은 고통을 줄지도 모른다.

의지의 요소

행온 가운데 근본적으로 중요한 특별한 요소가 하나 있다. 의지[빨리어로 *쩨따나(cetanā)*]이다. *상까라*의 특별한 의미 중 하나가 바로 의지를 가리키고 있다. 비구 보디는 목표를 실현하는 데 관여하는 요소로서 의지를 들고 있다. 그것은 마치 마음의 요원들 중 우두머리와 같아서, 목표를 성취하는 데 다른 모든 요소들을 조정한다. 그것은 의식의 매 순간에 공통적으로 존재하고, 그 기능은 특별한 목적을 위해서 다른 모든 요소들을 조직하고 모으고 지휘하는 것이다.

우리의 삶을 이해하고 행복을 가능케 하는데 의지(때로는 *의도*라고도 한다)가 그렇게 중요한 이유는 그 의지가 행동의 업력(業力)을 나르기 때문이다. 이것은 신체적 행동이든 말이든 마음이든 모든 의도적 및 의지적 행동은 현재와 미래에 결과를 초래하는 힘을 가지고 있다는 뜻이다. 의도·의지의 에너지는 씨앗의 잠재성과 같다. 씨앗은 너무나 작지만, 매우 작은 씨앗이 거대한 나무가 된다. 더구나 하나의 씨앗이 많은 열매를 맺을 수 있듯이 개개의 의도적인 행동 하나하나가 수없이 다양한 결과를 낳을 수 있다.

의도 자체는 윤리적으로 중립적이다. 의도와 연관되어 있는 동기가 우리 행동의 배후에서 즐거운 것[樂]이든 즐겁지 않은 것[苦]이든 업의 특정 결과를 결정한다. 우리 행동의 밑바닥에는 서로 다른 동기들이 많이 있을 수 있지만, 세 가지의 선근 또는 세 가지의 불선근 중 하나로 귀착될 수 있다. 선한 것은 무탐욕[無貪]·무증오[無瞋]·무망상[無癡]이고, 불선한 것은 탐욕[貪]·증오[瞋]·망상[癡]이다. 동기가 우리 삶의 전개에 그렇게 결정적인 역할을 하기 때문에, 붓다는 "모든 것은 동기의 끝에 달려 있다"고 가르친다.

동기가 결과를 결정하지만 업의 에너지를 공급하는 것은 바로 의지의 성질이다. 이 의지라는 요소를 보고 이해하는 수행은, 의지가 업의 잠재성을 갖고 있기 때문만이 아니라, 자신도 모르는 사이에 그것과 종종 동일화하기 때문에 중요하다. 심지어 우리가 욕망 또는 고요함·분노 또는 기쁨과 같은 마음 요소들에 마음챙김을 하고 그것이 무아임을 본다고 하여도 우리는 그 행동의 배후에 있는 의지, 우리 삶의 모든 활동 가운데 있는 느낌, 즉 '*나*는 그것을 의지하는 사람*이다*'라는 느낌과 쉽게 동일화할 수 있다. 이런 식으로 의도 또는 의지는 미세하게 자아 뒤에 숨어 있는 요소일 수 있다.

이런 의도라는 중요한 요소를 어떻게 직접 볼 수 있는가? 이 요소는 매 순간마다 일어나는 공통적인 요소이지만, 항상 주된 요소인 것은 아니다. 그러므로 분명한 신체적 움직임 이전에 그것을 알아차리는 것이 최선이다. 몸은 그 자체로 움직이지 않는다. 그것은 마음속에 의도가 있기 때문에 움직인다. 우리는 몸의 자세를 바꾸거나 무엇을 향해서 다가가거나 몸을 돌릴 때마다 이것을 알 수 있다. 이런 것들은 그 자체로 일어나는 움직임이 아니다. 무엇인가 그런 행동을 의지적으로 유발하는 마음의 에너지 요소가 있다.

우리는 이것을 다양한 방식으로 알아챌 수 있다. 무엇을 하려고 하는 생각을 알아차림으로써 마음속에 일어나는 의도의 사전 경고를 취할 수 있다. 생각 자체는 의도가 아니지만 의도적인 행동이 뒤따라올 것이라고 우리를 일깨워 준다. 이런 과정을 자세히 살펴보면, 때로는 마음속에서 어떤 에너지가 모이는 것-이것이 충동 또는 명령 순간이다-을 느낄 수 있다. 그리하여 손을 뻗치거나 몸을 돌린다. 때로는 이런 유형의 어떤 것도 감지하지 못할 수도 있다. 그보다는 행동을 하기 바로 직전의 순간에 우리가 막 움직이려고 하는 것을 알 수 있다. 나는 이런 순간을 '~하려는 순간'이라고 부른다. 이런 모든 과정들이 우리를 의도의 요소와 연결시킨다.

우리는 또한 행동을 시작할 때뿐만 아니라 행동 전 과정을 통해서 의도가 계속 일어나는 것을 알아차릴 수 있다. 의도는 가전제품이 작동하거나 전구가 불을 밝히게 해 주는 전류와 같다. 전류가 멈추면 가전은 꺼지고 전구는 불을 잃어버린다. 이와 마찬가지로 심지어 한 걸음이라고 할지라도 공기 중에 발을 움직이게 하는 데는 지속적인 의도의 흐름이 필요하다. 의도가 멈추면 발은 움직이기를 멈춘다. 우리는 어떤 계기로 움직이고 있는 그 순간에 의도의 무아성을 직접 체험할 수 있다. 앞으로 나아가는 것을 멈추려면 마음의 결정이 필요하다는 것을 안다. 그리고 그런 결정이 없으면 의도의 흐름이 마치 자기 스스로 마음을 가진 것처럼 그 자체로 계속 우리를 움직이게 한다는 것을 안다.

마음에서 의지 요소를 어떻게 체험하는지를 살펴보는 데 시간을 좀 들여 보자. 이것은 의지에 대해 생각하는 것이 아니다. 오히려 그것은 하루 종일 우리를 움직이게 하는 것이 무엇인지를 살펴보는 흥미로운 일이다. 인도의 숲 속 안거에서 나는 이런 탐구를 실험적으로 해 보았다. 길 한쪽 편에 서서 실제적인 의도가 작동하는 것을 보기 위해 계속 기다렸다. 시간이 흐르면서 여러 번 다양하게 움직이려는 생각이 일어나긴 했지만 그것을 행동으로 착수하게 하지는 않았다. 결국 도저히 참을 수 없게 되어서야 움직임을 시작하게 하는 명령의 순간, 충동을 알아차리게 되었다.

의도는 아주 빠르고 작지만 각각의 의도는 대단한 힘을 갖고 있다. 즉 그 힘은 결과를 초래하고 열매를 맺는다. 행온에 대한 관찰 명상을 통해 우리는 의도의 체험과 중요성, 그리고 의도와 연관된 선·불선의 다양한 마음 요소들이 결과를 결정한다는 것을 이해한다.

의식[識蘊]

마지막 5온은 의식[빨리어로 *윈냐나(viññāṇa)*] 즉 식온이다. 이것은 마음의 인지적 기능이다. 그것은 그냥 아는 것이다. 의식은 종종 감각의 문 중 하나와 연관되어 언급되지만-예를 들면 안식(眼識), 이식(耳識)- 의식은 하나의 기본적 특성, 즉 아는 것 또는 인지하는 것이라는 특징을 지니고 있다. 이런 특징은 우리의 삶에서 아주 강력한 함의를 지니고 있다. 즉 이런 기본적 인지 활동은 여러 상황에 따라서 변화하지 않는다. 우리가 의식의 순수하게 아는 성질을 인식할 때, 의식은 여러 다른 마음 요소들에 의해 물들긴 하지만, 무엇이 일어나는가에 상관없이 바로 동일한 방식으로 드러난다. 이런 의미에서 우리는 의식을 거울 같은 알아차림이라고 부를 수 있다. 왜냐하면 거울의 성질은 단순히 앞에 있는 것을 비추는 것이기 때문이다.

의식의 조건화된 성질

5온의 가르침에서 붓다는 의식의 무상하고 조건화된 성질에 대한 이해를 특별히 강조하였다. 예를 들면 안식의 순간에는 네 가지가 결합하여 일어난다. 눈 기관의 작동[眼根]·보이는 형태[色境]·빛·주의이다. 이것들 중 하나라도 없으면 안식은 일어날 수 없다. 우리 자신의 체험에서 직접적으로 의식의 이런 조건화된 성질을 탐구하는 것이, 앎의 활동과 동일화하는 것에서 자유로워지는 데 도움이 되는 방법 중 한 가지이다. 만약 당신이 이 책을 읽으면서 한 페이지의 단어를 볼 때, 눈이 없다면, 빛이 전혀 없다면, 책이라는 대상에 주의를 기울이지 않는다면 어떻게 되는가? 우리는 어떤 활동에 완전히 몰입하여 그 주위에서 무슨 일이 일어나는지 아무 것도 들을 수 없을 때, 의식이 갖는 조건화된 성질에 대한 자동적인 통찰을 얻을 수 있다. 소리에 대한 주의가 없으면 이식(耳識)은 일어날 수 없다.

붓다는 사띠라고 하는 수행자의 질문에 답하면서 의식이 갖는 이런 조건적인 성질을 강조하고 있다. 사띠는 한 생에서 다음 생으로 가는 하나의 의식만이 있다는 견해를 갖고 있었다. 붓다는 사띠에게 질문하였다.

"의식이란 무엇인가?"

"세존이시여, 그것은 말하고 느끼고 여기저기서 선행(善行)과 악행(惡行)의 과보를 체험하는 것입니다."

"잘못 아는 자여, 도대체 그대는 내가 누구에게 그렇게 법을 설했다고 알고 있는가? 잘못 아는 자여, 내가 그동안 수많은 법문을 통해 의식은 조건으로 인해 일어나고 조건이 없으면 의식의 발생도 없다고 말하지 않았는가?"[1]

여기서 우리는 의식이 항상 존재하면서 알려질 대상을 기다리고 있는 어떤 영원한 것이 아님을 알게 된다. 오히려 의식은 한 순간에도 여러 번 일어나고 사라지는 지속적인 과정이다. 우리는 그 과정이 너무나 빠르게 일어나기 때문에 마치 하나의 연속된 것이라는 착각을 하게 된다. 비구 보디는 아비달마에 대한 그의 책에서 다음과 같이 말한다.

하나의 마음 순간[心刹那] 동안에, 의식(*citta*)이 일어나고 자신의 순간적 기능을 수행하고, 그리고는 바로 이어지는 다음 마음의 조건이 되면서 사라진다. 그러므로 마음이 순간의 상속(相續)으로 의식의 흐름이 이어지는데, 마치 강물이 끊이지 않고 흐르는 것과 같다.[2]

이런 무상성이 갖는 대단한 함축성 가운데 하나는 다른 모든 온들과 마찬가지로 의식이 마치 신기루 또는 마술쇼처럼 실체가 없고 공하다는 점이다.

"비구들이여, 예를 들면 마술사나 마술사의 제자가 사거리에서 마술로 환영을 보여준다고 하자. 눈 밝은 사람은 그것을 면밀히 살펴보고 곰곰이 생각하고 주의 깊게 조사한다. 그래서 그에게는 그것이 텅 비어 있고 공허해서 실체가 없는 것으로 드러날 것이다. 마술로 만든 환영에 무슨 실체가 있을 수 있겠는가? 비구들이여, 그와 같이 어떤 종류의 의식이든, 과거의 것이든 미래의 것이든 현재의 것이든, 내적인 것이든 외적인 것이든, 거친 것이든 미세한 것이든, 열등한 것이든 우월한 것이든, 멀든 가깝든, 비구는 그것을 면밀히 살펴보고 곰곰이 생각하고 주의 깊게 조사한다. 그러면 그에게 의식은 텅 비어 있고 공허해서 실체가 없는 것으로 드러날 것이다. 의식에 무슨 실체가 있을 수 있겠는가?"[3]

여기서 대단한 난제는 의식을 하나의 마술쇼처럼 이해하면서도, 동시에 이 세상을 살아가면서 지혜와 자비의 삶을 살아가는 것이다. 이런 두 가지 차원이 서로 어떻게 영향을 미치는가, 마음이 우리가 체험하는 실재를 어떻게 만들어 가는가에 대한 흥미로운 언급이 빅터 S. 존스톤(Victor S. Johnston)이 쓴 『왜 우리는 느끼는가: 인간 감정의 과학(Why We Feel: The Science of Human Emotions)』에 나온다.

의식이라고는 털끝만큼도 없는 세상을 생각해 보자. 그 세상을 가득 채우고 있는 어둠, 거기에서는 에너지가 펄펄 끓는 가마솥처럼 끓어 넘치고, 물질은 쉼 없이 진동하고 있다. 활발하게 움직이는 열은 갇힌 곳에서 춤추고 있다. 전자들을 서로 공유하거나, 다른 전하를 갖는 전자와 기묘한 끌림을 통한 일정한 법칙에 따라서, 진동하는 분자들은 주위의 전자구름과 상호 작용을 통해 특징적인 양자를 흡수하거나 발산한다. 중력과는 아무 상관이 없는 자유기체 분자들은 모든 방향으로 흔들리고, 압축되거나 팽창될 때는 소용돌이치는 행진 또는 난류의 흐름을 보인다. …

오래 전에 일어난 우주적 사건으로 인해서 태양계의 거대한 에너지 흐름과 우주적 방사는 자신의 에너지와 함께 공간을 종횡으로 난무하고, 그러고서는 조용히 살아 있는 존재들의 불빛들과 섞인다. … 살아 있는 존재들의 끈적이는 단백질 덩어리의 온기에서 의식의 희미한 불빛이 나타나고, 에너지/물질의 이런 어지러운 혼합체에서 생명체 나름대로 특정한 조직화를 이룬다. 의식의 능동적인 취사선택은 어둠을 밝힌다. 모든 불필요한 가지들은 제거된다.

이런 대단한 변환 가운데 자신에게 중요한 것은 전환되고 확장된다. 죽은 분자들이 쓰라림 또는 달콤함의 향기 속으로 스며들어 오고 전자기 주파수는 색깔로 터져 나오고 불운한 공기압이 내는 파동은 아이들의 웃음소리가 되고 흘러가는 분자의 충돌은 여름날 오후의 장미 향기로 의식적 마음을 채운다.[4]

의식의 탐구

의식을 탐구하는 데에는 여러 가지 관점이 있다. 그 중 하나는 우리가 일어나는 대상에 더 마음챙김을 할수록 그 의식은 더 명료해진다는 관점이다. 우리가 시간의 흐름에 따라서 호흡·감각·장면·소리·생각에 자세히 주의를 기울이면, 앎 그 자체가 더 명료하게 자각된다.

이런 식온을 직접 체험하는 데 도움이 되는 또 다른 접근방법은 수동태로 우리의 체험을 재구성하는 것이다. 체험을 서술하는 데 (심지어 자신에게도) 사용하는 언어는 우리가 무엇인가를 체험하는 방식에 조건화 효과를 일으킨다. 우리가 통상 사용하는 언어적 구성은 능동태이다. 즉 "나는 듣고 있다", "나는 보고 있다", "나는 생각하고 있다"라고 하는 식이다. 실제로 소리 내어 말하든 아니든 간에 우리가 사용하는 언어는 바로 그 체험의 배후에서 그것을 전부 받아들이면서 아는 자, 목격하는 자, 관찰자의 감각을 강화시킨다.

관찰자의 관점에서 자신의 체험에 이름 붙이기를 하는 대신 능동태에서 수동태로 전환할 수 있다. '알려진 소리', '알려진 생각', '알려진 감각' 이런 구절을 계속해서 반복할 필요는 없다. 그보다는 순간순간 알려지고 나타나는 대상의 체험 그 자체에 바로 직접 머물도록 한다.

이런 식으로 재구성하는 것은 도움이 된다. 서술에서 '나'를 제외하기 때문이다. 철학자 루드비히 비트겐슈타인(Ludwig Wittgenstein)은 이것을 다음과 같이 간명하게 표현하였다. "분리된 자아 감각은 단지 문법이 던져준 그림자이다." 우리는 걷기 명상에서 이런 수동태 관점을 아주 명확하게 체험할 수 있다. 한 걸음을 옮길 때마다 서로 다른 감각이 바로 그 순간에 일어나고 알려진다. 알려진 움직임과 감각의 이런 단순함이 의식의 성질에 대해 여러 다른 것들을 드러낸다. 첫째로, 의식의 매순간, 앎의 매순간이 감각과 동시에-그 전도 아니고 그 후도 아닌- 일어나는 것을 본다. 둘째로, 앎이 자동적으로 일어난다는 것을 알아차린다. 의식이 일어나라고 명령하는 그 누군가가 있지 않다. 조건이 거기에 있으면, 의식은 자동적으로 나타난다.

견해의 정화

우리가 체험을 능동적으로-즉, 대상에 마음을 보내는 것- 하든지 수동적으로 하든지 간에 체험을 알려진 대상으로 재구성하는 것, 그러는 동안에 마음을 일정 시간 안정시키면서 지속적으로 마음챙김과 탐구를 하는 것은 새로운 통찰 체험으로 이끌어준다. 이것이 견해의 정화[見淸淨]라고 하는 것이다. 이때 우리는 매순간을 의식과 대상이 짝을 이룬 흐름으로 체험하고, 그 흐름의 과정 뒤에 숨어 있는 자는 없다는 것을 이해한다. 또한 '자아'와 '나'라고 부르는 모든 것은 정신적 현상과 신체적 현상의 단순한 상호작동이라는 것과 앎과 그 대상이 순간순간 이어져서 일어나고 사라지는 것을 보게 된다.

이럴 때 우리는 마음과 물질을 명확하게 구분할 수 있다. 잠시 시체를 생각해 보자. 시체의 폐에 당신은 바람을 불어넣을 수 있다. 이때 폐가 부풀어 오르는 물리적 움직임은 있겠지만, 거기에는 마음도 없고 앎도 없다. 그렇지만 우리가 호흡을 할 때는 뭔가 다른 일이 진행되고 있다. 우리는 정신적 과정과 신체적 과정이 함께 일어나고 있는 것을 볼 수 있다.

우리는 마음과 물질을 구분해서 알 수 있지만, 그럼에도 불구하고 그것들을 분리할 수는 없다. 그것은 마치 보이는 대상을 볼 때 그 대상의 색채와 형태 둘 다를 보는 것과 같다. 우리는 그 둘을 분리할 수 없다. 색채는 모양을 갖고, 모양 또는 형태는 어떤 색채를 갖고 있다. 그러나 분리할 수 없는 이런 두 가지 특성은 분명히 서로 다르다.

앎과 대상이 짝을 이루어 나아간다는 이런 통찰은 *아낫따*, 또는 무아에 대한 첫 번째 깊은 이해, 체험적 이해이다. 이런 통찰이 비록 아직 완전하지는 않지만-여러 상황에서 우리는 생각 또는 감정, 의식과 여전히 동일화한다- 세상과 우리 자신을 지각하는 통상적인 방식으로부터 근본적으로 분리되는 것이다. 우리가 수행을 지속하고 무상성에 대한 지각이 더 세밀해지면, 대상뿐만 아니라 앎의 마음도 아주 빠른 속도로 일어나고 사라지는 것을 볼 수 있다. 우리는 의식 자체가 지속적으로 용해되는 것을 볼 때도 있다. 그럴 때 잡아야 할 것도 아무 것도 없고, 서야 할 자리도 어디에도 없다. 이는 마치 아주 가파른 언덕의 움직이는 모래 위에 있는 것과 같다.

이때는 수행에서 가장 불안정한 때이다. 왜냐하면 '나' 또는 '나의 것'이라고 부르는 실체적인 것이 아무 것도 없다는 것을 아주 깊이 보기 때문이다. 마치 명상할 수 있는 능력조차도 잃어버린 것같이 된다. 대상도 앎도 우리가 마음챙김을 할 수 있을 정도로 오래 지속되지 않고, 그래서 마음챙김이 달아나 버렸다고 생각된다. 강하게 용해되는 것과 함께 마음은 현상의 불안정성에 대해 여러 단계의 공포와 심지어 역겨움을 체험하기 시작한다. 이 국면에서 우리가 참아내고 계속해서 수행하는 데 스승은 아주 큰 도움이 된다.

이런 힘든 시기를 통과하여 안정되면, 마음과 물질의 과정에 대한 여러 관점을 체험한다. 그리고 대단한 평정의 경지에 이르게 된다. 거기에서는 의식의 성질에 대해 보다 완전한 이해를 갖게 된다. 상좌부 전통의 위대한 몇몇 스승들은 이런 체험을 아주 명쾌하게 서술하고 있다. 현대의 태국 명상 스승인 아잔 줌니엔(Ajahn Jumnien)은 다음과 같이 쓰고 있다.

> 어떤 지점에서 마음은 아주 명료하면서도 균형이 잡혀진다. 무엇이 일어나든 아무런 간섭 없이 있는 그대로 보인다. 어떠한 특정 내용

에 초점을 맞추기를 그만두고, 모든 것은 단순히 마음과 물질로, 일어남과 사라짐의 비어 있는 과정 자체로 보인다. … 어떠한 반응도 없는 마음의 완벽한 균형 … 더 이상 아무런 행위도 없다.…[5]

그러나 이런 정제된 상태는 그 나름대로의 도전도 제시한다. 아는 마음을 마음챙김하는 것이 중요하다. 왜냐하면 이런 아주 순수하고 정제된 의식과 미세하게 동일화하기 쉽기 때문이다. 위대한 미얀마 스승인 마하시 사야도는 이런 점을 상기시킨다.

가끔은 몸도 사라지고 촉각도 잃어버려서 이름 붙일 것이 아무 것도 없다. 그러나 그때, 아는 의식은 여전히 또렷하다. 아주 맑게 갠 하늘에 오직 하나의 아주 맑고, 더없이 행복한 의식만이 있다. 이것은 비할 바 없이 아주 맑고 더없이 행복한 것이다. 수행자는 그러한 맑고 행복한 의식을 즐기는 경향이 있다. 그러나 이러한 의식 역시 영원히 머무는 것이 아니다.… 그것에도 '앎, 앎'이라고 이름을 붙여야 한다.[6]

여기에서 우리는 대단히 조심하며 수행해야 한다. 멋지고 미묘한 마음 상태를 해탈한 마음으로 착각하기 쉽다. 21세기인 지금까지도 선의 큰 가르침을 주는 대혜종고(大慧宗杲) 선사는 다음과 같이 말했다. "중요하다고 생각되는 것이 생기자마자 그것이 둥지가 된다."

자유가 우리의 염원이라면, 의식을 우리의 둥지로 만들어서는 안 된다. 어떤 것, 아는 자의 어떤 감각, 아는 사람과 동일화를 하는 이상 우리는 여전히 통상적이고 조건화된 마음에 붙잡혀 있는 것이다.

22

5온을 관찰 명상함

이런 5온의 가르침이 갖는 위대한 의미는 5온이 우리가 '자아'라고 부르는 것에 대한 체험적 분석의 틀을 제공해 준다는 것이다. 그리고 붓다가 지적한 바와 같이, 이것들을 제대로 이해하지 못하면, 그것들은 초조·스트레스·삶의 고통의 원천이 된다. 이런 탐구는 불교철학의 추상적인 연습이 아니라, 오히려 우리 체험의 본성을 직접적으로 그리고 자세히 들여다보는 방식이다.

'상응부(빨리어로는 쌍윳따 니까야, Saṃyutta Nikāya)'라고 하는 위대한 경전 모음집에는 5온에 대한 159개의 짧은 경들이 있다. 여기에서 붓다는 우리가 5온을 습관적으로 집착의 대상으로 보는 것과, 5온을 무상하고 만족스럽지 못하고 무아인 것으로 보아서 자신을 집착으로부터 해방시키는 것에 대해서 좀 더 자세히 언급하고 있다.

무상에 대한 통찰

붓다는 5온이 갖는 이런 세 가지 특징에 대해 논의를 진행하면서 항상 무상을 제일 먼저 언급하는데, 이것을 『염처경』의 다음과 같은 가르침에서도 볼 수 있다.

"비구들이여, 또한 여기 비구는 5취온의 법에서 법을 관찰하며 머무른다. 비구들이여, 어떻게 비구는 5취온의 법에서 법을 관찰하며 머무르는가? 여기 비구는 물질[色蘊]은 이와 같고, 물질의 일어남은 이와 같고, 물질의 사라짐은 이와 같다'고 관찰하며 머무른다. 느낌[受蘊]은 … 지각[想蘊]은 … 형성[受蘊]은 … 의식[識蘊]은 이와 같고, 의식의 일어남은 이와 같고, 의식의 사라짐은 이와 같다'고 관찰하며 머무른다."[1]

무상에 대한 통찰부터 시작하면, 우리는 현상-물리적 감각이든 느낌이든 감각대상에 대한 지각 또는 마음속의 개념이든 의도와 그 외의 다른 마음 상태든 의식이든-이 일어나고 사라지는 것을 알 때마다 붓다가 가르쳐 준 방식대로 5온에 대한 마음챙김 수행을 하고 있는 것이다.

각각의 대상이 일어나는 것에 주의를 집중하면 자연스럽게 그 대상이 갖는 무상성의 진리가 나타나지만, 우리는 또한 변화라는 진리에 의도적으로 집중할 수도 있다. 내가 사야도 우 빤디따와 수행하였을 때, 그는 명상할 때 일어나는 대상이 어떤 것인지에 대해서뿐만 아니라, 그 개별적인 대상에 무슨 일이 일어나는지에 대해서도 말하도록 하였다. 이렇게 집중하고 탐구하기 위해서는 세밀하고 지속적인 흥미가 필요하다.

한쪽에 앉은 비구가 세존께 말씀드렸다.

"세존이시여, 영속적이고 안정되고 영원하며 변하지 않고 영원 자체로서 항상 똑같이 유지될 그러한 물질[色]이 있습니까? 영속적이고, 안정되고, 영원하며, 변하지 않고 영원 자체로서 항상 똑같이 유지될 그러한 느낌[受]이 … 지각[想]이 … 형성[行]이 … 의식[識]이 있습니까?"

"비구여, 영속적이고 안정되고 영원하며 변하지 않고 영원 자체로서 항상 똑같이 유지될 그러한 물질은 … 느낌은 … 지각은 … 의지적 형성은 … 의식은 없다."[2]

체험이 갖는 불만족스러운 성질

5온이 갖는 무상성을 관찰 명상하게 되면 5온들은 모두 끊임없이 지나가는 쇼의 한 부분이라는 것을 알게 된다. 이런 이유로 인해서 결국 5온은 불만족스러운 것이 된다. 나의 첫 번째 스승인 무닌드라-지는 종종 이렇게 묻는다. "보고 듣고 생각하고 아는 것의 끝은 어디에 있는가?" 이런 체험에서 잘못된 것은 아무 것도 없다. 5온은 단순히 행복과 평화를 위한 우리의 가장 깊은 염원을 만족시켜 줄 힘이 없다. 이런 불안정하고 변화하는 성질 때문에 우리는 항상 그 다음의 체험을 기다리게 된다.

우리는 이런 기대가 세간의 욕망에서, 또한 우리 명상 수행에서 작동하고 있는 것을 볼 수 있다. 우리는 종종 다음에 있을 집중 걷기 명상 또는 다음번의 보다 편한 '좋은' 자리를 얼마나 기다리고 있는가? 영적인 삶의 역설은 우리가 집착하는 대상인 이런 모든 변화하는 현상들은 그것들이 감각 대상이든 명상 상태이든 간에 상관없이 우리를 불만족스럽게 만든다는 것이다. 그 정확한 이유는 그것들이 지속될 수 없기 때문이다. 그러나 마음챙김의 대상으로 일어나는 어떤 체험이라도 그것은 깨달음의 수단이 된다. 우리는 마음챙김을 하기 위해서 어떤 좋은 체험 또는 특별한 체험을 기다릴 필요가 없다. 어떤 대상이라도 마음챙김의 대상이 될 수 있기 때문이다. 마음챙김의 범위 바깥에 있는 것은 아무 것도 없다.

비자아로서 5온을 본다

온이 갖는 무상함과 불만족스러운 성질을 관찰 명상함으로써, 우리는 그것을 비자아(non-self), 즉 자아 아닌 것으로 체험하는, 가장 깊은 체험의 문을 열게 된다. 이런 통찰이 깊어지면서 우리는 더 이상 그것의 소유자로서 '나' 또는 '나의 것'을 주장하지 않고 불가피하게 변화할 때 더 이상 고통을 겪지 않는다. 이것이 이 몸과 마음을 보는 근본적으로 다른 방식이다.

"비구들이여, 너희의 것이 아닌 것은 무엇이든 그것을 버려라. 그것을 버릴 때 너희에게 안녕과 행복이 찾아올 것이다. …."

"비구들이여, 사람들이 제따 숲에서 풀, 나무토막, 나뭇가지, 나뭇

잎을 잘라갔다고 하자. 또는 그것들을 불태우거나, 하고 싶은 대로 했다고 하자. 그러면 그대는 '사람들이 우리도 잘라가고 불태우고 우리에게 하고 싶은 대로 할까?'라고 생각하겠는가?"

"아닙니다, 세존이시여. … 세존이시여, 왜냐하면 그것은 우리 자신도 아니고 우리 자신에게 속한 것도 아니기 때문입니다."

"비구들이여, 이와 같이 물질[色]은 너의 것이 아니고, {느낌[受]은 너의 것이 아니고, 지각[想]은 너의 것이 아니고, 의지적 형성[行]은 너의 것이 아니고,} 의식[識]은 너의 것이 아니다. 그것을 버려라. 너희가 그것을 버리면 너희에게 안녕과 행복이 찾아올 것이다."[3]

여기서 버린다가 의미하는 것은 소유자로서, 온을 '나' 또는 '나의 것'과 동일화하는 느낌을 버린다는 것이다.

이제 우리가 던져야 하는 질문은 그렇게 온에 집착하여 어떻게 그것을 자아라고 간주하게 되는가 하는 점이다. 소유자라고 주장하는 것은 행동의 우주적 기록 속에 오랫동안 형성되어 온 것이다. 앞에서 언급한 바와 같이 우리는 자아라는 관념에 집착하고 그것과 동일화한다. 왜냐하면 우리는 피상적인 지각과 체험을 묘사하는 데 사용하는 개념들에 만족하기 때문이다. 이런 식으로 관찰하는 것에 안주하게 되어서 우리는 우리가 '자아'라고 부르는 것이 갖는 무상하고 실체 없는 성질을 분명하게 보지 못하는 것이다.

몸의 복합적 성질

우리는 이런 피상적인 관찰이 몸에 관련하여 자아감을 형성하는 것을 분명하게 볼 수 있다. 우리는 아침에 일어나서 거울을 보고, 어떤 색과 형태를 보고, 그 패턴을 인식하고, 그러고는 우리가 본 것을 지칭하는 개념을 형성한다. 마치 조셉이나 자아가 무슨 실체를 갖는 존재인 것처럼 조셉, 자아, 나를 바라다본다.

우리는 이런 지각에 의존한다. 이런 지각은 거울에 비친 모습뿐만 아니라 몸과 다른 신체 현상에 대한 체험에서도 마찬가지이다. 자아감은 신체에 대한 우리의 피상적 지각으로부터 얼마나 영향을 받아서 형성되는 것인가? 이것은 아주 단단하게 나처럼 보인다. 「뉴욕 타임즈」에서 광고하는 티셔츠 앞에는 'Me Me Me(나, 나, 나)'라고 프린트 되어 있다. 아마도 우리는 'Not Me Not Me Not Me(나 아냐, 나 아냐, 나 아냐)'라고 하는 우리 자신을 창조해야만 한다.

우리가 첫 번째 온인 색온을 명상하면서 몸을 더 자세히 관찰하면, 견고함이라는 환상과 단절하고 몸이 갖는 복합적인 성질을 보게 된다. 우리는 뼈·근육·순환계 등 여러 다른 기관들이 서로 얽혀 있다는 관점에서 몸을 볼 수 있다. 그렇지만 이런 여러 기관들을 피부가 잘 감싸고 있기 때문에, 우리는 그것에 쉽게 집착하고, 그것을 '나의' 몸이라고 주장한다. 또는 다른 사람의 몸에 집착한다. 우리가 엑스레이와 같은 시각을 갖고 있다면 그렇게 집착하겠는가? 몸에 대한 이런 집착은 또한 죽음에 대한 공포를 깊게 조건화한다. 우리가 몸에 집착하면 할수록 죽음을 내려놓는 것이 힘들다.

그리고 더 깊이 세포 단위에서 또는 원자 단위에서 보게 되면 대개 텅 비어 있는 공간을 보게 된다. 어떤 과학 논문에서는 만약 우리가 몸을 구성하는 모든 공간을 없애 버린다면 남는 것은 티끌 하나보다 작을 것이라고 언급한다. 명상을 하면서 우리는 몸을 견고하게 보는 지각으로부터 그 몸을 변하고 유동적이며 실체가 없는 에너지 체계로 이해하는 관점으로 옮겨간다.

사고와 감정과의 동일화

우리는 식온, 일정한 느낌 또는 사고, 감정 또는 명상적 상태와 동일화할 때 강한 자아감을 조건화한다. 우리가 사고에 빠지거나 사고와 동일화할 때 느끼는 자아감을 주목해 보자. 즉 "나는 생각하고 있다", "나는 계획을 짜고 있다", "나는 판단하고 있다"라고 할 때이다. 이런 나는 아주 가외(extra)이다. 자신 또는 타인에 의해 만들어진 많은 이야기의 소유권을 주장하는 우리를 주목하자. 이런 모든 마음 요소들에 세심하게 주의를 기울임으로써 우리는 얼마나 많은 시간을 정신적 투사의 세계 속에서 살고 있는지 알게 된다.

명상 수행에서 우리를 가장 자유롭게 하는 통찰 중 하나는, 사고의 유일한 힘은 바로 우리가 그 사고에게 준 힘이라는 것을 깨닫는 것이다. 그렇지만 사고는 놀랄 만할 정도로 유혹적이다. 특히 이것이 다른 감정들과 서로 얽힐 때는 더욱 그렇다. 의식하지 못한 사고가 우리의 삶에서 대단한 힘을 발휘한다. 그렇지만 우리가 그것을 제대로 자각할 때 비로소 그것은 단순히 온들의 움직임에 불과하며 자아는 무상하고 공하다는 것을 이해하게 된다. 사고에 빠지는 것과 그것을 알아차리고 자각하는 것 사이의 체험이 갖는 차이를 주의 깊게 살펴보라. 그러나 이런 사고의 흐름에 아무리 오랫동안 넋을 잃고 있었다고 하더라도, 거기에서 깨어나는 순간에 그 체험에 마음의 문을 열게 되고 그 순간을 인식하게 된다. 이때는 서둘러서 호흡 또는 몸으로 다시 돌아가지 않는다. 이 순간 사고가 갖는 공한 성질과 알아차림이 갖는 명료한 힘이 드러나게 된다.

딜고 켄체 린포체는 마음의 본성에 대해 가르침을 펴면서, 이러한 공한 성질을 다음과 같이 말하고 있다.

> 보통 우리는 모든 것은 어느 정도 진실성, 상당한 실재성을 가진다는 착각적인 가정 하에 움직인다. 하지만 더 세심하게 들여다보았을 때, 우리는 현상 세계가 무지개-생생하고 다채롭지만, 어떤 유형적인 것도 존재하지 않는-와 같다는 것을 발견하게 된다.
>
> 무지개가 나타나면, 우리는 많은 아름다운 색깔들을 본다. 그렇지만 무지개는 우리가 입을 수도 없고 장신구로 걸칠 수도 없다. 그것은 단지 여러 조건의 조합으로 나타난 것일 뿐이다. 그것들은 결코 어떤 유형적인 실재도 아니고 고유한 존재도 아니다. 그러므로 사고가 우리에게 그렇게 많은 힘을 발휘해야만 하는 논리적인 이유도 없고 그것들의 노예가 되어야만 하는 이유도 없다. … 우리가 일단 사고가 비어 있다는 것을 깨닫게 되면, 마음은 더 이상 우리를 기만하는 힘을 발휘할 수 없다. 그러나 우리가 착각적인 사고들을 실재하는 것으로 여기는 한, 그 사고들은 계속해서 우리를 무자비하게 괴롭힐 것이다. 수없이 많은 전생에서 그렇게 해 왔던 것처럼.[4]

이와 동일한 방식으로 우리는 어떤 기분 또는 마음 상태와 동일화한다. 이럴 때 우리는 자아감을 깊게 만들어내고 느낄 뿐만 아니라, 종종 감정 주위에 자아가 갖는 전체 삶의 이야기를 구성하곤 한다. "나는 이런 사람이야", "이것은 그런 깊은 틀이야", "이것에서 자유롭게 되는 데는 아주 긴 시간이 걸릴 거야"라고 하는 식이다. 우리는 자신의 삶의 이야기를 만들어내고, 그리고 다시 그 이야기 속에서 살아간다. 그러나 실제로 일어나는 모든 것은 순간적인 마음 상태의 일어남과 사라짐뿐이다.

『염처경』에서 자세하게 언급한 것과 같이 5온의 무상함과 무아성을 보게 되는 것은 바로 이런 마음챙김 수행을 통해서이다. 이것은 붓다가 '진정한 지식'이라고 부른 것이다.

> "비구들이여, 가르침을 받은 성스러운 제자는 물질[色]이 일어나기 마련이고, 사라지기 마련이고, 일어나고 사라지기 마련이라는 것을 이해한다. 그는 느낌[受]·지각[想]·의지적 형성[行]·의식[識]이 일어나기 마련이고, 사라지기 마련이고, 일어나고 사라지기 마련이라는 것을 안다. 비구들이여, 나는 이것을 진정한 지식이라 부른다."[5]

자아 개념의 해체

5온을 이렇게 이해하는 기반 위에서 붓다는 일련의 가르침을 편다. 그 가르침에서 붓다는 예리한 통찰력으로 자아 개념을 해체한다. 우리는 '자아' 또는 '나'를, 제거해야 하거나 부수어 버려야 하는 그 무엇으로 보지 않는다. 오히려 우리는 애초부터 그것이 거기에 있지 않았다고 이해한다. 이런 가르침이 그 당시의 인도 철학 전통의 맥락에서 이루어지고 있지만, 그 대화의 실마리를 따라가게 되면 결국 자아 이해의 놀랍고 근본적인 전환이 있다는 것을 알게 된다.

하나의 특정한 가르침은 승려 아누라다(Anurādha)와 유행승 사이의 대화로 시작한다. 유행승은 여래(Tathāgata, 붓다를 지칭하는 말)가 열반에 들 때 자신을 다음의 네 가지 중 어느 하나로 언급하는지에 대해서 묻는다. 즉 "죽음 후에 존재하는가, 아니면 존재하지 않는가, 존재하면서도 존재하지 않는가, 존재하는 것도 아니고 존재하지 않는 것도 아닌가?"라는 질문이다.

아누라다가 "여래는 이런 네 가지를 벗어나서 자신을 드러낸다"고 대답하자, 그 유행승은 "이 비구는 신참자라서 수행이 깊지 않음에 틀림없다. 만일 그렇지 않고 장로라고 한다면 틀림없이 제대로 수행하지 못한 우둔한 자"라고 모욕하였다. 아누라다는 붓다에게 가서 이 이야기를 한 다음 여쭈었다. "그 유행승이 계속해서 질문을 하였다면 제가 어떻게 대답하여야 법에 부합하고, 제 말이 합당한 결과로 비난의 근거가 되는 일이 없도록 하겠습니까?" 붓다는 아누라다에게 일련의 질문을 던지는데, 이것은 아주 다른 이해의 틀을 제공하는 것으로 그 절정에 도달하고 있다. 우리가 이 대화를 읽으면서 반복되는 말씀을 대충 읽지 말고, 또는 단순히 철학적 훈련이라고 생각하지 말고, 붓다가 이 질문을 우리에게 하면서 그 질문이 갖는 의미를 깊이 생각하라고 요구한다고 상상해 보자.

"아누라다여, 이를 어떻게 생각하는가? 물질[느낌·지각·의지적 형성·의식]은 영원한가, 무상한가?"

"무상합니다, 세존이시여."[6]

그리고 나서 붓다는 무상한 것이 만족스러운가 불만족스러운가, 믿을 만한가 믿을 만하지 않은가를 묻는다. 그리고 무상하고 믿을 만하지 않은 것을 두고 "이것은 나의 것이다, 이것은 나이다, 이것은 나 자신이다"라고 간주할 수 있는지를 묻는다. 아누라다가 모든 질문에 대해 "그렇지 않습니다, 세존이시여"라고 대답할 때 붓다는 계속해서 말한다.

> "어떻게 생각하는가? 아누라다여, 그대는 물질[色]을 여래라고 생각하는가?"
>
> "아닙니다, 세존이시여."
>
> "어떻게 생각하는가? 아누라다여, 그대는 물질 안에 여래가 있다고 생각하는가?"
>
> "아닙니다, 세존이시여."
>
> "어떻게 생각하는가? 아누라다여, 그대는 물질을 떠나서 여래가 있다고 생각하는가?"
>
> "아닙니다, 세존이시여."
>
> "어떻게 생각하는가? 아누라다여, 그대는 물질·느낌·지각·의지적 형성·의식을 [합친 것을] 여래로 생각하는가?"
>
> "아닙니다, 세존이시여."
>
> "어떻게 생각하는가? 아누라다여, 그대는 물질도 아니고, 느낌도 아니고, 지각도 아니고, 의지적 형성도 아니고, 의식도 아닌 것을 여래로 생각하는가?"
>
> "아닙니다, 세존이시여."[7]

그리하여 이제 붓다는 바로 이런 삶에서 *여래는 발견될 수 없고,* 실제로 만날 수 없기 때문에, 따라서 여래에 대해서 죽음 후에 어떻게 있다고 말하는 것이 적절하지 않다고 가르치면서 그 핵심에 도달하고 있다. 붓다는 자신의 가르침의 핵심을 다시 반복하면서 대화를 마무리 짓고 있다. "나는 이전에도 지금에도 괴로움과 괴로움의 소멸을 천명할 뿐이다."[8]

자아는 5온에서, 또는 5온을 벗어나서 찾아지는 것이 아니라는 이런 이해는 우리의 삶을 이해하는 심오한 기준점을 제공해 준다. 실제로 우리가 집착하는 것은 도대체 무엇인가? 우리가 갈망하는 것은 도대체 무엇인가? 우리는 이런 수행의 길이 하나의 온 또는 온들 몇몇을 새로운 방식으로 체험하는 것이 아니라, '나' 또는 '나의 것'이라고 하는 어떤 것에도 집착하지 않고 자유로워지는 데 있다는 것을 이해하기 시작하는 것이다.

딜고 켄체 린포체는 이런 깨달음이 갖는 중요성을 다음과 같이 말하고 있다.

> 지속하는 자아에 대한 관념은 당신을 속수무책으로 헤매게 만들어왔다. … 수없이 많은 전생의 삶 동안에. 그것이 지금 조건화된 존재로부터 당신 자신과 다른 이가 자유로워지지 못하도록 방해하는 바로 그것이다. 만약 당신이 단순히 '나'라는 하나의 생각을 흘려보낼 수 있다면, 당신은 쉽게 자유로워질 것이고 다른 이들도 또한 자유로워질 것이다. 당신이 오늘 자아가 정말로 존재한다는 믿음을 극복한다면, 내일 깨달을 것이다. 그러나 만약 그것을 극복하지 못한다면, 언제까지나 깨달음을 얻지 못할 것이다. …
>
> 당신이 하고 있는 어떠한 수행을 활용해서라도, '나'와 그것에 수반되는 자기 지향적 동기가 사라지도록 하라. 처음에는 성공하지 못한다 할지라도, 계속 애쓰라.[9]

VIII

법에 대한 마음챙김

– 여섯 가지 감각 영역[六内外處]

23

우리가 세상을 체험하는 방식

다음 절은 여섯 가지 내적 및 외적 감각 영역[六內外處]에 대한 가르침이다. 내적 영역은 여섯 가지 감각기관, 즉 눈[眼]·귀[耳]·코[鼻]·혀[舌]·몸[身]·정신[意]이고, 외적 영역은 그것들 각각의 감각대상, 즉 보이는 형태[色]·소리[聲]·냄새[香]·맛[味]·감촉[觸]·정신적 대상[法]이다. 우리가 이런 여섯 가지 내적 및 외적 감각 영역의 직접 체험에 주의를 돌리면, 그것들이 미세하고, 심오하고, 광대한 수행 영역이라는 것을 알 수 있다. 그것들은 우리가 아는 모든 것, 전개되어 일어나는 모든 체험 세계의 기반이다.

> "비구들이여, 나는 그대들에게 일체에 대하여 가르치겠다. … 일체란 무엇인가? 눈과 형태, 귀와 소리, 코와 냄새, 혀와 맛, 몸과 촉각 대상들, 정신과 정신적 현상, 이것을 일체라고 말한다."[1]

19세기 후반과 20세기 초반에 걸쳐서 미얀마의 위대한 스승들 중의 한 사람인 레디 사야도는 감각기관을 여섯 개의 기차역으로 비유하였다. 그 기차역에서 많은 기차들이 각자의 목표를 향하여 떠나간다. 감각기관들은 우리를 고통스런 상황으로 데려다 주기도 하고, 또는 행복의 영역이나 자유와 완전한 깨달음으로 데려다 주기도 한다. 우리가 하는 모든 선한 행동과 불선한 행동들이 각각 업의 결과를 초래하게 되는데, 이런 모든 것이 감각의 문들 중 하나에서 비롯된다는 것을 생각해 보라. 마음과 마음대상-사고·추론·기억·성찰·기분·감정 등-은 단순히 여섯 번째 감각으로 다루어진다는 것을 기억하는 것이 중요하다. 마음의 이런 체험들은 다른 감각대상과 마찬가지로 비개인적인 것으로 간주된다.

이것은 감각 영역들을 다루면서 『염처경』에서 언급한 붓다의 가르침이다.

> "비구는 여섯 가지 안팎의 감각 영역[六內外處]의 법에서 법을 관찰하며 머무른다. 어떻게 비구는 여섯 가지 안팎의 감각 영역의 법에서 법을 관찰하며 머무르는가? 눈[眼處]을 꿰뚫어 알고 형상[色處]을 꿰뚫어 알고 그 양자를 조건으로 족쇄가 일어나면 그것을 꿰뚫어 알고, 전에 없던 족쇄가 일어나면 그것이 어떻게 일어나는지를 꿰뚫어 알고, 일어난 족쇄가 어떻게 해서 제거되는지 꿰뚫어 알고, 이미 사라진 족쇄가 어떻게 미래에 생겨나지 않는지를 꿰뚫어 안다."[2]

가르침은 계속해서 동일한 방식으로 우리가 다른 감각기관들 중 하나(귀·코·혀·몸·마음), 그 각각의 대상들, 그리고 그것들에 의존해서 일어나는[緣起] 족쇄들을 반드시 알아야 한다고 말한다. 그리고 우리는 또한 아직 일어나지 않은 족쇄들이 어떻게 일어나는지, 일단 일어난 것은 어떻게 제거될 수 있는지, 그리고 미래에 일어날 것을 어떻게 방지할 수 있는지를 알아야만 한다.

의식의 조건화된 발생

우리는 아마 가르침의 첫 부분-눈과 형태를 알고, 귀와 소리를 알고 등등-이 별로 대수롭지 않다고 생각할지 모른다. 그러나 우리의 일상적인 이해와 붓다가 지적한 것 사이에는 중요한 차이가 있다. 세계를 체험하는 우리의 통상적인 양식에서, 우리는 습관적으로 이런 모든 경험들을 누군가, 그러한 모든 경험들 배후에 있는 하나의 자아에 귀착시킨다. 즉 "나는 보고 있다", "나는 듣고 있다", "나는 생각하고 있다"라고 한다. 서로 다른 감각*대상*들에서 작동하는 무상의 움직임을 보는 것은 그렇게 어렵지 않을지 모르지만, 감각기관(눈·귀·코·혀·몸·정신)과 그것에 의존하여 일어나는 의식의 조건적이고 무아적인 성질을 보고 이해하는 것은 훨씬 어렵다.

하나의 실험으로서 먹을 때 혀라는 감각기관과 설식에 주의를 기울여보라. 약간 기이한 그 감각기관의 체험은 어떠한가? 혀는 음식물을 입안에서 굴리고 돌리고 음식의 접촉감각과 여러 맛과 향기를 느낄 것이다. 우리가 이런 작은 드라마에 마음챙김을 하면 때로는 마치 혀가 그 나름대로의 마음을 갖고서 특정한 작동 주체로 움직이는 듯이 여겨진다. 더 주의를 기울여서 집중하면 우리는 이런 모든 움직임들이 마음의 의도에 의해 야기된다는 것을 알 수 있다.

더 자세히 살펴보면, 우리는 또한 설식의 매순간, 맛을 아는 것이 여러 요인들의 결합에서 일어나는 것을 알 수 있다. 즉 음식·혀·촉촉함·주의가 모두 함께할 때 비로소 설식이 일어난다. 이제 잠깐 만약 혀나 음식 중 어느 하나라도 없다면 이 인식에 어떤 일이 벌어질지 상상해 보자. 맛에 대한 인식도 없을 것이고, 그리하여 설식도 일어나지 않을 것은 명확하다. 의식이 조건화되어 있고 무아성을 갖고 있다는 것을 밝히는 데 도움이 되는 것은 바로 이런 종류의 탐색이다. 자세히 잘 살펴보지 않으면 이것은 종종 자아감이라는 최후의 은신처 뒤에 숨어 있기 마련이다.

우리가 이런 식으로 개별적인 감각 영역을 탐색할 수 있게 되면, 각각의 인식이 생기게 하는 문으로서의 감각기관과 감각대상의 상호 연관적 성질을 직접 그리고 직감적으로 체험하게 된다. 체험의 이런 수준에서 우리는 끊임없이 지속되는 현상의 유희와 동일화하는 것이 훨씬 적어진다. 우리는 개별적인 체험은 단순히 바로 있는 그대로이고, '나'와 '나의 것'은 가외라는 것을 보게 된다.

이런 모든 것은 쌍윳따 니까야의 한 경전에서 아주 간결하게 요약되어 표현되고 있다. 우다이(Udāyi)라고 하는 비구가 아난다에게 와서 묻는다.

"도반 아난다여, 세존께서는 여러 가지 방식으로 이 몸[의 본성]에 대해서 언명하시고 드러내시고 밝히셨으니 다음과 같습니다. '이러한 이유로 이 몸은 무아이다.' 비슷한 방식으로 이 의식[의 본성]에 대해서도 '이런 이유로 이 의식은 무아이다'라는 설명이 가능합니까?"

"도반 우다이여, 가능합니다. 안식은 눈과 형태에 의존하여 일어나지 않습니까?"

"네, 그렇습니다."

"만약 안식이 일어나는 원인과 조건[즉, 눈과 형태]이 완전히 사라져 남아 있는 게 없다면, 안식이 파악되겠습니까?"

"아닙니다, 도반이여."

"도반이여, 이런 식으로 세존은 다음과 같이 언명하셨습니다. '이런 이유로 의식은 무아이다'라고."[3]

우리는 개별적인 감각 영역에 대해서 동일한 방식으로 이런 이해를 탐구할 수 있다. 의식 자체가 '나', '자아', '나의 것'이 아니라, 조건적으로 일어난다는 것에 대한 이해를 말한다.

일본의 비구니인 테이지츠(Teijitsu)는 이와 동일한 깨달음을 얻었다.

그리고 그녀는 일어남이 일어났다가 머물렀다가 사라지는 것을 보았다. …

그녀는 앎이 이렇게 일어났다가 머물렀다가 사라지는 것을 보았다. 그런 후에 그녀는 이것 말고 다른 것은 없다는 것을 알았다. 땅도 없고, 그녀가 붙잡고 있는 지팡이보다 더 세게 기댈 것도 없다는 것을 알았다. 그녀는 마음속의 꽉 쥔 주먹을 펴서 모든 것을 내려놓았고 모든 것의 한가운데로 빠져들어 갔다.[4]

번뇌의 의존적 발생

우리 마음의 꽉 움켜쥔 주먹을 펴지 못하고, 모든 것의 한 가운데로 떨어지지 못하게 하는 것은 무엇인가? 붓다는 『염처경』의 그 다음 부분의 가르침에서 그 길을 지적하고 있다. 그는 감각기관과 대상, 눈과 형태, 귀와 소리 등을 알아야 하는 것뿐만 아니라, 이런 것들에 의존하여 일어나는 족쇄, 즉 번뇌를 알아야 한다고 말한다. 번뇌는 어떻게 일어나는가, 번뇌는 어떻게 제거될 수 있는가, 번뇌를 어떻게 방지할 수 있는가?

수행하면서 우리는 여섯 가지 감각의 문 어느 곳에서도 족쇄들이 일어나는 것을 잘 볼 수 있다. 이것은 학문적 훈련이 아니다. 붓다가 여기서 말하고 있는 것은 우리 삶의 고통이 일어나는 것과 그 고통을 끝내는 것이다. 이것은 붓다가 깨달음을 얻은 후 말한 세 번째의 설법에 너무나 생생하고 명료하게 드러나 있다. 소위 '불의 설법'이라고 불리는 경전이다. 그는 이전에 불을 숭배하던 천 명의 수행자들에게 말하고 있다. 불을 숭배한다는 그들의 특별한 배경을 고려하여 붓다는 이런 주제를 사용하고 있다.

"비구들이여, 모든 것이 불타고 있다. 비구들이여, 불타고 있는 모든 것은 무엇인가? 눈[眼]이 불타고 있고, 형태[色]가 불타고 있고, 시각적 인식[眼識]이 불타고 있고, 눈의 접촉[眼觸]이 불타고 있고, 눈의 접촉을 조건으로 해서 일어난 느낌은 무엇이든-즐거운 것이든 괴로운 것이든 즐겁지도 괴롭지도 않은 것이든- 역시 불타고 있다. 무엇에 의해 불태워지고 있는 것인가? 정욕의 불에, 증오의 불에, 망상의 불에 의해 불태워지고 있다. 태어남·늙음·죽음에 의해 불태워지고 있다. 슬픔·비탄·아픔·낙담·절망에 의해 불태워지고 있다. …."

"귀[耳]가 불타고 있다. … 정신[意]이 불타고 있다. …."

"그와 같이 보면서, 비구들이여, 가르침을 받은 성스러운 제자는 눈에, 형태에, 시각적 인식에, 눈의 접촉에, 눈의 접촉을 조건으로 해서 일어난 그 어떠한 느낌들-즐거운 것이든 괴로운 것이든 즐겁지도 괴롭지도 않은 것이든-에도 환멸을 느끼게 된다. 귀에 … 정신에 환멸을 느끼게 된다. 환멸을 느끼게 되면, 감정에 좌우되지 않게 된다. 감정에 좌우되지 않으면, 그의 마음은 해탈한다."[5]

적어도 우리의 현재 삶에서 불을 숭배하는 사람은 적을 것이므로 번뇌가 일어날 때 우리가 그것을 어떻게 체험하는지 살펴보는 것은 매우 유용하다. 그것은 불타고 있는가, 또는 위축되어 있는가, 또는 스트레스를 받고 마음이 불편한가? 이 시대를 배경으로 한다면 붓다는 아마 이런 설법을 '스트레스 감소 설법'이라고 불렀을 것이다.

번뇌에 대한 수행

만약 우리가 감각 접촉으로 어떤 번뇌가 일어나는지-즉 탐욕 또는 욕망의 형태인지, 혐오 또는 싫음의 형태인지, 또는 둔하게 무지한 형태인지- 뿐만 아니라, 우리가 그것을 얼마나 강력하게 느끼고 있는지를 안다면, 그 일어나는 번뇌를 더 빨리 알아차리는 데 도움이 된다. 이런 식으로 그것들을 직접적으로 느끼게 됨으로써 우리는 그것들을 흘려보내게끔 동기화되고 고무된다. 왜냐하면 우리는 그것들을 실제로 고통으로 체험하기 때문이다. 그것은 마치 뜨거운 석탄을 들고 있는 것과 같다. 일단 우리가 그 뜨거운 감각을 알아차리게 되면, 우리는 그것을 서둘러 떨어뜨리라고 재촉할 필요가 별로 없다.

우리는 이런 붓다의 가르침을, 수행하는 동안 우세한 감각의 문에 적용할 수 있다. 예를 들면, 우리가 콧구멍을 지나가는 호흡의 감촉, 또는 가슴이나 배가 움직이는 감각을 앉아서 느낄 때, 어떤 저항 또는 어떤 원함을 알아차리는가? 때로는 번뇌, 족쇄가 너무나 분명하고, 그리고 때로는 극히 미세한 경우도 있다. 마음이 무엇인가를 약간 잡고자 하거나 고정하고자 하는 것이 있을 수도 있고, 또는 무엇인가 해 보고자 하는 느낌이 있을 수도 있다. 현명한 도교의 명언이 있다. "강을 밀려고 하지 마라." 강처럼 호흡은 저절로 흘러간다. 그러나 우리는 종종 사물들을 고정하고, 그것들을 좀 더 좋게 만들기를 바란다.

체험할 때 욕망하는 마음, 그리고 아무것도 선호하지 않는 열린 마음 사이에는 천지 차이가 있다. 이것은 우리의 삶에서 갑자기 선택을 하지 않아야 한다고 말하는 것은 아니다. 그보다는 우리가 다양한 감각의 문에 마음챙김을 할 때, 설사 그 시간이 짧다고 하여도 욕망하는 것에 조건화되지 않은 마음으로 이완되면서 수행할 수 있다는 것이다.

앉아서 명상을 하는 동안 감각의 문에서 족쇄들이 일어나는 것을 탐구하는 것과 함께, 또한 그것들이 하루 중 다른 때에 우세하게 나타나는 것을 알아차리게 된다. 욕망 또는 혐오를 자극하는 것은 방해되는 소리 또는 광경일 수도 있고, 우리가 먹고자 하는 음식의 향기일 수도 있고, 우리를 사로잡는 사고 또는 환상일 수도 있다. 나는 때로는 서로 다른 감각대상을 작은 낚싯바늘을 가진 것으로 상상하기도 한다. 그리고 일어나고 사라지는 그것들에 얼마나 자주 걸려드는지를 관찰한다.

"형태·소리·냄새·맛·감촉과
모든 정신적 대상들,
이것들은 세상의 끔찍한 미끼라서
세상 사람들은 이것들에 빠져든다."

"붓다의 마음챙김하는 제자는
이것을 초월하여
마라의 영역을 극복하고
태양과 같이 밝게 빛난다."[6]

그래서 우리는 눈, 보이는 형태를 알고, 그 둘에 의존해서 일어나는 족쇄를 안다. 우리는 귀와 소리를 알고, 코와 냄새를 알고, 혀와 맛을 알고, 몸과 촉감을 알고, 정신과 정신적 대상을 알고, 그것들에 의존하여 일어나는 족쇄들을 안다. 욕망·혐오 또는 망상에 사로잡히거나 자유롭게 되는 것은 모두 이런 여섯 가지 감각 영역에서 정확하게 일어난다. 이것이 붓다가 이것에 대해 이해하고 마음챙김하는 것이 중요하다고 강조하는 이유이다.

24

윤회의 바퀴

우리는 가르침의 후반부에 초점을 맞추면서 감각 영역에 대한 탐구를 계속해 나갈 것이다.

> "전에 없던 족쇄가 일어나면 그것이 어떻게 일어나는지를 꿰뚫어 알고, 일어난 족쇄가 어떻게 해서 제거되는지 꿰뚫어 알고, 이미 사라진 족쇄가 어떻게 미래에 생겨나지 않는지를 꿰뚫어 안다."[1]

여기서 우리는 족쇄가 일어날 수 있다는 것을 알 뿐만 아니라, 또한 *어떻게* 그것들이 일어나며, 어떻게 그 영향에서 자유로워질 수 있는지를 알고 있다. 이렇게 되기 위해서는 우리의 몸과 마음에서 일어나는 과정과 번뇌를 일으키는 원인과 조건을 더 조심스럽게 살펴보아야 한다.

이런 탐구는 모든 과학적인 조사와 유사하다. 얼마 전 「뉴욕 타임즈」에 유전 연구의 대단한 진전에 대한 보도가 있었다. 그 보도는 근본적인 유전과정에 대한 이해가 더 정밀할수록, 더 많은 질병을 더 정확하고 정밀하게 치료할 수 있다는 점에 초점을 맞추고 있었다. 불교 경전에서 붓다는 종종 '위대한 의사'로 언급된다. 왜냐하면 붓다는 고통의 원인과 그 치료에 대해 정밀하게 이해하고 있었기 때문이다.

이것은 붓다의 가르침이 주는 위대한 선물이다. 우리가 그 과제를 풀어가야 하지만 우리 스스로는 그것을 파악하기 어렵다. 잘 알려진 불교 찬가 중 하나는 불법의 여러 성질에 대해 우리에게 알려주고 있다. 즉 불법은 지금 여기에서 깨달아지는 것이고 영원한 것이고 와서 보라고 우리를 초대하는 것이며 내면으로 이끄는 것, 현자에 의해 수행되는 것이다.

연기(緣起)

고통의 원인과 해탈을 가장 정확하게 지적하고 있는 가르침은 소위 '연기'라고 불리는 심오한 분석이다. 이는 때로는 세계의 나타남과 사라짐이라고 언급되기도 한다. 연기의 통상적인 서술은 무명과 행으로 시작하는 열두 가지 고리를 포함하는데, 전통적으로 이 무명과 행은 현생의 태어남에 대한 전생의 원인들로 생각된다. 그러나 여기서 붓다는 열두 가지 고리를 바로 이 현생의 삶 안에서 번뇌가 일어나게 하고 윤회적인 존재의 바퀴가 계속 돌아가도록 조건 짓는 고리들로 묘사하고 있다.

"비구들이여, 무엇이 세계의 일어남인가? 눈과 형태에 의존하여, 시각적 인식[眼識]이 일어난다. 이 세 가지의 화합이 접촉[觸]이다. 접촉을 조건으로 하여 느낌[受]이, 느낌을 조건으로 하여 갈애[愛]가, 갈애를 조건으로 하여 집착[取]이, 집착을 조건으로 하여 존재[有]가, 존재를 조건으로 하여 태어남[生]이, 태어남을 조건으로 하여 늙음과 죽음[老死]·슬픔·비탄·아픔·낙담과 절망이 일어난다. 비구들이여, 이것이 세계의 일어남이다."[2]

연기의 고리는 존재의 여러 영역[趣]에 걸친 탄생·죽음·재탄생의 큰 순환을 묘사하고 있다. 그리고 지금 여기에 적용해 보면 현재 우리의 삶을 지배하는 과정을 묘사하고 있다. 우리는 이미 삶을 받았고, 감각 영역이 주어져 있다. 그리하여 감각 영역에 의존하여, 접촉(감각기관, 감각대상, 의식의 결합)이 불가피하게 따른다. 접촉과 함께 느낌이 오고 대상의 '맛'이 즐거운지 즐겁지 않은지 중립적인지를 느끼게 된다.

연기의 사슬을 끊다

바로 여기 우리는 중대한 지점에 있다. 그 중대한 지점은 바로 감각 영역[六入], 접촉, 느낌의 연결 고리이다. 이 고리들이 붓다가 우리에게 고통에서 빠져나오는 방법을 보여주고, 자유에 이르는 문을 보여주는 바로 그것들이다. 접촉과 느낌에 지혜롭지 못하게 주의를 기울이면, 그때 즐거운 체험에 대한 우리의 조건적인 반응은 욕망이고, 즐겁지 않은 체험에 대한 조건적인 반응은 혐오이고, 중립적인 체험에 대한 것은 멍함 또는 망상이다.

그러나 우리가 접촉과 느낌에 마음챙김을 하면, 그때 우리는 바로 거기에서 연기의 사슬을 끊고, 갈애·집착·존재·생사의 순환이라는 연결고리로 더 나아가지 않는다.

우리에게 남겨진 의문은 이것을 단지 흥미로운 주제로만 남겨두지 않고, 어떻게 의미 있는 수행으로 이어가는가 하는 점이다. 붓다는 항상 무엇이 고통을 일으키고 어떻게 하면 자유로워질 수 있는지에 대해 우리 자신의 직접적 경험으로 돌아가라고 지시하고 있다는 것을 잊기 쉽다. 우리는 여러 다른 방식으로 감각 영역·접촉·느낌을 마음챙김할 수 있다. 단지 서로 다른 감각대상이 일어나는 것을 알아챌 수도 있다. 말하자면 보이는 것과 소리·냄새와 맛·감각과 생각이다. 또는 우리는 접촉의 과정을 강조할 수도 있다. 즉 봄·들음·냄새 맡음·맛봄·만짐·생각이다. 이것은 감각기관, 감각대상, 의식이 함께 일어나는 바로 그 순간이다.

때로 우리는 앎에서 아는 측면과 그 나머지를 강조한다. 마음이 대상으로 향하는 것은 별로 힘이 들지 않는다. 보다 더 수용적인 자각의 수행에는 단순히 무엇이 일어나는지를 수월하게 아는 것이 있다. 다만 모든 상황에 단지 여섯 가지가 일어나고 있다는 것을 상기하라. 그것이 지난 장에서 언급했던 '일체'이다.

이런 식으로 일어나는 것을 반복해서 알아차리는 것은 우리의 복잡한 삶에서 빠져나와 그 순간의 체험이 갖는 단순함으로 들어가게 해 준다. 여기서 마음챙김은 감각 인상과 느낌을 단순히 끊는 것을 의미하지 않는다. 이것은 어떤 경우든지 불가능하다. 이것은 그것들을 피하려고 노력하는 것을 의미하지 않는다. 오히려 마음챙김은 순간순간 일어나는 것을 단순히 알아차리고 자각하는 것이다.

우리가 감각대상 또는 접촉 또는 단지 아는 상태에 있음을 알아차리면서, 자신이 반응들과 여러 족쇄, 계속해서 일어나는 번뇌에 사로잡혀 있다는 것을 발견하면, 그것은 느낌의 톤-'즐거움, 즐거움', '즐겁지 않음'-을 이름 붙이는 데 도움이 될 수 있다. 이름 붙이기는 가벼운 정신적 명명 또는 단순히 느낌의 정확한 알아차림이 될 수 있다.

때로는 이중적인 이름 붙이기-'접촉, 즐거움' 또는 '접촉, 즐겁지 않음'-가 대상에 붙어 있는 마음을 떼어내게 하는 데 도움을 준다. '접촉'이라는 이름 붙이기를 하는 것은 특정한 감각대상과 접촉하는 것을 직접 알게 해 주는 반면, '즐거움' 또는 '즐겁지 않음'이라고 이름을 붙이는 것은 그 느낌에 무의식적으로 반응하지 않고 마음챙김을 할 수 있게 해 준다.

욕망의 마음챙김

이 모든 것들은 아주 단순해 보인다. 즉 감각 영역·접촉·느낌에 마음챙김하여, 고통을 끝내는 데 도달하는 것이다. 그러나 우리 모두는 오래 형성된 습관과 마음의 경향으로 인해서 종종 이런 해탈의 문을 재빨리 스쳐지나간다는 것을 안다. 많은 경우 우리는 무엇이 일어나는가를 정신 차리고 보기 전에 이미 욕망의 손아귀에 들어가 있는 자신을 발견한다. 다행스럽게도 이런 연결고리의 다음 고리에 대한 이해는 마음을 자유롭게 할 수 있는 가능성을 다소 담보하고 있다.

느낌을 조건으로 하여 욕망이 일어난다. 이 지점에서 우리는 욕망 그 자체에 마음챙김을 할 수 있게 된다. 이 부분의 수행은 놀라울 정도로 크게 우리의 이해를 도와준다. 왜냐하면 여기서 우리는 삶 자체의 근원적인 힘들 중 하나를 탐구하고 있기 때문이다. '욕망'은 빨리어 *땅하*(*taṇhā*)의 통상적인 번역어이지만, 우리는 또한 *땅하*를 갈망·굶주림·목마름으로 이해할 수도 있다. 가장 중요한 것은 깨달음에 도달한 붓다의 오도송(悟道頌)에 잘 나타나 있다. 이것은 보리수 밑에서 깨달음을 성취한 바로 그때 읊은 것이다. 이 게송의 마지막 줄은 해탈한 상태를 드러내고 있는 것으로 다음과 같다. 즉 "조건 지어지지 않은 것[無爲]을 깨달았고, 갈애의 소멸에 이르렀다."

우리는 아마도 스스로 이런 경지에 도달하였다고 주장하는 지점에 도달해 있지 않을지 모르지만, 더 분명하게 *땅하*, 즉 욕망의 힘을 이해하기 시작하고, 비록 한때의 짧은 순간이라고 하여도 욕망의 끝인 자유를 체험할 수 있다. 당신의 수행에서 이것을 탐구하는 한 가지 방법은 어떤 간단한 욕망이 마음에서 일어날 때를 알아차리는 것이다. 그것은 아마도 한 잔의 커피, 한 조각의 초콜릿, 또는 다음 휴가에 대한 욕망일 수도 있다. 우리는 그것에 빠지지 않고 그것을 밀쳐내지 않고 욕망에 마음챙김을 하려고 노력할 수 있다.

우리는 몸에서, 무언가를 원하는 에너지를 느낄 수 있다. 이런 욕망에 마음챙김을 하면서 우리는 어떤 지점에서 욕망이 사라지는 것을 알아차릴 수 있다. 그 순간을 강조하고자 한다. 왜냐하면 바로 거기에서 욕망 자체의 무상함에 대한 중요한 통찰을 얻을 수 있기 때문이다. 우리는 욕망을 해소하기 위해 욕망을 충족시켜 줄 필요가 없다는 것을 보게 된다. 모든 것과 마찬가지로 그 욕망은 저절로 일어나고 사라져 버린다.

때로는 욕망은 사라지고 다시 나타나지 않는다. 그때 적어도 그런 순간에 우리는 연기의 사슬을 끊어버린 것이다. 그러나 또 다른 때에는 욕망이 숨어 있다가 지혜롭지 못한 주의의 순간을 기다리고 있는 것과 같을 때가 있다. 그러면 그것은 사슬의 다음 고리로 강화되는데, 이것이 집착이다. 이 지점에서, 일은 점점 더 심각해진다. 이것은 우리가 행동에 착수하기 전의 마지막 기회이다. 한편 마음에서 아주 흥미로운 지점이기도 하다.

우리는 욕망과 집착의 차이점을 알아차릴 수 있다. 욕망은 원함이고, 그 무엇에 대한 목마름이다. 집착은 욕망의 대상이요, 때로는 심지어 욕망 그 자체에 매여 사로잡혀 있는 것이다. 나는 종종 실제의 대상에 홀려 있기보다는 오히려 욕구의 에너지에 더 붙잡혀 있는 자신을 발견하기도 한다. 나는 그것을 얻지 못할까봐 두려워서 무엇인가를 원하는 생각에 매달려 있기도 한다. 이런 때에 대상은 마치 부차적인 것처럼 느껴지고, 실제로 일어나는 일은 박탈감을 피하려 애쓰는 것이다. 그래서 많은 유혹적인 생각이 활개를 친다. "왜 과자를 한 개 (또는 그 다음 또 한 개) 더 먹으면 안 되지? 한 개 더 먹으면 힘이 날 거야", "자신에게 좋을 거야"라는 것들이 욕망을 관찰하기보다 욕망에 집착하는 것을 합리화하는 방법들이다.

연기의 연결 고리에 이런 다양한 방식으로 체득하여 익숙해지는 것-감각 영역·접촉·느낌·욕망·집착-은 『염처경』에서 말하는 붓다의 가르침을 수행하는 것이다. "일어나지 않은 족쇄가 어떻게 일어나는지를, 일어난 족쇄가 어떻게 제거되는지를, 일어나지 않은 족쇄를 어떻게 방지하는지를 안다." 붓다가 족쇄 또는 번뇌에 대해 말할 때, 그가 고통에 대해 말하고 있다는 것을, 그리하여 이런 수행은 우리의 일상에서 동떨어진 그 무엇이 아니라, 평화와 행복에 이르는 길이라는 것을 명심하자.

지각의 조건화된 성질

아날라요는 또한 자신의 책 『염처경: 깨달음에 이르는 직접적인 길』에서 다른 강력한 조건화 과정을 지적하고 있는데, 이것은 감각 영역에서 시작하여 정신적 투사의 모든 복잡한 얽힘에서 끝나는 과정이다. 이런 진행과정을 이해하는 것은 족쇄의 일어남·제거·방지를 알기 위해 붓다의 가르침을 적용하는 또 다른 방법이다. 이런 연속 과정에서 감각 영역의 접촉[觸]은 느낌[受]과 지각[想]의 기반이다. 그리고 이것이 바로 개념적 확산으로 이끌 수 있는 바로 그 지각이다. 이것들 모두가 어떻게 일어나고 그것이 우리 삶의 방식에 무엇을 의미하는지를 살펴보는 것은 도움이 된다.

앞에서 언급한 바와 같이, 지각은 한 대상의 특징적인 점을 인식하고 기억하여 체험을 해석하는 마음 요소이다. 가장 간단한 예로서 지각은 붉음과 푸름, 뜨거움과 차가움, 남자와 여자의 차이를 인식한다. 그러나 여기에 우리가 자유롭게 되는데 핵심이 될 만한 이해가 한 가지 있다. 그것은 지각이 절대적인 것이 아니라는 점이다. 지각은 여러 가지 다양한 차원에서 조건 지어져 있다.

우리의 삶에서 종종 일어나는 커다란 오해 중 하나는 우리 자신과 세계에 대한 지각은 기본적으로 정확하고 참이라는 것과 우리의 지각이 어느 정도는 안정적이고, 궁극적인 실재를 반영한다는 것이다. 이런 오해는 개인적인 삶의 상황에서, 그리고 전 지구적으로 엄청난 고통을 야기한다.

지각의 상대적이고 조건적인 성질의 몇몇 예들은 무엇인가? 한 차원에서 우리가 사물들을 보는 방식은 우리 업의 성향에 기반을 두고 있다. 독수리가 먹음직스럽다고 여기는 음식을 우리는 아주 역겨운 썩은 고기로 본다. 같은 대상이라고 하여도 그에 대한 지각은 다르다. 문화적 배경 또한 우리가 사물을 어떻게 인식하는지에 영향을 준다.

중동의 모든 폭력을 생각해 보라. 문화적 가치에 따라서 자살 폭탄 테러범을 폭력적인 테러리스트로 인식하기도 하고, 또 다른 관점에서는 신성한 대의를 위한 순교자로 보기도 한다. 불교학자인 루네 요한손(Rune Johansson)은 다음과 같이 쓰고 있다. "사물들은 우리의 욕망·선입관·분노의 렌즈를 통하여 보여진다. 그리고 그에 따라서 변화한다."[3]

우리는 보다 일상적인 삶 속에서 지각의 왜곡을 볼 수도 있다. 수년 전 나는 아주 격심한 조직 갈등에 휘말려 있었다. 나에게는 이 상황을 보는 관점이 너무나도 분명하였다. 물론 반대되는 견해를 가진 사람들도 나처럼 생각했을 것이다. 논쟁은 불을 뿜었고, 분노와 적대적 방어감은 극에 달하였다. 어느 지점에서 나 자신의 고통과 다른 사람의 고통을 느끼면서, 한 걸음 물러서서 나 자신에게 질문을 던졌는데 아주 홀가분해졌다.

다른 사람들은 *왜* 그렇게 느낄까? 이 상황을 다른 사람들은 어떻게 지각하고 있는가?

내가 자신의 지각에 더 이상 집착하지 않게 되자마자 나는 판단하고 비난하는 데 사로잡히는 것이 줄어들었고 다른 사람의 강한 감정을 더 이해하기 쉬워졌다.

16세기 일본의 반케이 선사[12)]는 상대적인 한계가 있는 우리의 지

••••••

12) 반케이(盤珪, 1622~1693) 선사는 일본 에도 시대의 임제종 승려이다.

각에 대한 집착을 기꺼이 내려놓는 것에 대해 다음과 같이 요약하였다. "자신을 편들지 마라." 이것이 의미하는 바가 자신의 견해를 버리고 다른 사람의 견해에 굴복하라는 것이 아니라는 것은 분명하다. 오히려 우리는 모든 편의 견해들이 조건화되어 있고, 그래서 최적의 행동 지침을 발견하기 위해서 지혜를 발휘해야 한다는 것이다.

우리의 지각은 또한 마음속의 잠재적 경향, 습관적인 투사에 조건화되어 있다. 이런 경향과 투사는 자신과 세계를 보는 방식을 물들이고 있다. 예를 들면 명상에 대한 공통 지각은 편하게 앉아 있는 것은 좋고, 힘들게 앉아 있는 것은 나쁘다는 것이다. 이것이 참이 아니라고 지적(知的)으로는 알고 있을지 모르지만, 이렇게 느낀 판단은 욕망과 혐오의 잠재적 경향에 조건화된 지각에서 나오는 것이다.

마음에 대한 붓다의 이해를 강력하게 만들어 주는 것은, 지각은 우리의 정신적 습관에 의해 조건화되기 때문에, 우리는 또한 우리의 지각을 행복과 자유에 이르는 데 보탬이 되는 방식으로 훈련시킬 수도 있다는 인식이다.

지각의 네 가지 환각

붓다는 지각의 네 가지 큰 환각에 대해 말하였다. 이로 인해 우리는 윤회의 바퀴, 조건화된 존재의 바퀴에 붙잡혀 있다. 그가 이것들을 '환각'이라고 부르는 이유는 행복과 자유라는 관점에서 우리는 사물들을 잘못 파악하고 있음에도, 제대로 올바르게 보고 있다고 생각하고 있기 때문이다. 잘못된 지각의 간단한 예로서 내가 안거 수행을 하고 있을 때 그 센터의 주차장 외부에서 걷기 명상을 하고 있었던 일이 기억난다.

그때 차의 뒷부분 범퍼 근처에 새가 한 마리 서 있었다. 그 새는 크롬 범퍼에 자신이 반사된 것을 보고서 그 범퍼로 계속해서 날아들었다. 범퍼에 다른 새가 한 마리 있는 것으로 착각하고 있었던 것이다. 이렇듯 우리는 살아가면서 얼마나 자주 잘못된 지각으로 날아가고 있는가?

붓다가 지적한 네 가지 중요한 지각 왜곡은 무엇인가?

무상한 것을 영원한 것으로 간주하기

첫째로, 우리는 무상한 것을 영원한 것으로 간주한다. 이것에 대한 우리의 즉각적인 반응은 "물론 나는 사물들이 무상하다는 것을 안다"라는 식의 부정일 수 있다. 그러나 그것을 지적으로, 게다가 때로는 체험적으로도 알고 있다는 것은 순간순간 그러한 이해를 가지고 살아가며 그 이해를 드러내고 있는 것과는 아주 다르다.

우리가 이런 식으로 착각하고 있다는 것을 잘 알려주는 증거는 여전히 집착하거나 갈망한다는 것이다. 집착이나 갈망이 있는 한 실제로 일어나고 있는 것들이 갖는 무상함을 분명하고 깊게 보고 있지 못한 것이다. 우리는 특별한 체험은 매달릴 만한 가치가 있다고 생각하는 망상에 사로잡혀 있다. 물론 체험을 차단해야 한다는 뜻은 아니지만, 다만 그것에 집착하지는 않아야 한다.

매력적이지 않은 것을 매력적인 것으로 간주하기

지각의 두 번째 환각은 매력적이지 않은 것을 매력적인 것으로 간주하고, 아름답지 않은 것을 아름다운 것으로 여기는 것이다. 우리는 피상적인 외양만을 보고 잘못된 지각에 현혹되는 예들이 많다.

거대한 화장품과 광고 산업의 기본 임무는 인간의 몸을 실제보다 더 아름답고 완벽한 것으로 지각하게 하는 것이다.

지각의 이런 착각을 이해하게 되면 우리는 집착에서 벗어나는 여러 다른 유익한 수단들을 사용하게 되어 다양한 관점에서 자유롭게 사물들을 보게 된다. 이런 이해가 삶의 아름다운 체험을 포기하자는 의미는 아니다. 빨리어 경전에는 자연의 아름다움과 거기서 얻는 평화를 찬양하는 시들이 많다.

그리고 붓다가 모든 선한 마음상태를 아름답다고 가르치고 있는 것을 보면 진정한 아름다움이 품고 있는 깊은 가치를 잘 성찰하고 있음을 알 수 있다. 오히려 이런 착각을 이해하는 것이야말로 집착에 사로잡혀서 아름다운 것에 탐욕을 느끼는 자신을 깊이 바라보게 한다. 우리가 대상을 더 자세히 살펴보아서 사물의 변화하는 성질과 불가피한 소멸을 보게 되면 이런 상황이 갖는 아름답지 못한 점은 더욱 분명히 드러난다.

불만족스러운 것을 행복한 것으로 간주하기

지각의 세 번째 환각은 고통 또는 불만족스러운 것을 행복으로 간주하는 것이다. 세상이 행복이라고 부르는 것의 대부분은 감각적 쾌락을 즐기는 것이다. 우리는 다음의 즐거운 경험을 찾으면서, 또는 다음의 즐거움을 위해서 열심히 일하면서 많은 시간을 보낸다. 그러나 모든 즐거움은 무상하기 때문에 무엇을 찾는 데에는 끝이 없다. 수피 스승인 나즈루딘(Nazrudin)은 매운 칠리 고추를 먹으면서 말한다. "나는 단것을 기다리고 있다."

때로는 우리는 더 큰 고통을 숨기고 있는 작은 즐거움에 유혹된다.

우리는 이것을 여러 해로운 중독에서 분명히 보게 된다. 그러나 대부분의 일상생활이 이러하다. 나는 최근에 아주 큰 소리로 공연하는 락 콘서트에 가거나 너무 높은 소리로 MP3를 듣는 것이 우리의 청력에 얼마나 해로운 영향을 미치는지에 대한 통계를 본 적이 있다. 여러 가지 이유로 손상을 입히는 소리를 우리는 행복으로 여기고 있다.

지각의 이런 착각에서, 우리는 종종 원함 그 자체가 행복이라고 생각하는 망상에 빠져 있다. 당신이 꼭 가져야 하거나 꼭 해야 하는 것이 있다고 체험해 본 적이 있는가? 그리고 당신이 그것을 가져서 거의 강박적인 마음상태가 멈추거나 욕망이 사라져 버리는 체험을 해 본 적이 있는가? 이럴 때 계속해서 이것이 행복이라고 생각하지만, 그것은 결국 우리가 원함을 멈춘 안도감, 그것을 편하게 느낄 때까지만 행복한 것이다.

그리고 다시 역설적이지만, 세상이 고통이라고 부르는 것-금욕·감각문의 통제·고요함·단순함·산만한 즐거움이 없는 환경-을 붓다는 행복이라고 부른다. 왜냐하면 그것은 편안함·개방적인 마음·마음의 평화를 가져다주기 때문이다.

지각의 이런 착각, 궁극적으로는 불만족스러운 것을 만족스러운 것으로 간주하는 이런 착각을 꿰뚫어 보는 것은 위대한 자비의 감정이 일어나는 기반이 된다. 붓다는 깨달음을 성취한 후 자비로운 마음에 이끌려서 가르침을 폈다고 한다. 왜냐하면 붓다는 모든 존재가 행복을 추구하고, 행복을 원하지만, 여전히 고통을 야기하는 바로 그 행동을 하고 있는 것을 보았기 때문이다. 그리고 우리 자신의 환각을 단절하는 것이 *보리심*, 즉 중생이 진정한 행복을 찾는 것을 도와주려고 깨어 있기를 원하는 마음의 연료가 될 수 있다.

비자아를 자아로 간주하기

지각의 마지막 환각은 비자아를 자아로 간주하는 것이다. 우리는 이러한 환각을 매일 볼 수 있다. 우리가 얼마나 자주 몸 또는 생각 또는 감정을 '나', '자아'로 여기고 동일화하는지를 잘 살펴보라. 또한 우리는 이런 모든 체험을 아는 것과 동일화하여 관찰자로서의 자아감을 산출한다.

붓다의 가르침이 갖는 가장 해방적인 측면 중 하나는, 지각이 정신적 습관의 결과이므로 훈련 가능성이 있다는 점을 상기시켜 주는 것이다. 붓다의 가르침에 해방의 힘이 있다는 것을 간과해서는 안 된다. 붓다는 두 가지 종류의 초월적인 힘[神通]에 대해 이야기하였다. 첫 번째 종류의 힘들은 우리가 이미 알고 있는 바와 같이 하늘을 나는 것[神足通], 신의 눈을 통해서 다른 존재 영역을 보는 것[天眼通], 다른 사람의 마음을 아는 것[他心通] 등이다.

우리에게 이런 것들은 체험의 범위 밖에 있지만, 이에 대한 여러 스승들의 개인적인 체험들이 있다. 그것들이 우리를 매혹시키지만, 붓다는 이런 성취에 별로 중요성을 부여하지 않았다. 깨달음을 이루지 못한 사람들에게 이런 세간적인 힘들은 집착과 더러움에 묶여 있다고 붓다는 말한다.

초월적인 힘의 두 번째 종류는 '신성한' 것들이다. 왜냐하면 그것들은 번뇌에 매인 것이 아니기 때문이다. 붓다는 이런 힘들을 지각을 지배하는 힘으로 언급하였다. 그리고 이런 지배는 마음챙김의 힘에서 나온다. 아날라요는 다음과 같이 쓰고 있다.

사띠[*sati*, 마음챙김]의 존재는 자동적이고 무의식적인 반응 방식을

직접적으로 역전시킨다. 이런 반응은 습관의 전형적인 모습이다. *사띠*를 지각과정의 초기단계로 향하게 함으로써 우리는 인지를 훈련시킬 수 있고, 그리하여 습관적인 패턴을 재구성할 수 있다.[4]

우리의 지각을 훈련시킨다

환각적인 지각에 대항하는 방법으로서 붓다는 다른 방식의 지각을 계발하라고 권하였다. 그리고 바로 『염처경』의 감각 영역에 대한 마음챙김 부분에서 우리는 더 유익한 방식으로 지각을 훈련하는 수행을 할 수 있게 된다.

아날라요는 이런 훈련은 성찰 또는 숙고의 과정에만 관련된 것이 아니라, 대상의 특정 모습, 특정한 관점에서 보는 서로 다른 대상의 체험을 알아차리고 자각하는 것과도 관련된다는 점을 지적하고 있다. 예를 들면 우리는 모든 체험의 일반적 특성-즉, 그것의 무상성·불만족성·무아성-을 보게끔 자신을 훈련시킬 수 있다. 또는 우리는 각자 자신의 조건화에 맞게끔 조정하여 지각을 훈련할 수도 있다.

붓다 시대의 어떤 수행자는 몸의 아름답지 못한 측면을 관찰 명상하였다. 그는 수개월 동안 수행에 전념하였지만, 자신이 바라는 수행의 진전을 보지 못하였다. 붓다는 자신의 영험한 눈을 통하여 이것을 알고서 수행자에게 다가왔다.

수행자는 수많은 전생 동안 금세공인으로 일하였기 때문에 아름다운 것에 매우 익숙하였다. 붓다는 자신의 영적인 힘을 통하여 금으로 아름다운 연꽃을 만들어 그것이 서서히 변화하고 결국은 해체

되게끔 하였다. 그러자 수행자는 그 아름다움의 무상함을 관찰하고 명상하면서 바로 깨달음을 성취하였다.

우리는 각자 마음 안의 불선(不善)한 경향성을 균형 잡게 하는 체험의 특징들을 보면서 지각을 훈련할 수 있다. 예를 들면 마음에 혐오감이 많이 있으면, 그리고 마음에 짜증·안절부절함·악의로 흐르는 경향이 있으면, 우리는 다른 사람의 좋고 아름다운 자질을 지각하는 훈련을 하여 나중에 자비심의 기반이 되게끔 한다. 또는 우리가 종종 욕정에 빠진다면, 몸이 갖는 매력적이지 않은 것을 관찰 명상한다. 앞에서 언급한 바와 같이 『염처경』의 전체 한 절은 시체가 소멸하는 여러 단계들을 관찰하는 데 할애하고 있다.

우리의 지각을 완전히 지배하는, 이런 고귀하고 초월적인 힘을 기르는 마지막 훈련은 평정함에 머물면서 마음챙김을 하고 일어나는 것은 무엇이든지 완전히 알아차리고 자각하는 것이다. 지각을 훈련시키는 이런 모든 방법들을 사용하여 우리는 습관적인 반응에서 벗어나서 지혜로운 선택을 할 수 있다.

정형구를 다시 되풀이한다

경전의 다른 모든 가르침에서처럼, 붓다는 감각 영역에 대한 이 절의 뒤에도 이런 관찰 명상을 함양하는 특별한 방법을 강조하면서 정형구를 붙이고 있다.

"이와 같은 방식으로 그는 법(法)에 대해서 법을 내적으로 … 외적으로 … 내외적으로 관찰하며 머무른다. 또는 법에 대해서 일어남의 현상을 … 사라짐의 현상을 … 일어남과 사라짐의 현상을 관찰하며 머무른다."

내적으로·외적으로·내외적으로 함께 관찰 명상한다는 것은, 우리가 감각 영역들, 그리고 그것들로부터 따라 나오는 모든 조건화가 우리 자신에게서, 다른 사람들에게서, 그리고 우리와 다른 사람들 둘 다에게서 어떻게 작동하고 있는지를 알아차린다는 것을 의미한다.

우리가 우리 자신의 조건화 과정을 이해하면 할수록, 즉 우리의 지각이 어떻게 종종 무의식적으로 활성화되는 마음의 뿌리 깊은 습관에 의해 영향 받고 물들여지는가에 대해 이해하면 할수록, 우리는 다른 사람들이 어떻게 그들의 관점에 이르게 되었는지를 더 잘 이해하게 된다. 이것은 우리 자신의 의견과 사물을 보는 방식에 많이 집착하고 있는 것과는 아주 다르다. 명상 안거 수행은 겸손해지는 경험이다. 왜냐하면 우리는 자신의 마음이 갖는 조건화의 범위와 깊이를 바로 보기 때문이다. 우리가 이에 대해 열린 마음을 가질 때 거기에서 겸손함과 관대함이 자라난다.

그래서 우리는 내적으로·외적으로·내외적으로 감각 영역에 주의를 기울인다. 또한 여섯 가지 감각 영역에서 경험이 일어나고 사라지는 것을 관찰 명상한다. 이것을 가장 수월하게 관찰하는 방법은 감각대상, 즉 보이는 것·소리·냄새·맛·생각의 무상성을 관찰하는 것이다. 감각기관 그 자체의 무상성을 알아차리는 것은 좀 더 섬세한 주의가 필요하다. 현상의 일어남과 사라짐을 관찰 명상하는 것은 다른 특징들을 깨닫는 통로이기도 하다. 우리가 현상의 무상성을 내적으로, 또는 외적으로 체험할 때 우리는 또한 그것이 갖는 불만족성과 무아성을 이해한다.

붓다는 정형구로써 결론을 맺고 있다.

"단지 그에게 온전한 앎과 지속적인 마음챙김을 위해 필요한 정도로 '법이 있다'라고 하는 마음챙김도 확립된다. 그는 세상의 어느 것에도 집착하지 않고 의존하는 바 없이 머무른다. 비구들이여, 비구는 이와 같이 여섯 가지 안팎의 감각 영역의 법에서 법을 관찰하며 머무른다."[5]

IX

법에 대한 마음챙김

– 일곱 가지 깨달음의 요소

25

마음챙김

『염처경』의 다음 절은 일곱 가지 깨달음의 요소[七覺支]에 대한 마음챙김을 서술하고 있다. 마음의 이런 자질은 여래의 일곱 가지 보물이라고 여겨지는 것이다. 여래는 붓다가 자신을 가리킬 때 사용하는 용어이다. 일곱 가지 깨달음의 요소는 붓다의 고유한 가르침으로 언급되는 것이다.

> "과거의 모든 아라한과 붓다는 다섯 가지 장애[五蓋], 이해를 약화시키는 마음의 번뇌를 버리고, 그들 마음에 네 가지 마음챙김을 확고히 확립하고, 일곱 가지 깨달음의 요소를 있는 그대로 알아서 깨달음을 얻었다."[1]

붓다는 이런 일곱 가지 요소들을 '장애에 반대되는 것'으로 불렀다. 왜냐하면 이 요소들은 우리를 망상에 젖어들게 하는 힘에 반대

작용을 하기 때문이다. 이것들은 마음을 열반으로, 자유로 향하게 하기 때문에 '깨달음의 요소[覺支]'라고 불린다. 이 일곱 가지 깨달음의 요소는 무엇인가? 이것은 마음챙김[念]·분별력[擇法]·정진력(精進力)·환희[喜]·고요함[輕安]·집중[定]·평정[捨]이다.

이 일곱 가지 깨달음의 고리에 대해서만 전적으로 언급한 『쌍윳따 니까야』의 한 절이 있다. 이 경전에서 몇 줄만 보아도 붓다가 그것들을 얼마나 중요시했는지 알 수 있다.

"비구들이여, 계발하고 함양했을 때 이 일곱 가지 깨달음의 요소처럼 그렇게 효율적으로 족쇄가 되는 것들을 버리도록 이끌 수 있는 것은 단 하나도 보지 못했다."[2]

"비구들이여, 계발하고 함양했을 때 일곱 가지 깨달음의 요소는 고귀하고 우리를 해방시키는 것이다. 그것들은 그것들에 따라 행동하는 사람을 고통의 완전한 소멸로 이끈다."[3]

그때 어떤 비구가 세존께 다가왔다. … 그리고 말했다.

"세존이시여, '어리석고 아둔하다, 어리석고 아둔하다'고 합니다. 세존이시여, 어째서 '어리석고 아둔하다'고 하는 것입니까?"

"비구여, 일곱 가지 깨달음의 요소를 계발하고 함양하지 않은 사람이기 때문에 '어리석고 아둔하다'라고 한다."

"세존이시여, '현명하고 깨어 있다, 현명하고 깨어 있다'고 합니다. 세존이시여, 어째서 '현명하고 깨어 있다'고 하는 것입니까?"

"비구여, 일곱 가지 깨달음의 요소를 계발하고 함양한 사람이기 때문에 '현명하고 깨어 있다'라고 한다."[4]

이런 요소들을 관찰 명상하라는 『염처경』의 가르침은 장애를 관찰하며 명상하는 것과 유사한 틀을 따르고 있다. 단지 다른 점은 장애의 관찰 명상은 장애들을 버리는 것이고, 이것은 깨달음의 요소들을 함양하는 것이라는 점이다.

"또한 여기 비구는 일곱 가지 깨달음의 요소들의 법에서 법을 관찰하며 머무른다. 비구들이여, 어떻게 비구는 일곱 가지 깨달음의 요소들의 법에서 법을 관찰하며 머무르는가? 비구들이여, 여기 비구는 자기에게 마음챙김[念]의 깨달음의 요소가 있다면, '나에게 마음챙김의 깨달음의 요소가 있다'고 꿰뚫어 안다. 자기에게 마음챙김[그리고 순서대로 다른 것들 모두]의 깨달음의 요소가 없다면, '나에게 마음챙김의 깨달음의 요소가 없다'고 꿰뚫어 안다. 전에 없던 마음챙김의 깨달음의 요소가 일어나면, 그것이 어떻게 일어나는지를 꿰뚫어 안다. 일어난 마음챙김의 깨달음의 요소를 어떻게 닦아서 성취하는지를 꿰뚫어 안다."[5]

이런 가르침을 어떻게 수행할 것인가? 붓다는 여명이 해가 떠오르는 것을 알려주는 전조이자 선도인 것처럼 좋은 우정, 현자와 함께 하는 것, 조심스러운 주의가 깨달음의 요소가 일어나는 전조이자 선도라고 말하였다. 이것이 수행의 출발 지점이다. 즉 가르침을 듣고 주의를 기울여야 하는 것이다. 많은 경전들은 마음챙김의 네 가지 토대를 계발하고 추구하면 깨달음의 요소들이 완전함으로 나아간다고 가르치고 있다. 그리고 우리가 앞으로 보게 될 것처럼, 이런 일곱 가지 요소들을 하나씩 닦아 나가게 되면서, 하나의 요소가 그 다음의 요소들을 *이끌어 나가는 형태로 되어 있다.* 그러므로 깨달음의 마음에 마중물을 부어서 깨달음의 요소들 중 첫 번째를 수행하면 나머지 요소들은 그 뒤를 따른다.

깨달음 요소들 중의 첫 번째, 깨달음의 바퀴를 굴리는 것을 시작하는 요소가 마음챙김이라는 것은 별로 놀라운 일이 아니다. 경전의 가르침이 지적하고 있는 바와 같이 마음챙김이 있는지 없는지를 알기 위해서 우리는 먼저 실제로 마음챙김이 무엇인지를 알아야 할 필요가 있다. 앞에서 언급한 바와 같이 마음챙김은 빨리어 *사띠*의 번역어인데, 이것은 의미와 그 실제 적용이 아주 풍부한 용어이다. *사띠*는 어원상 '기억한다'라는 것에서 파생된 것이지만, 그 의미는 통상적으로 말하는 기억의 개념을 훨씬 뛰어넘는다.

마음챙김의 네 가지 성질

현존하는 뛰어난 불교학자이자 빨리어 학자인 R.M.L. 게틴(Gethin)은 경전과 아비담마에서 사용되는 *사띠*의 모든 용례를 면밀하게 분석하였다. 그러고 나서 그는 마음챙김의 다양한 표현들을 기본적인 네 가지로 적용하여 정리하였다. 가장 일반적인 의미에서 마음챙김은 지금 현재에 주의를 기울이는 것을 의미하지만, 이런 주의 기울임은 여러 특정한 방식으로 나타난다. 그리고 우리가 마음챙김의 이런 측면들을 하나씩 살펴보면, 우리는 왜 이것이 모든 상황에서 유용한 마음 요소인지를 이해할 수 있게 된다. 깨달음의 마음 요소들이 다른 요소들과 균형을 이루려면 마음챙김만큼 역할을 잘하는 것은 없다. 사실 마음챙김은 다른 요소들을 불러올 뿐만 아니라 균형을 잡는 데도 기여한다.

잊지 않는다

마음챙김의 첫 번째 적용은 잊지 않는 것, 바로 앞의 마음에서 일어난 것을 상실하지 않고 현재 순간에 기억하는 것이다. 마음챙김은 흔들리거나 산만해 하지 않고 그 대상에 굳건하게 머물러 있는 것이다. 우리는 이런 측면을 '알아차림의 안정성'이라고 부를 수 있다. 왜냐하면 땅속에 튼튼히 박아놓은 기둥과 같기 때문이다. 그것은 또한 표지판처럼 우리가 잊은 대상을 다시 불러주기도 한다. 마음챙김의 힘이 잘 개발되면, 그것은 마치 부메랑처럼 작용한다. 설사 우리가 산만해지기를 원하더라도 마음은 자연스럽게 알아차림의 상태로 되돌아간다.

현재의 마음

마음챙김의 두 번째 측면은 마음 옆에 서 있는 것이다. 이것은 무엇이 일어나든지 그것을 흘깃 보는 것이 아니라 정면으로 직면하여 보는 것이다. 일어나는 것을 바로 직면하는 것은 감각의 문 입구를 지키는 것이다. 옆에 서 있다는 말은, 속된 말로 마음챙김이 우리의 뒤를 봐 준다는 뜻-아마도 더 정확하게는 우리의 앞을 봐 준다-이다. 그렇게 해서 우리는 지나가는 현상이 보여주는 것에 유혹되지 않는다. 선의 전통에서 잘 알려져 있는 현성공안(現成公案)은 다음과 같이 말한다. "자신이 앞서 나아가 만물을 체험하는 것은 망상이다. 그 만물이 나와서 그것들을 체험하는 것이 깨달음이다."

회상

*사띠*의 세 번째 측면은 우리가 마음챙김과 늘 연관시키는 것은 아니다. 사실 이것은 회상이라는 근본적 의미에 귀를 기울이는 것이다. 여기서 마음챙김은 선한 것과 불선한 것, 열등한 것과 정교한 것, 이로운 것과 해로운 것을 마음에 불러내거나 회상하는 것이다. 불선한 것을 버리고 선한 것을 계발하고 함양하라는 붓다의 가르침을 따르는 것이 가능하게 되는 것은 바로 마음챙김의 이런 측면 때문이다.

그러므로 마음챙김은 내적인 도덕 나침반을 강화하는 핵심적인 요소이다. 우리가 선한 것과 선하지 않은 것을 마음에 불러내거나 회상하지 못한다면 우리는 습관적인 마음의 파도에 휘둘리고 여러 가지 번뇌의 잠재 성향을 행동으로 드러낼 것이다. 마음챙김의 이런 독특한 측면은 붓다가 '세계의 수호자'라고 부른 두 가지 정신적인 상태가 일어나는 것과 연관성이 있다. 빨리어로 이 두 가지는 *히리*(*hiri*, 慚)와 *옷땁빠*(*ottappa*, 愧)라고 하는데, 종종 '도덕적 수치감(moral shame)'과 '잘못된 행동을 하는 것에 대한 두려움(fear of wrongdoing)'으로, 때로는 '자기-존중'과 '양심'으로 번역하기도 한다.

이러한 두 가지 요소는 쉽게 잘못 해석되고, 따라서 종종 우리 미국 문화에서는 무시되곤 한다. 그러나 그렇게 함으로써 우리는 우리 삶에서 위대한 아름다움과 힘의 기반을 제공하는 자질들을 버리는 셈이 된다. 이 두 가지 용어의 영어적 의미를 성찰해 보는 것도 흥미롭다. 인종·계층·종교가 복잡하게 얽혀져 있는 우리 미국 문화 배경에서 수치심과 두려움은 종종 억압의 매개체와 표현으로 사용되어져 왔다. 이런 경우 우리는 수치심과 두려움을 특별히 지혜롭거나 자비로운 마음 상태로 보지 않는다.

그러면 붓다가 '세계의 수호자'라고 부른 *히리*와 *옷땁빠*는 무엇을 말하는 것인가? 아비담마에서 이 두 가지 마음상태는 마음의 보편적인 아름다운 마음 요소[共善淨心所]이다. 이것이 의미하는 바는 이것들이 모든 선한 의식에서 일어난다는 것을 말한다. 도덕적 수치심은 신체적·언어적으로 잘못된 행동에 대해 불쾌감을 느끼는 것이다. 우리는 그것을 후회하고 부끄러움을 느낀다. 잘못된 행동에 대한 두려움은 미래의 결과와 현자의 엄격한 비판과 연관되어 일어나는 지혜로운 두려움이다. 이것들은 모두 선하지 못한 것에서 물러서게 되면서 일어나는 것이다.

세계의 수호자에 대한 붓다의 가르침이 갖는 중요성을 제대로 평가하기 위해서는 어느 정도 주의가 필요하다. 이러한 요소에 대해 우리가 어떤 반응을 일으키는지를 살펴보는 것이 이해를 돕는 데 도움이 된다. 우리는 다른 사람들이 어떻게 생각하는가에 대해 눈치 보지 않고 벗어나는 것이 우리를 더 자유롭고 개방적인 상태에 두는 것이라고 생각할 수도 있다. 또는 생각해 본 것이든 이미 행한 것이든 선하지 않은 행동에 대해 수치심을 느끼는 것은 심리적으로 건강한 마음 상태가 아니라고 생각할 수도 있다.

사실 우리가 이것들을 제대로 이해하지 못하면 자신을 죄책감·비난·무가치함으로 강요하는 그런 상태에 가까워진다. 반면 우리는 지혜의 관점에서 이것들을 견지할 수도 있다. 이것들은 마음챙김에서 일어난 것일 때, 우리 자신과 타인에 대한 깊은 배려와 존중에서 일어난 것일 때 아름답게 드러난다. 이것을 행동의 기준으로 삼고 잘 이해하면 삶의 중요한 순간에 자제하게 하거나 우리가 부족한 상황에서 새롭게 일어날 수 있도록 해 준다. 이런 모든 상황에서 행동이 선하든 그렇지 않든 간에 마음에 불러일으키고 회상하게 하는 것은 바로 이런 마음챙김의 힘인 것이다.

나는 안거 수행에서 *히리*와 *옷땁빠*의 힘을 아주 생생하게 체험한 적이 있다. 앉아서 수행을 하고 있었는데, 마음이 아주 즐겁지만 다소 불선한 환상의 유혹을 받기 시작하였다. 나는 이것이 일어났다는 것을 알고, 불선한 것임을 아는 것에 마음챙김을 하였지만, 그것에 이름을 붙이는 것만으로는 그것이 갖는 장악력과 환상을 공한 현상으로 흘려보내는 것에 충분하지 않았다. 며칠 동안 계속해서 그것들이 반복해서 나타나는 것을 본 다음 나는 어떻게 해야 여기에서 풀려나는지를 생각하였다.

갑자기 *히리*와 *옷땁빠*가 구원자로 등장하였고, 그것은 마치 뒤에서 병력을 증강하여 전쟁의 흐름을 바꾸는 것과 같았다. 나는 그 환상에 대하여 실제로 행동에 옮겼다고 상상하기 시작하였고, 그것을 친구·동료·스승들이 보고 있다고 마음속에서 그리기 시작하였다. 마술처럼 지혜로운 수치심이 즉시 일어나고, 환상이 바람직한 것처럼 보이던 것이 완전히 사라져 버렸다. 그것은 마치 꿈에서 깨어난 것과 같았다. 나의 마음은 다시 깨끗해지고 개방되고 균형을 이루었다. 내가 욕망의 황홀감에 사로잡혀 있었던 때보다 더 자유로웠다.

우리가 이런 두 가지 수호자에 대한 지혜로운 수행을 이해하지 못하면, 우리 자신과 다른 사람들에게 얼마나 많은 고통이 일어나는가? 『법구경』의 67구절은 이런 이해를 잘 보여주고 있다. "후회하게 되는 행동은 좋은 행동이 아니다."

완벽한 행동만을 하는 사람은 거의 없다는 것을 기억하는 것이 중요하다. 우리는 많은 경우 유혹을 받을 것이다. 그러나 그 기준점을 잘 이해함으로써 다시 새롭게 시작할 수 있다. 반직관적이지만 아주 큰 도움이 되는 가르침은, 불선한 행동을 하는 것을 모르는 것보다 불선한 행동을 했더라도 그것을 아는 것이 더 낫다는 것이다. 불선한 것이 어떤 것인지를 모른다면 변화에 대한 동기 부여도 없기 때문이다. 그러나 그것이 불선한 것이라는 것을 안다면, 설사 우리가 그것을 하였다고 하더라도 지혜로워지고 미래에 자제할 수 있는 씨앗이 바로 거기에 있다.

지혜와 밀접한 연관

마음챙김의 마지막 측면은 그것이 지혜와 밀접한 연관이 있다는 것이다. 이것은 순수한 주의와 명료한 이해를 통해서이다. 순수한 주의의 성질은 서로 다른 차원에서 드러날 수 있고, 불교의 여러 전통에서 서로 다른 이름으로 불리고 있다. 즉 마음챙김, 벌거벗은 알아차림, 내적인 각성 등이다. 그것은 단순하고, 직접적이고, 아무 것도 방해받지 않고, 판단하지 않기 때문에 순수하고 벌거벗은 것이라고 한다. 그것은 체험에 대해 군더더기 이야기를 만들어내지 않는다. 그것은 그냥 사물을 있는 그대로 단순하게 알아차린다. 바쇼[13]의 훌륭한 다음의 하이쿠는 이런 점을 잘 포착하고 있다.

"오래된 연못에/한 마리의 개구리가 뛰어 든다/퐁당."

······

13) 마쓰오 바쇼(松尾芭蕉, 1644~1694)는 일본 에도 시대의 하이쿠 시인이다.

우리는 이런 단순함을 명상 수행에 가져올 수 있다. 무닌드라-지는 종종 다음과 같이 말하였다.

"앉아서 자신이 앉아 있다는 것을 알아라. 그러면 법이 다 드러날 것이다."

그러나 우리는 수행하면서 종종 뭔가 특별한 것을 찾는다. 그래서 이런 단순한 것을 놓쳐버리고 우리 앞에 있는 바로 그것을 간과한다. 순수한 주의가 갖는 힘과 능력은 특별한 체험에서 오는 것이 아니라 지속적인 알아차림에서 오는 것이다. 우리는 특별한 체험을 찾는 것도 아니고, 특별한 방식으로 있는 호흡이나 몸을 찾는 것도 아니다. 오히려 우리는 우리 앞에 오는 것과의 접촉을 단순히 듣고 알아차리고 받아들이는 것이다. 그것은 마치 새로운 음악 한 곡을 편안하게, 동시에 주의를 기울이면서 듣는 것과 같다. 마음챙김을 하는 것은 어렵지 않다. 그것은 단지 마음챙김하라고 기억하는 것을 훈련하는 것이다.

지혜와 연관되어 있고 지혜를 불러일으키는 마음챙김의 또 다른 측면은 '분명한 이해(clear comprehension)'라고 부르는 것이다. 이것은 모든 측면에서 정확하고 철저하게 그 무엇을 보는 것을 의미한다. 분명한 이해는 좁은 영역에 초점을 맞추는 것에서 맥락 전체를 보는 것으로 이동하여 순수한 주의를 수행하는 것이다.

9장 행동에 대한 마음챙김에서 분명한 이해가 갖는 네 가지 측면을 상세히 논의했었다. 즉 행동의 목적이나 동기를 아는 것, 행동의 적절성을 아는 것, 마음챙김의 주요한 영역을 아는 것, 망상이 아닌 것을 이해하는 것이다. 이 마지막 측면은 우리 수행의 본질적인 요소이다. 마음챙김이 모든 선한 마음상태에 있는 반면, 마음의 지혜 요소(망상이 아닌 것)는 항상 존재하는 것이 아니다. 그리고 이런 두드러진 이해는 지혜를 발휘하는 데 마음챙김이 갖는 힘을 이용하는 것이 중요하다는 것을 강조한다.

사야도 우 떼자니야가 강조한 바와 같이, "알아차리는 것만으로는 충분하지 않다." 마음챙김이 깨달음의 요소로서 기능하기 위해서는 탐구의 도약대가 있어야만 한다. 마음챙김으로 사물을 바로 정면에서 마주하게 될 때, 우리가 배우는 것은 무엇인가?

깨달음의 다음 요소인 '분별력'이라고 부르는 지혜 요소와 직결되는 것은 바로 이런 망상에서 벗어난 탐구의 측면이다.

26

법에 대한 분석적 탐구

깨달음의 두 번째 요소는 빨리어로 *담마위짜야(dhammavicaya)*라고 하는데, 이것은 지혜의 마음 요소[慧心所]이다. *담마위짜야*는 '상태의 분별', '진리의 분석', '법의 분별' 등 여러 가지로 번역되었다. 우리는 이런 깨달음의 마음 요소가, 분별의 지혜를 사용하여 진리를 판별하고 밝히는 기능을 하는 것으로 생각한다. 어떤 스승이 표현한 바와 같이 이것은 "무엇이 무엇인지를 아는 것이다."

"비구가 이런 식으로 마음챙김하면서 머무를 때, 그는 지혜를 사용하여 분별하고 조사하고 탐구한다. …, 그러면 법을 분별하는 깨달음[擇法覺支]의 요소가 그 비구에게 생긴다."[1]

그리고 바로 이 마음의 탐구 요소, 또는 활동이 우리를 무지로부터 깨어나게 한다. 『밀린다 왕문경』이라고 하는 붓다의 가르침을 설명한 훌륭한 경전이 있다. 밀린다 왕은 고대 박트리아 지방의 희랍 왕이었다. 박트리아는 현재 아프가니스탄 지방으로, 한때 알렉산더 대왕의 제국이 다스렸던 아시아 지역이다. 당시의 교육받은 다른 그리스인들과 마찬가지로 밀린다 왕은 철학적 논쟁에 아주 정통하여서, 다른 사람들이 왕과의 논쟁에서 이기기 힘들었다고 한다. 밀린다 왕의 영토에 살고 있었던 불교 승려들은 왕이 질문과 반문, 그리고 논쟁과 반논쟁으로 끊임없이 승려인 자신들을 괴롭힌다고 불평하였다. 그리하여 그들은 결국 아라한인 나가세나에게 찾아가 왕을 만나서 제발 굴복시켜 달라고 부탁하였다. 나가세나는 다음과 같이 대답하였다.

> "이제 그 왕에 대해서라면 걱정하지 마십시오. 인도의 모든 왕들이 질문거리를 가지고 나를 만나러 온다 해도, 내가 그 문제들을 잘 해결할 터이니, 이후로는 아무 탈이 없을 것이오. 아무 걱정 말고 도시로 돌아가십시오."[2]

『밀린다 왕문경』은 나가세나와 밀린다 왕이 서로 나눈 대화에 대해 정리해 놓은 것이다. 이 책에서 제기된 수많은 질문들은 오늘날 우리가 던질 수 있는 질문과 동일하다. 나가세나의 답은 항상 모든 것을 잘 설명해 주고 있다. 그 대화 가운데 왕은 몇 개의 깨달음의 요소로 인해서 정말로 깨달음에 이르게 되느냐고 묻는다. 나가세나는 단지 하나의 요소에 의해 깨달음에 도달한다고 말하면서 이 하나를 법에 대한 탐구의 요소라고 하였다. 이에 왕은 그러면 붓다는 왜 일곱 가지 깨달음의 요소를 말했느냐고 질문한다. 나가세나는 다음과 같이 대답한다.

> "칼이 칼집에 들어 있고 아직 손에 쥐지 않았다면, 베고 싶은 것을 벨 수 있겠습니까? 왕이시여, 정확히 같은 식으로, [다른] 여섯 가지 깨달음의 요소가 없다면, 법-분별이라는 깨달음의 요소에 의해 깨달을 수도 없습니다."[3]

다른 여섯 가지 깨달음의 요소는 지혜의 칼을 휘두르는 데 필요하다. 하지만 무지와 망상을 끊고 마음을 해방시키는 것은 바로 이 법 분별의 요소라는 것이다. 크리슈나무르티(Krishnamurti)가 말한 바와 같이, "해방시키는 것은 진리이지, 자유롭고자 하는 당신의 노력이 아니다." 깨달음의 다른 요소들과 마찬가지로 경전의 가르침은 이런 분별의 성질이 있는지의 여부와, 그것을 어떻게 계발하고 함양할 수 있는지 알라고 말한다. 사실 『염처경』의 내용이 다 이런 탐구에 사용할 지도를 제공하는 것이다. 그러나 어떠한 경우에도 우리의 탐구는 지혜를 통해 참다운 모습을 있는 그대로 이해하는 것이다.

분석력을 기른다

이런 분별의 요소를 계발하고 함양하는 것에는 많은 방법들이 있고, 또한 다양한 불교 전통들은 마음의 지혜를 일깨우기 위한 여러 방법을 나름대로 강조하고 있다. 그러나 비구 보디가 지적한 바와 같이, "깨달음의 요소로서 지혜가 갖는 첫 기능은 마음챙김이 깊어지면서 분명해지는 선한 마음과 불선한 마음을 분별하는 것이다."[4]

유익한 것과 유익하지 않은 것을 분별한다

지난 장에서는 마음챙김의 한 기능으로서 유익한 것과 유익하지 않은 것을 기억하고 마음에 불러내는 것을 언급하였다. 마음챙김은 이렇게 일어나는 마음 상태를 직면하게 만든다. 그리하여 탐구의 지혜 요소는 마음 상태 그 자체를 밝히면서 그 둘 사이의 차이를 분별한다. 이것은 학문적인 훈련이 아니다. 우리 마음의 지혜 요소는 사물의 바닥까지 깊이 파헤쳐 들어가는 탐구적 조사자와 같다-이렇게 하면 우리의 고통과 그 끝의 직접적 원인들을 이해하게 된다.

붓다는 이런 분별력으로 우리를 돕는다. 붓다는 몸·말·마음[身口意]의 불선한 행동들이 모두 탐욕·증오·망상[貪瞋癡]에 뿌리 내리고 있고, 선한 것은 그 반대에 뿌리 내리고 있다는 점을 지적하고 있다. 우리의 삶에서 이런 분석의 요소를 함양하고, 하루 중에 일어나는 여러 동기들을 명확하게 보기 위해서는 솔직함과 개방성이 필요하다. 그 간단한 예로서, 식사하기 위해 식탁에 앉을 때의 마음을 주목해 보라. 그때 당신은 걷기 명상 또는 소리를 들을 때처럼 마음이 편한가, 아니면 욕망과 기대로 약간이라도 마음이 흔들리는가?

당신은 그 순간의 마음상태가 어떤지를 살펴보고 점검할 수 있다. 또는 당신은 말하기 전에 마음의 동기가 어떤지를 분석할 수 있다. 자애의 마음에서 말하는 것인가, 자기 기준에서 말하거나 분노·악의에서 말하는 것인가? 이런 분석에 반응적인 판단을 취하지 않는 것이 중요하다. 만약 그렇게 하면 그것을 알아차려야 한다. 우리는 현상을 있는 그대로 보고, 그런 이해에 기초하여 현명한 결정을 내리기 위해 수행하는 것이다.

때로는 동기가 아주 빠르게 변화하는 경우도 있다. 그러므로 무엇이 일어나는지를 보고 선한 것과 불선한 것을 구별하는 데 깨어 있어야 한다. 안거 수행에서 나는 붓다의 깨달은 상태, 특히 어떤 집착이나 매달림에서도 자유로워진 상태를 성찰해 본 적이 있다. 나는 그런 상태에 있다는 것이 어떤 것일까 하고 상상하기 시작하였다. 그러고선 생각하였다. '왜 이것을 하면 안 되지?' 나는 욕망과 갈망에 빠져 있는 것보다 그것들을 원하지 않는 것이 낫다는 것을 명확하게 느꼈다. 우리는 모두 잠깐의 깨달음이라고 할지라도 자신의 체험에서 이것을 알고 있다.

내가 붓다에 대한 이런 선한 성찰과 보다 큰 자유 속에서 살아갈 가능성에 대해 스스로 고무되어 있을 때, 나의 마음은 갑자기 내가 가장 좋아하는 명상 셔츠-그것은 편안하다-로 줄달음치면서 다른 색깔의 명상 셔츠를 입고 싶다는 생각이 들었다. 나는 번개처럼 갑자기 붓다의 자유롭고 집착 없는 마음을 성찰하는 고무적이고 동기에 가득 찬 마음에서, 잠깐이긴 하지만 여러 색깔의 명상 셔츠가 나를 행복하게 해 줄 비결이라는 매혹적인 생각으로 가버렸다.

위의 예에서 우리는 깨달음의 첫 두 가지 요소가 중요하게 함께 작동하는 것을 알 수 있다. 어떤 지점에서 파수꾼인 '마음챙김'이 이런 모든 셔츠 사고를 알아차린다. 그리고 분석의 요소가 어떤 번뇌가 그것을 활발하게 하는지를 자세히 본다. 첫 번째는 편안하고 안락한 셔츠의 느낌에 대한 단순한 욕망이다. 그러나 이에 더하여 나는 자만심[慢]의 번뇌를 볼 수 있다. 이 자만심은 불교에서 아주 특별한 의미를 갖고 있다. 자만심은 '나는 이러하였다, 이러하다, 이러할 것이다'라고 생각하고, 때로는 이런 자아를 다른 자아와 비교-낫다, 못하다, 똑같다-하는 요소이다. 이런 경우 비록 나는 지금 안거 명상 수행을 하고 있지만, 다음번의 안거에 자아감과 나의 자아가 입고자 하는 것을 투사하고 있었다. 이럴 때 나는 자만심 요소를 워즈앰 윌비(Was-Am Will-be)라고 이름 붙인 조그마한 만화 캐릭터 속에 집어넣었다. 이것은 내가 자만심이 일어날 때마다 이름 붙이기를 하는 효과적인 방법이 되었다. 법을 분별하는 이런 깨달음의 요소가 갖는 해방적인 힘은 모든 자아 관련 사고가 무아성이라는 것을 보는 데서 드러난다.

고통의 습관 패턴을 인식한다

또한 진리를 분별하는 지혜는 고통스러운 감정의 폭풍에 사로잡혀 있거나, 또는 단지 기본적인 성향에 따라 행동할 때 작동한다. 이런 상황에서 아잔 차는 고통에는 두 가지 종류가 있다는 것을 상기시킨다. 즉 더 많은 고통으로 이끄는 고통과 고통의 소멸이라는 목적을 향하는 고통이다. 이것은 법의 분별을 일으키게끔 한다. 감정적 혼란에 있을 때 고통의 습관적인 패턴에서 길을 잃거나 그것을 행동으로 드러내는 대신, 우선 실제로 무엇이 일어나고 있는지-즉 감정 그 자체의 성질-를 분석하고, 그 다음 그런 정서에 우리가 어떻게 관련되어 있는지를 본다. 우리는 그것을 '나' 또는 '나의 것'으로 주장하고 있는가?

때로는 명확한 인식이라는 간단한 행위만으로도 그것을 받아들이고 흘려보내는 데 충분하다. 알 수도 없는 감정의 폭풍에 휘말리는 대신, 감정이 공포 또는 외로움·지루함 또는 불행감인지를 분별하기 시작한다. 법의 분석을 통한 명확한 분별은 현순간의 체험과 정확하게 자신을 일치시키기 때문에, 체험을 있는 그대로 수용하게 할 수 있다. 그것은 받아들이는 하나의 방법으로서, "그래, 이것은 바로 여기에서 일어나는 것이야"라고 받아들이게 된다. 이런 수용의 지점에서 우리는 정서의 무상성·무아성을 더 명확하게 볼 수 있고, 그것과 동일화하는 데서 자유롭게 된다. 즉 있는 그대로 흘려보내는 것이다.

성격을 자아가 아닌 것으로 본다

법에 대한 분석적 탐구는 우리의 기본적 성격 구조에 대해 많은 것을 드러내 준다. 불교 주석 문헌에서는 기본 성격의 유형에 대해 세 가지를 언급하고 있다. 각 성격의 유형에는 긍정적인 면과 부정적인 면이 동시에 있다. 탐욕적이거나 욕망하는 유형은 대개 자신이 좋아하거나 원하는 것을 본다. 이런 성격의 유형이 갖는 특질은 지혜를 통해서 믿음과 헌신으로 변화되어 선한 것으로 향하게 된다. 혐오 유형은 전형적으로 세계와 이 세계에 사는 모든 사람의 잘못된 것만을 본다. 긍정적인 변화를 통해서 혐오는 분석하고 판별하는 지성으로 나아간다. 그리고 망상 유형은 어떤 사물에 대한 것 중 많은 것을 알아차리지 못하고 놓친다. 그러나 깨달음을 얻게 되면 망상은 대단한 평정심으로 변화된다.

이런 성격의 틀을 파악하는 가치는, 우리 자신과 다른 사람들의 성격 패턴을 인식하여 이런 모든 것이 실재적인 자아감의 표현이라기보다는 비개인적이며 단순히 습관적인 경향들의 작동이라고 이해하기 시작하는 데 있다. 이런 성격 패턴은 무의식적인 감옥이 되는 것이 아니라 변화의 무대가 된다.

사고가 갖는 성질을 이해한다

마음을 분석적으로 탐구하는 가장 합리적인 측면들 중의 하나는 우리의 사고(思考)를 점검하는 데서 온다. 대개 우리는 자신이 생각하고 있다는 사실조차도 알아차리지 못하고, 우리 마음이 꾸미는 영화 속에서 길을 잃고 헤매고 있다. 그러나 사고를 마음챙김의 대상으로 여겨 충분히 마음챙김을 하면 우리가 생각하는 것이 *무엇인지*를 알아차리기 시작하고, 보다 깊은 차원에서 지혜는 사고 자체가 갖는 덧없고 무상한 성질을 보게 된다. 딜고 켄체 린포체는 이런 이해에서 성취할 수 있는 자유에 대해 지적하고 있다.

"무지개가 나타나면, 우리는 여러 가지 아름다운 색깔들을 본다. 그렇지만 무지개는 우리가 입을 수도 없고, 장신구로 걸칠 수도 없다. 그것은 단지 여러 조건의 조합으로 나타난 것일 뿐이다. 그것들은 결코 어떤 유형적인 실재도 아니고, 고유한 존재도 아니다. 그러므로 사고가 우리에게 그렇게 많은 힘을 발휘해야만 하는 논리적인 이유도 없고, 우리가 그것들의 노예가 되어야만 하는 이유도 없다. …

일단 우리가 자신의 사고가 비어 있다는 것을 깨닫게 되면, 마음은 더 이상 우리를 기만하는 힘을 발휘할 수 없다. 그러나 우리가 착각적인 사고들을 실재하는 것으로 여기는 한, 그 사고들은 계속해서 우리를 무자비하게 괴롭힐 것이다. 수없이 많은 전생에서 그렇게 해왔던 것처럼."[5]

마음과 몸의 과정을 탐색한다

강한 마음챙김을 기반으로 하는 분석이라는 깨달음의 요소는 또한 이런 마음과 몸의 기본 성질을 탐색하게 하고, 어떤 특정한 내용보다 그 순간적인 과정에 초점을 맞추게 한다. 붓다는 종종 이런 과정을 명확하게 보는 것이 자유에 이르는 문이라고 가르쳤다.

> "무상을 볼 때, 무아에 대한 지각이 정립된다. 무아를 보는 사람은 '내가 있다'는 자만심을 뿌리 뽑는다. 그것이 바로 이 삶에서의 열반이다."[6]

이전의 장들에서 언급한 바와 같이, '자아'라고 부르는 것은 단순히 앎과 대상이 짝을 이루어 진행되는 것이다. 그리고 수행의 서로 다른 단계에서 우리는 점차로 이런 진행과정의 미세한 부분들을 지각하고, 모든 현상들이 재빨리 일어나고 사라지는 것을 보았다. 이런 차원의 무상성에 대한 직접 체험은 모든 조건화된 일어남에 내재되어 있는 불만족과 무아의 성질을 드러낸다. 이것은 대승 전통의 위대한 가르침 중 하나인 『금강경』에 있는 유명한 구절에 아름답게 표현되어 있다. 이것은 깨달음의 이런 요소가 지닌 본질을 몇 마디로 잘 포착하고 있다. "그러므로 너희들은 이런 흘러가는 세계에 대해 이렇게 생각해야만 한다. 꿈이나 허깨비와도 같고 물거품이나 그림자와도 같으며, 이슬이나 번개와도 같다[如夢幻泡影. 如露亦如電]."

분석적 탐구로 생성되는 지혜를 통하여 우리는 그것을 충분히 깨달을 수 있는 노력을 기울이도록 격려를 받아 힘이 난다. 그리고 이런 고무와 열의는 *위리야(viriya)*, 즉 정진력을 함양하는 기반이 된다. 다음 장에서는 이 깨달음의 요소에 대해 살펴볼 것이다.

27

정진력

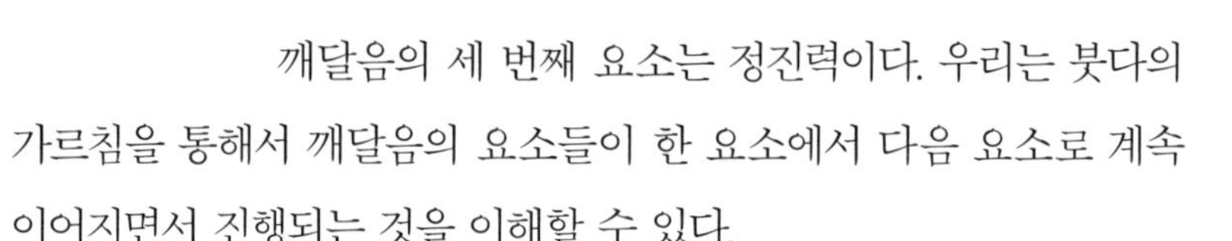

깨달음의 세 번째 요소는 정진력이다. 우리는 붓다의 가르침을 통해서 깨달음의 요소들이 한 요소에서 다음 요소로 계속 이어지면서 진행되는 것을 이해할 수 있다.

> "[몸·느낌·마음·체험의 범주들, 이런 4념처(四念處)에 대해] 마음챙김하면서 머무를 때, 그는 지혜로 사태를 점검하고 탐구하며, 그것에 대한 완전한 조사에 들어가게 된다. 그 사태를 지혜로 점검하고 탐구하고 완전한 조사에 들어간 사람에게는 지치지 않는 정진력이 일어난다. 어떠한 때라도 정진력이 일어난다. … 그리고 그가 이 정진력을 계발하면, 그 계발에 의해서 정진력이 성취된다."[1]

정진력[빨리어로는 *위리야(viriya)*]은 모든 성취의 뿌리이고, 나태와 게으름의 정반대의 요소이다. 어떤 노력이 완전히 성취되기 위해서는 정진력이 필요하다는 것은 너무나 분명하게 보이지만, 우리가 이 마음의 자질을 어떻게 이해하고 그것을 어떻게 적용하는지에 따라, 다음 깨달음의 요소인 즐거움의 원천이 될지, 좌절과 실망의 원천이 될지 결정된다.

아비담마에서 정진력은 '때때로 일어나는 마음 요소[雜心所]'라고 불리는데, 이것이 의미하는 바는 선한 것과 관계 맺을 수도 있고, 불선한 것과 관계 맺을 수도 있다는 것이다. 사람들이 정진력을 여러 목적으로 즉 때로는 선한 목적으로, 때로는 해를 끼칠 목적으로 사용한다는 것을 알 수 있다. 그러나 보다 미세한 차원에서 심지어 선한 목적이라고 하여도 정진력의 요소를 유익하거나 유익하지 않은 방식으로 적용하고 있지 않은지를 분석할 필요가 있다.

무엇을 하는 힘으로서의 정진력

위리야라고 하는 빨리어가 영어로 번역되는 다양한 방식에서 이 용어가 여러 가지 뉘앙스를 띠고 있다는 것을 알 수 있다. 영어로는 'energy(에너지)', 'effort(노력)', 'strength(힘)', 'courage(용기)', 'vigor(활력)', 'perseverance(인내)', 'persistence(지속성)' 등으로 번역된다. 이런 번역 용어들은 빨리어 용어가 갖고 있는 여러 측면들을 드러내고 있다. '에너지'라는 가장 기본적인 의미에서 *위리야*는 활동하는 능력, 무엇을 하고자 하는 힘이다. 이 에너지의 능력, 하려고 하는 힘은 다양한 방식으로 드러난다.

힘

정진력의 한 기능은 홍수가 날 때 제방을 보강하는 것처럼 무언가를 떠받치는 것이다. 『밀린다 왕문경』에서 나가세나는 *위리야*를 다음과 같이 묘사하고 있다.

> "왕이시여, 어떤 사람이 여분의 나무토막으로 허물어져 가는 집을 떠받치면, 그 떠받쳐진 집은 허물어지지 않는 것과 같습니다. 왕이시여, 그러한 것처럼 *위리야*는 떠받치는 성질이 있습니다. 즉 *위리야*로 떠받치면 어떠한 선법도 잃지 않습니다."[2]

붓다는 수행하면 지혜가 자라고, 수행을 하지 않으면 지혜가 시든다는 가르침을 『법구경』에서 아주 명확하게 강조하고 있다. 유익한 법이 상실되지 않고 깨달음의 궤적을 계속 유지하게 만드는 것은 바로 정진력의 요소 때문이다.

*위리야*가 또한 힘으로서 드러나는 것은 바로 이런 선한 상태를 떠받치는 *위리야*의 기능 때문이다.

> "그리고 힘의 능력이란 무엇인가? 여기, 성스러운 제자가 힘을 내는 사람으로 산다. 불선법을 버리고 선법을 일으키기 위해 그 사람은 확고하고 꾸준하게 선법과 관련된 목적을 포기하지 않는다."[3]

이런 두 가지 가르침에 선한 마음 상태를 계발하는 정진력의 통로가 있다. 붓다는 이 힘, 활동의 능력이 갖는 중요성을 강조하면서 자유로워지기 위해서 이 힘을 사용하라고 격려하고 촉구하고 있다.

용기

*위리야*의 또 다른 측면은 정진력과 힘과 즉시 연관시키기 어려울지도 모르겠는데, 그것은 바로 용기이다. 이것은 수행의 길을 갈 때 우리 마음에 강력하게 힘을 불어넣는 자질이다. 나태와 게으름이 어려움에서 물러서게 하는 성질이 있다면, 용기는 이와 반대의 성질이 있다. 용기는 도전에 의해 활력을 받는다. 오히려 어려운 과제를 만나면 고무되어 그 해결을 추구한다. 용기가 있으면 자신이 원하는 것을 성취하기 위해서 어려운 도전을 기꺼이 맞아들인다. 그리고 어렵다는 생각, 또는 떠맡아야 하는 기나긴 시간 때문에 좌절하지 않는다. 불성을 추구하는 보살로 있던 시절, 싯다르타는 널리 알려진 다음과 같은 결심을 한다.

> '몸에 피부와 힘줄·뼈만 남도록, 몸에서 살과 피가 바싹 마르도록, 나는 사람의 능력·사람의 노력·사람의 분투로 이겨낼 만한 것을 이길 때까지 결코 노력을 그치지 않으리.'[4]

우리는 이것을 읽고 '그래, 이런 정도의 용기에 가득 찬 결심은 붓다가 될 사람에게는 좋은 것이야, 하지만 내가 할 수 있는 것이라고 생각하기에는 너무 먼 것이야'라고 생각할지 모른다. 하지만 비록 우리가 보살의 결심 수준에 도달하지는 못하였지만, 자신의 목표를 이루기 위해 대단한 용맹과 용기를 보여주는 사람들의 예도 많다.

통찰명상협회에서 스텝으로 일하고 있는 사람들 중 한 명이 *위리야*의 많은 사례들을 보여주는 이야기를 들려주었다. 명상 센터에 오기 전, 그는 군대에서 일하고 있었는데, 한 번은 35파운드의 등짐을

지고 마라톤을 뛰어보기로 하였다. 마라톤 코스의 거의 대부분은 사막이었다. 내가 그에게 왜 그런 노력을 하느냐고 물었을 때, 그는 극한 상황에 직면하여 자신을 시험해 보고 싶었다고 대답하였다. 이 이야기를 다시 들려주면서 그는 13마일에서 중지하고 구급차를 타고 편안한 장소로 돌아오고 싶었고, 그렇게 하라는 생각의 유혹이 끓어올랐다고 한다. 그러나 어쨌든 그는 에너지·힘·용기를 끌어올려서 마지막까지 레이스를 뛰었다. 이것이 *위리야*의 자질이다. *위리야*는 결심을 떠받치고, 마음에 힘을 주고, 용기로 어려움에 직면하게 만든다. 그리고 나를 다시 놀라게 한 것은 그가 내년의 레이스에 참가하겠다고 등록을 한 사실이었다.

우리는 또한 이런 용기에 가득 찬 에너지를 사회운동의 선봉에 서서 일하는 사람들에게서 볼 수 있다. 이 나라의 시민 권리 운동이 시작되던 때를 돌이켜 생각해 보자. 나는 마틴 루터 킹 2세가 증오와 난폭함이 넘쳐나던 사람들에게 둘러싸여서, 북쪽과 남쪽에서 자유의 행진을 이끌고 있었던 영화 장면을 기억한다. 이런 모든 것에도 불구하고 킹은 비폭력과 사랑에 헌신하는 모습으로 미국 전역에 감명을 주었다.

이런 훌륭한 이야기는 나를 자극하고 고무한다. 왜냐하면 우리는 실제로 자신이 할 수 있지만, 불편하고 힘들게 여겨져서 종종 자신의 한계를 뛰어넘어 도전하지 않기 때문이다. 미얀마의 명상 스승인 사야도 우 떼자니야는 다음과 같이 말한다.

> 곤경을 피하거나 곤경으로부터 도망가는 데는 보통 큰 기술도, 노력도 필요하지 않다. 그러나 그렇게 하면 자신의 한계를 시험해 보고

성장할 수가 없다. 곤경에 맞서는 능력은 우리의 성장에 중요하다. 그러나 만약 너무나도 강력해서 대처하기 어려운 상황과 마주친다면, 잠시 물러서서 능숙하게 그것에 맞설 만한 힘이 길러질 때까지 기다려야 한다.[5]

노력에 균형을 잡는다

*위리야*가 갖는 다른 뉘앙스들-에너지·힘·용기-을 이해하게 되면 이런 모든 자질들과 노력 사이의 관계를 파악하지 않으면 안 되는 어려움에 봉착한다. 노력은 무엇인가? 언제 균형을 잡는가? 역효과가 날 때는 언제인가? 노력은 어떤 목적을 성취하기 위해 들이는 에너지의 소비이다. 그러나 영어의 *노력(effort)*이라는 단어에는 함축된 의미가 많이 담겨 있으므로, 그 노력이라는 것을 수행에 유익하게 적용하기 위해서는 조심스럽게 살펴볼 필요가 있다. 그렇게 하기 위해서 먼저 유익하지 않은 적용에 대해 살펴볼 것이다.

노력은 마음을 몰아붙이는 것-나는 이것을 '노력 쥐어짜기(efforting)'라고 부른다-이 되면 유익하지 않을 수 있다. 노력은 오히려 마음을 이완시키는 것이 되어야 한다. 노력은 무엇을 얻으려고 하고 기대에 가득 차 있으면 유익하지 않게 된다. 노력은 이미 거기 있는 것에 대해 개방적이고 수용적이어야 한다.

나는 인도에서 수년 동안 명상을 하였는데, 수행 초기에 노력을 잘못해서 꽤 오랫동안 힘든 체험을 하였다. 명상할 때 어떤 시기에 내 몸의 에너지 체계가 빛의 자연스러운 흐름으로 진입하였다. 한 번에 몇 시간이고 앉아 있는 것도 쉬웠다. 그리하여 나는 명상의 이런 시간들을 완전히 즐겼다. 그러나 여러 사정으로 인해서 미국에서 수 개월 동안 생활하게 되었고, 그 동안 나는 종종 인도로 돌아가서 나의 '빛으로 된 몸' 체험을 기대하곤 하였다. 그러나 내가 보드가야로 돌아가서 집중적인 명상 수행을 하였을 때, 내가 체험한 것은 빛으로 된 몸이 아니었다. 내 몸이 마치 비비 꼬인 쇠막대기처럼 느껴졌다. 환경이 바뀐 것은 분명하였지만, 2년 동안 그 즐거운 빛의 흐름으로 다시 돌아가려고 엄청나게 공을 들였다. 그때는 수행 기간 중 가장 힘든 시기였는데, 항상 거기 있는 것 이상의 그 무엇을 원하고 있었다.

그 시기가 지난 다음 결국 나는 원하는 모든 것을 내려놓고, 주어지는 그 자체로 다시 돌아가서 모든 것을 받아들였다. 그리고 빛으로 된 몸이라는 현상이 이전과 동일하게 돌아오지는 않았지만, 거기에는 순간순간 일어나고 사라지는 현상의 무난한 흐름이 있었다. 나는 변화하고 지나가는 모든 것을 다시 되찾으려고 하면서 과거의 체험이라는 시체를 여기저기 질질 끌고 다녔었다는 것을 깨달았다.

여기에서 배울 수 있는 교훈은 우리가 *어떻게* 노력을 해야 하는지에 대한 마음챙김이 필요하다는 것이다. 특별한 무엇인가가 일어나야 한다고 생각하는 강한 목표의식-나는 이것을 '무엇을 위한' 마음이라고 말한다-이 있거나, 어떤 대상을 상실할까봐 너무 세게 매달리게 될 때는, 마음을 개방하고 이완하면서 노력의 질적인 측면을 부드럽게 할 필요가 있다. 반면 마음이 계속해서 여기저기 산만해져서 무엇이 일어나고 있는가에 대해 분석하려는 노력이 없을 때는, 이런 노력 요소를 강화할 필요가 있다.

그렇다고 해서 완벽한 균형을 찾아 거기에 안주해야 한다는 것을 의미하지는 않는다. *위리야*의 함양은 아주 세련된 예술이다. 우리는 항상 현재 상황을 보고, 그것을 지혜롭게 이해할 필요가 있으며-"마음을 너무 세게 다루는가? 너무 느슨한가?"- 적절하게 조절해야 한다. 붓다는 올바른 노력이 갖는 예술적인 성질을 묘사하면서 현악기의 줄을 조율하는 예를 들고 있다. 줄이 너무 빡빡하거나 너무 느슨하면 아름다운 소리가 나지 않는다. 때때로 우리 마음의 악기를 조율할 필요가 있다. 이럴 경우 우리는 노력의 질적인 측면에 주의를 기울여야 한다.

수행에서 노력과 정진력의 주기

이 정진력이라는 깨달음의 요소를 탐구하기 위해 노력이 어떻게 정진력을 산출하는지를 보는 것이 도움이 된다. 대개 우리는 노력을 하기 위해 정진력이 필요하다고 생각하고, 정진력이 낮아진다고 느껴지면 단순히 쉬려고 한다. 그리고 때로는 그럴 경우가 있을지도 모른다. 그러나 정진력이 낮다고 느끼는 경우라고 하여도 어떤 육체적 운동이나 정신적 도전을 하기 위해 노력을 기울이는 때도 있다. 그러면 놀랍게도 이런 노력이 당신의 정진력을 충전시키고 새롭게 만드는 경우가 종종 있기도 하다.

명상 수행에서 하루에 몇 차례 이런 정진력 주기를 체험할 수 있다. 우리가 *위리야*의 다른 측면을 일단 이해하게 되면, 여러 가지 유익한 방식으로 정진력을 내면서 수행할 수 있다. 우리는 때로 스스로 설정한 한계를 보고, 안전지대의 벼랑 끝까지 가보자고 고무되면서, *위리야*의 용기 있는 측면을 강조하고 싶을 수도 있다. 이것은 아마도 수행하면서 평소보다 좀 더 좌선하거나, 좌선하는 동안 움직이지 말고 자세를 바꾸지도 말자고 다짐하는 것을 의미할 것이다. 이것은 좀 더 오랫동안 걸으면서 명상하는 것을 의미하기도 하고, 또는 기본적인 5계만 지키지 않고 정오 이후 아무 것도 먹지 않는다는 것도 포함된 8계까지 지킨다는 것을 의미하기도 한다. 이것을 할 때 흥미를 갖고, 기꺼이 하겠다는 마음과 탐구하고자 하는 용기를 갖는 것이 중요하다. 이것은 '의무' 또는 옳고 그름의 문제가 아니다.

또 다른 한편으로, 마음이 너무 긴장하고 있거나, 너무 노력을 쥐어짜고 자기 평가에 가득 차 있는 경우에는 *위리야*의 보다 부드러운 측면을 함양할 수 있다. 이것은 끈기와 지속성의 측면들이다. 우리는 마음이 항상 자신과 함께 있고, 하루 종일 마음에 주의를 기울이고, 무엇을 하고 있는지를 살펴보면서 스스로를 훈련시킬 수 있다는 것을 이해하고 있다. 이런 상황에서 마음의 문을 열고 이완하게 되면, 아주 자연스러운 에너지가 일어날 수 있는 공간을 만드는 셈이 된다.

정진력을 일어나게 하는 원인

어떤 목표와 열망을 성취하기 위해서 정진력을 함양해야 한다는 것은 쉽게 이해할 수 있다. 그러나 정진력을 일으키는 원인은 무엇이고, 또한 깨달음의 한 요소인 정진력을 북돋우는 것은 무엇인가? 즉 불선한 것을 포기하고, 모든 유익한 것을 완벽히 계발하는 데 우리의 정진력을 사용하게끔 하는 것은 무엇인가?

영적인 긴박감

깨달음의 한 요소인 *위리야*를 일으키는 근접 원인은 영적인 긴박감이다. 붓다는 이런 깨달음의 요소가 단순히 한가할 때 수행하는 그 무엇이 아니라, 죽고 사는 문제와 관련된 것이라고 말하였다.

이런 긴박감을 일깨우는 몇 가지의 강력한 성찰들이 있다. 우리는 현재 상황의 소중함에 대해 성찰할 수 있다. 그것을 윤회의 여러 삶 중 현생이라는 맥락에서 생각하든, 단지 현생 가운데 지금 이 순간이라고 생각하든 우리가 법문을 듣고, 더군다나 수행에 대한 흥미와 동기, 적절한 수행 기회라는 여러 조건이 함께 잘 갖추어진다는 것이 얼마나 드문 일인지를 알고 그것을 소중하게 여길 수 있다. 우리는 종종 상황이 항상 좋아질 것이라고 생각하지만, 우리를 둘러싼 세계를 보면 정말로 불확실하다는 것-전쟁과 폭력부터 자연 재해에 이르기까지, 그리고 우리의 늙어가는 몸도-을 알 수 있다. 상황이 불확실하다는 것을 지혜롭게 성찰하여 현재 상황이 얼마나 소중한지를 깨닫고 정진력을 일으키는 원인으로 삼아야 한다.

죽음을 성찰하는 것도 자신과 다른 사람을 위해서 쓸 수 있는 남은 시간이 별로 없다는 것을 상기시키는 또 다른 강력한 방법이다. 삶은 매일 짧아져만 간다. 하루하루 살아갈 날이 줄어들고 있다. 우리가 이런 진실을 영적 긴박감을 일으키는 하나의 방법으로 자각할 수 있을까? 이것이 우리를 고무시키는가? 이것이 우리를 놀라게 하는가? 붓다는 종종 비구들에게 다음과 같이 촉구하였다. "여기 나무와 나무뿌리가 있다. 나중에 후회하지 않도록 지금 여기 앉아 명상하라."

또한 우리는 축적한 것은 결국 모두 흩어지기 마련이라는 것을 성찰하면서, 많은 시간을 축적하기 위해 낭비한다는 것을 알 수 있다. 우리의 축적 대상은 아마 부와 재산, 또는 사람과 그 관계이거나 사업기획과 위대한 업적일 수도 있다. 이런 모든 것은 부분적으로 유익할 수 있지만, 인도의 위대한 샨띠데와 스님은 다음과 같이 우리에게 상기시켜 주고 있다. "그리고 이것에 대한 이해를 확고히 하라. 우리가 바라는 모든 것은 결국 무(無)로 사라져 버린다."[6]

이런 이해는 우리의 유일한 재산이라고 할 수 있는 것은 우리 자신의 업의 열매뿐이라는 것을 강하게 되새기도록 해 준다. 과거의 선한 행동 덕분에 우리는 모두 보물섬-인간으로 태어났다는 사실의 소중함-에 살게 되는 놀라운 행운을 얻었다. 인간의 삶이 보물섬인 이유는 여기에 모든 행복의 원인이 있기 때문이다. 여기는 법을 수행할 수 있는 기회가 있는 장소이다. 붓다는 이런 가능성을 짧고 함축적인 가르침으로 요약하고 있다. "불선한 것에서 물러나라. 좋은 일을 하고 마음을 정화시켜라. 이것은 모든 붓다들의 가르침이다."

윤회를 성찰한다

우리는 윤회의 결함을 성찰함으로써 *위리야*를 더욱 더 고무할 수 있다. *윤회*의 한 의미는 '끊임없는 방랑'이다. 붓다의 가르침에 의하면, 우리 자신의 업의 힘, 우리의 선한 행동과 불선한 행동에 의해서 우리는 가장 낮은 곳에서 가장 높은 곳까지, 체험의 여러 영역들을 헤매고 다닌다. 그리고 다시 되돌아서 가는데, 마치 병 속에서 웅웅거리며 돌아다니는 벌과 같다. 우리는 이런 과정을 하루 동안에도 볼 수 있다. 짧든 길든 간에 하루 중에 얼마나 많은 마음의 세계에서 살고 있는가? 우리는 친구 또는 가족과 함께 있는 자신을 상상하기도 하고, 또는 미래를 위한 계획에 골몰하기도 한다. 우리는 행복 또는 슬픔, 불안 또는 흥분, 고요함 또는 산만함의 세계에서 살고 있다. 이런 모든 것은 마음이 장난을 치는 것이다. 우리가 이런 마음의 장난과 동일화할 때 윤회의 방랑 속에서 헤매는 것이다.

꼬리를 물고 일어나는 생각에서 빠져나오는 순간을 주의 깊게 살펴보아라. 그것은 마치 영화관에서 나오는 것과 같다. 우리가 이야기 속에 빠져서 헤맬 때는 그것이 마치 실재처럼 보이지만, 이런 모든 것은 마음의 또 다른 투명한 영화에 불과하다. 이런 끊임없는 사이클에서 우리를 자유롭게 하는 것은 *위리야*의 영웅적인 힘 덕분이다. 우리는 변화하는 현상에 미혹되는 대신, 이런 현상의 흐름에 마음챙김을 하기 위해 정진력을 일으킨다. 우리는 자신의 조건화된 패턴에서 벗어나서 자아라는 근본적인 매듭을 끊고 꿰뚫어본다. 우리 자신의 소중한 인간의 삶, 상황의 불확실성, 죽음의 불가피성, 윤회의 결함, 해탈의 가능성, 이런 모든 것을 성찰하게 되면 용기 있는 정진력의 요소가 일어나고, 그것은 결과적으로 모든 성취의 기초·뿌리·기반이 된다.

28

환희

일곱 가지 깨달음의 요소 중 네 번째는 빨리어로 *삐띠*(*pīti*, 喜)라고 부르는 것이다. 이 용어는 '환희', '행복', '기쁨', '즐거움 또는 환희에 찬 흥미' 등으로 번역된다. 이 용어를 들을 때 어떤 느낌이 드는지를 잠시 생각해 보라. *삐띠*는 더운 여름날 시원한 바람처럼 마음과 몸을 생기 있고 즐겁게 하는 기능을 한다. 환희는 악의와 정반대의 뜻으로 악의와 함께할 수 없으므로 마음이 *삐띠*에 가득 차 있으면 분노 또는 나쁜 의도가 일어날 공간이 없다.

깨달음의 이 요소를 명확하게 이해하기 위해서, 다른 상태-빨리어로 *수카*(*sukha*)라고 하는 마음의 상태-와 *삐띠*를 비교해 보는 것이 도움이 된다. *수카*도 종종 '기쁨' 또는 '행복'으로 번역되기도 해서 혼란스럽기도 하다. 수행이 깊어져 가면서 이 두 마음 상태의 구별이 명확해지지만, 지금은 우선 각 마음의 상태가 갖는 몇 가지 특징을 언급하고자 한다.

개념적인 차원에서 *수카*는 수온-즉 즐거운 느낌-에 속하지만, *삐띠*는 행온에 속한다. 환희는 대개 각성과 부푼 기대의 강한 에너지라는 성질을 갖고 있다. 우리가 뜨거운 사막을 건너면서, 갑자기 시원하고 생기를 불어넣어 주는 오아시스를 볼 때 일어나는 그런 기대이다. 그러나 때로는 *삐띠*의 에너지가 너무 강해서 몸이 충분히 개방되어 있지 않으면 불쾌하게 여겨질 때도 있다. 그 반면 *수카*, 즉 행복감은 보다 부드럽고 보다 세련된 편안함과 안녕감의 체험이다. *수카*는 실제로 오아시스에 도달하여 한숨 놓은 아주 편안한 느낌이 생길 때 일어난다.

앞 장에서 언급한 바와 같이, 붓다가 마음챙김의 두 번째 토대에서 세간적인 즐거운 느낌과 출세간적인 즐거운 느낌을 구분한 것처럼, 감각적 즐거움과 연관된 환희와, 은둔과 금욕에서 오는 출세간적인 환희 사이에는 차이가 있다. 여기서 언급하는 은둔과 금욕은 외부적인 환경을 말하는 것이기도 하지만, 아마도 더 중요한 것은 마음을 힘들게 하고 어지럽히는 요소들, 장애들을 극복할 때 발휘되는 마음의 은둔과 금욕이다.

우리가 깨달음의 요소로서 환희를 말할 때는, 깨달음에 도움이 되는 출세간적인 환희를 말한다. 붓다는 『호흡에 대한 마음챙김의 경전(Ānāpānasati Sutta)』에서 환희는 지칠 줄 모르는 정진력에서 오며, 정진력은 분석적 탐구에서 온다고 하였다. 그리고 이 분별의 지혜는 지속적인 마음챙김에서 생긴다. 바로 여기서 우리는 깨달음의 요소들이 차례대로 의미 있고 제대로 전개되어가는 것을 본다.

환희의 다섯 가지 등급

환희가 있을 때 어떻게 그것을 인식하는가? 어떻게 그것을 체험하고, 어떻게 그것을 함양할 것인가?

붓다는 환희를 다섯 등급 또는 차원으로 말하였다. 첫 번째 등급은 '경미한 환희'이다. 경미한 환희가 있으면 허리가 제대로 펴지고, 의식적으로 노력하지 않아도 제대로 자세를 잡게 된다. 이럴 경우 닭살이 돋거나 몸의 떨림이 있을 수도 있다.

두 번째는 '순간적인 환희'라고 부른다. 이것은 마치 벼락이 지나가듯이 급작스런 에너지의 충격같이 느껴진다. 마치 엘리베이터가 올라가다가 갑자기 툭 하고 떨어지는 그런 느낌이기도 하다. 한때 나는 누워서 하는 명상 수행을 하고 있었는데, 이런 순간적인 환희의 충격이 강하게 와서 급작스럽게 자세를 똑바로 한 적이 있다.

*삐띠*의 세 번째 종류는 '파도 같은 또는 샤워 같은 환희'이다. 이것은 마치 파도가 해안가를 덮치듯이 반복해서 몸 전체로 황홀한 감각으로 덮이는 그런 종류의 환희이다. 때로는 각각의 파도에서 환희의 느낌이 점차로 더 강해지는 경우도 있다.

네 번째는 '하늘로 치솟아 올라가는 환희'이다. 이런 *삐띠*가 있을 때는 마치 몸 전체가 공중으로 떠 있어서 바닥을 짚고 있는 느낌이 들지 않는다. 마치 공기로 된 쿠션 위에 앉아 있거나 공중에 떠서 위아래로 움직이는 것처럼 느껴진다. 나는 사야도 우 빤디따에게서 내가 이럴 때 한 체험을, 마치 마법의 담요 위에 있는 것 같다고 말한 적이 있다. 그는 체험을 시적으로 기술하는 것을 별로 좋아하지 않고, 실제로 느낀 것을 신체 요소를 통해서 정확하게 기술하는 명상

보고를 좋아하기 때문에, 그가 나에게 건넨 딱 한 마디는 "이전에 마술 담요를 타 본 적이 있나요?"라는 것이었다. 그의 이런 반응은 내가 체험한 즐거운 마음상태에 알게 모르게 집착하는 것을 줄이는 데 도움이 되었다. 이런 종류의 환희가 갖는 또 다른 현상은 걷기 명상을 할 때도 일어날 수 있다. 그럴 때는 땅 밑으로 꺼지거나 탄력 있는 고무막을 걷는 느낌을 받을 때도 있다.

불교 문헌에는 공중 부양을 하는 사람들의 이야기가 있다. 이런 일은 우리 체험의 바깥에 있는 일이기는 하지만, 대단한 능력을 가진 요기들의 가르침과 실제적인 설명에 의하면 이런 공중 부양은 그들이 갖춘 힘이 자연스럽게 현시된 것이거나, 하늘에 오를 듯한 환희의 경지에 올랐을 때 일어날 수 있다고 한다. 통찰명상협회의 3개월 안거 수행 동안, 어떤 수행자가 자신이 누워서 명상을 하고 있는데, 바닥에서 실제로 몸이 몇 인치 떠오르는 것을 느꼈다고 하였다. 나는 그것이 뜨는 느낌이었는지, 아니면 실제로 떠올랐는지 모른다. 단지 나는 이렇게 말할 뿐이었다. "그것을 알아차렸는가요?"

*삐띠*의 다섯 번째는 '지속되는 환희'라고 불린다. 마하시 사야도는 이렇게 묘사하였다. "극도의 달콤하고 미묘한 전율감이 있으면서, 숭고한 행복감과 명랑한 느낌이 온 몸을 채운다."

이런 다양한 환희와 기쁨은 우리의 수행이 강력한 마음챙김에 의해 탄력 받을 때, 다섯 가지 영적 요소들이 모두 균형을 이루고 있을 때 계발된다. 그럴 때 수행은 스스로 진전되어 가고, 마음은 놀라운 신뢰와 에너지로 충만된다. 우리는 사물들이 아주 빠르게 일어나고 사라지는 것을 보고 이해하게 된다. 이런 지혜와 애쓰지 않는 에너지는 강하고 즐거운 흥미와 함께 마음을 가득 채운다. 이럴 때에는 종종 마음에 빛이 퍼져 나가고, 어떤 수행자들은 어둠속에서 사물을 볼 수 있거나 오래 전의 일들을 기억하기도 한다.

통찰의 불완전성

이런 모든 선한 마음의 상태가 수행을 통해 강화되고, 우리 자신의 체험에서 이제 스스로 현상으로 드러날 때, 그것들은 자동적으로 작동하고, 자신의 본질이 저절로 드러난다. 그러나 여기 선한 마음의 상태에도 숨은 위험이 도사리고 있다. 우리의 마음이 환희를 보고 느끼면서 너무나 행복하고 흥분되어서 올바른 이해에 도달하지 못할 수 있다. 이럴 때가 우리가 통찰의 '오염' 또는 '불완전성'이라고 부르는 것에 사로잡히는 때이다. 이런 것이 일어날 것이라고 사전에 알려주면, 사람들은 '나는 그런 마음의 상태가 오더라도 바보같이 굴지 않을 거야'라고 생각하지만, 거의 모든 사람은 짧든 길든 간에 이런 상태에 사로잡힌다. 이런 위빠사나 행복은 너무나 강해서, '나는 마침내 거기에 도달하였다. 나는 명상이 무엇인지를 이해하였다. 이것은 나의 수행이 이제부터 어떻게 나아갈 것인지를 보여주는 것이야'라고 생각하기 시작한다. 또는 너무나 확신에 가득 차서 이전에 그런 것을 체험한 사람-동료 수행자이든지 심지어 스승들까지도-은 아무도 없을 것이라고 생각한다.

우리는 환희와 다른 깨달음의 요소에 너무나 기뻐서 마치 이 체험을 열반, 궁극적인 평화라고 여긴다. 어떤 경전에서 이렇게 설명하고 있다. "통찰이 이런 마음의 성질에 윤색되어 버리면, 미묘하고 평화로운 집착이 일어나고 그런 통찰에 사로잡혀서, 그런 집착이 번뇌라는 것을 분별하지 못한다."

아라한인 담마딘나(Dhammadinnā)의 이야기를 살펴보자. 그는 나이가 많은 그의 스승 마하나가(Mahanaga)가 깨달음의 경지에 도달하였는지 궁금하였다. 그는 지혜의 눈을 통해서 자신의 스승이 여전히 깨닫지 못한 평범한 상태에 있다는 것을 보고, 자신이 스승에게 가지 않으면, 스승은 평범한 사람으로 살다가 죽을 것이라는 것을 알았다. 그래서 담마딘나는 자신의 초능력으로 하늘을 날아서 스승이 살고 있는 곳으로 찾아갔다. 스승은 그 곳에 앉아 있었다. 그는 스승에게 예를 갖추고 옆에 앉았다.

"담마딘나여, 어찌 이렇게 불쑥 나타나셨소?"

"스님께 여쭈어 볼 것이 있어서 왔습니다."

"물으시지요. 도반이여, 알고 있는 것은 모두 답해 드리리다."

그는 이것저것 많은 질문을 했다. 마하나가 장로는 묻는 족족 거침없이 대답했다.

"스님, 스님의 지혜가 참으로 수승하시군요. 언제 이런 경지에 도달하셨습니까?" "60년 전이라오."

"신통력을 쓰실 수 있습니까? 스님." "그야 어렵지 않소." "그럼, 코끼리를 만들어 보십시오. 스님."

마하나가 장로는 전신이 새하얀 코끼리를 만들었다. "그럼, 그 코끼리가 두 귀를 쭈뼛하게 세우고 꼬리를 뻗치고 코를 입에 넣어 무서운 나팔소리를 내면서 곧바로 스님을 향해 돌진하게 해 보십시오."

장로는 그렇게 했다. 돌진해 오는 코끼리의 무서운 형상을 보자 그는 벌떡 일어나 도망치려 했다. 그러자 이미 번뇌가 소멸된 제자가 손을 뻗어 가사자락을 붙잡고 말했다. "스님, 번뇌가 소멸된 사람에게도 두려움이 남아 있습니까?"

그러자 스승은 자신이 아직도 범부라는 것을 깨달았다. 그는 담마딘나의 발 앞에 무릎을 꿇고 말했다. "도반 담마딘나여, 나를 도와주오." "스님, 도와드리지요. 그러기 위해서 온 걸요. 염려 마십시오."

담마딘나는 그에게 명상 주제를 설해 주었다. 스승은 그 명상 주제를 받고서는 경행대에 올라서자 세 발자국 만에 아라한과에 도달했다.[1]

환희를 이해하고 활용하는 것

한편으로 우리는 환희와 다른 모든 깨달음의 요소들을 함양할 필요가 있다. 또 다른 한편으로는 이런 즐거운 명상적인 체험에 집착하지 않으면서 그것을 유익하게 활용하는 방법을 알아야 하고, 또한 집착 그 자체를 인식하는 방법을 배울 필요가 있다.

여기 우리는 올바른 이해와 분석적 지혜를 잘 활용해야 하는 지점에 와 있다. 우리는 이런 모든 마음의 상태들이 무상하고 무아이고, 그것은 누구에게도 속하지 않는다는 것을 이해한다. 이것들은 단지 여러 원인들의 조건에 의해서 일어나고 스스로 그 본질을 드러내는 것이다. 이런 지혜로운 이해는 수행의 중요한 갈림길에서 올바른 방향을 보여주고 있다. 이런 통찰의 단계를 '수행인 것과 수행이 아닌 것을 아는 단계'라고 부른다.

우리는 이런 이해에 어떻게 도달하는가? 우리가 환희의 현상 중 하나를 느낄 때마다 그것을 있는 그대로 이해하는 것이 중요하다. 몸에서 순간적으로, 파도같이, 또는 지속적인 즐거운 느낌이 일어나는 것으로써 그것을 느낄지도 모른다. 또는 마음에서 큰 흥미와 기쁜 마음이 일어나는 것으로써 그것을 느낄지도 모른다. 환희의 이런 체험을 인식하면서 그때 마음과 그것들의 관계를 보게 된다. "이것은 나의 것이야, 나에게서 일어난 것이지"라는 잘못된 견해를 가질 것인가? "이것은 나인 것이지"라는 자부심과 연관 지을 것인가? 또는 "나는 이것을 좋아한다. 나는 이것이 계속되기를 원한다"라고 하는 갈망과 연관 지을 것인가? 우리는 이러지 않을 것이라고 생각하지만, 이들 중 하나라도 있는지의 여부는 그 환희가 사라지거나 없어질 때, 실망하거나 그리워하는 것을 보면 알 수 있다.

환희의 발생 원인

때로는 여러 목록 및 범주들의 가르침을 들으면서, 우리는 이것이 분석적이고 건조하다는 느낌을 받을지도 모른다. 그러나 우리가 이런 모든 것을 수행으로 집약해 가면 행복·만족·기쁨·안녕감은 점차로 우리의 삶 속으로 파고들기 시작한다. 샌프란시스코 선 센터의 설립자였던 스즈키 선사는 자신의 책 『선 마음, 초보자 마음(Zen Mind, Beginner Mind)』에서 수행의 발전에 대해 이렇게 말하고 있다.

그것은 밖에 나가 젖는 줄 알면서 소나기를 흠뻑 맞는 것과는 다릅니다. 마치 안개 속을 걸을 때 젖고 있다는 것도 모르는 사이에 서서히 젖어가는 것과 같습니다. 여러분의 마음에 수행을 빨리 진전시켜야겠다는 생각이 있으면, 아마도 이렇게 말할 것입니다. "아, 속도가 너무나 안 나는구나!"라고. 하지만 실제로는 그렇지 않습니다. 안개에 젖은 옷은 말리기가 굉장히 어렵습니다.[2]

환희는 마음챙김의 강한 기세가 있을 때 그 힘으로 일어난다. 그것은 명료하게 봄의 기쁨에서, 온전한 앎의 기쁨에서 생긴다. 갖가지 번뇌 또는 장애의 분석에서조차 이런 법의 기쁨이 있을 수 있다. 우리는 이때 이런 번뇌와 장애를 보다 깊이 이해하게 된다. 사야도 우 떼자니야는 자신의 가르침에서 이런 측면을 강조하였다. "당신은 어떤 것을 알거나 이해하면 행복함을 느끼게 됩니다."

예를 들면 우리가 수행에서 지루함 또는 흥미가 저하되는 것을 탐구할 때 어떤 일이 일어나는가? 이런 마음의 상태는 *삐띠*와는 정반대에 있는 상태이다. 그러나 우리가 지루함 그 자체에 흥미를 보이게 되면, 엄청난 가치를 갖는 그 무엇을 발견하게 된다. 우리는 지루함이 대상과는 아무런 관련이 없다는 것을 보게 된다. 지루함은 단지 우리의 주의력의 성질과 관련을 맺는 것뿐이다. 우리의 주의력이 열성을 보이지 않으면, 즉 다시 말해 '마음챙김의 강도가 떨어지면' 무슨 체험이든 흥미가 저하된다.

게쉬탈트 심리학의 창시자인 프리쯔 펄스(Fritz Perls)는 "지루함은 주의력의 상실"이라고 말하였다. 지루함 또는 흥미가 저하되는 것을 하나의 문제라고 보는 대신, 우리는 그것을 피드백으로 보기 시작한다. 일어나는 것과 투쟁을 하는 대신, 한 걸음 물러서서 단순히 "마음이 알고 있는 것은 무엇인가?"라고 질문을 던지면서 일어나고 있는 것이 무엇이든 간에 거기에 주의를 기울여야 한다.

스즈키 선사는 이런 과정을 명확하게 언급하고 있다.

우리는 "잡초를 뽑아서 식물에 영양을 준다"고 말합니다. 우리는 식물에 영양을 주려고 잡초를 뽑아 그것들을 식물 옆에 묻어둡니다. 그러니 수행에 좀 어려움이 있다 하더라도, 좌선하는 동안 마음의 파도가 좀 일렁인다 해도, 그 파도들 자체가 여러분을 도와줄 것입니다. 그러므로 그리 신경을 쓸 필요가 없습니다. 오히려 여러분은 잡초에 고마워해야 합니다. 결국 그것들이 여러분의 수행을 풍요롭게 해 줄 것입니다.[3]

환희를 강화하는 방법들

붓다는 환희라는 깨달음의 요소를 강화할 수 있는 여러 성찰들에 대해 말하고 있다.

불·법·승(佛法僧, 붓다·법·승가)에 대한 성찰

이런 세 가지 보물을 마음과 함께 집중하여 성찰하는 것은 마음을 고양시키고 우리의 수행을 고무시키는 놀라운 힘을 가지고 있다. 이러한 성찰 수행 방법은 많다. 아시아에서든 서구에서든 상관없이 사찰에서 흔히 들을 수 있는 가장 널리 알려진 독송은 붓다·법·승가에 대해 경의를 표하는 것이다. 그것을 빨리어로 들으면 특히 아름답지만, 영어로 들어도 거기에서 나오는 영감을 느낄 수 있다.

참으로 존귀하신 분, 훌륭하게 온전히 깨달으신 분, 지혜와 덕행을 갖추신 분, 올바르게 잘 가신 분, 세상을 아는 분, 사람과 천신의 스승이신 분, 깨달았고 존귀하신 분.

그 존귀하신 분에 의해 잘 설해진 법, 직접 볼 수 있고 시간에 구애받지 않고 와서 보라고 하는 것, 향상하도록 이끄는 것이며 현자가 깨달아야 하는 법.

그 존귀한 분의 제자들의 승가는 잘 수행하고 있네. … 행실이 똑바르고… 올바르게 길에 들어섰으며… 바르게 수행하니… 공양과 예경을 받을 만하고, 세상에서 최고의 복전(福田)이네.

또 다른 성찰은 우리가 귀의할 때 일어날 수 있다. 나는 수행 전에 귀의할 때 그것을 이런 식으로 표현한다.

"나는 붓다와 깨달은 마음에 귀의합니다. 나는 법과 4성제에 귀의합니다. 나는 깨달은 자의 승가에 귀의합니다. 보시와 다른 *바라밀*(*paramitas*, 완벽함)의 공덕으로 내 마음의 모든 번뇌가 정화되고, 모든 존재의 복지와 유익을 위해서 빨리 해탈하기를 기원합니다."

이것을 할 때마다 나는 자신이 그 귀의함 하나하나가 실제로 무엇을 의미하는지, 정화를 위해 필요한 것이 무엇인지, 그리고 *보리심*의 동기가 무엇인지를 스스로 상기하게 된다. 그리고 나는 수행을 마칠 때 모든 사람의 복지·행복·깨달음을 위해 내 수행의 공덕을 회향한다. 우리는 마음에서 자신을 고무시키고, 힘과 환희를 계발하는 말들을 스스로 발견할 수 있다.

계율(sīla)에 대해 관찰 명상한다

환희를 불러일으키는 또 다른 성찰은 계율, 도덕적 덕목을 성찰하는 것이다. 우리는 이것을 해를 끼치지 않겠다는 서약에 대한 성찰이라고 부를 수 있다. 재가자에게 이런 서약은 대개 5계 또는 8계로 나타난다.

계율을 성찰하는 것은 여러 형태를 띨 수 있다. 첫째로, 우리는 불선한 행동을 자제하는 순간 아름다움과 힘을 인식한다. 삶을 파괴하는 것보다 삶을 보호할 때-벌레를 죽이는 것보다 쫓아버릴 때- 우리의 마음은 어떤 성질을 갖는가? 해롭거나 무용한 말을 자제할 때, 또는 우리의 욕망과 갈등되는 상황에서 조화를 이루게끔 행동할 때 일어나는 힘에 대한 느낌에 주의를 기울일 수 있는가? 이런 모든 상황에서 우리는 자신의 가치와 조화를 이루는 선택을 할 때 법에 대한 대단한 흥미와 기쁨이라는 마음의 느낌을 인식할 수 있다.

계율에 대한 두 번째 성찰은 우리의 삶을 돌이켜 보는 것이다. 특히 우리가 지혜로운 행동에 의식적으로 헌신하고, 우리의 삶을 이런 식으로 나아가게 하겠다고 결심한 때부터 회상해 보는 것이다. 『법구경』에서 붓다는 "행복은 늙을 때까지 덕스럽게 사는 것이다"라고 말하였다. 계율을 지키는 것은 명령이 아니라 훈련이라는 것, 심지어 여러 생에 걸쳐서 우리는 계율을 다시 지니고 다시 시작할 수 있다는 것을 상기하라. 이로 인해서 우리는 해치지 않는 것에 이렇게 마음을 기울이고 사는 시간을 긍정적으로 평가할 수 있게 되고, 해를 끼치면서 살았던 시간으로부터 무엇인가를 배울 수 있게 된다.

보시에 대해 성찰한다

마음에 기쁨과 환희를 가져다주는 또 다른 성찰은 보시행을 기억하고 기뻐하는 것이다. 때로 서구인들에게 이것은 쉽지 않다. 왜냐하면 우리는 이런 선한 회상을 자부심 또는 자만심과 혼동할 수 있기 때문이다. 그러나 다른 사람의 보시에 대해 따스한 감사의 마음이 들 수 있는 것처럼, 이런 동일한 감정을 자신의 보시행에 대해서도 느낄 수 있다. 이런 것을 보여주는 놀라운 사례가 아시아의 명상 사원에서 정기적으로 일어나고 있다. 재가자들이 종종 사원에 와서 수행자들에게 음식을 공양하고, 수행자들이 공양을 하는 동안 자신들이 바친 것에 대해 기뻐하면서 식당에 앉아 있곤 한다.

하나의 실험으로, 당신이 과거에 행한 보시행을 돌이켜 보면서, 무엇을 주었을 때 들었던 첫 생각을 상기하고, 그때 무슨 느낌이 들었는지를 생각하고 그러고서 성찰해 보라. 그때 당신은 무엇을 느꼈는가? 보시에 대한 이런 회상은 마음을 기쁘게 하고, 일어날 환희의 원인이 된다. 계율과 보시의 유익한 행동을 기억함으로써 빨리어로 *사두(sadhu)*라는 것을 내적으로 느끼게 된다. *사두*의 뜻은 '잘했다'라는 것이다. 선한 행동을 했거나 보았을 때 보통 *사두*라고 세 번 말하곤 한다.

천신(deva)에 대해 성찰한다

천신, 보다 높은 존재 영역에 있는 존재들에 대해 성찰하여도 마음이 환희에 도달할 수 있다. 빛의 몸을 가지고 있으면서 여러 신적 기쁨을 즐기는 존재들이 있다. 불교적 이해에서 이런 존재들은 영원한 세계에 사는 신들이나 천사들은 아니다. 그들은 천신의 삶 동안 많은 축복을 즐기지만 여전히 윤회의 바퀴 안에 있다.

붓다가 처음 사람들을 만났을 때 그는 서서히 깨달음의 가르침을 주었다. 처음에는 보시와 계율의 행복에 대하여 말하였고, 그 다음에는 마음을 밝게 하고 고양시키는 방법으로서 천신 세계의 즐거움을 말하였다. 그러고 나서 사람들의 마음이 열리고 유연해지고 받아들일 수 있는 마음가짐이 되면, 그는 이런 모든 조건화된 존재에서 해탈하는 가르침을 주었다.

어떤 사람은 마음을 자유롭게 하는 최상의 가르침부터 시작할 수 있지만, 우리는 깨달음의 길에서 도움이 되는 유익한 수단을 무시해서는 안 된다. 천신은 천계에 다시 태어나는 좋은 자질들을 갖고 있는 존재이며, 우리 또한 이런 자질들을 갖고 있다는 성찰은 마음에 즐거움과 기쁨을 준다. 물론 서구에 사는 많은 사람들은 다른 존재의 영역을 믿지 않기 때문에, 이러한 특별한 성찰이 그들에게는 별 효과가 없을 것이다.

내가 처음으로 보드가야에서 수행을 할 때, 무닌드라-지는 이런 세계에 대해 말하면서 기뻐하였다. 특히 디빠 마가 이런 것을 탐구하는 힘을 갖도록 훈련시킬 때도 그러하였다. 그는 항상 이렇게 말하면서 끝을 맺곤 하였다.

"이것을 믿을 필요는 없다. 이것은 진실이지만, 너는 그것을 꼭 믿지 않아도 된다."

평화에 대해 성찰한다

삐띠, 즉 법의 즐거움[法樂]을 불러일으키는 성찰 중 마지막은 평화, 마음의 번뇌를 줄이는 것에 대한 성찰이다. 마음이 장애 또는 번뇌에서 자유로울 때 평화로운 성질을 띠는 것에 주목하라. 이것은 특히 마음의 연극에서 빠져나올 때 더 현저하게 드러난다. 이 마음의 드라마는 성적 갈망의 환상, 한 차례 몰려오는 짜증이나 악의일 수도 있고, 또는 욕망이나 초조가 빠르게 지나가는 순간일 수도 있다.

우리는 이런 마음의 상태를 이해하고, 그것에 어떻게 사로잡히고 있는가, 그리고 어떻게 거기서 빠져나올 수 있는가를 이해하여, '순간적인 자유'라고 부르는 마음상태를 맛보기 시작한다. 이런 평화의 성질을 성찰하게 되면, 우리의 삶에서 가능한 것을 실현할 수 있게 고무된다.

평화에 대한 성찰은 또한 열반과 관련이 있다. 우리가 스스로 아직 열반을 성취하지 못하였다고 하더라도, 붓다가 언급한 열반을 성찰하는 것만으로도 마음에서 흥미와 기쁨이 일어날 수 있다. 어떤 사람들은 붓다가 지적하고, 최고의 행복이라고 일깨워준 바로 그 용어들을 듣는 것만으로도 깨달음을 성취하기도 한다. 바로 열반은 *태어나지 않고 죽지 않고 평화롭고 불멸이고 고요하고 훌륭하고 놀랍고 병들지 않고 아프지 않고 공평하고 순수하고 자유로운 것이다.*

이 네 번째 깨달음의 요소인 환희는 법에 대한 기쁨으로 우리를 충만하게 하고 이런 위대한 여행을 끝낼 수 있도록 우리를 고무시킨다. 환희는 그것에 집착했을 때 통찰이 불완전해질 가능성은 있지만, 이 흥미로운 요소는 초선정, 제2선정의 요소이며, 그리고 깨달음의 본질적 요소 중 하나로서 중요한 기능을 한다. 불교학자인 루퍼트 게틴은 수행의 도정에서 바로 환희, 즉 법의 행복과 다음에 말할 깨달음의 요소인 고요함이 마음에 긍정적인 정서적 영향을 미치는 것이라고 지적하였다.

29

고요함

일곱 가지 깨달음의 요소를 논의하면서, 우리는 깨달음에 이르는 요소들을 명료하게 이해하는 일이 영적인 가르침에서 얼마나 드문지를 성찰할 수 있다. 이런 이해가 바탕이 되면 우리는 신비주의, 질문하지 않는 신앙, 우연의 영역에서 빠져나와, 마음이 어떻게 움직이는지를 이해하는 방향으로 수행의 길을 돌릴 수 있다. 말하자면 어떤 조건이 고통을 야기하고 어떤 자질로 인해서 자유에 이르는가 하는 문제이다.

붓다는 이런 깨달음의 요소들 하나하나가 일련의 연속적이고 단계적인 과정에서 자연스럽게 일어난다고 가르치고 있다. 마음챙김이 어떻게 이런 이후의 모든 과정에 바탕이 되는지를 상기해 보라. 마음챙김의 힘과 지속성이 있으면, 체험과 직접 대면하여 우리는 자연스럽게 무엇이 일어나고 있는지를 분석하고 이해하는 과정에 들어가게 된다. 이것이 법에 대한 분석이고, 두 번째 깨달음의 요소이다.

법에 대한 분석은 마음의 지혜 측면이다. 이것은 현상의 성질을 직접 체험하는 것과 동시에 이 체험이 어떻게 붓다의 광범위한 가르침에 부합하는지를 보는 것이다. 예를 들면 마음챙김과 분석을 통해서 스스로 유익한 마음이 무엇인지, 그리고 유익하지 않은 마음이 무엇인지를 보기 시작한다. 여기서 우리는 더 이상 책에서 읽은 지식으로 수행하는 것이 아니라, 우리 자신의 직접적인 체험으로 수행한다.

이런 분석과 이해의 결과로 정진력과 환희의 깨달음의 요소는 저절로 흘러나온다. 선한 것과 불선한 것을 명확하게 보면서, 선한 것을 계발하고 불선한 것을 버리는 정진력, 힘과 용기를 일으키도록 동기가 부여된다. 5계를 적극적으로 지킬 때, 우리의 삶에서 단순하지만 강력한 동기가 세차게 일어나는 것을 볼 수 있다. 계율을 지키는 것은 결심이고 맹세이고 자신 또는 다른 사람에게 해를 끼치지 않는 것이다. 우리는 자신의 이해를 바탕으로 이런 훈련을 할 정진력을 불러일으킨다. 그리고 부담이 되고 어려울 것이라는 걱정과는 반대로, 우리가 이런 걱정의 반대쪽에 서 있는 것을 종종 발견하게 된다.

계율을 지키겠다는 맹세의 힘과 에너지는 기쁨과 신뢰의 느낌을 준다. 우리는 더 이상 이전의 습관에 휘둘리지 않고, 이롭지 않은데도 지속하고 있는 행동에 더 이상 흔들리지 않는다. 마음챙김과 분석에 바탕을 두고서, *위리야* 또는 정진력은 찬찬히 계율의 깃발을 세운다. 16대 갈와 까르마빠(Gyalwa Karmapa)가 말한 바와 같이, "당신이 가르침을 100% 신뢰하고 헌신하면, 삶의 모든 상황이 수행의 일부가 될 수 있습니다. 당신은 단순히 수행을 하는 것이 아니라 수행을 살아갈 수 있습니다."[1]

환희의 깨달음의 요소는 후회에서 자유롭게 된 데서 탄생한다. 그리고 다른 사람에게 해를 끼치지 않는 계율을 지키는 것에서 온다. 또한 지속적이고 균형 잡힌 정진력에 의해 점차로 알아차림의 힘이 늘어나면서 온다. 환희는 강한 흥미의 성질이고, 그것은 일어나고 있는 어떤 것에도 세심하면서도 사려 깊은 주의를 기울이는 데서 온다. 환희는 바로 지루함의 정반대인데 지루함은 주의의 결핍이다. 그리고 우리가 지루하거나 흥미를 느끼지 않으면 그 느낌 자체가 아주 유용한 피드백이다. 위대한 미얀마 명상 스승인 레디 사야도는 『불교 매뉴얼(The Manual of Buddhism)』에서 다음과 같이 말한다. "환희는 보는 힘과 아는 힘이 늘어나면서 나타나는 기쁨과 행복을 말합니다." 한때 아난다는 수행의 공덕과 축복에 대해 질문하였다.

> "세존이시여, 계를 지키는 것에는 어떤 보상과 장점이 있습니까?" "아난다여, 후회에서 자유로워지는 것이다." "그러면 후회에서 자유로워지는 것에는 어떤 보상과 장점이 있습니까?" "아난다여, 기쁨이다." "그러면 기쁨에는 어떤 보상과 축복이 있습니까?" "환희이다." "그러면 환희에는요?" "아난다여, 평온함이다."[2]

붓다는 이런 마음의 상태가 차례차례 자연스럽게 일어난다고 계속해서 말하고 있다.

고요함의 성질들

이렇게 하여 다음 깨달음의 요소가 전개된다. 이것은 우리의 수행에서 종종 간과되거나 덜 강조되는 것이지만, 해탈의 길에서 핵심적이고 강력한 역할을 하는 요소이다. 한역(漢譯) 경전에서는 경안(輕安)이라 표현하였는데, 빨리어 용어는 *빳삿디(passaddhi)*이고, '고요함', '평온함', '조용함', '차분함' 등으로 번역된다. 이것은 마음을 다스리는 요소로서 산만함을 누그러뜨린다. 마음과 몸의 평화로움 또는 차분함과 냉정함으로 드러난다. 마치 찌는 듯이 더운 날씨에 피곤한 노동자가 시원한 그늘에서 쉴 때의 느낌, 또는 이마에 열이 나는 어린이에게 엄마가 달래주며 시원한 손을 이마에 얹을 때 느끼는 감정과 비슷하다.

*빳삿디*는 신체적인 차분함과 정신적인 고요함 모두를 포함한다. 어려움이 있을 때 마음이 흔들리지 않고 차분해지는 것은 바로 이 고요함, 이러한 요소의 성질 덕분이다. 불교 심리학에서는 이런 고요함의 요소가 어떻게 가벼움·적합함·능숙함·성실함 등의 다른 선한 요소들과 함께 작동하는가를 보여준다. 앞의 세 가지 요소가 고요함과 함께 나타나는 것은 분명해 보이지만, 마지막에 성실함이 같이 나타난다는 것은 매우 흥미롭다. 왜 고요함이 성실함을 나타나게 하는 것일까? 우리의 마음이 고요해지면 자연스러운 진심·솔직함·표리부동에서의 자유도 나타난다.

명상의 지침에서 때로는 이런 훌륭한 고요, 평화로운 마음 상태에 집착할 위험성이 있다고 가르친다. 명상할 때 이런 고요함의 공간을 처음 접하면, 깊은 이완감·안도감·편안함이 생긴다. 이것은 매일의 일상생활에서 볼 수 있는 속도와 산만함, 그리고 수행에서 때로 부닥치는 투쟁 및 어려움과는 대조를 이룬다. 고요함은 유혹적일 수 있다. 왜냐하면 고요함을 목표로 해서 수행을 시작하여 고요함에 집착하여 동일화하면서 고요함 역시 구성된 마음의 상태라는 것을 잊어버리기 때문이다. 우리는 쉽게 고요함이 주는 즐거움에 빠져서, 고요함에 마음챙김을 해야 한다는 것을 잊어버린다.

이런 중요한 주의점이 있음에도 불구하고 붓다는 깨달음의 요소 중 고요함이 갖는 중요성을 명확하게 강조하였다. 고요함이 주는 행복감은 깨달음의 길에서 핵심적인 역할을 한다. 여기서 『염처경』에 나타나는 깨달음의 가르침은 중대한 지침을 제공하고 있다.

> 고요함[輕安]의 깨달음[또는 다른 어떤 것]의 요소가 [그에게] 있다면, 그는 '나에게 고요함의 깨달음의 요소가 있다'고 꿰뚫어 안다. 고요함의 깨달음의 요소가 [그에게] 없다면, '나에게 고요함의 깨달음의 요소가 없다'고 꿰뚫어 안다. 전에 없던 고요함의 깨달음의 요소가 일어나면, 그것이 어떻게 일어나는지를 꿰뚫어 안다. 일어난 고요함의 깨달음의 요소를 어떻게 닦아서 성취하는지를 꿰뚫어 안다.[3]

고요함이 있고 없음을 아는 것은 바로 마음챙김이다. 그리고 분석·정진력·흥미-우리가 '명상 지능'이라고 부를 수 있는 것들-는 마음챙김이 발전하여 완전함에 이르도록 이끌어준다. 그러나 고요함과 동일화하거나 그 올가미에 걸려들어서는 안 된다.

고요함을 계발하는 방법

그러면 어떻게 이러한 아름답고 평화로운 마음상태를 계발하고 완벽하게 만들겠는가? 붓다는 고요함의 요소와 그밖에 다른 깨달음의 요소들을 포함해서 이런 개별적인 요소들을 계발하는 일반적인 가르침을 주었다.

> "비구들이여, 일곱 가지 깨달음의 요소가 생기게 도와주는 내적 요소에 관한 한, 나는 이것만한 것을 보지 못했으니, 그것은 바로 세심한 주의이다. 비구가 세심한 주의를 성취하면, 일곱 가지 깨달음의 요소가 계발되고 함양될 것이다."
>
> "비구들이여, 일곱 가지 깨달음의 요소가 생기게 도와주는 외적 요소에 관한 한, 나는 이것만한 것을 보지 못했으니, 그것은 바로 좋은 친구[善友]이다. 비구가 좋은 친구를 얻으면, 일곱 가지 깨달음의 요소가 계발되고 함양될 것이다."[4]

우리는 붓다와 그의 가르침을 통해 좋은 친구들을 갖게 된다. 그것들은 우리가 이 가르침에서 우선 깨달음의 요소들을 알아차리고, 그 다음 그것들에 지혜로운 주의를 자주 기울이도록 격려하고 있다.

호흡에 대한 마음챙김

7장 호흡에 대한 마음챙김에서 언급된 『염처경』의 첫 가르침 묶음 중 하나에서, 붓다는 간단하게 네 단계로 그 과정을 요약하고 있다. 첫째, 들숨과 날숨을 쉴 때, 자신이 들숨과 날숨을 쉬고 있다는 것을 안다. 둘째로, 짧거나 긴 숨을 쉴 때, 자신이 짧거나 긴 숨을 쉰다는 것을 안다. 셋째로, 온 몸을 체험하면서 들숨과 날숨을 훈련한다. 넷째로, 몸의 작용을 고요히 하면서 들숨과 날숨을 훈련한다.

'온 몸'과 '몸의 작용'이 몸으로 느낀 호흡 전체가 한 장소에서 느껴진 것인지, 또는 호흡이 신체적인 몸을 이동하는 것을 의미하는 것인지에 대해서는 서로 다른 해석들이 있다. 그 하나의 예로서 레디 사야도는 이 가르침을 다음과 같이 설명하고 있다.

> 세 번째 단계에서, 길고 짧은 날숨과 들숨에 대한 지각을 완전히 익히면, 몸 안에서 일어나는 모든 호흡을 전체적으로 체험해야 한다. 즉 정확히 몸 안에서 시작하는 지점부터, 중간에 지나는 지점, 몸 안에서 끝나는 지점까지, 코끝과 배꼽(경우에 따라 시작하거나 끝나는 부위)에 호흡의 맨 끝이 있는 것을 전체적으로 체험해야 한다.
>
> 네 번째 단계에서 … 거칠거나 고르지 않은 호흡을 고요하게 하고 점차 가라앉혀야 한다. 호흡을 점점 더 부드럽고 정교하게 해서, 마침내 이 단계가 들숨과 날숨이 완전히 사라진다고 생각될 때까지 이르도록 해야 한다.[5]

우리는 어떤 것이 쉽고 자연스럽게 오는 것인지를 발견하면서 스스로 실험을 할 수 있다. 앉아서 처음에는 몇 차례 몸을 쭉 훑어가면서 몸의 각 부분을 이완시키는 것이 도움이 되기도 한다. 그러고서 주의를 호흡에, 또는 온 몸 알아차리기에 두면서 마음으로 다음과 같이 말하며 고요함을 촉진시켜 간다. "들이쉬면서 호흡을 고요하게 한다. 내쉬면서 호흡을 고요하게 한다"라고 하거나 "온 몸의 작용을 고요하게 한다"라고 한다. 또는 우리는 매 호흡과 함께 *'고요함'* 또는 *'고요하게 하기'*라는 단어를 간단히 사용할 수 있다.(7장 호흡에 대한 마음챙김을 참조하라.)

체험에 편하게 기댄다

호흡과 같이 단순한 어떤 것이라고 하여도 종종 미세한 애씀 또는 노력이 있기도 하고 없기도 하다. 반복해서 자신을 이완시키고, 몸과 마음의 작용을 고요하게 하고, 실제로 그대로 놓아버리고, 원함과 소유를 떠나 보다 고요한 상태로 안착해 간다. 그러고 나서 우리는 이런 고요함에 지혜로운 주의를 기울일 수 있다. 붓다는 이렇게 고요함에 자주 주의를 기울이는 것이 깨달음의 요소를 일으키고 충족시키는 영양분이라고 말하였다.

우리는 움직이면서도 고요함을 수행할 수 있다. 심지어 서서히 움직이는 동안에도 성급함이 있다는 것을 주목하라. 그리고 무엇이 이런 체험을 특징짓는지에 대해서도 주목하라. 우리는 약간이라도 앞으로 나아가려고 하는, 열정적으로 앞으로 넘어지려고 하는 것을 발견한다. 성급함은 고요한 마음의 편안함과 차분함을 허용하지 않는 에너지로 가득한 흥분성의 일종이다.

우리는 간단하게 "걸을 때는 단지 걷기만 하라"고 한다. 이 말은 어떤 마음의 상태를 원하거나 어떤 방향을 향하여 가는 것이 아니라, 애쓰지 않고 자연스럽게, 바로 그 순간에 편안하게 머무르라는 것이다. 우리는 바로 그 개별적인 순간의 단순함을 한 순간 한 순간 느낄 수 있다. 걸을 때는 단순히 걷기만 한다. 어떤 움직임에도 바로 이런 동일한 원리를 적용할 수 있다. 즉 서 있을 때는 서 있기만 한다. 볼 때는 보기만 한다.

깨달음에 이르는 길에서 고요함의 역할

우리가 고요함의 체험을 인식하고 주의를 기울이면, 깨달음이라는 보다 큰 맥락에서 고요함이라는 깨달음 요소가 하는 역할을 이해하기 시작한다. 어떤 경전에서 붓다는 이렇게 말하고 있다.

> "이들 두 가지 자질은 명료한 앎에 관여한다. 무엇이 두 가지인가? 평온함(*samatha*)과 통찰(*vipassanā*)이다."
>
> "평온함이 계발되면, 무슨 목적에 쓰이는가? 마음이 계발된다. 그리고 마음이 계발되면 무슨 목적에 쓰이는가? 정념이 버려진다."
>
> "통찰이 계발되면, 무슨 목적에 쓰이는가? 분별력이 계발된다. 그리고 분별력이 계발되면, 무슨 목적에 쓰이는가? 무지가 버려진다."[6]

고요하고 차분한 순간에 마음이 욕망에서 벗어나고, 원함에서 벗어나고, 불안과 미세한 초조에서 벗어나는 것을 관찰하라. 심지어 일시적이라도 마음이 고요하고 욕망에서 벗어나면, 일종의 행복감과 편안함이 일어나고 그것은 약간은 들뜸을 내포하고 있는 환희의 기쁨보다 더 미세하고 더 정교하다. 그리고 이런 고요의 행복감이야말로 다시 집중과 해탈의 지혜를 위한 조건적인 요소가 된다.

> "세존이시여, 평온함에는 어떤 보상과 장점이 있습니까?" "아난다여, 행복이다." "그러면 행복에는요?" "아난다여, 집중[定]이다." "세존이시여, 집중에는 어떤 보상과 장점이 있습니까?" "실재를 있는 그대로 보고 아는 것이다." "실재를 있는 그대로 보고 아는 것에는요?" "아

난다여, 싫어하여 벗어남이다." "싫어하여 벗어남에는요?" "해탈에 대한 봄과 앎이다."[7]

붓다가 이러한 진행을 아주 명확하게 밝혀 놓았지만, 고요함이라는 깨달음의 요소는 보다 화려한 주변 요소들, 즉 환희[喜]와 집중[定]에 자주 가려져 있었다. 나의 수행 체험을 돌이켜 보면, 나는 집중 계발에 더욱 강조점을 두었다는 것을 알 수 있다.

그러나 이것은 때로는 노력과 애씀을 동반하였다. 집중하기 위해 노력하면서 나는 알게 모르게 욕망과 원하는 마음을 수행하고 있었다. 이런 마음은 분명히 집중을 방해한다. 고요함의 자질이 이런 욕망하는 마음을 식히는 기능을 정밀하게 수행한다는 것은 상기할 만한 가치가 있다. 고요함이 계발되면 욕망은 버려진다. 그리고 집중을 돕는 것이 바로 그 고요함이다. 집중의 요소는 고요함에 뒤이어서 자연스럽게 일어나는 그 다음의 요소이다.

30

집중

『대반열반경』은 붓다의 생애의 마지막을 서술하고 있는 경전이다. 붓다는 여기에서 '37가지 깨달음의 원리[菩提分法]'를 펼쳐보이고 있다. 레디 사야도의 『깨달음에 이르는 요소들의 매뉴얼(Manual of Factors Leading to Enlightenment)』에 따르면, 이 원리들은 깨달음에 이르는 근접 원인, 필수적인 구성 요소, 충분한 조건들을 언급하고 있기 때문에 그렇게 불린다고 한다.

37가지 깨달음의 원리 중에서, 집중은 서로 다른 네 가지 경우로 나온다. 즉 집중은 영적인 기능[五根], 영적인 힘[五力], 깨달음의 요소[七覺支], 8정도의 마지막 단계[正定]로서 나온다. 분명히 집중은 깨달음에 이르는 길에서 핵심적인 역할을 하는 것들 중 하나이다.

마음의 두 가지 활동

집중의 빨리어는 *사마디(samādhi)*이다. 이것은 서로 다르지만 연관된 두 가지 마음 작용인 심일경성의 마음 요소와 집중 명상 상태를 가리킨다.

심일경성의 마음 요소

심일경성은 하나의 대상 또는 순간순간 변화하는 대상들에 여러 마음 요소를 다 통합하는 역할을 한다. 심일경성이 강하면 산만하지 않은데, 명상과 삶에서 이런 산만하지 않음을 평화스럽게 느낀다.

아비담마에서 심일경성을 공통 요소[共一切心心所]로 여기는 것은 흥미롭다. 그러므로 심일경성은 의식의 매 순간마다 어느 정도는 항상 일어나게 된다. 집중 또는 심일경성이 전혀 없다면, 우리는 한 대상과 어떤 연결도 가질 수 없을 것이다. 그러나 우리가 어떤 것을 알기 위해서 심일경성이 언제나 어느 정도 있어야 하지만, 이런 경우 이 마음의 요소는 종종 약하고 불안정하다. 붓다는 이런 흔히 볼 수 있는 상황을 『법구경』의 한 구절에서 다음과 같이 말하고 있다. "마음은 조절하기 어려워서 마음대로 날아다니다가 자신이 앉고 싶은 곳에 내려앉는다. 그러므로 이 마음을 잘 다스려야 한다. 잘 다스린 마음은 행복을 가져다준다."

우리들 대부분은 아마도 자신이 앉고 싶은 데로 가는 변덕이 심한 마음에 공감할 수 있을 것이다. 우리 자신이 생각하고 있다는 것을 알아차리기 전에, 우리는 얼마나 자주 이런저런 생각의 흐름에 사로잡혀 있는가? 그러나 마음은 훈련될 수 있고 유익한 수행을 통해서 집중의 요소가 강화될 수 있다는 것을 기억하는 것이 중요하다. 명상의 빨리어는 *바와나(bhāvanā)*이다. 말 그대로 '계발되어지게끔' 한다는 의미이다. 우리의 몸이 신체적 훈련을 통해서 강해지는 것처럼, 집중은 정신적인 계발을 통해서 강화될 수 있다.

불교 경전은 변덕스러운 마음을 안정시키는 데 도움이 되는 두 가지 종류의 집중에 대해 말하고 있다. 첫째는 단일한 주제에 마음을 고정시키는 것이다. 이것은 하나의 주제에 계속 마음을 두는 것이다. 여기에는 40가지의 주제가 있다. 예를 들면 호흡·사무량(brahmavihāras)·*까시나(kasinas)*·또는 색깔 있는 원반·몸의 32가지 부분·붓다·법·승가·보시·도덕성·평화 등이다. 이런 종류의 단일 주제 명상은 빨리어로 *쟈나(jhānas)*라고 알려진 다양한 차원의 명상 몰입[禪定] 상태로 이끈다.

변화하는 대상을 향해서 순간순간 강한 심일경성을 하게 되면, 사마디의 두 번째 종류인 순간 집중[刹那三昧]으로 가게 된다. 마음챙김이 지속적으로 이루어지면, 이런 순간적인 사마디가 일정하게 유지된다. 그리고 시간이 가면서 이런 순간적인 사마디가 강해지면 수행이 쉬워지고 자연스럽게 느껴지기 시작한다. 이런 종류의 심일경성은 몰입으로 가지는 않지만, 여러 위빠사나 통찰의 기반을 이룬다.

집중 명상 상태

사마디의 두 번째 의미는 보다 일반적인데, 이것은 집중 명상 상태의 전반적인 범위를 가리킨다. 이런 보다 일반적인 의미는 단순히 심일경성의 요소에만 한정되는 것이 아니라, 깊은 집중의 다른 연관 요소-환희 또는 고요함, 행복 또는 평정-도 포함한다.

선정(JHĀNA)과 네 가지 집중의 계발

집중이 갖는 깨달음의 요소를 이해하기 위해서 더 탐구해야 할 하나의 용어가 있다. 즉 *쟈나*이다. 이 용어는 말 그대로 '명상한다'는 의미이고, 사마디의 여러 다른 단계를 표현하는 데 사용한다. 5세기경의 위대한 불교 주석가인 붓다고사(Buddhaghosa)는 *쟈나*를 다음과 같은 관찰 명상의 특징을 갖는 것으로 기술하고 있다. 즉 하나의 대상에 대한 관찰 명상의 특징이 있는데, 이것은 몰입 상태로 이끈다. 그리고 현상의 특징을 관찰 명상하는 것인데, 이것은 명상적 통찰로 이끄는 집중이다. 이런 통찰 단계들을 때로는 *위빠사나 쟈나(vipassanā jhānas)*라고 부른다.

지난 세월 동안 서구에서는 몰입 수행에 점차로 관심을 많이 보여왔다. 그렇지만 여러 다른 스승들이 이런 상태가 무엇을 말하는지, 그리고 그것을 계발하기 위한 최고의 방법은 무엇인지에 대해 서로 다른 견해를 보이는 것은 그다지 놀라운 일은 아니다. 그런 차이 중 몇 가지는 실제로 *쟈나*를 구성하는 몰입 깊이의 차이와 연관이 있기도 하고, 이런 상태에서는 몸과 신체적 감각에 대한 인식을 상실하는지, 아니면 미묘한 몸 에너지는 여전히 인식되는지에 대한 것과도 연관이 있다. 어떤 스승들은 *니밋따*(*nimitta*, 相), 즉 정신적 표지 또는 이미지를 *쟈나* 집중의 대상으로 계발하는 것을 강조하지만, 다른 스승들은 그렇지 않은 경우도 있다. 어떤 사람들은 통찰은 *쟈나* 상태에 있을 때 계발될 수 있다고 하지만, 다른 사람들은 현상의 변화하는 성질을 관찰 명상하려면 몰입에서 빠져나와야 한다고 말하기도 한다.

붓다가 거듭 강조한 *쟈나*의 계발이 무엇을 의미하는지에 대해서는 다양한 견해가 있다. 그러나 모두가 동의하는 것은 집중과 통합, 마음의 안정감과 산만하지 않음이 깊어진 상태가 그 자체로 유익하고, 지혜에 필요한 지지대라는 점이다. 붓다가 『쌍윳따 니까야』에서 말한 바와 같이, "집중하는 사람은 있는 그대로 사물을 알고 본다."

한 경전에서 붓다는 네 가지 집중의 계발에 대해 서술하고 있다. 그리고 각 단계에서 이 요소가 왜 그렇게 중요한지에 대한 질문에 답하고 있다.

즐거운 머무름

집중의 첫 번째 계발은 초선에서처럼 지금 여기의 즐거운 머무름으로 이끈다. 붓다는 이것을 '비난받지 않는 행복'이라고 부른다. 붓다가 보살로 있을 당시 깨달음을 추구하기 위해 6년간 심한 신체적 고행을 하였지만 여전히 그 길을 발견하지 못했었다. 그런데 보살은 젊은 시절 잠부 나무의 그늘에 앉아서 농경제를 지내는 것을 지켜보면서 자연스럽게 저절로 첫 번째 *쟈나*에 들어갔던 것을 기억하였다. 그는 이런 행복하고 집중된 상태는 무서워해야 할 그 무엇이 아니라, 장애로부터 벗어난 깨달음을 위한 기반이 될 수 있다는 것을 알았다.

지식과 비전

집중의 두 번째 계발은 소위 '지식과 비전'으로 불리는 성취로 이끈다. 이것은 천안(天眼)이라는 특별한 힘을 말하는데, 제4선에 기반하여 계발되는 다른 신통력들과 함께한다. 이런 힘은 우리의 체험에서 멀리 있는 것같이 보이지만, 그 당시에는 이런 상태를 성취한 사람들이 있었다. 나의 스승인 디빠 마는 선정과 위빠사나 둘 다에서 이것을 성취하였고, 자신의 스승 무닌드라-지에게 이런 능력을 보여주었다.

그러나 우리는 이런 지혜 없이 이룬 강력한 성취가 갖는 위험성을 인식할 필요가 있다. 붓다 시대에 붓다의 사촌이었던 데와닷따는 이런 것을 성취하였다고 자부심에 가득 차 있었다. 그리고 이런 것을 이용해서 선하지 않은 행동을 많이 하였다. 그리고 티벳의 밀라레빠(Milarepa)의 이야기도 매우 유명하다. 그는 자신의 재산을 강탈하여 가족들을 알거지로 만든 친척들에게 복수하기 위해 바로 이런 힘들을 사용하였다. 그 후 그는 자신의 힘을 이런 식으로 사용하는 것을 후회하고, 자신의 스승인 마르빠(Marpa)를 찾아 길을 떠났다. 그리하여 그는 위대한 깨달음의 여행을 시작하게 된 것이다.

통찰과 지혜

집중의 세 번째 계발은 통찰과 지혜의 영역으로 이끌어준다. 여기에서 붓다는 명료한 이해를 위해 집중된 마음을 사용하는 것을 언급하고 있다. 그리하여 "느낌을 일어나는 대로, 지속하는 대로, 사라지는 대로 안다. 지각을 일어나는 대로, 지속하는 대로, 사라지는 대로 안다. 사고를 일어나는 대로, 지속하는 대로, 사라지는 대로 안다."

지속적인 집중 없이 느낌·지각·사고가 일어나면 그것들에 쉽게 사로잡힌다. 우리는 그것을 자아라고 여기고, 뒤이어 꼬리를 물고 일어나는 연상과 반응에 사로잡힌다. 사고를 알아차리는 것과 그것에 빠져서 헤매는 것에 얼마나 깊은 차이가 있는지를 주목하라. 번뇌를 저지하고, 지금 일어나고 있는 것을 그대로 명확하게 볼 수 있는 것은 바로 집중의 힘이다.

번뇌를 뿌리 뽑다

집중의 네 번째 계발은 번뇌를 소멸시키고 뿌리 뽑는 것으로 이끈다. 이것은 수행 여정의 절정이고, 모든 온들이 일어나고 사라지는 것에 초점을 맞춤으로써 일어나는 일이다. 이것은 지혜를 도와주는 집중이다.

순간 집중과 몰입

집중의 마지막 두 가지의 계발은 단순히 몰입된 상태에 머무는 것이 아니라, 현상의 특성을 관찰 명상하는 것으로서의 선정의 의미를 표현한다. 모든 현상의 일어남과 사라짐을 보는 이런 통찰 수행은 강한 순간 집중(위빠사나)으로, 또는 보다 깊은 분석을 위한 기반으로서의 명상 몰입(*선정*)을 사용하여 이루어질 수 있다. 사야도 우 빤디따는 이런 두 가지 방법의 상대적인 힘을 언급하였다. 순간 집중은 마치 수영을 하여 호수를 건너는 것과 같다. 그러나 몰입은 모터보트를 타고 건너는 것과 같다. 두 가지 방법 모두 건너편에 도달하게 되지만, 모터보트를 타고 가는 것이 더 빠르고 즐겁다.

그러나 때로는 자신의 일정한 배경과 깊은 몰입에 대한 선호도에 따라서, 모터보트를 만드는 것보다 수영을 해서 가는 것이 시간이 덜 걸릴 수도 있다. 우리는 수영을 아주 잘하는 강건한 사람이 되어

가면서 최종적인 해탈에 도달하기 위한 충분한 힘을 계발할 수도 있다. 경전에서는 이런 것을 '마른 통찰(dry insight)의 길', 즉 선정의 성취가 없이 이루어지는 통찰의 길이라고 한다. 한번은 어떤 사람이 아라한이 모여 있는 곳에 갔다. 그러고서는 명상 몰입인 선정을 성취하였는지 물었다. 그들은 "우리는 마른 통찰 명상 수행자들입니다. 지혜만으로 해탈에 도달합니다"라고 대답하였다. 그러나 이런 예에서 보는 바와 같이 선정의 모터보트를 '마른 통찰'이라고 부르고, 수영하는 사람의 여정을 '젖은 통찰(wet insight)'이라고 부르는 편이 나을 것 같다.

하나의 형태는 다른 것을 배제하지 않는다

우리가 이런 서로 다른 수행방법들을 듣고, 어느 것이 적합한지를 결정하려고 할 때, 이것 아니면 저것, 또는 하나가 다른 것을 배제한다고 여기지 않는 것이 도움이 된다. 이런저런 접근법이 서로 다른 상황에서 적절할 수도 있기 때문이다.

인도에 가서 무닌드라-지에게서 수행 지도를 받기 시작하였을 때, 처음 며칠 동안 나의 마음에 조그만 불빛이 있었다. 그는 디빠 마를 훈련시키고 있었던 미얀마에서 막 돌아온 참이었기 때문에 내가 사마디에 상당한 가능성을 가진 것으로 생각하고 그냥 그 불빛을 명상하라고만 내게 말하였다. 그때 나는 집중적으로 명상을 해 본 적이 전혀 없었고, 위빠사나 훈련을 받은 적도 없었고, 장애를 어떻게 극복하는지도 몰랐다. 완전히 절망적이었다. 나는 그 불빛에 집중하려고 노력하였지만, 점점 더 절망적이 되었고 마침내 좌절감까지 맛보았다. 얼마 지난 후 무닌드라-지는 내게 무슨 일이 일어났는지를 이해하였고, 마음챙김 수행으로 다시 돌아갈 수 있도록 이끌어 주었다.

위빠사나를 처음 시작하였을 때, 나는 거의 집중을 하지 못했다. 한 시간 정도 그냥 앉아서 단순히 생각만 하였다. 그것은 명상을 정말로 한 것이라고 할 수는 없었지만, 아주 즐거웠고 시간도 꽤 빨리 갔다. 그러고 나서 나는 점점 마음챙김을 제대로 하기 시작했고, 약간씩 노력을 기울였다. 천천히 하면서 장애를 더 잘 이해할 수 있었다. 그리고 마음은 그렇게 많이 흔들리지 않았다. 그러나 여전히 그것은 투쟁이었고 항상 마음을 되돌려야만 하였다. 나는 수행에 강하게 전념하였고 의심을 품지는 않았지만 그리 재미있지도 않았다.

내가 보드가야에 다시 간 것은 처음 수행하러 간 뒤로 6개월이 지나서였다. 나는 무닌드라-지에게 자애 명상에 대해 물었다. 자비의 감정은 내가 삶속에서 잘 강화할 수 있는 자질이라고 느꼈다. 인도의 소음이 명상 수행을 하는 데 이상적이지는 않았지만, 무닌드라-지는 나에게 자애 명상을 시작할 지침을 주었다. 위빠사나처럼 시작은 아주 어려웠다. 그러나 한 달이 지난 다음 자애 명상 구절에 내 마음은 아주 깊이 안정되었다. 그리고 나는 다소 집중되는 마음이 주는 첫 번째 맛을 보기 시작하였다. 그것은 특별히 높거나 아주 흥분되는 것은 아니었다. 그러나 사람들이 수행을 실제로 즐기는 이유를 이해할 수 있는 정도는 되었다. 마음은 안정되기 시작하였고 모든 것은 저절로 그냥 흐르는 듯이 보였다. 그리고 명상은 더욱 쉬워졌다.

다른 모든 신체적·정신적 체험과 마찬가지로 집중은 구성되고 조건화된 것이고, 모든 다른 것처럼 무상하다는 것을 기억하는 것이 중요하다. 이것은 집중의 힘은 때에 따라서 오르내릴 수 있다는 것을 의미한다. 이것은 자연스러운 것이다. 그러나 수행을 하면 할수록 그 수행이 순간 집중인 위빠사나이든 또는 고정된 대상에 대한 집중인 선정이든 간에, 모든 변화의 밑바닥에 있는 안정감과 힘의 바탕을 확립하게 된다.

집중을 일으키는 방법들

붓다의 가르침이 그렇게 강력한 것은 붓다가 단계별로 수행의 길을 잘 정리해 놓았기 때문이다. 그는 어떤 궁극적인 목표지점에 대해 말하는 것이 아니라, 어떻게 실제적으로 거기에 도달할 수 있는지에 대해서 말한다.

집중이 있을 때와 없을 때를 안다

집중을 계발하는 첫 번째 단계는 우리가 집중을 계발할 수 있다고 자신감을 갖는 것이다. 디빠 마와 같은 아주 극소수의 사람은 태어날 때부터 집중하는 마음을 가지고 있지만, 우리들 대부분에게 이것은 인내와 끈기의 문제이다. 한 번에 한 걸음씩, 한 호흡씩 나아간다. 우리가 이것을 하면 집중과, 그 밖의 다른 깨달음의 요소들이 점차로 자라나고 성숙해진다. 『염처경』에 있는 붓다의 가르침은 이런 점을 잘 지적하고 있다.

> 자기에게 집중[定]의 깨달음의 요소가 있다면, '나에게 집중의 깨달음의 요소가 있다'고 꿰뚫어 안다. 집중의 깨달음의 요소가 없다면, '나에게 집중의 깨달음의 요소가 없다'고 꿰뚫어 안다. 전에 없던

집중의 깨달음의 요소가 일어나면, 그것이 어떻게 일어나는지를 꿰뚫어 안다. 일어난 집중의 깨달음의 요소를 어떻게 닦아서 성취하는지를 꿰뚫어 안다.[1]

그래서 우리는 집중이 있는지 없는지에 대해 단순히 마음챙김을 하는 것에서 시작한다. 여기서 붓다는 자기 자신이나 수행에 대해 판단하는 것에 대해 어떤 것도 말하지 않았다. 그보다는 마음의 현재 상태를 명확하게 분별하라고 한다. 그러고서 이 평가에 기반하여 우리는 집중이 없으면 사마디를 일으키는 수행을 하고, 집중이 있으면 더욱 더 계발할 수 있다.

당신의 계율에 대해 성찰한다

붓다는 많은 곳에서 집중의 토대는 계율, 즉 윤리적 행동이라고 하고, 덕성이 없으면 집중의 기반이 파괴된다고 가르치고 있다. 우리는 이것을 읽고, 자신이 기본적으로 도덕적인 인간인지를 성찰하고, 다소 계율을 따르면서 몰입·신통력·완전한 깨달음의 위대한 비전으로 나아간다.

그러나 이런 것들이 어떻게 작동하는지를 충분히 점검하는 것은 도움이 된다. 왜 도덕이 집중의 기반이 되며, 어떻게 하면 우리는 자신의 삶에서 이런 이해를 정교하게 만들 수 있을까? 앞의 장에서 언급한 바와 같이 계율은 후회하지 않음의 원인이고, 후회하지 않음은 행복의 조건이고, 행복은 집중의 조건이고, 집중은 해탈시키는 지혜의 조건이다. 우리는 이런 사이클과 그 반대되는 것들이 수행에서 어떻게 작동하는지를 볼 수 있다. 일반적인 수행 체험에서 과거의 선한 행동과 불선한 행동을 되살려 기억하게 된다. 그것들을 기억하다 보면 선한 행동은 편안하고 마음에 확신을 주고 기쁨을 주지만, 불선한 행동은 후회와 아쉬움의 감정을 불러일으킨다.

물론 일단 계율이 우리에게 자리를 잘 잡으면, 이런 불선하고 유익하지 못한 과거의 행동에 대한 기억이 난다고 하여도, 그것과 함께하고, 그것에서 배우고, 그러면서 그것을 흘려보내는 내적인 안정감을 갖는다. 만약 우리에게 계율과 남에게 해를 끼치지 않겠다는 맹세가 자리 잡지 못하면, 이런 생각과 감정은 명상할 때 지속해서 일어나고 집중은 아주 어렵게 된다.

집중을 계발하고 강화한다

일단 계율이 자리를 잘 잡으면, 우리는 집중의 요소를 계발하고 강화하는 데 여러 방법을 동원할 수 있다. 가장 기초적이고 쉬운 적용방법 중 하나는 호흡에 대한 마음챙김이다. 호흡은 우리와 항상 함께 하고, 마음상태와 아주 밀접하게 연결되어 있다. 사실 『염처경』의 가르침은 호흡에 대한 마음챙김으로 시작한다. 이것은 제일 처음의 몇 장들에서 언급하였다.

집중의 기술을 계발할 때, 우리는 모두 분석·고요함·방법 사이의 올바른 균형을 찾을 필요가 있다. 호흡, 또는 집중의 대상으로 무엇을 활용하든지간에, 그것에 대한 마음챙김이 어느 정도 안정감을 확립한 후, 우리는 집중과 지혜를 강화하는 또 다른 단계로 나아가게 된다. 이런 점에 대해서는 비범한 스승인 태국의 우빠시까 키(Upasika Kee)가 아주 명확하게 언급하고 있다.

1901년에 태어나서 거의 스스로 깨달음을 얻은 우빠시까 키는 태국의 아주 뛰어난 법사 가운데 한 분이다. 그녀는 존재만으로도 전통적인 태국 불교문화에서 매우 놀라운 분이다. 왜냐하면 그녀는 승려가 아니라 평범한 여성이기 때문이다. 『순수함과 단순함(Pure and Simple)』이라는 그녀의 저서 중 일부에서 볼 수 있는 바와 같이, 그녀의 가르침은 놀라울 정도로 명확하고 직접적이고 해탈에 대한 전념이라는 점에서 단호하다. 이런 특별한 가르침에서 그녀는 우리를 호흡의 알아차림으로부터 아는 마음(knowing mind)의 알아차림으로 이끌어준다.

이제, 우리가 호흡 명상을 어떻게 해야 하는지에 대해서 말하겠다. 문헌에서는 무겁거나 가볍게 길게 들이쉬고 길게 내쉬고, 그 다음에는 다시 무겁거나 가볍게 짧게 들이쉬고 짧게 내쉬라고 한다. 이러한 것들은 훈련의 첫 단계이다. 그런 다음에는 들숨과 날숨의 길이에 초점을 맞출 필요는 없다. 대신 우리는 단지 우리의 알아차림을 호흡의 어떤 한 지점에 모으고, 마음이 가라앉아 잠잠해질 때까지 이것을 유지한다. 마음이 잠잠해지면, 호흡을 알아차림과 동시에 마음의 잠잠함에 초점을 맞춘다.

이 지점에서 그대는 호흡에 직접 초점을 맞추는 것이 아니다. 그대는 잠잠하고 정상 상태인 마음에 초점을 맞추는 것이다. 그대는 마음의 정상 상태에 초점을 맞추며, 동시에 사실 호흡에 초점을 맞추지는 않으면서 숨을 들이쉬고 내쉬는 것을 알아차린다. 그대는 단지 마음과 함께 머물고 있지만, 들이쉬고 내쉬는 매 호흡을 지켜본다. …

이것은 그대가 호흡이 아니라 마음에 초점을 맞추어야 하는 때이다. 호흡은 그냥 내버려 두고 마음에 초점을 맞추라. 그러나 한편으로 여전히 호흡을 알아차리라. 그대는 호흡이 얼마나 길고 짧은지 기록할 필요는 없다. 들이쉬고 내쉬는 매 호흡과 함께 정상 상태에 머물고 있는 마음을 기록하라. 그대가 수행에 반영할 수 있도록 이것을 주의 깊게 기억하라.[2]

'정상 상태'는 태국어 *포카티(pokati)*의 번역어이다. 그 의미를 널리 살펴보자면 '균형을 이룬', '사건에 영향을 받지 않는'이라는 뜻이 모두 포함된다. 이런 독특한 수행에서 우빠시까 키는 아는 마음의 정상성 또는 평범성을 강조하고 있다. 이 마음은 어떤 미묘하고, 멀리 떨어져 있는 마음이 아니라, 단순한 일상적인 알아차림이다. 그냥 단순히 호흡을 알고, 그 앎을 체험하는 것과 함께 머무른다. 우리가 이런 단순함을 인식하고 신뢰하는 것을 배울 때, 우리는 앎 자체에서 알아차림을 안정화시킬 수 있고, 그리고 우리는 이런 알아차림을 아무 중단 없이 매일의 모든 일상 활동과 보다 쉽게 통합할 수 있다. 작가 웨이 우 웨이(為無為)가 표현한 바와 같이, "당신이 찾고 있는 것이 당신이 보고 있는 것이다."

아는 마음 자체를 알아차리게 되는 것은 자연스럽게 호흡의 앎에서 체험의 전체 범위의 앎으로 나아가게 한다. 여기서, 지속적인 마음챙김의 힘을 통해서 순간 집중은 강해지고 애쓰지 않게 된다. 사야도 우 떼자니야가 『알아차림만으로는 충분하지 않다(Awareness Alone Is Not Enough)』라는 저서에서 이렇게 언급하였다. "마음챙김이 힘을 얻을 때 '우리'는 더 이상 어떤 것을 할 필요가 없다. 마음은 할 것을 안다. 이런 단계에서는 더 이상 개인적인 노력이 필요 없다. 당신은 이것을 애쓰지 않는 알아차림이라고 부를 수 있다."[3]

이런 하지 않음(nondoing)에서 우리는 *아낫따*, 즉 무아의 체험을 심화시키고, 이런 전체적인 마음-몸의 복합체는 단순히 텅 비어 있는 현상이 굴러가는 것이라고 이해하게 된다.

마음에서 일어나는 생각들과 함께 작업하기

집중에 대한 어떤 논의를 막론하고 중요한 주제는 마음에서 일어나는 많은 생각들을 어떻게 다루는가 하는 점이다. 생각들과 함께 작업하는 것에는 다양한 방법들이 있다. 이 방법들은 우리가 완전한 몰입을 목표로 하여 고정된 대상에 대한 집중을 수행하고 있는지, 변화하는 대상에 대한 심일경성을 계발하는 순간 집중을 하는지에 달려 있다. 첫째로, 그 이름이 의미하듯이 마음을 고정된 대상에 안정화시키고, 다른 모든 것들을 산만한 것으로 보는 것이다. 여기서 우리는 어떤 것이 일어나더라도 그것을 무시하거나 또는 그냥 흘려보내고 다시 명상의 대상으로 반복해서 돌아온다.

다른 한편으로 통찰명상에서는 변화하는 대상들을 분석 탐구하기 위해서 순간 집중을 사용하는데, 거기에는 사고에 대한 마음의 태도가 다르다. 다시 사야도 우 떼자니야의 현명한 충고를 들어보자.

> 마음이 생각하거나 헤매고 있을 때… 단지 그것을 알아차리라.… 생각하는 것은 마음의 자연스러운 활동이다.… 마음이 생각하고 있다는 것을 알아차린다면, 당신은 잘하고 있는 것이다.… 그러나 생각 때문에 방해된다고 느낀다면, … 또는 생각에 대해 반응하거나 판단

하고 있다면, 당신 태도에 문제가 있는 것이다. 헤매고 있는 마음은… 문제가 아니다. "이런 생각들이 있으면 안 돼"라고 하는 당신 태도가 문제이다. 그러니 당신이 마음의 어떤 기능들을 단지 알아차리게 되었다는 것을 이해하라. 이것들도 당신이 주의를 기울일 대상들일 뿐이다.

생각하는 것은 마음의 활동이다. 당신이 이런 수행에 초보라면, 생각하는 것을 끊임없이 지켜보려고 애써서는 안 된다. 원래의 명상 대상으로 당장 돌아가려고 사고에 대한 관찰을 피하려 애쓰지도 말라. 당신이 생각하고 있다는 것을 깨달을 때는 언제나 생각에 먼저 주의를 기울이고, 그 다음에는 생각은 단지 생각일 뿐이라고 자신에게 상기시켜라. 그것을 '내 생각'이라고 생각하지도 말라. 그러면 이제 당신은 원래의 명상 대상으로 돌아가도 된다.

생각하는 마음에 의해 방해받았다고 느낄 때, 생각하기를 막기 위한 수행을 하는 것이 아니라, 생각이 일어날 때마다 생각하고 있다는 것을 깨닫고 인지하기 위한 수행을 하고 있다는 것을 상기하라. 알아차리지 못하면, 자신이 생각하고 있다는 것도 알 수 없다. 당신이 생각하고 있다는 것을 깨닫는다는 사실은, 자신이 알아차리고 있다는 것을 의미한다. 마음이 얼마나 자주 생각하는지, 헤매는지, 무엇인가에 짜증이 나는지는 중요하지 않다는 것을-당신이 그것을 알아차리고 있는 한- 기억하라.[4]

깨달음의 요소들과 함께하는 방법

마음속의 생각들과 작업하면서 우리는 깨달음의 다른 요소들이 깨달음에 어떻게 작용하는가를 볼 수 있다. 마음챙김은 생각이 있다는 것을 인식하고, 지속적인 마음챙김은 마음의 집중을 강화하고 안정화시킨다. 법의 분석은 지혜라는 마음 요소[慧心所]인데, 이것은 사고가 갖는 근원적인 무상성과 무실체성을 파악한다. 우리가 생각이 나타날 때 마음챙김을 하고, 그것을 알아차리는 순간 스스로 해방된다는 것을 보게 되면, 거기서 우리가 할 것은 아무 것도 없다. 그러나 우리는 종종 생각들에 사로잡히고 그 이야기에 몰두한다. 이런 경우 그 내용을 더 자세하게 들여다보고, 생각이 유익한지 아닌지, 도움이 되는지 안 되는지를 물어보는 것이 도움이 된다.

아주 종종 이런 질문들을 하는 단순한 것만으로도 그런 생각들과 동일화되는 것을 흘려보내고, 그것이 갖는 변화와 무아성을 보는 데 충분하다. 사고에 대해서는, "이것이 필요한가?"라는 질문이 또한 우리의 의도를 강력하게 상기시켜 주고, 우리의 노력을 최고의 열망과 맞추게 한다. 붓다는 마음이 점진적으로 정제되어 가는 과정을 금을 정제하는 단계와 비교하였다. 그리하여 결국 모든 불순한 것들은 완전히 제거된다.

생각의 불순함

수행이라는 측면에서 *불순함*이 무엇을 의미하는지를 성찰해 보는 것은 흥미롭다. 이 용어의 어떤 측면은 분명하다. 말하자면 몸과 언어의 잘못된 행동, 탐욕과 나쁜 의도와 잔인함이라는 불선한 생각들이라고 할 수 있다. 그러나 붓다는 보다 미묘한 불순함을 언급하고 있다. 예를 들면, 가족과 친구, 명성과 일에 대한 세간적 생각에 빠져 있는 것이다. 우리는 이 세상에 살고 있는 재가자로서 때로는 이러한 점에 대해 생각할 필요가 있다. 그러나 우리는 그것들을 의식하지 못하면서 자주 몽상에 빠진다. 특별히 불선한 것은 아니더라도 눈앞의 일을 하는 데 부적절하거나 불필요한 생각의 습관에 휘말려서 그러는 것이다. 이것은 필요한 것인가? 아마 아닐 것이다.

그리고 불순함의 보다 더 미세한 차원은 우리가 수행과 다양한 명상 상태에 대한 생각, 즉 불법(佛法)에 대한 생각에 빠지는 것이다. 이런 생각은 법에 대한 것이기 때문에 매우 매혹적이다. 그리고 세간적인 생각과 마찬가지로 마음을 챙기면서 의식적으로 하는 법에 대한 성찰은 수행의 길에서 아주 큰 도움이 되는 때도 있다. 그러나 단순히 법에 대한 몽상 또는 수행에 대한 판단에 빠져 있을 때 그것들은 별 도움이 되지 않는다.

우리가 이런 종류의 생각을 알아차리면서, 있는 그대로 그것을 이해하고 흘려보내면, 마음은 다시 내적으로 안정화되고 차분해지고 통합되어 간다. 이것은 고요하고 정제된 집중의 깨달음의 요소이고, 마음을 정화하는 단계를 높여가는 것이다. 깨달음의 다른 요소들과 마찬가지로 집중은 또한 점차로 계발된다.

붓다는 대양의 바닥이 어떻게 해안가에서부터 점점 경사가 지는지를 비유로 들면서, 모든 종류의 마음 계발은 이렇게 점진적으로 깊어지는 동일한 패턴을 따른다고 하였다. 우리가 인내와 끈기를 가지고 나아가면 모든 것은 가능하다. 유명한 첼리스트 파블로 카잘스의 예를 들고자 한다. 그는 93세까지 매일 세 시간씩 연습하였다. 왜 그렇게 오랫동안 연습을 하는가라는 질문을 받자, 그는 "이제 나는 약간의 향상을 보고 있습니다"라고 대답하였다.

31

평정

집중 계발 수행은 깨달음의 일곱 요소 중 마지막인 평정으로 이끈다. 평정은 포괄적인 함축성을 지니고 있다. 이것은 우리가 세계에서 어떻게 삶을 살아가야 하는가에 대한 함축성뿐만 아니라, 해탈의 길에 대한 통찰도 포함하고 있다. 어떤 측면에서 보면 전체 해탈의 길은 이런 강력한 깨달음의 요소의 성숙에 달려 있다고 보아도 과언은 아니다.

'평정[捨]'은 빨리어로 *우뻬카(upekkhā)*의 번역어이다. *우뻬카*는 여러 의미를 지니고 있다. 여기에서는 아바담마가 말하는 '보편적인 아름다운 마음 요소[共善淨心所]' 중의 하나를 말한다. 이것들은 모든 선한 마음 상태에서 동시에 항상 함께 일어나는 정신적 자질들의 그룹이다. 이런 자질들에 속하는 것은 믿음[信] 또는 확신, 마음챙김[念], 자기 존중[慚], 무탐욕[無貪], 무증오[無瞋], 유연성[輕安]이다. 평정은 이런 보편적인 아름다운 마음 요소 중의 하나로서 '마음의 중립성'이라고 부르는 마음 요소이다. 비구 보디는 빨리어 *우뻭카*를 문자 그대로 영어로 번역하면 'there in the middleness(중간의 거기)'라고 말하고 있다. 이것은 영어로 다소 어색하게 번역한 것이지만 평정이 갖고 있는 균형적인 힘을 전달하고 있다. 이것의 특징은 균등하다는 것이다. 그리고 이런 요소가 가장 잘 계발될 때 마음은 흔들리지 않는 균형을 이루게 된다. 그리하여 다른 마음의 요소들이 지나치게 과하거나 부족한 것을 방지하는 역할을 한다.

평정은 일곱 가지 깨달음의 요소들이 순차적으로 전개되어 나가는 과정에서 집중으로부터 일어난다. 왜냐하면 집중은 마음이 장애로부터 벗어난 상태를 유지하도록 하는 힘을 가지고 있기 때문이다. 이런 벗어남은 균형감과 중립성을 확립하여, 마음이 즐거움 또는 고통에 직면하여도 흔들리지 않게 된다.

영어로 표현하여 마음의 중립성이라고 하면 무관심하거나 체험과는 아무 상관이 없는 상태를 생각할지 모른다. 그러나 평정이 삶속에서 실제로 나타나는 여러 방식들을 보면 우리는 그것이 결코 무관심이 아니라는 것을 알게 된다. 우리는 평정을 '아름다운 요소'라고 부르는 이유를 이해하기 시작하고, 그 유익함을 아무리 과장해도 지나치지 않다는 것을 알 수 있다.

균형의 성질을 갖는 것인 평정

우리가 평정이 갖는 침착하고 편안한 성질을 체험하는 첫 번째 방법은 평정이 일상의 삶에 가져다주는 평화와 균형을 통해서이다. 우리들 모두는 '여덟 가지 세상의 조건'이라고 부르는 것에 마음이 움직인다. 이것들은 이득과 손실, 칭찬과 비난, 명예와 불명예, 즐거움과 괴로움이라는 끊임없이 변화하는 조건들이다. 평정이 계발되면 우리는 이런 파도에 균형을 잡으며 편안하게 탈 수 있다. 하지만 평정이 없으면 우리는 그 파도에 흔들려서 변화하는 삶의 환경 속에서 종종 충돌하게 된다.

이득과 손실

우리는 다양한 삶의 체험 가운데 이득과 손실이 움직이는 것과 그것이 마음에 미치는 영향을 볼 수 있다. 종종 우리는 이것을 물질적인 것만 생각하기도 하지만, 자신이 특정한 결과에 집착하여 힘을 쏟을 때마다, 그리고 어떤 것을 '나' 또는 '나의 것'으로 간주할 때마다 이것이 미치는 영향력을 볼 수 있다. 금융의 세계에서 이득과 손실은 기분을 변화시키는 약물이기도 하다. 수많은 사람들은 주식시장의 등락에 따라서 기분이 좋기도 하고 망가지기도 한다.

우리는 복잡한 세계에서 종족적 충성에 따라 이득과 손실이 움직이는 것을 볼 수 있다. 그것이 국지적인 것이든 세계적인 것이든 상관없다. 당신이 만약 뉴잉글랜드에 살고 있다고 하자. 그러면 레드 삭스와 양키스 간의 야구 경기에서 승리와 패배에 따라서 느끼는 강한 즐거움과 우울함의 감정에서 이득과 손실을 절실하게 볼 수 있을 것이다. 특히 선거철에 일어나는 강렬한 애국적 정치 드라마에서도 이것을 볼 수 있다. 당신이 세심하게 정치적 뉴스를 추적하고 있다면, 당신이 좋아하는 후보자의 여론 조사 변화나 선거 운동 중의 일들이 그 좋아하는 후보자의 지지도에 영향을 주는 것을 보았을 때 당신 마음도 오르락내리락하는 것을 알 수 있지 않은가? 그리고 물론 극단적인 국가주의 감정과 그에 동반하는 결과물의 일부로서 이득과 손실을 생각할 수도 있다.

심지어 안거 수행에서도 이득과 손실의 개념은 우리의 수행을 조건 짓고, 또한 수행자로서 스스로를 평가하는 것을 조건 짓는다. 고요하고 집중되어 수행이 잘 이루어지면, '이제 해냈어'라는 생각이 떠오른다. 우리는 이득을 체험하고 그것에 머무르기를 원한다. 그 다음 수행 또는 그 다음날, 마음이 불안함 또는 지루함으로 가득 찰 수도 있다. 그러면 '무엇이 잘못되었나? 어떻게 잃어버렸지?'라는 생각이 떠오른다. 평정·균형·중간에 있음에 의해 제어되지 않은 이득과 손실로 인해서 우리는 불가피하게 끊임없이 변화하는 삶의 조건들에 매여 있게 된다.

칭찬과 비난

우리는 또한 칭찬받거나 비난받을 때 마음에서 일어나는 반응을 볼 수 있다. 나는 이런 반응들을 『하나의 법(One Dharma)』이라는 책을 쓰고 난 다음 아마존의 서로 다른 독서 평을 읽고 난 뒤 아주 분명하게 체험하였다. 몇 가지를 인용하면, "간결하고 깨달음을 주는 것으로 불교의 핵심을 언급하고 있다", "아주 좋다", "읽기 즐거운 실제적인 수행에 관한 책이다" 등이다.

그리고 이러한 것도 있다. "이 책에서 하나의 법이라는 것은 없다. 제목과 어울리지 않는 별 의미 없는 책이다." 최악의 혹평을 한 것 중 하나는 "이것은 아주 멍청한 책이다"라는 것이다.

책이 처음 나온 뒤에 여러 평들을 읽었을 때, 그 논평 내용에 따라서 마음이 밝아지거나 어두워지는 것을 느낄 수 있었다. 다행스럽게도 얼마 지나지 않아서 불교 수행은 나를 구해주었다. 나는 곧 칭찬과 비난의 보편적인 성질을 상기하였다. 심지어 붓다조차도 칭찬과 비난을 받았다. 나는 이런 상황이 갖는 재미있는 점을 보고, 보다 편하게 마음의 균형을 잡기 시작하였다. 붓다는 『법구경』의 한 구절에서 평정이 갖는 굳건함을 이렇게 표현하였다.

단단한 바위 덩어리가
바람에 흔들리지 않는 것처럼
그와 같이 수행자는
칭찬과 비난에 흔들리지 않네.

명예와 불명예

우리의 삶에서 불가피하게 변화하는 조건들 중 세 번째 쌍은 명예와 불명예에 관한 것이다. 이것들은 칭찬과 비난의 보다 일반화된 형태라고 할 수 있다. 여기서 위대한 교훈은 당신이 명예를 열망하거나 불명예로 인해 위축되거나 간에, 그것들은 실제로 단지 다른 사람들의 마음속에서 일어난 것이라는 사실이다. 우리가 선한 계율을 잘 지켜서 후회하지 않는 마음을 잘 확립하고 있으면 이런 외부적인 투사에 직면하여 전혀 흔들리지 않고 평정함에 머무를 수 있다.

즐거움과 괴로움

변화하는 것의 마지막 쌍은 우리 삶의 즐거움과 괴로움, 행복과 슬픔의 변화이다. 우리 대부분의 마음은 즐거운 것을 붙잡고, 즐겁지 않은 것을 멀리하거나 밀어내고자 하는, 깊은 조건화에 사로잡혀 있다. 그러나 희망과 공포의 극심한 부침에 힘을 불어넣는 것은 바로 이런 조건화이다. 명료함과 지혜가 성장함에 따라서 우리는 이런 변화들이 불가피하고, 그것들이 잘못된 것이 아니라는 것을 보게 된다. 우리가 무엇인가를 잘못했기 때문에 즐거운 느낌이 사라지는 것이 아니다. 변화한다는 것은 모든 조건화된 것들의 성질일 뿐이다.

몇 년 전 나는 뉴멕시코의 북쪽에 있는 황무지 농장에서 안거 수행을 지도하고 있었다. 마지막 날 오후 우리 모두는 협곡으로 이어지는 강을 따라서 걸었다. 나는 얼마 전에 비가 온 탓으로 젖은 바위에서 미끄러지는 바람에 무릎이 접질렸다. 숙소로 돌아와서 쉬면 괜찮을 것이라고 생각하였다. 그러나 그날 저녁 방석을 깔고 결가부좌로 앉아서 법문을 한 다음 그 다리로 몸을 지탱할 수가 없었다. 다른 사람들이 나를 내 방으로 옮겨주었다. 밤이 새도록 자기 비난과 나머지 여름 스케줄에 대한 근심으로 이리저리 흔들리는 나의 마음을 지켜보았다.

결국 나의 마음은, 사고는 일어나기 마련이라는 생각으로 안정을 되찾았다. 그러자 갑자기 하나의 만뜨라가 마음에 떠올랐다. 그날 이후로 나를 잘 지켜준 만뜨라는 "*무슨 일이든 언제라도 일어날 수 있다*"이다. 이것은 절망이나 공포의 만뜨라가 아니다. 이것은 실제로 나의 마음을 아주 편안하게 해 주었다. 이것은 '그래, 세상일이 다 그렇게 돌아가는 것이지'라는 것을 인식하고 상기하게 해 준다. 조건들은 언제나 변하고, 종종 우리 힘으로 제어할 수도 없다. 무슨 일이든 언제라도 일어날 수 있다는 것을 인정하면, 예기치 않은 일이 일어날지도 모른다는 공포를 방어하면서 살아갈 필요가 없다. 나는 깊고 편안한 평정심을 갖고 변화를 받아들이는데 이런 만뜨라가 놀라울 정도로 도움이 된다는 것을 알았다. 붓다는 인생의 부침(浮沈)에 대해 다음과 같이 언급하였다. "칭찬과 비난, 이득과 손실, 즐거움과 슬픔은 바람처럼 오고간다. 행복하라, 그리고 그 모든 것들 가운데 서 있는 거대한 나무처럼 머물러라."

신성한 거주처[梵住]인 평정

평정의 두 번째 타입은 '신성한 거주처'로 불리는 마음 상태인 *4무량심(브라흐마위하라 brahmavihāras)*의 네 번째로 나타난다. 4무량심은 자애[慈]·연민[悲]·더불어 기뻐함[喜]·평정[捨]을 말한다. 다른 세 가지 4무량심에 무한한 능력을 주는 것은 바로 모든 것을 평등하게 잡아주는 치우치지 않은 평정심의 능력이다. 우리가 자신을 칭찬하거나 비난하는 사람 앞에서도 흔들리지 않으면, 그 칭찬과 비난이 주는 유익함을 추구하면서 머무를 수 있다.

우리는 달라이 라마 또는 디빠 마와 같은 사람들이 다른 사람들을 대할 때 어떻게 하는가를 유심히 보면서 이것이 작동하는 것을 알 수 있다. 달라이 라마는 자신이 만나는 사람들을 모두 오래된 친구처럼 대하려 노력한다고 종종 말한다. 그리고 디빠 마에 안겨 본 누군가가 이렇게 말하는 것을 들은 적이 있다. "그녀에게 안기는 것은 너무나 완전해서 나의 180센티미터 되는 몸이 그녀의 위대하고 넓고 텅 빈 마음속으로 딱 맞아 들어가면서도 창조의 모든 것을 위한 공간은 남아 있다."

평정이 갖는 지혜의 측면

평정의 세 번째 현상은 명상적 알아차림의 심오한 체험으로 우리를 데려다 준다. 평정이 갖는 지혜의 측면은 중국의 세 번째 선(禪)의 계승자인 3조(三祖) 승찬(僧璨, ?~606)[14]이 지은 『신심명[信心銘]』이라는 책의 유명한 첫 구절들에 아름답게 표현되어 있다. "마음이 치우치지 않은 사람에게 위대한 길은 어렵지 않다. 집착과 혐오 둘 다 없으면, 길은 명확하고 숨겨져 있지 않다. 그러나 아주 작은 차이로도 하늘과 땅만큼 그 간격이 무한히 벌어진다."

위대한 길을 수행하면서 치우치지 않는 자각인 평정은 모든 깨달음의 요소의 계발을 지지해 준다. 깨달음의 요소들이 강해지면서 우리는 세 가지 특징(無常·苦·無我)에 대한 보다 깊은 통찰을 얻는다. 우리는 변화의 진리를 안다. 개념적으로뿐만 아니라 사물이 일어나고 사라지는 것에 대한 직접적인 체험을 통해서 안다. 때로는 무상성에 대한 이런 체험이 거대한 차원에서 이루어지지만, 점차로 아주 순간적인 미세 차원에서 일어난다. 이런 지점에서 우리의 명상은 변화 그 자체의 과정과 관련된 것이지, 무엇이 일어났는지에 대해서는 별로 관련이 없다.

우리는 *둑카*(*dukkha*, 苦)의 진리, 조건화된 현상은 신뢰할 수 없고, 만족할 수 없다는 것을 체험한다. 또한 일어나는 모든 것이 끊임없이 녹아서 사라져 버리는 것, 때로는 심지어 의식 자체도 순간적으

14) 중국 선불교의 3대 조사인 승찬(僧璨, ? ~ 606) 선사를 말한다. 중국 선불교의 법맥은 달마 대사(초조), 혜가(2조), 승찬(3조), 도신(4조), 홍인(5조), 혜능(6조)으로 이어졌다.

로 녹아져 버림을 본다. 경전에는 이런 하나의 가르침, "일어나는 성질을 가지는 모든 것 또한 사라진다"라는 가르침을 듣는 것만으로 깨달음을 성취한 사람들의 이야기가 많다. 우리가 이런 가르침을 받아들이면 어떻게 되는가? 이런 가르침에 대해 완전히 이해한다면 더 이상 그 어떤 것에도 매달리지 않을 것이다.

그리고 우리는 '자아'라고 부를 만큼 오래 머무는 것은 아무 것도 없다는 것을 볼 때 무아의 진리를 체험한다. 모든 현상은 적절한 원인과 조건에 의해 일어나서, 실체가 없고 어떤 내재적인 자기-존재가 비어 있다. 현상은 무지개-무지개는 순간적으로 변화하는 조건에 의해 일어나는 빛의 색채로서, 너무나 선명하지만 동시에 실체가 없다-와 같다.

우리 내면에서 개별적인 이런 통찰들이 성숙하면서 우리는 여러 단계를 거쳐 간다. 어떤 단계에서 현상의 아주 빠른 일어남과 사라짐을 처음으로 명확히 볼 때, 마음은 아주 행복한 환희에 가득 차게 된다. 다른 단계에서는 어떤 것이 길이고 길이 아닌지를 깊이 이해하게 되면 아주 명확한 상태가 된다. 여기서 우리는 환희와 행복이라는 특별한 명상 상태에조차 집착하지 않는 것을 배운다. 또한 십자가의 성 요한이 말한 영혼의 어두운 밤을 통과하게 된다. 이때는 격심한 고통의 시기이다. 거기에서 우리는 조건화된 존재에서 진정하고 영속적인 행복은 결코 나올 수 없다는 것을 보게 된다.

그러나 우리가 이런 길을 견뎌내면 세속적 명상 통찰의 절정에 도달하는데, 이것은 모든 형성[諸行]에 대한 강력한 평정의 상태이다. 이것은 평화에서 탄생한 깊은 기쁨의 상태이다. 여기에서 마음은 즐거운 체험과 즐겁지 않은 체험의 변화에 의해 전혀 흔들리지 않는다.

우리는 마음에 아주 미세한 동요도 전혀 없이 알아차림의 부드러운 흐름 속에 머물게 된다. 이 지점에서 평정은 마음의 모든 요소들의 균형을 잡고, 수행은 그 자체로 이루어져 간다.

안정된 평정이 있는 이 단계는 아라한의 마음과 같다. 아라한의 마음은 의식의 영역에서 일어나는 어떤 것에 대해서도 전혀 흔들리지 않는 마음이다. 누구도 아직은 아라한이 아니라는 사실을 상기하는 것이 유용하지만, 안정된 평정은 붓다가 『염처경』에서 여러 번 반복해서 말하는 것의 맛을 보게 된다. "세상의 어느 것에도 집착하지 않고 의존하는 바 없이 머무른다."

바라밀로서의 평정

여기서 언급하는 평정의 네 번째 종류는 *바라밀(paramis)*의 마지막에 해당하는 것이다. *바라밀*은 보살이 평생에 걸쳐서 불성에 대한 위대한 열망을 성취해 가면서 완벽해지는 자질들이다. 그것들은 또한 어느 정도만 계발되어도 우리 자신의 해탈을 이루는 데 기여하는 자질들이다. 상좌부 가르침에는 열 가지의 *바라밀*이 있다. 붓다의 전생을 이야기하는 자따까(Jatāka)의 많은 이야기들은 이런 자질들을 어떻게 계발하는지를 알려준다.

열 가지 *바라밀*은 보시 바라밀(Dāna pāramī), 지계 바라밀(Sīla pāramī), 출가 바라밀(Nekkhama pāramī), 지혜 바라밀(Paññā pāramī), 정진 바라밀(Viriya pāramī), 인욕 바라밀(Khantī pāramī), 진실 바라밀(Saccā pāramī), 결정심 바라밀(Adhiṭṭhāna pāramī), 자비 바라밀(Mettā pāramī), 평정 바라밀(Upekkhā pāramī)이다.[15] 이 중에서도 인욕 바라밀과 평정 바라밀은 그밖의 다른 모든 요소들의 초석으로 간주된다. 레디 사야도는 이 두 가지를 잘 갖춰야 다른 것들의 성취도 기대할 수 있다고 하였다.

평정을 계발하고 강화하는 방법

이제 남은 의문은 어떻게 이렇듯 놀랍도록 유익한 평정심의 자질을 계발하고 강화할 것인가 하는 점이다. 세상을 살아가면서 어떻게 이런 자질을 계발할 수 있는지에 대해 언급하고 있는 몇 가지의 간결한 가르침이 있다.

집착을 포기한다

언젠가 태국의 스승인 아잔 차는 한 무리의 제자들 앞에서 컵 하나를 들어올렸다. 그는 이 컵과 관계 맺는 가장 좋은 방법은 이 컵이 이미 부서진 것처럼 여기는 것이라고 말하였다. 우리는 이 컵을 사용하고 소중히 여기지만 컵이 변화한다는 것을 알기 때문에 거기에 집착하지 않는다.

이와 동일한 방식으로, 위대한 힌두 문헌인 『바가바드 기타

......

15) 우리에게는 대승불교의 10바라밀이 익숙한데, 이 책에서는 상좌부 불교의 10바라밀을 말하고 있다. 참고로 대승불교의 10바라밀은 보시(布施) 바라밀, 지계(持戒) 바라밀, 인욕(忍辱) 바라밀, 정진(精進) 바라밀, 선정(禪定) 바라밀, 반야(般若) 바라밀, 방편(方便) 바라밀, 원(願) 바라밀, 역(力) 바라밀, 지(智) 바라밀이다.

(Bhagavad Gita)』에는 행동의 열매에 집착하지 않고 행동해야 한다는 강력한 가르침이 있다. 우리는 완전히 전념하고 몰두하여 우리가 하는 것을 할 수 있다. 그러나 그 결과는 종종 우리가 제어할 수 없다. 우리가 결과에 집착하지 않고 행동할 때, 그럴 때 우리의 마음은 결과가 어떻게 전개되든 상관없이 평화롭게 머문다.

내 인생에서 도움이 되었던 이런 가르침들 중의 마지막 가르침은 달라이 라마가 주셨다. 즉 행동의 가치는 성공 또는 실패에 의하여 정해지는 것이 아니라, 그 배후에 있는 동기에 의해 결정된다는 것이다. 우리의 동기가 유익하면, 우리의 노력이 성공하든 실패하든 상관없이 평정심에 머물 수 있다.

지혜롭고 평정한 마음을 가진 사람들과 함께한다

붓다는 지혜롭고 평정한 마음을 가진 사람들과 함께하는 것이 평정심을 강화하는 것이라고 가르치고 있다. 경전에서 말하고 있는 바와 같이, "미쳐 있는 사람을 피하라." 만약 당신이 어떤 정치 뉴스쇼를 보고 있다면 이런 지혜로운 충고를 이해할 수 있다. 토론자는 종종 자신의 견해에 강하게 사로잡혀서 다른 사람의 견해를 소리치면서 무시하여 의미 있는 대화를 하지 못하게 만든다. 별로 참여하지 않고 단지 보기만 하면서 좋은 무대를 기대하지만, 우리는 그런 의견 교환에서 에너지의 충격을 느낄 수 있다. 평정심을 유도하는 데는 거의 도움이 되지 못한다.

평정심이 갖는 4무량심의 측면을 수행한다

또한 우리는 4무량심 명상의 하나로서 평정심을 계발할 수 있다.

이 수행에서 반복적으로 언급되는 고전적인 구절은 "모든 존재는 자신이 갖는 행동[業]의 상속자이다. 자신의 행복 또는 불행은 그들의 행동에 달려 있지 소망에 달려 있는 것은 아니다." 이런 구절을 처음에는 중립적으로 느껴지는 사람에게, 그리고 뒤이어서 후원자, 친구, 어려운 사람, 그리고 모든 존재에 대해 반복하면, 진정으로 행복이 어디에 놓여 있는지를 상기하게 된다. 우리는 모든 사람이 행복하고 평화롭기를 바라지만 근본적으로는 그들 자신의 행동에 결과가 달려 있다. 이런 방식으로 평정심을 수행하게 되면 우리는 적절한 균형을 가지면서 그들의 안녕을 바라게 되고, 이런 구절을 반복하는 것은 지혜의 선물을 주는 것일 수 있다.

지혜로운 주의와 지속적인 마음챙김을 수행한다

마지막으로 우리는 지혜로운 주의와 지속적인 마음챙김을 통해서 통찰 수행의 평정심을 계발한다. 우리는 평정을 향하여 마음이 향하도록 수행하고, 흥분이라는 작은 행복 또는 단순한 즐거움의 느낌에 의해 유혹받지 않도록 한다. 이것은 들뜨지 않는 고요하고 균형 잡힌 마음이고, 한쪽으로 치우치지 않고 모든 것을 감싸안는 마음이다. 붓다는 그것을 아주 잘 요약하여, "평화보다 더 높은 행복은 없다"고 말하였다.

X

법에 대한 마음챙김

– 네 가지의 성스러운 진리

32. 고통

첫 번째 성스러운 진리

"또한 비구는 이 네 가지 성스러운 진리의 법에서 법을 관찰하며 머무른다. 비구들이여, 어떻게 비구는 네 가지 성스러운 진리의 법에서 법을 관찰하며 머무르는가? 비구는 '이것이 괴로움이다'라고 있는 그대로 꿰뚫어 안다. '이것이 괴로움의 일어남이다'라고 있는 그대로 꿰뚫어 안다. '이것이 괴로움의 소멸이다'라고 있는 그대로 꿰뚫어 안다. '이것이 괴로움의 소멸에 이르는 길이다'라고 있는 그대로 꿰뚫어 안다."[1]

붓다가 『염처경』, 즉 깨달음에 이르는 직접적인 길의 모든 가르침에 대한 결론을 내리면서 네 가지의 성스러운 가르침[四聖諦]에 대해 관찰 명상하는 것은 그렇게 놀랍지 않다. 4성제는 붓다의 깨달음의 정수이다. 여러 불교 전통들 사이에 많은 차이점이 있음에도 불구하고, 모든 전통은 한결같이 4성제가 불교의 이해와 깨달음의 기초라는 점에서는 동의하고 있다. 붓다의 수제자인 사리뿟따는 여러 승려들에게 4성제에 대해 다음과 같이 말하였다.

> "도반들이여, 예를 들면 걸어 다니는 어떠한 생명체의 발자국도 모두 코끼리 발자국 안에 들어갈 수 있는 것처럼, … 모든 선한 상태[善法]는 그렇게 네 가지 성스러운 진리 안에 포함됩니다."[2]

4성제에 대한 관찰 명상은 우리의 삶과 수행에서 선한 것 모두를 포함할 뿐만 아니라, 깨달음에 없어서는 안 되는 기반이다. 붓다는 이런 점을 아주 명확하게 말하고 있다.

> "비구들이여, 만약 누군가 '나는 집을 지을 때 아래층을 짓지 않고 위층을 지을 수 있다'라고 말한다면, 이것은 불가능한 일이다. 비구들이여, 누군가 '고성제…[집성제·멸성제·도성제]를 있는 그대로 꿰뚫어 보지 않고, 고통을 완전히 종식시키겠다'고 한다면, 이것도 역시 불가능한 일이다."

> "그와 같이, 비구들이여, 누군가 '나는 집을 지을 때 아래층을 짓고 나서 위층을 짓겠다'라고 한다면 이것은 가능한 일이다. 누군가 '고성제…[집성제·멸성제·도성제]를 있는 그대로 꿰뚫어 보고 나서, 나는 고통을 완전히 종식시키겠다'고 한다면 이것은 가능한 일이다."[3]

둑카(dukkha)의 의미

우리가 이 가르침을 읽고 적용하면서 직면하게 되는 첫 번째 도전은 빨리어의 *둑카*(*dukkha*, 苦)가 무엇을 의미하는지를 이해하는 것이다. 여러 측면에서 이 둑카라는 용어는 전체 수행의 도정을 규정한다. 붓다는 모든 조건화된 현상들은 둑카이며, 붓다 자신이 간직한 드넓고 무한한 지식에서 단지 이것, 즉 둑카와 그 종식만을 가르친다고 종종 말하였다.

문제는 둑카가 갖는 의미 전체를 완전히 전달할 수 있는, 그에 딱 맞는 적절한 단어가 영어에는 전혀 없다는 것이다. 흔히 둑카를 영어로 'suffering(고통)'이라고 번역한다. 어떤 맥락에서는 이 번역 용어가 어느 정도 통하지만, 완벽하게 딱 들어맞는 것은 아니다. 붓다는 어느 가르침에서 "느껴지는 것은 어떤 것이라도 모두 다 둑카에 포함된다"라고 말하였다. 그러나 우리가 알고 있는 바와 같이 어떤 느낌은 즐겁고 기분 좋은 것이다. 우리는 그것을 고통으로 느끼지 않는다. 그리고 모든 것은 변화하기 때문에 고통이라고 말하는 것은, 고통스러운 느낌에서 즐거운 느낌으로 변화할 때 우리가 느끼는 체험과 일치하지 않는다. 그때는 고통을 느낀다기보다는 오히려 안도감을 느낀다.

그러므로 둑카를 '고통'으로 번역하는 것은 때로는 적절하지만, 오해를 불러일으킬 소지가 있다. 이것은 우리 자신의 일상적 체험에 비추어 항상 공감할 수 있는 것은 아니다. 아마도 그 용어가 갖고 있는 어원학적인 탐구를 통해서 둑카가 갖는 원래의 의미를 더 잘 파악할 수 있을 것이다. 둑카(dukkha)라는 단어는 접두사 *du*와 어근 *kha*로 이루어져 있다. *du*가 의미하는 것은 '나쁘다' 또는 '어렵다'이다. *kha*

의 의미는 '비어 있다'는 것이다. 여기서 '비어 있다'는 것은 어떤 경우는 특별하기도 하고, 어떤 경우는 일반적이기도 한 여러 사실을 지칭하고 있다.

특별한 의미 중 하나는 바퀴의 차축 구멍이 비어 있는 것을 말한다. 차축이 중앙의 구멍에 잘못 끼워져 있으면 마차를 탈 때 매우 덜컹거린다. 이것은 윤회의 수레바퀴를 돌고 있는 우리에게 잘 맞는 비유이다. 내가 미얀마를 처음으로 여행하였을 때 몇몇 친구들과 나는 마하시 사야도의 고향에 있는 사원을 방문하기 위해 오지로 갔다. 오지로 찾아가면서 일부 여정은 마차로 가게 되었다. 아마도 이것은 의심할 여지없이 붓다 당시의 여행 수단과 비슷하였을 것이라고 생각된다. 이렇게 극도로 덜컹거리는 마차 여행은 정말 둑카를 내장으로 느끼게 하는 바로 그것이었다. 이것이 4성제의 첫 번째에 해당한다.

좀 더 일반적이면서 철학적인 용어를 사용하여 말하면, '비어 있음'은 영원한 것이 없다는 것과 현상을 조절하거나 통제할 수 있는 자아가 없다는 의미이다. 여기서 우리는 둑카라는 용어가 갖는 또 다른, 그러면서도 보다 포괄적인 의미를 포착하기 시작한다. *불만족스럽고 믿을 수 없고 편치 않고 스트레스에 가득 찬,* 이런 단어들이 우리가 체험하는 둑카의 보편적인 측면을 모두 전달하고 있다. 아날라요는 이런 모든 번역들을 고려하여 하나의 중요한 점을 명확히 하고 있다.

> "그러므로 '고통'은 '불만족스러움'과는 달리 현상계에 내재하는 것이 아니며, 단지 깨닫지 못한 마음이 그것들을 경험하는 방식에 있는 것이다. 이것은 정말로 4성제 전체의 근원적 주제이다. 즉 집착과 갈

망을 원인으로 하는 고는 깨달음에 의해 극복될 수 있다는 것이다. 모든 조건 지어진 현상의 불만족스러운 본성은 *아라한*에게 더 이상 고통을 일으키지 못한다."[4]

이제 우리는 정말로 모든 조건 지어진 현상들이 둑카라는 것-즉 불만족스럽고, 영원한 만족을 줄 수 없는 것-에 대한 이해와 동시에 체험 가운데서 우리 마음의 고통을 끝낼 수 있다는 이해를 통합시킬 수 있게 된다. 우리는 둑카가 의미하는 것에 대해 보다 더 명확한 의미를 이해하면서, 붓다가 경전에서 설법한 구절, 즉 "이것이 둑카라고 있는 그대로 꿰뚫어 안다"라는 기본적인 가르침으로 돌아갈 수 있다.

둑카를 체험하는 방식

여기서 우리는 두 번째 도전에 직면하게 된다. 즉 불만족스럽고 믿을 수 없고 편치 않고, 그리고 때로 고통스러운 '이것'은 정확히 무엇인가? 다행히 붓다는 깨닫고 난 후 다섯 제자에게 설한 첫 법문에서 둑카에 대해 상세히 설명해 주었다. 보드가야의 보리수 아래에서 깨달음을 얻은 다음 붓다는 7주간 명상하면서 자신이 깨달음을 성취한 것을 살피면서 보내게 된다. 그리고 이런 심오하고 미묘한 법을 누구에게 가르칠 것인가를 생각하면서 이전에 함께 금욕 수행을 한 사람들을 생각하였다. 그들은 사르나트라고 하는 곳의 사슴공원에 살고 있었는데, 그곳은 작은 마을로서 때로는 베나레스라고도 불렸다. 고대 도시인 바라나시의 갠지스 강 건너편에 있었던 사르나트는 보드가야에서 걸어서 8일이 걸리는 거리에 있었다.

붓다가 처음으로 가르침을 편 사르나트는 '법의 바퀴를 굴린 곳[轉法輪]'으로 불린다. 붓다 이후로 수 세기에 걸쳐서 대륙과 대양을 넘어 수많은 사람들에게 가르침을 전하도록 고무시킨 바로 그 법의 바퀴였다. 경전에 의하면, 붓다는 사르나트에서 위대한 중도(中道)를 말하였다. 중도는 극단적인 방종과 극단적인 고행 사이에 있는 것이다. 그리고 붓다는 자유를 향한 지혜의 틀로서 4성제를 말하였다.

> "비구들이여, 이것이 고성제(苦聖諦)이다. 태어남도 고통, 늙는 것도 고통, 병드는 것도 고통, 죽는 것도 고통이다. 싫어하는 것과 만나는 것도 고통, 좋아하는 것과 헤어지는 것도 고통이다. 원하는 것을 얻지 못하는 것도 고통이다. 간략히 말하자면, 5취온은 고통이다."[5]

이 몇 줄에서 붓다는 우리가 일상적으로 체험하는 측면에서 둑카의 체험을 지적하고 있을 뿐만 아니라, 보다 깊고 포괄적인 차원에서 5온에 대한 집착에 대해 언급하고 있다. 그러나 이것들이 우리의 일상적 삶의 흐름을 반영하는 측면이 있다 하더라도, 우리는 얼마나 자주 멈추어서 그것들을 깊이 성찰하는가? 우리는 종종 다음 체험, 다음에 할 일을 계속해서 생각하기 때문에, 한 발 물러나서 시간을 갖고 정말로 우리의 삶이 어떠한지에 대해 들여다보지는 않는다.

붓다는 "믿어라"라고 말하지 않는다. 붓다는 "와서 보라"라고 말한다. 그가 말하는 것은 초청이고, 간곡한 권고이고, 멈추고 몸과 마음의 성질을 보라는 것이고, 스스로 그것을 탐구하라는 것이다. 우리가 이런 탐구를 시작할 때, 고성제를 이해하는 데 특별히 중요한 『염처경』의 정형구를 기억하면 도움이 될 것이다. 그 구절은 "그는 법[여기에서는 고성제]을 내적으로, 외적으로, 그리고 내외적으로 관찰하며 머무른다"고 우리에게 상기시켜 주고 있다. 그래서 우리는 둑카를 어떻게 우리 자신 안에서 내적으로, 그리고 세계에서 외적으로 실제 체험하는지를 탐구한다.

괴로운 체험인 둑카

사물들이 불만족스럽고 믿을 수 없고 때로는 고통스럽다는 것은 세 가지 측면에서 살펴볼 수 있다. 첫째는, 괴로운 것 그 자체에 둑카의 체험이 있다는 것이다. 이것은 둑카를 '고통'으로 번역하는 경우 아주 잘 들어맞는다. 전쟁, 폭력, 기아, 자연 재해, 정치적 및 사회적 억압 등으로 인한 것은 분명한 고통이다. 이것은 수억 명의 사람들이 직접 겪는 실제 상황이다.

몸이 겪어야 하는 실제적인 통증이 있다. 태어나면서부터 시작하여 병들고 상처받고 나이 들어가는 것은 우리 모두에게 공통되는 고통이다. 그리고 대개 죽음의 순간은 우리가 어떻게 할 수 없는 것이기도 하다. 그것은 누구의 잘못이 아니다. 그저 자연스럽게 일어나는 일일 뿐이다.

반드시 겪는 것은 아닌 고통이 있는데, 마음에 깊게 조건화된 감정이다. 즉 공포, 질투, 분노, 증오, 불안, 슬픔, 시기, 절망, 외로움이라는 감정들이다. 이것들은 흔히 '고통을 주는 정서'의 긴 목록이다. 이런 감정들을 사야도 우 빤디따에게 보고하면 많은 경우, 그는 "좋아, 이제 둑카의 진실을 절실하게 받아들이고 있군요"라고 말한다. 우리가 고통스러운 몸과 마음의 문을 열 수 있을 때마다, 스스로 고성제를 탐구하고 깨닫게 된다. 붓다가 말한 바와 같이, "여기, 그는 '이것이 둑카이다'라고 있는 그대로 꿰뚫어 안다."

모든 것은 변화하는 성질을 갖는다는 것인 둑카

우리가 둑카, 사물의 불만족스럽고 믿을 수 없는 성질을 체험하는 두 번째 방식은 이런 변화하는 성질에 대해 직접적이면서도 점차 정교해지는 지각을 통해서이다. 평정에 대해 31장에서 언급한 바와 같이, 많은 사람들이 이런 아주 간단한 가르침, "일어나는 성질을 갖는 모든 것은 또한 사라진다"라는 것을 듣는 즉시 바로 깨달음을 성취한다. 그러나 이런 언급은 너무나도 분명하기 때문에, 종종 이것이 갖는 심오한 함축성을 무시하거나 간과한다.

우리는 이런 끊임없이 변화하는 흐름을 항상 고통으로 느끼지는 않을 것이다. 더 자세히 말하면 아무 것도 지속하지 않는다는 바로 그 사실 때문에, 지속하는 충족감을 기대할 수도 없다는 것을 깨닫게 된다. 이런 변화의 위대한 진리는 결국 우리가 원하는 것과 관계를 맺을 수 없고, 우리가 원하지 않는 것과 분리될 수도 없다는 것을 알게 해 준다. 그리고 이런 상황은 종종 다시 즐겁지 않은 것에 반발하고, 즐거운 것에 집착하게 만들기도 한다.

개념적인 차원에서 우리는 이 모든 것을 쉽게 이해한다. 그러나 실제적인 우리의 삶에서 얼마나 자주 우리는 다음에 올 것을 기대하면서, 마치 그 새롭게 다가오는 것이 우리에게 어떤 성취나 충족을 주기라도 할 것처럼 생각하지 않는가? 자신의 삶을 돌이켜보면 기대한 것에서 실제로 어떤 일이 일어났는가? 그것들은 지금 어디에 있는가? 그렇다고 해서 우리가 즐기거나 다양한 즐거운 체험을 해서는 안 된다는 것은 아니다. 단지 그런 행복이 갖는 아주 일시적인 성질을 기억하면서 깨닫고, 우리가 가장 염원하는 것이 실제로 무엇인가를 깊이 고려할 필요가 있다는 의미이다.

이런 점에서 강력하게 성찰하고 상기시키는 힘을 갖는 것은, 함께하는 모든 것은 언젠가는 결국 분리되고, 쌓아놓은 모든 것은 언젠가는 결국 흩어지고, 인생은 모두 결국 죽음으로 끝난다는 사실이다. 그리고 죽음의 순간에 정말 우리가 가지고 있는 것은 무엇인가? 놀랍게도 이런 식으로 둑카의 진리를 성찰하는 것, 희망과 공포에서 벗어나서 모든 일이 어떻게 돌아가고 있는지 단순히 보는 것은 우리의 마음에 대단한 빛을 준다. 이것은 기만적인 망상의 손아귀에서 벗어나 큰 위안을 준다. 거기에는 상황을 있는 그대로 보는 것의 신선함과 생생한 명료성이 있다.

> "비구들이여, 여자든 남자든, 재가자이든 출자가이든 자주 성찰해야 할 다섯 가지 주제가 있다. 무엇이 다섯 가지인가? (1) … '나는 늙기 마련이다. 나는 늙음을 피하지 못한다.' (2) … '나는 병들기 마련이다. 나는 병듦을 피하지 못한다.' (3) … '나는 죽기 마련이다. 나는 죽음을 피하지 못한다.' (4) … '나는 아끼고 좋아하는 모든 사람, 모든 것들과 헤어지기 마련이다.' (5) … '나는 내 업의 소유자이고, 내 업의 상속자이다. 나는 업에서 태어났고, 업이 나의 권속이고, 업이 나의 의지처이다. 나는 선업을 쌓든 악업을 쌓든 그 업의 상속자가 될 것이다.'"[6]

불교 전통에 있는 대부분의 사람들은 매일 이런 다섯 가지 성찰을 한다. 이것은 무엇이 진실인지를 상기시켜 주고, 인생의 이런 측면들을 우리가 어떻게 해서라도 피할 수 있으리라는 망상에서 벗어나게 해 준다. 이런 성찰을 우리의 일상적 수행의 일부로 받아들이고 그것들이 우리의 삶에 어떤 영향을 미치는지를 보는 것은 도움이 된다. 더욱 더 명확하게 말하면, 붓다는 모든 사람에게 일어나는 것은 분명히 우리에게도 일어난다는 것을 상기시켜 주고 있다.

> (1) "비구들이여, 가르침을 받은 성스러운 제자도 늙기 마련이다. 늙음이 닥칠 때, 그는 이렇게 성찰한다. '오직 나에게만 늙음이 일어나는 것이 아니다.' … (2) '오직 나에게만 병듦이 일어나는 것이 아니다.' … (3) '오직 나에게만 죽음이 일어나는 것이 아니다.' … (4) '오직 나에게만 파괴가 일어나는 것이 아니다.' … (5) '오직 나에게만 상실이 일어나는 것이 아니다.'"[7]

우리가 이렇게 성찰할 때 이런 거대한 삶과 죽음, 창조와 파괴의 일부분이라는 것을 이해하게 되며, 이런 이해와 함께 살아가는 것이야말로 진정한 평화를 준다. 위대한 아프리카계 미국인 테니스 챔피언인 아더 애쉬(Arthur Ashe)의 이야기가 있다. 1980년 말 애쉬는 심장 우회 수술 중에 받았던 수혈로 인해서 에이즈 바이러스(HIV)에 감염되었다. 애쉬는 1992년 4월 자신의 병을 공개하고, 다른 사람들에게 에이즈 바이러스와 후천성 면역 결핍증(AIDS)을 교육시키는 일을 하기 시작하였다. 자신의 병을 어떻게 생각하느냐는 질문을 받자, 애쉬는 "제가 살아가면서 '신이여, 나에게 왜 이런 병을?'이라고 하면서 나쁜 것에 대해 원망한다면, '신이여, 나에게 왜 이런 좋은 일을?'

이라고도 말해야 하지 않겠습니까?"라고 말하였다.

삶의 모든 측면에 대하여 이런 높은 경지의 알아차림을 계발하는 방법으로서 붓다는 죽음에 대한 마음챙김이 갖는 커다란 유익함에 대해 이야기하였다. 한 번은 붓다가 여러 비구들을 모아놓고 이렇게 말하였다.

> "비구들이여, 죽음에 대한 마음챙김을 계발하고 함양하면 큰 결실과 이익이 있으니, 불사(不死)에 이르게 되고 불사를 성취한다. 그러나 비구들이여, 그대들은 죽음에 대한 마음챙김을 계발하고 있는가?"[8]

여섯 비구는 각자 이런 마음챙김을 어떻게 계발하였는지에 대해 말하였다. 이런 상황에서 붓다는 그들의 대답을 듣고 종종 수행에 대한 서로 다른 관점들을 칭찬하곤 했다. 그러나 여기에서는 그 결과에 놀랄 정도로 차이가 있었다.

첫 번째 비구는 "내가 하루 낮과 하루 밤만 산다 해도, 세존의 가르침에 유의하겠다"라고 생각한다고 말하였다. 두 번째 비구는 "내가 하루 낮만 산다 해도 세존의 가르침에 유의하겠다"라고 생각한다고 말하였다. 세 번째 비구는 "내가 탁발 음식 한 끼 먹을 정도의 시간만 산다 하더라도, 세존의 가르침에 유의하겠다"라고 한다고 했다. 네 번째 비구는 "내가 네댓 번만 음식을 씹어 삼킬 정도의 시간만 산다 하더라도…"라고 했다. 다섯 번째 비구는 "내가 단 한 번만 음식을 씹어 삼킬 정도의 시간만 산다 하더라도…"라고 했다. 마지막 비구는 "내가 숨을 들이쉬었다가 내쉬는 그만큼의 시간만 산다 하더라도, 또는 내쉬었다가 들이쉬는 그만큼의 시간만 산다 해도, 세존의 가르침에 유의하겠다. 그러면 나는 많은 것을 성취할 것이다. 이런 식으로 저는 죽음에 대한 마음챙김을 계발합니다."[9]

처음 네 명의 비구에 대해 붓다는 '주의 깊지 않게 머무는 비구'라고 불렀다. 그들은 번뇌를 멸하기 위하여 게으르게 마음챙김을 계발하였다. 그러나 나머지 둘은 '주의 깊게 머무는 비구'라고 불렀다. 그들은 번뇌를 멸하기 위하여 열심히 죽음에 대한 마음챙김을 계발하였다.

> "비구들이여, 그러므로 너희들은 이와 같이 훈련해야 한다. '우리는 주의 깊게 머무르리라. 우리는 번뇌를 멸하기 위해 열심히 죽음에 대한 마음챙김을 계발하리라.' 너희들은 이와 같이 훈련해야 한다."[10]

붓다와 여섯 비구의 만남에 대한 이 구절을 읽으면서, 처음에 나는 죽음에 대한 알아차림을 전면에 내세워서 명상하는 모든 비구가 아주 훌륭하다고 생각하였다. 그러나 붓다의 대답은 이 수행이 정말로 어떻게 작동하는가를 조금 더 분석하고 탐구하는 데 도움이 되었다. 우리 대부분은 가능하면 의식적으로, 이후에 무엇이 일어나든간에 이 삶을 떠나는 전 과정을 알아차리면서-그리고 흥미로워하면서- 죽기를 염원할 것이다. 그러나 우리는 정말로 그런 순간적인 과정 동안 그런 알아차림의 상태를 유지할 수 있을까?

주의 깊게 머물고 열심히 죽음에 대한 마음챙김을 계발하기 위해 우리 자신을 훈련하라는 붓다의 가르침은 놀라울 정도로 유익하고 효과가 있다. 이것은 위대한 죽음의 진리를 우리 삶의 전면에 그리고 중심에 가져올 뿐만 아니라, 한 번의 들숨이나 한 번의 날숨 동안에도, 또는 한 입 씹고 삼키는 시간 동안에도 죽음에 대해 성찰하는 것 또한 마음을 완전히 바로 그 순간에 안착시키는 데 도움을 준다. 제임스 조이스(James Joyce)가 소설 속의 한 인물에 대해서, "더피 씨, 그는 몸에서 약간 떨어져 살았다"라고 표현하였을 때, 조이스는 사실 우리 모두를 언급하였던 것이다. 그러나 죽음은 바로 이 한 호흡 동안에도 일어날 수 있다는 것을 알면, 마음은 더 이상 외적인 감각적 즐거움이나 미래의 계획, 또는 심지어 보다 나은 명상체험의 기대에도 사로잡히지 않는다.

우리는 죽음의 과정에 바로 온전히 존재하지만, 이런 식으로 관찰 명상하면서 존재한다고 하여도 약간은 불안함 또는 불편함을 느낀다. 그것들도 그 순간에 일어나는 것으로 완전히 받아들여진다. 무엇이 일어나든지 간에 죽음에 비추어 생각해 보면 우리는 그것들 모두를 향해 자비로움을 수행할 수 있다. 놀라운 것은 이 훈련이 실제로 마음을 고양시킨다는 것이다. 우리는 죽음을 알아차림으로써 더 살아 있음을 느낀다.

최근의 안거 수행에서 나는 한 호흡 동안에도 죽음에 대한 알아차림이 있도록 하라는 붓다의 충고를 적용하였다. 그러자 이런 성찰이 걸어갈 때에도 역시 일어난다는 것을 알았다. 죽음은 바로 이 한 걸음 사이에도 일어날지 모른다. 그리고 매번 성찰 자체는 애쓰지 않고 마음이 한 순간에 머무르도록 한다. 『염처경』의 말을 빌려보자. "세상의 욕망과 불만족을 버리면서 머무른다."

조건화된 체험이라는 둑카

둑카의 세 번째 체험은 조건화된 존재의 중압감이다. 단순히 삶의 기본적인 욕구를 충족시킬 필요가 있다는 점에서 생각해 보자. 우리는 음식, 물, 안식처, 약을 확보하기 위해서 살아간다. 때로는 그것들을 쉽게 얻을 수 있지만 대부분의 사람들은 그렇지 않다. 몸을 보살피기 위해서, 몸을 깨끗하게 유지하기 위해서, 최대한 건강을 유지하기 위해서 노력한다.

BBC 다큐멘터리 『플래닛 어스(Planet Earth)』에서 암컷에게 구애를 하기 위해 엄청나게 노력하는 수컷의 몸짓을 본 적이 있다. 거기에는 놀라운 구애의 춤, 깃털 펼침, 심지어 보금자리 만들기 쟁탈전도 있었다. 이런 모든 노력은 유전자를 퍼뜨리기 위한 것이지만, 종종 이런 노력들이 충분하지 않은 경우도 있고, 다른 수컷이 승리하기도 한다. 나는 이런 종류의 둑카를 불교의 열역학 제2 법칙이라고 부른다. 말하자면, 이것은 외부의 힘이 가해지지 않은 체계는 무질서로 간다는 것이다. 이것이 의미하는 바는 삶을 유지하기 위해서는 그 체계에 에너지를 불어넣어야 한다는 것이다. 그렇지만 결국은 엔트로피가 항상 지배한다.

고성제를 이해하기 위해서 우리는 자신의 삶 속에 놓여 있는 이런 여러 다양한 측면 전부를 성찰하고 탐구할 필요가 있다. 우리가 둑카라는 용어를 접할 때, 습관적으로 떠올리는 의미는 무엇인가? 그것을 분명히 즐겁지 않은 것에 한정시킬 것인가? 아니면 우리의 이해를 확장하여, 붓다가 말한 모든 조건화된 것들에 관한 의미로 받아들일 수 있을 것인가? 영국의 불교학자인 루퍼트 게틴은 『깨달음에 이르는 불교도의 길(The Buddhist Path to Awakening)』이라는 그의 저서에서 "고성제를 이해하는 것은 둑카의 존재를 드러내는 것이라기보다는 둑카가 무엇인지를 깨닫는 것이다"라고 말한다.

붓다는 자신의 성스러운 진리를 간략하게 요약하여 이런 깨달음을 더욱 진전시키는 데 도움을 주고 있다. "간략히 말하자면, 5온은 고통이다." 이 한 구절에는 윤회라는 조건 전체의 의미가 담겨져 있고, 함축적으로는 우리의 해탈을 가능케 하는 나머지 세 가지 성스러운 진리에 대한 이해가 담겨 있다.

"비구들이여, 가죽 끈에 매인 개 한 마리가 단단한 말뚝이나 기둥에 묶여 있다고 하자. 그 개는 그 말뚝이나 기둥 주변을 뛰어다니며 뱅뱅 돌 것이다. 그와 같이, 가르침을 받지 못한 범부[들]은, 물질을 자아로 여기고… 느낌을 자아로 여기고… 지각을 자아로 여기고… 의지적 형성을 자아로 여기고… 의식을 자아로 여긴다. 그들은 물질 주변을, 느낌 주변을, 지각 주변을, 의지적 형성 주변을, 의식 주변을 뛰어다니며 뱅뱅 돈다. 그것들의 주변을 뛰어다니며 뱅뱅 돌면서, 그들은 자유롭지 못하다. 그들은 태어남과 늙음, 죽음에서 자유롭지 못하다. 슬픔, 비탄, 고통, 근심, 절망에서 자유롭지 못하다. 고통에서 자유롭지 못하다.

그러나 가르침을 받은 성스러운 제자[들]는 물질을 자아로 여기지 않고, 느낌을 자아로 여기지 않고, 지각을 자아로 여기지 않고 … 의지적 형성을 자아로 여기지 않고 … 의식을 자아로 여기지 않는다. 그들은 그것들의 주변을 뛰어다니며 뱅뱅 돌지 않는다. 그들은 더 이상 그것들의 주변을 뛰어다니지 않기 때문에, 그것들로부터 자유롭고, 태어남과 늙음, 죽음에서 자유롭다. 슬픔, 비탄, 고통, 근심, 절망에서 자유롭다. 고통에서 자유롭다."[11]

깨달음과 자비에 이르는 길

『염처경』의 가르침대로 수행하면서 "여기, 그는 '이것이 둑카이다' 라고 있는 그대로 꿰뚫어 안다"라는 구절은 두 가지 커다란 결과를 낳는다. 그것은 깨달음에 이르는 길일 뿐만 아니라, 자비를 낳고 기르는 것이다. 자비는 우리 자신을 포함하여 다른 사람이 모두 자유를 얻도록 도와주기를 원하는 마음이다. 이것은 일본 선사이자 시인인 료칸이 "이런 힘든 세상에서 살아가는 사람들 모두를 품을 정도로 나의 가사 장삼은 넓다"고 말한 그런 느낌이다. 고성제는 자비 수행으로 이끈다. 왜냐하면 이 수행은 모든 사물과 모든 사람들, 그리고 우리 자신의 모든 것을 널리 품는 수행이기 때문이다.

붓다는 보리수 나무 아래에서의 밤에 대해 말하면서 고성제에 대한 가르침을 마무리 짓는다.

> "그러므로 비구들이여, '이것이 고성제이다'라고, 이전에는 들어보지 못했던 것에 대하여 내게 눈·지식·지혜·참된 지식·광명이 생겼다.
>
> 그러므로 비구들이여, '이 고성제는 충분히 이해되어야 한다'라고, 이전에는 들어보지 못했던 것에 대하여 내게 눈·지식·지혜·참된 지식·광명이 생겼다.
>
> 그러므로 비구들이여, '이 고성제가 충분히 이해되었다'고 이전에는 들어보지 못했던 것에 대하여 내게 눈·지식·지혜·참된 지식·광명이 생겼다."[12]

33. 고통의 원인

두 번째 성스러운 진리

두 번째 성스러운 진리[集聖諦]를 관찰명상하면서 우리는 둑카의 원인을 탐구한다. 그 원인은 갈망이다. 마음에서 일어나는 불선한 요소들 중에서 붓다가 둑카를 야기하는 이 하나의 특별한 에너지를 선택하였다는 것은 놀랄 만한 일이다. 윤회, 조건화된 존재[有爲法]의 전체 바퀴가 굴러가게 만드는 것은 마음의 바로 이 강력한 힘이다.

> "비구들이여, 나는 갈망이라는 족쇄 말고 중생을 속박해서 오랜 세월 윤회하며 헤매게 하는 다른 족쇄를 생각할 수 없다."[1]

무엇이 갈망인가? 그리고 우리의 삶과 수행에서 이것을 어떻게 체험하는가? 갈망은 빨리어 *땅하*(*taṇhā,* 愛)의 번역어이다. 이것은 '목마름' 또는 '만족되지 않은 기대의 열기'이다. *땅하*를 이렇게 번역하는 것은 아주 강렬한 성질을 갖는다는 느낌을 준다. 이것은 우리 존재 속의 깊은 곳에서 나오는 원초적인 에너지이다. 만족되지 않은 기대의 이런 열기는 바로 평화의 대척점에 있다.

우리는 때로는 *갈망(craving)*과 *욕망(desire)*을 거의 동의어로 사용하고 있지만, 이것은 법의 맥락에서는 혼란스럽다. 왜냐하면 *desire(욕망)*라는 영어 단어는 그 의미가 아주 폭넓기 때문이다. 때로는 갈망의 목마름은 탐욕에 뿌리를 두고 있다. 그러나 때로는 욕망은 단순히 무엇을 하고자 하는 동기, 어떤 목적을 성취하고자 하는 욕망을 뜻하기 때문에, 관련된 동기에 따라 유익한 것이 될 수도 있고 유익하지 않은 것이 될 수도 있다. 둑카의 기원이라는 이 장의 맥락에서 나는 이 두 가지 용어-*욕망*과 *갈망*-를 서로 같은 의미로 번갈아 가면서 사용할 것이다. 이런 경우 *욕망*은 탐욕에 매여 있으며 집착과 욕심으로 이끄는 것을 가리킨다.

갈망의 첫 번째 영역: 감각적 즐거움에 대한 욕망

붓다는 갈망의 세 가지 영역에 대해 말하였다. 즉 감각적 즐거움에 대한 욕망[欲愛], 새로운 존재 또는 생성에 대한 욕망[有愛], 비존재 또는 비생성에 대한 욕망[非有愛]이다.

이들 중에서 가장 분명한 첫 번째 갈망은 우리가 감각적 즐거움에 대해 익숙하게 갖고 있는 갈망이다. 이 감각적 즐거움들은 우리가 바라고, 욕망하고, 기분 좋아하는 광경, 소리·냄새·맛·감촉이다. 또한 우리는 여기에 기분 좋고 즐거운 마음 상태도 포함시킬 수 있을 것이다. 붓다의 가르침에서 마음은 여섯 번째 감각기관[意根]으로 간주된다. 바로 이런 모든 욕망은 우리가 살아가면서 일상적으로 체험하는 것이다. 즉 즐거운 것을 누리고 원하며, 즐겁지 않은 것을 가능한 한 피하고자 한다.

그러나 여기서 붓다는 우리가 놓인 상황을 철저하게 분석한다. 그는 감각적 즐거움 그 자체를 잘못된 것이라고 비난하지 않는다. 오히려 깨달음의 추구 과정에서, 그의 자기 성찰적이고 과학적인 방법은 삶이라는 체험에 대해 기본적인 질문을 던지게 만든다. 그의 첫 번째 질문은 '세상에서 달콤함이라는 것은 무엇인가?'라는 것이다.

왕자로 태어난 붓다는 여러 종류의 대단히 감각적인 즐거움을 스스로 맛보았다. 그는 태어나서부터 29세에 출가하기 전까지 이 세상의 즐거움에 완전히 빠져 있었다. 그러한 즐거움은 붓다에게는 낯선 것이 아니었다. 그리고 경전에서 언급되고 있는 바와 같이, 이 세상의 즐거움과 기쁨은 그 무엇이라고 하더라도 세상의 달콤함을 준다는 생각이 그에게 떠올랐다. 세상의 달콤함이 없다면 그것에 매혹될 이유가 없는 것이다. 그러므로 우리가 이런 감각적 즐거움을 욕망하고 갈망하는 이유는 바로 그 달콤함이 *있기* 때문이다.

붓다의 말씀을 그냥 단순히 읽기보다는 그의 발자취를 따라가면서 우리 스스로 동일한 질문을 던질 수 있다. 즉 우리의 삶에서 발견하는 달콤함이란 무엇인가? 우리는 어떤 감각적 체험에 매혹되어 있는가? 우리의 달콤함과 갈망은 여러 강도와 빈도를 갖고 있다. 한 극단에는 우리의 삶을 소비하는 강박적인 갈망-음식·술·약·성·권력·부·명성, 심지어 사랑에 대한 중독-이 있을 수 있다. 또는 설사 강박적인 수준은 아니라고 하여도 동일한 종류의 욕망이 있을 수 있다. 그러나 이런 욕망은 우리의 수많은 행동 뒤에서 우리를 움직여 나가는 추동적인 힘으로 여전히 작동하고 있다. 우리의 삶에서 이런 추동적인 힘을 살펴보고, 욕망하고 자신을 움직이게 하는 것이 무엇인지를 의식하는 것은 가치 있는 일이다.

우리는 또한 그런 갈망을 단순히 마음에서 무엇인가 원한다는 생각이 스쳐지나가는 것으로 쳐다볼 수도 있다. 감각적 즐거움의 아주 작은 욕망에도 뿌리 깊은 집요함이 있음을 보는 것은 흥미롭다. 우리는 '한 잔의 차'라는 가벼운 생각, 특히 안거 수행 동안에 일어나는 이런 사소한 생각을 알아차릴 수 있다. 그런 생각이 또 떠오르면 또 알아차린다. 그리고 종종 결국은 이런 생각에 사로잡혀서 그 욕망을 행동에 옮기게 된다. 한 잔의 차에 잘못된 것은 없다. 이것은 우리의 마음과 삶에 욕망의 힘이 미치는 것을 배울 수 있는 단순한 한 가지 훈련일 뿐이다.

이렇게 친숙하고 다양한 욕망·갈망·욕구는 우리 삶을 구성하는 평범한 구성물처럼 보인다. 이것은 우리 자신의 한 부분처럼 되어 있어서 마음챙김의 강력한 힘으로 그것을 알아차리기 전까지는 종종 눈에 잘 보이지 않는다. 하루를 지내면서 다양한 감각적 즐거움에서 오는 달콤함을 알아차려 보라. 그것은 따뜻한 샤워, 맛있는 음식, 힘든 하루를 지내고 편하게 드러눕는 첫 순간에서 오는 단순한 것일 수도 있고, 또는 즐거운 상상의 기쁨과 그것이 지속되기를 바라는 욕망일 수도 있다. 당신이 매혹되어 있는 것과 그에 뒤따라서 오는 그런 욕망과 갈망을 보아라. 그것을 탐구하고 자아를 성찰하는 어떤 지점에서 우리는 붓다의 말씀에 공감할지 모른다. "세상에 있는 그 어떤 달콤함이라도 나는 그것을 발견하였다.” 또는 우리는 새롭고 기대하지 않았던 감각의 달콤함을 여전히 바라고 있지 않은가?

감각적 즐거움의 위험성

보살은 달콤함을 이해하는 것으로 끝나지 않았다. 그는 다음과 같은 질문을 이어서 던졌다.

“비구여, 나는 이 세상의 위험함을 모색하기 시작하였다.”

‘위험’이라는 단어는 빨리어 ‘*아디나와(ādīnava)*’의 번역어이다. 이것은 종종 ‘위급함’, ‘결점’, ‘단점’으로 번역되기도 한다. 이런 모든 번역 용어들은 ‘사물의 부정적인 면’을 언급하고 있다. 그리고 붓다가 세상의 결점 또는 위험성이라고 하는 것은 앞에서 언급한 둑카의 진리를 정확하게 말하고 있다. 이 세상은 변화할 수밖에 없고 둑카에 매여져 있고 무상하다.

그러나 상황이 좋을 때, 우리가 세상의 여러 기쁨과 즐거움을 누리고 있을 때 잠시 멈추고서, “감각적 즐거움의 부정적인 측면이 무엇일까?” 하고 고려하는 선견지명이 얼마나 있을까? 우리 대부분에게 이런 기쁨과 즐거움은 단지 보통의 일상일 뿐이다. 이것은 가끔씩 일어나던 욕망들이 보다 깊은 욕구의 습관 패턴으로 언제, 어떻게 강화되는지를 보면 분명해진다. 이것은 마치 어떤 새로운 욕망 또는 갈망이 습관화되어서 그것을 더 이상 알아차리지 못하게 되는 것과 같다. 그렇지만 붓다는 중요한 무엇인가를 우리에게 말해 주려고 분명히 노력하고 있다.

"감각적 즐거움에 대한 갈애에서 벗어나지 못한 사람들, 감각적 즐거움에 대한 갈망에 사로잡힌 사람들, 감각적 즐거움의 열병에 불타는 사람들은 여전히 감각적 즐거움에 탐닉한다. 그들이 감각적 즐거움에 점점 더 탐닉할수록 감각적 즐거움에 대한 그들의 갈망은 점점 더 늘어나고 그들은 감각적 즐거움의 열병에 점점 더 타들어간다. 그러나 그들은 다섯 가닥의 감각적 즐거움에 기대어 어느 정도의 만족과 향락을 찾는다."[2]

우리는 대개 갈망의 열기 속에서 이러한 감각적 즐거움의 열병에 불타는 것을 느끼지 못한다. 우리는 달콤함에 매혹되어서 그 부정적인 면이 무엇인지 전혀 고려하지 않는다. 그러면 붓다가 말한 감각적 즐거움에 대한 갈망이 갖는 위험성을 우리는 어떻게 이해할 수 있겠는가? 여기에 몇 가지 방법이 있다.

갈망은 지속적인 행복을 가져다주지 않는다

첫째로, 감각적 즐거움은 결국 약속한 행복을 가져다주지 않는다. 우리는 즐거운 느낌이 일어나기 때문에 감각적 즐거움이 우리를 행복하게 해 줄 것이라고 믿는다. 물론 일시적인 행복감을 주기는 한다. 문제는 즐거운 느낌은 아주 무상하고 때로는 순간적이기도 하다는 것이다. 그것은 끊임없이 변화하고 사라진다. 그래서 우리는 또 다른 감각적 즐거움을 추구한다. 그러다가 곧 우리의 삶은 끝이 난다. 그것은 마치 소금물을 마시면서 갈증을 해소하려고 하는 것과 같다. 소금물은 갈증을 더할 뿐이다. 우리는 이미 살아가면서 얼마나 많은 감각적 즐거움, 즐거운 느낌을 누렸던가? 셀 수 없을 정도이다. 그렇지만 우리는 결코 완성되었다는 느낌에는 이르지 못한다. 우리는 항상 다음 것을 기다리고 기대한다. 우리의 삶과 에너지가 이렇게 끝없이 추구하는 데 얼마나 많이 소비되고 있는가?

우리들 대부분은 어느 정도의 감각적인 세계 속에서 살아가고 있는 평범한 사람들이지만, 우리 마음 속 깊은 어딘가에는 이것이 평화에 이르는 길이 아니라는 것을 알고 있다. 불법의 수행은 우리의 삶에서 더 많은 행복의 가능성에 대한 문을 열어놓고 있다.

갈망은 고통으로 이끌 수 있다

두 번째 위험은, 갈망이 마음에서 강력한 힘이 될 때, 이것은 우리를 불선한 행동으로 이끌 수 있다는 것이다. 그래서 유익하지 않은 업을 쌓아서 고통을 초래하게 만든다. 갈망은 연기의 가르침에서 핵심적인 역할을 한다. 접촉[觸]과 느낌[受]에 기반하여, 그 느낌이 즐거운 것이든 즐겁지 않은 것이든 간에 갈망[愛]은 일어난다. 갈망 때문에 집착[取]하고, 집착 때문에 존재[有]가 있다. 그리고 전체적인 순환-이전의 결과(느낌)가 새로운 행동을 야기하고, 그것이 다시 새로운 결과를 초래한다-이 진행된다.

이런 연결고리를 자연스럽게 표현하는 방식은 우리에게 이런 것이 얼마나 일상적이고 친숙한지를 바로 뼈저리게 느낄 수 있도록 해 준다. 즉 "나는 원한다, 나는 필요하다, 나는 가져야만 한다"는 식으로 표현할 수 있을 것이다. 아주 단순한 욕구·욕망에서 출발하여 '필요성'을 확신하는 마음 상태로까지 발전되는 것을 얼마나 여러 차례 겪었던가? 우리는 바로 거기에서 갈망에서 집착으로 간 것이다. 그리고 더 강하게 필요성을 느끼면 느낄수록, 이것은 "반드시 내가 가져야만

해"로 바뀌어간다. 이것은 이미 행동, 존재[有]의 끝자락에 있는 것이다. 하루 동안에 이런 연속적인 과정을 주의 깊게 살펴보라. 이것은 아주 작은 일에서도, 또는 더 큰 일에서도 일어난다. "나는 과자를 먹고 싶어. 나는 과자가 필요해. 나는 반드시 과자를 가져야만 해"라는 식으로 진행되어 간다.

붓다는 갈망에 뿌리를 둔 아홉 가지에 대해 말하였다. 즉 추구·획득·결정·욕망과 정욕·이기적인 고집·소유·탐욕·보호 욕구·싸움과 불화와 알력과 공격적인 언사와 비방과 거짓말이다. 우리는 갈망이 개인적인 차원에서, 그리고 국가적인 차원에서 이런 것들을 어떻게 야기하고 있는가를 볼 수 있고, 갈망이 여러 종류의 고통을 직접 일으키는 것을 보았다.

미국에서는 2008년 금융 위기에 이르는 몇 년 동안, 가득 찬 욕망으로 인해 사람들과 기관들이 거대하고 해결할 수 없는 부채를 떠안게 되면서 수백만 명의 사람들이 실직하고 집을 잃었다. 자신들이 갚을 수 있는 방도를 넘어선 것을 취하려고 하였던 것이다. 결국은 모든 체계가 붕괴되어 버렸다. 그래서 이 집성제-둑카의 기원-는 이론적인 가정이 아니다. 이것은 우리 사회에서 그리고 우리의 삶 속에서 작동하는 진리이다.

갈망은 불안을 야기할 수 있다

우리는 자신의 불법 수행에서 직접 갈망의 세 번째 단점 또는 위험성을 체험할 수 있다. 명상을 하면서 무엇을 원하거나 기대하는 것을 알아차린 적이 있는가? 즉 새롭고 즐거운 체험이 일어날 것이라고 기대하거나, 또는 그대로 머물러 버리고 싶거나, 또는 이전에 했던 체험으로 되돌아가고 싶은 적이 있는가?

여기서 위험성은 기대, 원하는 것 그 자체가 결국은 불안을 야기한다는 것이다. 이런 특별한 위험이 유혹적인 것은 그것이 종종 법에 대한 열망으로 변장하여 나타나기 때문이다. 그러나 여기에는 두 가지 아주 다른 마음 상태가 있다. 열망은 우리를 고무시킨다. 반면 기대는 단순히 희망과 공포의 순환구조만을 만들 뿐이다. 희망은 우리가 원하는 것이 이루어지기를 바라는 것이고, 공포는 그렇게 되지 않을 것에 대한 두려움에 떠는 것이다.

경전에 이런 순환구조에 대해 아주 명확한 대화가 있다.

한때 세존께서는 라자가하의 대나무 숲에 있는 다람쥐 보호구역에 머무셨다. 그때 앗사지(Assaji) 존자가 옹기장이의 움막에 머물고 있었는데, 중병에 걸려서 아픔으로 고통스러워했다.

그때 세존께서는 옷을 입고 발우와 가사를 가지고, 앗사지 존자에게로 가서 말씀하셨다. "앗사지여, 그대가 잘 참기를 바라네. 그대가 더 나아지기를 바라네. 그대의 통증이 가라앉고 심해지지 않고, 가라앉고 더 심해지지 않은 것을 알기를 바라네."

"세존이시여, 저는 참기가 어렵습니다. 저는 더 나아지지 않습니다. 강한 통증이 점점 심해지고 가라앉지 않습니다. 심해질 뿐 가라앉지 않고 있다는 것을 압니다."

"앗사지여, 그러면 나는 그대가 자책과 후회로 힘들지 않기를 바라네."

"세존이시여, 참으로 저는 많은 자책과 후회가 있습니다."

"앗사지여, 나는 그대가 도덕적으로 스스로를 비난할 만한 일이 없었기를 바라네."

"세존이시여, 저는 도덕적으로 스스로 비난할 만한 일은 없습니다."

"그렇다면 앗사지여, 도덕적으로 스스로를 비난할 만한 일이 없다면, 왜 그대는 자책과 후회로 힘들어 하는 것인가?"

"세존이시여, 예전에 제가 병이 났을 때 저는 몸의 작용을 평온하게 유지할 수 있었습니다. 그러나 지금은 선정에 들어갈 수가 없습니다. 선정에 들어가지 못하니, 이런 생각이 듭니다. '[수행의 길에서] 내가 퇴보하지 않기를!'"

"앗사지여, 삼매를 수행의 중심으로 여기고 삼매를 사문의 결실이라 여기는 그들은 선정에 드는 데 실패했을 때, '내가 퇴보하지 않기를!'이라고 생각할 것이다."[3]

심지어 우리가 깨달음의 한 요소인 집중을 고려할 때도 우리는 수행의 길에서 본질적인 것은 집착하지 않는 것-어떤 것에도 집착하지 않는 것-이라는 것을 항상 상기해야만 한다. 당신이 수행에서 절망하거나 불안할 때마다, 기대가 작동하지 않는지를 보고, 그 배후에 갈망이 있는지를 알아차려야 한다. 여기서 투쟁은 유용한 검증수단이 된다. 투쟁이 있다는 것은 우리가 받아들이고 있지 않는 그 무엇이 일어나고 있다는 것을 말해 준다. 우리가 그것을 받아들이고 있으면 우리는 더 이상 투쟁을 하지 않는다. *받아들이지 않음은 원함*-일어나고 있는 것 이외의 다른 것을 원함-의 다른 표현이다. 그리고 원함, 갈망은 둑카의 원인이다.

우리가 세상과 우리 삶의 체험을 명확히 보는 용기를 발휘할 때, 그 체험이 주는 만족과 동시에 그 위험성, 이면에 있는 부정적인 측면을 인식할 수 있다. 우리가 자신의 습관적인 패턴에 대한 피상적이고 통상적인 이해를 넘어설 때, 자신의 비전의 폭을 심화시키고 확장시킬 때, 우리는 자신의 체험이 갖는 모든 측면과 보다 더 지혜로운 관계를 발전시킬 것이다.

갈망의 두 번째 영역: 존재에 대한 욕망

붓다가 말한 두 번째 갈망의 종류는 감각적 즐거움에 대한 갈망보다 훨씬 더 깊다. 그것은 '존재에 대한 갈망, 새롭게 태어나고자 하는 갈망'으로 불린다. 이것은 존재하고자 하는 아주 근본적인 충동 또는 욕망이다. 특히 즐거운 영역에서 지속적으로 존재를 이어가고자 하는 욕망이다. 붓다의 가르침에서 종종 언급되고 있지만, 환생과 존재의 다른 차원을 믿을 수도 있고 또는 믿지 않을 수도 있다. 그러나 존재에 대한 이런 강력한 갈망을 체험하기 위해서 그것들을 믿을 필요는 없다. 계획을 세우는 마음에서, 자신을 어떤 미래의 상황에 두고 상상하는 것에서 이것을 볼 수 있다. 우리는 어떤 것을 하고자 하거나 다음 휴가를 계획할 수 있다. 단지 한 생각으로 시작되었던 것이, 몇 주 또는 몇 개월 또는 몇 년 후 그 연속되는 생각과 행동이 우리의 삶에서 실제로 구체화된다.

우리가 얼마나 자주 미래의 자아라는 마음의 환상 속에서 길을 잃는지를 생각해 보라. "나는 이것을 할 것이다", "나는 거기에 갈 것이다" 이런 계획에 자신을 잃어버리는 것은 존재에 대한 갈망의 현상이다. 『지복한 하룻밤(One Fortunate Attachment)』이라는 경전에서 붓다는 이런 갈망에서 벗어나 자유를 얻기 위한 충고를 명확하게 하고 있다.

> "과거를 돌아보지 말고
> 미래에 희망을 품지도 말라.
> 과거는 이미 지나갔고
> 미래는 아직 오지 않았다.
> 매 순간 현재 일어나는 것을
> 통찰력을 갖고 보라.
> 굳세게 흔들림 없이
> 이것을 알고 이것을 확신하라."

> "그러므로 부지런히, 끈질기게
> 매일 낮, 매일 밤을 이렇게 사는 이,
> 그는 지복한 하룻밤을 보내는
> 평화로운 성자라고 불린다."[4]

지복한 하룻밤을 보낸다는 것, 즉 과거를 돌아보지 않고, 미래를 희망하지도 않는 것은 어떻게 사는 것인가? 아주 작은 한 순간의 차원에서도, 우리는 이렇게 펼쳐진 과정 자체와의 연관성 속에서 존재에 대해 갈망하는 것을 볼 수 있다. 어떤 대단하고 훌륭한 체험을 기대하지 않는다고 하여도, 우리는 얼마나 자주 다음 순간에 기대어, 마치 다음 단계, 다음 호흡, 다음 감각 또는 생각이 모든 것을, 그것도 완벽하게 해결해 줄 것이라고 은근히 바라고 있는가. 우리는 이렇게 은근히 바라면서 기대는 것을 무엇인가 즐겁지 않은 것을 느끼면서 그것이 바뀌기를 기다릴 때 알 수 있다. 또는 우리가 어떤 감정이 생겼으면 좋겠다고 생각하고, 보다 더 깊이 느끼기를 원할 때 그것을 알 수 있다.

다음 순간을 기대하는 이런 은근한 기대감은 또한 존재에 대한 갈망의 일종이다. 이런 경우 여기서 우리는 매 순간 단순히 일어나고 사라지는 실체가 없는 공한 현상으로서 이런 체험을 바라보고 있는 것이 아니다. 우리는 원함의 세계 속에 살고 있는 것이다. 우리는 해탈은 무엇이 되거나 무엇을 얻는 데, 또는 무엇을 잡거나 갈망하거나 집착하는 데 있는 것이 아니라는 것을 잊어버린다. 해탈은 그냥 흘러가게 두는 데, 그리고 있는 그대로 가만두는 데에 있다. 인도의 위대한 성자 라마나 마하리쉬(Ramana Maharshi)는 이렇게 간명하게 말했다. “적게 하고, 더 많이 하지 마라.”

갈망의 세 번째 영역: 비존재에 대한 욕망

붓다가 말한 갈망의 세 번째 종류는 비존재에 대한 갈망이다. “끔찍한 체험이야. 내가 존재하지 않으면 참 좋을 텐데.” 어떤 사람들에게는 현재의 상황이 견디기 어려워서 모든 것을 끝내고자 하는 강렬한 열망이 생길 때가 있다. 아주 한 순간의 차원에서, 지금 이 순간의 체험이 즐겁지 않기 때문에 그것을 없애려는 마음을 갖게 되는 것을 알아차릴 수 있다. 여기서 우리가 봐야 하는 것은 세 가지의 갈망이 서로 어떻게 얽혀져 있는가 하는 점이다. 어떤 것이 즐겁지 않기 때문에 우리는 그것이 존재하지 않기를 바란다. 그러고 나서는 무엇인가 즐거운 것을 갈망하거나 미래의 존재는 현재 일어나고 있는 것과 다르기를 원한다.

여기서 문제는 다른 두 가지 종류의 갈망과 마찬가지로 이런 비존재에 대한 갈망은 자아 개념에 의해 유지되고 그 영양분이 공급된다는 것이다. 그리고 이것은 윤회의 바퀴를 굴리는 근본적으로 잘못된 견해이다. 즉 만족하는 자아, 미래에 복제되는 자아, 제거되는 자아이다. 우리의 수행에서 얻어지는 위대한 발견은 어떤 차원에서 탄생과 죽음, 존재와 비존재, 자아와 타자가 우리 삶의 위대하고 특징적인 주제라는 것이다. 그리고 다른 차원에서, 이것은 모든 실체 없는 현상들의 춤일 뿐이며, 붓다는 이것을 '의식의 마술 쇼'라고 불렀다.

21세기의 도교철학자인 웨이 우 웨이(테렌스 그레이 Terence Grey)는 자신의 책 『사후의 조각들(Posthumous Pieces)』에서 이런 춤을 다음과 같이 묘사하였다.

"'자아'를 파괴하라, 그것을 쫓아내라, 그것을 부수어라, 그것을 무시하라, 자아가 떠날 곳을 말해라. 의심할 바 없이 대단히 즐거운 일이다. 처음부터 자아를 발견하지 말았어야 했던 것 아닌가? 거위 요리를 하기 전에 거위를 잡는 것에 대한 말이 있어야 하지 않겠는가? 여기에서 대단한 난점은 아무 것도 없다는 것이다."

34. 고통의 소멸

세 번째 성스러운 진리

"비구들이여, 이제 이것이 고통의 소멸에 대한 성스러운 진리[滅聖諦]이다. 이것은 그러한 갈망의 남김 없는 사라짐과 소멸, 버림과 포기, 벗어남, 내려놓음이다."[1]

붓다의 이런 언명은 마음을 자유롭게 하는 것에 대한 아주 명확하고 확실한 선언이다. 우리는 갈망에서 자유로워진 마음을 상상이나 할 수 있을까? 우리는 성 어거스틴의 유명한 기도, "주여, 부디 나를 소박하게 해 주십시오, 그러나 아직은 아닙니다"라는 것에 아마 더 쉽게 공감할지 모르겠다.

몇 년 전 나는 이 멸성제를 성찰하면서 새로우면서도 보다 더 직접적인 방식으로 붓다의 가르침을 이해하기 시작하였다. 갈망의 종식이라는 것을 뭔가 멀리 있는 목표로, 먼 미래의 수행의 끝으로, 또는 특별한 명상 상태를 유지하기 위한 것으로 이해하기보다 매 순간 바로 즉시 체험하는 수행의 하나로 이해하게 되었다.

우리가 붓다의 선언이 갖는 의미를 자신의 체험에서 직접 탐구할 때, 우리는 갈망이 어떻게 마음의 자연스러운 편안함과 열림을 방해하는지, 그리고 어떻게 순간적으로 욕망·원함·집착이 없어지는지 스스로 볼 수 있게 되고, 행복과 평화의 맛을 인식할 수 있게 된다. 하나의 간단한 실험으로 만약 마음에 원함 또는 욕망이 생길 때 그 욕망이 어떻게 느껴지는지, 그리고 그 욕망이 사라질 때 어떻게 느껴지는지를 알아차려 본다. 거기에서도 무상함의 위대한 법칙이 여전히 작동한다.

지난 세기의 위대한 티벳 족첸 스승들 중의 한 사람인 툴쿠 우르겐 린포체(Tulku Urgyen Rinpoche)는 마음이 갖는 성질-어떤 것에도 집착하지 않고, 공하면서도 알아차리는 성질-을 짧은 순간, 여러 번 인식하는 것에 대해 자주 말하였다. 이것은 갈망을 그냥 흘러가게 하는 우리 수행을 이해하는 기본 틀이 될 수 있다. 즉 여러 번, 짧은 순간, 우리가 이렇게 할 때 편안함이 주는 이런 장소를 인식하는 것을 배우고 점차로 신뢰할 수 있다.

여러 불교 전통 속에서 궁극적인 자유가 갖는 성질을 묘사하는 여러 수행법, 단어들, 심지어 형이상학적인 설명들이 있지만, 마음을 자유롭게 하는 것에 대한 하나의 공통적인 이해가 있다. 즉 집착 없음을 통한 해탈이다. 이 구절은 빨리어 경전에서뿐만 아니라 많은 위대한 티벳 라마 스승들의 가르침, 그리고 중국 및 일본의 선승들에게서도 발견된다.

동부 티벳의 파트룰 린포체(Patrul Rinpoche)는 19세기에 유랑하던 족첸 스승으로 유명한데, 평범한 티벳 사람들의 존경을 많이 받았고, '깨달은 방랑자'로 알려져 있다. 그는 '내가 나 자신에게 주는 충고'라고 불리는 가르침에서 집착 없음에 대해 몇몇 유용한 구절들을 남겼다.

> 잘 들어라. 오래된 악업(惡業), 파트룰이여,
> 너, 산만하게 사는 자여.
>
> 오랫동안 너는
> 나타나는 현상들에 끌리고 넋 나가고 속아 왔지.
> 너는 그것들을 알아차리고 있었느냐? 그랬느냐?
> 바로 지금 이 순간, 네가
> 잘못된 지각에 홀려 있을 때
> 너는 조심해야만 해.
> 이 거짓되고 비어 있는 삶에 스스로 끌려 다니지 않도록 하라.
>
> 너의 마음은 빙글빙글 돌고 있구나.
> 쓸데없는 프로젝트를 많이 하면서.
> 그건 낭비야! 포기해!
> 이루고 싶은 백 가지 계획을 생각하지만,
> 그것들을 다 마칠 시간도 없어서
> 마음만 짓눌릴 뿐이야.
>
> 너는 완전히 산만하지.
> 결코 끝나지 않는 이 모든 프로젝트들 때문에.

그러나 잔물결이 퍼져 나가듯, 일은 점점 더 퍼져 나가고 있어.
어리석게 굴지 말라. 이번 한 번만, 가만히 앉아라. …

네가 모든 것을 그냥 흘러가게 둔다면 -
모든 것을, *모든 것을* -
그게 진짜 핵심이다![2]

갈망을 버리는 방법들

이제 우리의 질문은 이런 갈망하지 않고 집착하지 않는 것을, 처음에는 순간적인 차원에서, 그 후 마침내는 흔들리지 않는 마음의 해방, 아무 것도 남김 없는 갈망의 소멸로서 어떻게 체험하고 수행하는가라는 것이다. 우리는 이것을 여러 가지 방법으로 수행하고 성취할 수 있다. 그리고 서로 다른 불교 전통들은 이런 방법들 중 한두 가지를 더욱 강조하고 있다.

조건화된 체험의 위험성에 초점을 맞춘다

갈망의 종식에 대해 붓다는 아주 분명하지만, 우리가 종종 간과하는 것을 관찰하였다. 우리가 감각적 즐거움에서 오는 달콤함에 초점을 맞추면, 욕망은 더 증가한다. 우리가 감각적 즐거움의 위험성에 초점을 맞추면, 갈망은 줄어든다. 그러나 우리가 감각적 대상의 세계에 살면서, 자신이 갈망에 더 조건화되고 있는지 탈조건화되고 있는지에 대해 얼마나 주의를 기울이는가? 이것은 세계에 다가가는 흥미로운 수행이고 우리가 그것에서 배울 수 있는지를 보는 것이다.

우리는 세 가지 특징을 아주 세밀하게 알아차리는 것을 통하여 갈망의 조건화에서 벗어나고 갈망을 제거하고 포기할 수 있다. 우리가 모든 체험의 무상함을 더 명확히 보면 볼수록 모든 현상이 갖는 만족할 수 없고 신뢰할 수 없는 기본적인 성질을 더 잘 스스로 이해할 수 있다. 그리고 지속적이고 지혜로운 주의를 통하여 이런 모든 세계의 전개 과정이 무아이고 비개인적인 성질을 갖는다는 것-'자아'라고 불릴 만큼 충분하게 오래 지속되는 것은 없다-을 더욱 깊이 이해한다. 이런 보편적인 특징은 조건화된 체험의 결함이고 위험성이고 부정적인 측면이다.

그러나 다행히도 또한 긍정적인 측면도 있다. 무상하고 조건화된 현상은 불만족스러운 것이어서 우리를 깨달음에 이르게 해 주기 때문에 더욱 그러하다. 이런 특징들을 보는 것은 분명히 해탈의 원인이자 조건이 된다. 붓다는 이런 점을 아주 직접적으로 지적하였다.

> "비구들이여, 만약 위험성이 없다면 중생들은 세상에 환멸을 느끼지 않을 것이다. 그러나 만약 위험성이 있다면 중생들은 세상에 환멸을 느끼게 될 것이다."[3]

이런 가르침에 대한 우리의 반응을 살펴보는 것은 도움이 될 수 있다. 우리는 *위험성, 결함, 환멸*과 같은 단어들을 어떻게 바라보는가? 그것들이 어둡거나 두렵게 여겨지는가? 또는 그것은 사물들을 더 철저하게 보는 것을 도와주기 때문에 개방적이고 안심되는 느낌을 주는가? 본질적으로 환멸이라는 단어를 이해하는 것이 특히 도움이 된다. 왜냐하면 붓다는 종종 이것을 깨어남의 전조라고 말하곤 하였다. 기억하라, 환멸은 환상의 순간에서 깨어나는 것을 의미한다. 이것은 무지의 꿈과 같은 상태에서 일어나는 것이다.

최근의 안거 수행에서 나는 우리가 얼마나 쉽게 무지의 순간에 빠져드는지, 그리고 그 무지에서 얼마나 순간적으로 깨어날 수 있는지를 명확하게 체험하였다. 당신은 아마도 아침에 일어나는 체험에 친숙할 것이라고 생각한다. 일어나서 완전히 깨어나기 전에 몇 분간은 다시 꿈속으로 들어갈 것이다. 이것은 우리가 완전히 각성되기 전까지 한 번 또는 여러 번 일어날지도 모른다. 이런 특별한 안거 수행에서 나는 그 현상을 아주 명확하게 알아차렸다. 그러고 나서 오후 걷기 명상을 하는 동안 나는 배경을 이루는 생각, 이미지, 이야기의 조각들의 얇은 막이 종종 마음을 가로질러가는 구름처럼 놓여 있다는 것을 명확하게 알아차리기 시작하였다.

이런 생각의 흐름은 정말로 알아차리기 힘들지만 우리가 살고 있는 세계에서 계속 진행되고 있는 과정이다. 그리고 항상 그 생각들은 여러 측면에서 자기의 기준으로 만든 것들-기억들, 계획들, 좋아하고 싫어하는 것들-이다. 그때 나를 놀라게 한 것은 이런 배경이 되는 생각의 세계에 들어가고 나오는 체험이, 깨어난 다음 꿈꾸는 상태로 다시 미끄러져 들어가는 것과 유사한 체험이라는 것이다. 나는 우리가 단지 자아가 존재하는 꿈을 꾸는 것이라는 것을 깨달았다. 그리고 나는 하루 내내 그 구절-"나 자신이 존재하는 꿈을 꾸고 있다"-을 때때로 되풀이하는 것이, 깨어 있으면서 그 꿈을 더 주의 깊게 보려는 내 강한 열망을 북돋아준다는 것을 알았다.

무상함이 우리의 삶에 어떻게 스며들어 있는지를 알아차린다

세 가지 특성에 대해 점점 더 정교하게 알아차리는 것은 마음을 자유롭게 하는 환멸로 이끈다. 때때로 우리는 거대한 차원에서 이런 특성들의 한두 가지를 알아차린다. 내 경험상 역사책을 읽는 것은 우리의 삶에서 중요하다고 생각한다. 왜냐하면 사실은 변화하고 실체가 없는 성질을 갖는다는 것을 강력하게 일깨워주기 때문이다. 최근 나는 징기스칸의 일대기를 읽은 적이 있다. 그는 12세기와 13세기에 걸쳐서 몽골 제국을 건설하였다. 아시아의 대부분과 유럽 일부를 지배한 이 사람은 수백만 명의 삶에 영향을 미쳤지만, 이제는 제국의 흥망성쇠가 한두 장의 챕터에 기록될 뿐이고, 그에 대해서 거의 생각하지 않는다.

무상함의 이런 위대한 진리를 깊이 성찰하면, 우리 자신이 갖는 체험의 맥락은 확장되고 갈망과 집착의 결박은 느슨해진다. 이것은 단 하루 동안에도 감정의 꼭대기까지 올라갔다가 바닥으로 내려가는 것을 몇 번이나 반복하는 어린아이의 롤러코스터와 같은 감정과 변화하는 삶의 환경에 대해 이상적인 어른이 도달한 평정과 지혜 사이에서 볼 수 있는 차이이다. 수행 초기의 몇 년 간 나는 아주 어려운 시간들을 보냈었다. 그때 나는 종종 6개월 또는 1년 후 미래의 나 자신을 상상하곤 하였다. 당시 내가 어려운 상황을 뚫고 나가고 있다는 것을 상기하지 못하고 있다는 것을 알았다. 그것은 순간이 갖는 드라마의 강도를 완화하는 데 분명히 도움이 되었다.

명상하면서 우리는 변화, 믿을 수 없음, 무아라는 환멸적인 진리를 아주 순간적인 차원에서 체험한다. 또한 일어나는 모든 것은 사라진다는 것, 그리고 이런 전체 과정이 굉장히 빨리 일어난다는 것을 명확하게 본다. 처음에 이런 통찰은 아주 즐겁다. 거기에는 무엇이 일어나고 있는지에 대한 매우 세밀한 지각이 있고, 깨달음의 많은 요소들이 처음으로 균형을 이룬다. 그러나 그 다음 의식과 그 대상이 함께 녹아서 사라지는 것을 보다 더 깊이 보게 되면서 공포, 심지어 절망감이 일어날 수 있다. 모든 것이 산산이 부서지고, 우리가 지탱해야 할 것은 아무 것도 남아 있지 않게 된다. 우리가 이런 현상의 체험에 마음챙김을 하고 균형을 이루어 버틸 수 있으면, 심지어 녹아서 사라지는 대상을 분명히 구별할 수 없을지라도, 우리는 수행이 스스로 진행되어 가는 그 시점에서 깊은 평정에 도달한다.

이런 과정은 비행기에서 자유 낙하하는 사람에 비유할 수 있다. 처음에는 대단한 고양감이 있을 것이다. 그러고서 그 사람은 낙하산이 없다는 것을 알고 엄청난 공포와 두려움에 사로잡힐 것이다. 그러나 얼마 후 바닥에는 아무 것도 없다는 것을 알고 공포는 사라지고, 단지 낙하 비행의 편안함과 균형감만 남을 것이다.

아는 마음과의 동일화를 끊는다

명상하는 과정에서 때로는 모든 대상이 사라지고, 오로지 남는 것이라고는 의식, 아는 마음만이 있게 된다. 그러나 이런 상태에 미묘하게 집착하게 되는 것, 알아차리는 것 그 자체와의 동일화가 있을 수 있기 때문에 여기서는 반드시 주의가 필요하다. 이것은 탐구에서 흥미로운 지점이다. 우리는 쉽게 알아차림의 집을 짓고, 거기에 자아감을 안착시킨다. 바 불교학 연구 센터(Barre Center for Buddhist Studies) 수석 연구자인 앤드류 올렌즈키(Andrew Olendzki)는 이렇게 표현하였다. "의식은 존재하는 하나의 사물이 아니라, 일어나는 하나의 사건이다."

그렇다면, 의문이 일어난다. 우리는 아는 것, 즉 의식과의 이런 미묘한 동일화를 어떻게 끊을 수 있는가? 다양한 전통이 여러 가지 방법을 사용한다. 앞에서 언급한 바와 같이 마하시 사야도는 이런 상태를 명확하게 묘사하고, 수행자들에게 아는 마음에 이름을 붙이라고 한다. 이런 것은 아는 것 그것조차 넘어설 때까지 행한다.

어떤 티벳 불교와 선불교 전통에서는 아는 것과의 동일화를 끊는데 사용하는 또 다른 방법이 있다. 즉 마음 그 자체를 찾는 것이다. 툴쿠 우르겐 린포체는 종종 제자들에게 마음을 찾으라고 가르친다. 그것을 볼 수 있는가, 맛볼 수 있는가, 만질 수 있는가? 우리가 그것을 찾으려고 하면 찾을 수 없고, 바로 그 찾을 수 없음이 찾는 *것이다*. 찾을 수 없음의 그 순간을 인식할 때 마음의 공함과 공하고 무아인 성질이 드러난다.

이런 점을 잘 보여주는 강력한 선문답이 있다. 5~6세기 경 중국에 불교를 전래한 것으로 알려진 보리달마 대사와 그의 후계자가 되었던 혜가 대사 사이에 이루어졌던 대화이다. 전설에 의하면 보리달마가 9년간 동굴에서 명상을 하고 있을 때 혜가가 그의 가르침을 구하러 왔다.

> 혜가가 보리달마에게 말했다. "제 마음이 불안합니다. 부디 마음을 편안하게 해 주십시오." 보리달마는 "내게 네 마음을 가져오면, 내가 그것을 편안케 해 주마"라고 대답했다. 혜가가 말했다. "마음을 찾으려 하지만, 찾을 수가 없습니다." 그러자 보리달마가 대답했다. "그럼, 이미 내가 네 마음을 편안케 해 주었다."[4]

마음을 찾는다고 하는데, 거기에는 찾을 것이 아무 것도 없다. 그렇지만 알고자 하는 능력은 거기에 있다. 찾을 수 없음에, 이미 마음은 편안해진다. 이것은 재치 있는 선 이야기 그 이상이다. 우리는 이런 지혜를 하루 중 어느 때라도 적용할 수 있고, 아마도 우리의 마음이 불안할 때, 공하고 알아차리는 성질만이 거기 있다는 것을 알면 이미 편안해진다.

열반(NIBBĀNA): 조건화되지 않은 것

붓다가 둑카의 종식에 대해 말했을 때, 그는 단순히 기분 좋은 상태에 있어야 한다는 것을 말한 것이 아니다. 열반이 갖는 혁신적이고 확고한 자유는 좋은 조건 상태에 의존하지 않는다. 아니, 그것은 결코 조건에 의지하는 것이 아니다. 이런 보다 깊은 자유, 갈망의 종식은 이해의 심오한 내적 전환을 통해서 온다. 이런 가운데 자아에 대한 견해를 강하게 견지하는 것은 조건화되지 않은 것, 태어나지 않은 것의 체험을 통해서 정화된다.

다양한 불교 전통들이, 심지어 상좌부 불교 내에서까지도 이런 체험을 서로 다른 방식으로 표현하고 있다는 것은 놀라운 일이 아니다. 많은 경전에서 이것을 조건화된 의식의 종식으로 묘사하고 있다. 수행이 성숙해 가면서 우리는 완벽한 평정의 상태에 도달한다. 거기에서는 모든 깨달음의 요소들이 무르익는다. 이때에는 아무런 갈망 또는 열망도 없다. 심지어 다음의 호흡에 대한, 다음의 체험 순간에 대한 갈망도 없다. 존재 또는 비존재에 대한 털끝만큼의 충동도 없다. 마음이 이런 갈망 없음의 완벽한 균형에 안착하면, 변화하는 대상에 의해 조건화된 의식의 흐름이 갑작스럽게 멈춘다. 그때 마음은 열반, 조건화되지 않은 것, 태어나지 않은 것에 열리고 거기에 내려앉는다.

"비구들이여, 태어나지 않은 것, 이루어지지 않은 것, 만들어지지 않은 것, 조건화되지 않은 것이 있다. 비구들이여, 태어나지 않은 것, 이루어지지 않은 것, 만들어지지 않은 것, 조건화되지 않은 것이 없다면 태어나는 것, 이루어지는 것, 만들어진 것, 조건화되어 있는 것에서의 벗어남도 알려지지 않을 것이다. 그러나 태어나지 않은 것, 이루어지지 않은 것, 만들어지지 않은 것, 조건화되지 않은 것이 있기에, 그러므로 태어나는 것, 이루어지는 것, 만들어진 것, 조건화되어 있는 것에서의 벗어남도 알려질 수 있다."[5]

대상으로서 열반을 취한 이런 의식의 순간을 '도(道, 빨리어로 *magga*)'의 '열매(果, 빨리어로 *phala*)'라고 부른다. 도의 순간, 마치 갑자기 번쩍하는 번갯불이 하늘을 밝히는 것처럼 어떤 번뇌들은 마음에서 다시는 일어나지 않게 완전히 뿌리뽑아 내고, 남아 있는 번뇌도 약화시키는 힘을 갖게 된다. 이런 이유로, 붓다는 열반을 이렇게 묘사하였다. "그리고 비구들이여, 조건화되지 않은 것은 무엇인가? 정욕의 파괴·증오의 파괴·망상의 파괴이다. 이것이 조건화되지 않은 것이다."

해방된 마음

태국의 숲속 수행 전통에서는 조건화되지 않은 것을 다른 관점에서 묘사하고 있다. 이런 관점은 티벳 불교, 선불교와도 강하게 공명하고 있다. 몇몇 태국 스승들의 가르침에서는 5온 중 식온에 해당되며 안식(眼識)~의식(意識)이라고 하는 의식과 *찟따*(*citta*, 心)라고 부르는 다른 종류의 의식을 구분하고 있다. 후자의 의식은 순수하고 본질 자체인 상태로서 5온을 넘어서 있다. 이것은 '무상(無相)'이라고 불린다. 왜냐하면 거기에는 알려질 만한 영원한 상(相) 또는 다른 상이 없기 때문이다. 이것은 번뇌에서 자유로워진 마음이다.

아잔 마하 부와(Ajahn Maha Boowa)는 일상적인 마음과 해방된 마음에 대해 말하면서 이런 자유로운 의식을 말하고 있다. 일상적인 마음은 번잡한 생각의 물결에 지배받으면서 무지와 갈망에 조건화된다. 이런 번뇌가 마음챙김과 지혜를 통해서 사라질 때, 진정한 마음, 즉 해방된 마음이 완전히 그 모습을 드러낸다. 남아 있는 것은 전부 말 그대로 순수한, 단순한 알아차림이다. 5온 또는 조건화된 현상들은 자신의 성질에 따라서 여전히 기능을 하지만, 그것들은 해방된 마음에 어떤 영향도 미치지 못한다. 이런 마음, 이런 순수한 알아차림은 그 자신의 성질인 궁극적 편안함, 최고의 평화에서 분리된 어떠한 느낌도 갖지 않는다. 아잔 마하 부와는 붓다처럼 번뇌·도·깨달음은 바로 모두 마음 안에 있다고 강조했다. 여러 경전에서 붓다는 이런 해방된 마음에 대한 체험을 묘사하고 있다.

> "의식은 볼 수도 없고
> 무한하고
> 모든 곳에서 빛난다.
> 여기서 땅·물·불·바람은

발을 딛지 못한다.
여기서 길고 짧음,
거칠고 미세함,
공정하고 그름,
정신[名]과 물질[色]은
모두 끝나버린다.
의식[활동]의 소멸과 함께
여기서 각각의 것은 끝나버린다."[6]

이런 의식은 어떠한 중심도 없고 자아라는 기준점도 갖지 않는다. 그것은 무엇에 지탱되는 것도 아니고 조건화되지도 않고 구성되지도 않는다. 그것은 아무런 모습을 보이지 않는 의식으로 묘사된다. 붓다는 이런 드러나지 않는 성질을 단순한 예를 들어 표현하고 있다.

"비구들이여, 예를 들면 지붕 있는 집이나 지붕 있는 강당에 서쪽·남쪽·동쪽으로 창이 나 있다고 하자. 해가 뜰 때, 햇빛이 창문을 통해 들어오면, 그 빛은 어디에 내려앉겠는가?"
"서쪽 벽입니다. 세존이시여."
"그런데 만약 서쪽 벽이 없다면, 어디에 내려앉겠는가?"
"땅입니다. 세존이시여."
"그런데 만약 땅도 없다면, 어디에 내려앉겠는가?"
"물 위에 내려앉을 것입니다. 세존이시여."
"그런데 만약 물도 없다면, 어디에 내려앉겠는가?"
"내려앉지 않습니다. 세존이시여."

"이와 같이, 물질적 음식이라는 영양분[段食] … 접촉이라는 영양분[觸食], … 의도라는 영양분[思食] … 의식이라는 영양분[識食]에 대한 열정이 없는 곳에는 기쁨도 없고 갈망도 없다. 그때에는 거기에 의식이 내려앉거나 자라나지 못한다 … 내가 너희들에게 말하니, 거기에는 슬픔도 고통도 절망도 없다."[7]

조건화된 마음을 안다

순수한 알아차림과 궁극적인 편안함이라는 이런 가장 미묘한 영역에서, 우리는 상당한 주의가 필요하다는 것을 반드시 상기해야만 한다. 우리는 경이롭고 정제된 마음상태를 해방된 마음으로 착각할 수 있다. 아잔 마하 부와는 자신의 이해와 깨달음의 과정을 설명하고 있다.

이 광채는 근본적으로는 가짜이고, 그 순간에 가장 돋보이는 점이다. 그대는 그것을 결코 건드리려고도 하지 않을 것인데, 그 어떤 것보다도 그것을 더 사랑하고 아끼기 때문이다. 몸 전체에서 이 광채보다 더 눈에 띄는 것은 없다. 이것이 그대가 그 광채에 놀라고, 그것을 사랑하고 아끼고, 꾸물대면서 그것을 건드리지 않으려 하는 이유이다. 그러나 그것은 적의 왕, 즉 알아차리지 못함이다.

내가 왓 도 담마체디(Wat Do Dammachedi)에 수행하러 갔을 때, 알아차리지 못함[무지]의 문제로 꽤 오랫동안 당혹스러웠다. 그 단계에서 마음은 너무나 빛나서, 나는 그 광채에 경탄하게 되었다. 나를 경탄하게 할 만한 모든 종류의 모든 것이 거기 그 마음에 모여 있는 것처럼 여겨졌고, 그 마음은 나 자신에 대해 경탄하기 시작하게 된 바로 그 지점이었다. "내 마음이 왜 이리도 경탄스러운 것이지?" 몸을 바라보면, 나는 결코 그것을 볼 수도 없었다. 그것은 온통 허공-비어 있음-이었다. 마음은 있는 힘을 다해 빛나고 있었다.

그러나 다행히도, 내가 의식하지 못하는 채로 가슴 속에서 속아서 외치는 지점인 나 자신에 경탄하기 시작하자마자… "왜 내 마음이 이렇게 멀리 있을까?"라고 하는 바로 그 순간 자동적으로 법문 한 구절이 떠올랐다. 이것도 기대하지 않았던 일이었다. 그 구절은 갑자기 나타났는데, 마치 누군가 가슴 안에서 말하는 것 같았다. 말한 사람이 아무도 없는데도 그러했다. 다만 이런 구절이었다. *"만약 어딘가에 아는 자라는 하나의 지점 또는 중심이 있다면, 그것이 태어남의 대리인이다"라*는 것이 이 구절의 내용이다.[8]

이것은 계속해서 반복할 만한 가치가 있는 지점이다. 어떤 것과의 동일화가 있는 한, 말하자면 아는 자라는 느낌이 있는 한, 우리는 여전히 일상적이고 조건화된 마음에 붙잡혀 있는 것이다. 마음챙김과 지혜의 수행을 통하여 우리는 궁극적인 편안함에 도달할 때까지 자아라는 느낌을 계속해서 부수어야 한다. 깨달은 마음에 대해서는 여러 가지 다양한 묘사들이 있지만 모든 것을 이해하는 하나의 기준점이 존재한다. 그것은 탐욕·증오·무지의 최종적인 뿌리 뽑힘이다.

세 번째의 성스러운 진리는 둑카의 소멸이다. "깨달은 것은 조건화되지 않은 것이고, 성취한 것은 갈망의 종말이다."

35. 고통의 소멸에 이르는 길

네 번째 성스러운 진리

4성제 가르침의 마지막 절인, 네 번째 성스러운 진리[도성제]를 다루는 부분에서 붓다는 깨달음에 이르는 모든 가르침과 본질적인 요소들을 다음과 같이 요약하고 있다.

"비구들이여, 그렇다면 무엇이 고통의 소멸로 이끄는 수행의 길의 성스러운 진리[苦滅道聖諦]인가? 그것은 바로 성스러운 여덟 가지의 길이다. 즉, 바른 견해[正見], 바른 생각[正思惟], 바른말[正語], 바른 행동[正業], 바른 생계[正命], 바른 정진[正精進], 바른 마음챙김[正念], 바른 선정[正定]이다."[1]

경전의 이 구절은 『대념처경(Mahāsatipaṭṭhāna Sutta)』에서 인용한 것인데, 『대념처경』은 장부 경전에 속해 있다. 이 구절이 중부 경전에 있는 『염처경』과 다른 점은 여기서 알 수 있듯이 단지 네 가지 성스러운 진리에 대해 더 상세히 언급하고 있다는 것뿐이다.

내가 처음 이 가르침을 읽고 공부하였을 때, 여덟 가지 길[八正道]에 숫자를 붙여 놓은 것이 마치 추상적인 철학적 목록들처럼 느껴졌다. 여덟 가지 단계가 무엇인지를 모두 기억하는 것조차 나한테는 상당한 시간이 걸렸다. 그러나 계속해서 수행을 하면서, 그리고 단순히 8정도를 읽는 정도가 아니라 어떻게 8정도에 따라 살아야 할지에 대해 더 충실히 탐색하면서, 나는 이 가르침이 계속해서 확장하면서 풍부함과 깊이를 더한다는 것을 이해하게 되었다. 8정도는 그 나름대로의 내적인 논리와 일관성을 드러내기 시작하였다. 수행의 각 단계는 그 다음 단계를 이끌고, 무지가 해탈의 지혜와 깨달음으로 전환하는 데서 그 절정을 이루었다.

수행의 여덟 단계는 세 가지 그룹으로 나누어진다. 도덕성 그룹은 **바른말[正語]**, **바른 행동[正業]**, **바른 생계[正命]**이다. 집중 그룹은 **바른 정진[正精進]**, **바른 마음챙김[正念]**, **바른 선정[正定]**이다. 지혜 그룹은 바른 견해[正見], 바른 생각[正思惟]이다. 빨리어로는 이 그룹들을 각각 실라(sīla, 戒), 사마디(samādhi, 定), *빤냐(paññā,* 慧)라고 부른다.

계율, 즉 도덕에 대한 훈련이 다른 것들의 토대라고 하면, 붓다는 왜 8정도의 첫 두 가지를 지혜에 해당하는 요소로 시작하고 있는가? 붓다의 가르침에서 흥미롭고 독특한 점은 가르침의 첫 출발이 교리 또는 믿음이 아니라 이해라는 점이다. 이런 이해가 비록 개념적인 것이라고 할지라도 수행을 지속적으로 행하여, 앞으로 나아가면, 결국은 4성제의 직접적이고 직관적인 깨달음의 절정에 도달하게 된다. 이런 식으로 지혜 요소는 8정도의 처음이자 끝이다.

붓다가 4성제의 마지막을 '도성제(道聖諦)', 즉 '길'이라고 부른 것은 의미가 없는 것이 아니다. 여기서 함축하고 있는 의미는 이런 여덟 가지 연속적인 과정이 최종 목표가 있는 어딘가로 이끈다는 것이다. 목표라는 개념이 때로는 지나치게 분투하는 것, 깨달음에 이르려는 일종의 영적인 야망으로 이끌 수 있지만, 이런 지나친 분투는 진정으로 둑카의 종식에 대한 이해라기보다는 *어떻게* 우리가 수행하는가에 더 관련성을 갖고 있다. 르네 도우말(René Daumal)은 자신의 저서 『마운트 아날로그(Mount Analogue)』에서 순간순간 완전하게 살아가는 것과 동시에 최종 목적의 비전을 유지해가는 것 사이의 결정적인 균형에 대해서 언급하고 있다.

> "눈을 꼭대기에 이르는 길에 고정하되, 당신 바로 앞을 보는 것을 잊지 마세요. 마지막 걸음은 첫 걸음에 달려 있습니다. 산꼭대기를 보았다고 해서 도착했다고 생각하지 마세요. 발을 디디는 것을 보면서, 다음 걸음을 확신하되, 최고의 목표에서 마음이 흐트러지지 않게 하세요. 첫 걸음은 마지막 걸음에 달려 있습니다."[2]

흐름에 듦[預流]

이 길이 이끄는 깨달음의 첫 번째 단계, **8정도**를 처음으로 실현하는 것을 '흐름에 드는 것[預流, 또는 須陀洹]'이라고 부른다. 마지막 장에서 언급한 바와 같이 이것은 우리를 조건화된 존재에 묶는 열 가지 족쇄 중 첫 세 가지, 즉 의심[疑], 제사나 제의적인 것이 자유에 이르는 길이라고 믿는 것[戒禁取], 그리고 가장 근본적으로 자아에 대한 믿음[有身見]을 완전히 뿌리 뽑는 길의 단계이다. 흐름에 드는 것은 몇 가지 중요한 함축성을 지닌다. 첫째로, 우리는 깨달음을 향한 흐름에 들었다는 것이다. 그 흐름은 단지 한 방향, 즉 완전한 깨달음을 향해 흘러간다. 이 지점에서 뒤로 돌아가는 것은 없다.

둘째로, 여전히 할 일이 많이 있다는 점이다. 마하나마(Mahānāma)는 붓다의 종족인 석가족의 평범한 사람이었지만 예류과를 성취하였다. 그러나 붓다와 만났을 때 마하나마는 자신의 마음챙김이 때로는 흔들린다고 말하였다. 그는 붓다에게 죽음의 순간에 산만해진다면, 자신의 운명은 어떻게 되느냐고 물었다. 붓다는 대답하였다. "마하나마여, 두려워하지 마라. 그대의 죽음은 나쁘지 않을 것이다. 한 사람의 마음이 믿음·덕행·배움·보시·지혜로 오랫동안 강화되었을 때, 그의 마음은 위로 나아가고 탁월해지게 된다."[3]

붓다는 한때 **8정도**의 중요성을 더욱 강조하는 의미에서 자신의 수제자로 지혜 제일인 사리뿟따에게 이렇게 말하였다.

> "사리뿟따여, '흐름[預流], 흐름'이라고 말한다. 그런데, 사리뿟따여, 흐름이란 무엇인가?"
>
> "세존이시여, **8정도**가 흐름입니다…."
>
> "사리뿟따여, '흐름에 든 이[預流者], 흐름에 든 이'라고 한다. 그런데, 사리뿟따여, 흐름에 든 이란 어떠한 사람인가?"
>
> "세존이시여, **8정도**를 갖춘 이를 흐름에 든 이라고 합니다."[4]

그러나 우리들 대부분은 자신이 진정으로 '**8정도**를 갖추었는지 어떤지를 어떻게 알 수 있는가?' 하고 의문이 일어난다. 붓다는 빠세나디 왕의 시종인 두 명의 평범한 사람에게 이렇게 설명하였다.

"시종들이여, 네 가지를 갖춘 성스러운 제자는 흐름에 든 자[預流者]이다. … 무엇이 네 가지인가? 시종들이여, 여기 성스러운 성자는 붓다… 법… 승가에 대한 굳건한 확신을 갖췄다. 그는 가정 생활을 하며 인색함의 흠이 없는 마음으로 아낌없이 보시하고, 넘겨주는 것에 기뻐하고, 자선에 기뻐하며, 주고 나누는 것에 기뻐한다. 네 가지 것을 갖춘 성스러운 제자는 예류자이다."[5]

또 다른 경우 붓다는 예류자의 특성을 다음처럼 말하였다. "성스러운 자들에게 소중한 덕성이 갖춰진 것, 즉 부서지지 않고 찢어지지 않고 흠이 없고 얼룩이 없고, 자유롭고, 지혜로운 자에게 칭찬받고 사로잡히지 않고 집중에 이르는 덕성이 갖춰진 것"이다. 그리고 더 나아가서 붓다는 이런 자질의 가치는 전 세계를 지배하는 것보다 뛰어나다고 말씀하셨다.

예류의 실현

길[道]의 실현은 여러 가지 방법으로 일어날 수 있다. 때로는 우리가 살아가면서 어떤 때에 자동적으로 열리기도 한다. 우리는 짧은 가르침을 듣고서 마음이 생겨난 적이 없고, 일어난 적이 없던 것에로 열리기도 한다. 실현은 또한 어떤 특정한 가르침의 맥락 밖에서 단순하게 우리 과거의 수행과 공덕의 결과로 일어날 수도 있다. 이런 식으로 깨달음의 여러 단계를 성취한 사람들의 일화가 많다. 새소리를 듣는 순간, 또는 촛불이 꺼지는 순간 깨달음을 성취하는 경우도 있다. 마지막으로 대부분의 경우처럼 통찰의 고전적인 단계를 통해 진전하여 성취하는 경우도 있다. 이것은 모든 체험의 무상함, 불만족스러움, 무아성을 깊이 깨달은 결과이다. 우리 자신의 특별한 배경과 조건화에 따라서 이런 실현의 여러 형태 중 하나가 조건화되지 않은 상태로 나아가는 출입구가 될 수 있다.

예류의 체험은 상당히 다양하다. 불교 심리학인 아비담마는 세 가지 다른 종류의 예류자를 서술하고 있다. 이런 차이는 믿음[信], 정진력[精進], 마음챙김[念], 집중[定], 지혜[慧]라는 영적 능력[根]의 상대적 강도에 따른다. 어떤 사람에게는 강한 지진의 흔들림 또는 번개에 맞은 것처럼-또는 마치 사람이 완전히 뒤바뀐 것처럼- 급작스럽게 관점의 전환이 일어난다. 또 다른 사람의 경우는 그 순간이 전혀 눈에 띄지도 않는다.

이렇게 길의 단계를 지정하는 것에는 장단점이 있다. 장점은 지정함으로써 완전한 깨달음에 이르는 이정표를 제공해 준다는 것이다. '열반에 이르는 고대의 왕도'라고 불리는 수많은 사람들이 걸어왔던 길, 이 길은 궁극적으로 선한 것이라는 것, 그리고 우리가 겪는 모든 어려움과 도전을 이전에도 동일하게 그 사람들도 체험하였다는 것을 상기시켜 준다. 단점은 우리가 어떤 단계의 앞과 뒤에 있든 성취라는 관념에 사로잡히게 된다는 것이다. 그리하여 단순히 자아의 습관만 강화하게 된다.

서로 다른 명상 체험을 평가하는 기준점으로서 번뇌가 정말로 약화되었는지, 어떤 지점에서 완전히 뿌리 뽑혔는지 어떤지를 보는 마음챙김의 거울을 항상 사용할 수 있다. 결국 이것은 길이 무엇인가에 대한 것이다. 다양한 불교 전통에서 길에 대한 서로 다른 지도, 마음이 해방된 상태에 대한 여러 가지 묘사가 있지만, 붓다가 맨 처음의 가르침에서 열거한 **8정도**가 모든 것의 토대가 된다는 것을 아는 것 또한 도움이 된다.

우리는 종종 명상을 깨달음의 길에서 핵심적인 것이라고 생각한다. 여러 측면에서 그렇다. 마음챙김과 집중의 계발은 마음을 해방시키는 지혜가 생겨나게 한다. 그러나 우리가 다음의 장들에서 길의 여러 단계를 탐색하는 바와 같이, 해탈에 대한 붓다의 가르침은 단지 명상 수행이라는 특수한 환경보다는 더 많은 삶의 체험을 포함하고 있다. 길을 걸어가는 것이 우리 삶의 모든 측면을 변화시킨다.

그리고 지갈 꽁툴 린포체(Dzigar Kongtrul Rinpoche)가 우리에게 상기시켜 주는 바와 같이, 우리 모두는 스스로 이 길을 걸어갈 필요가 있다.

> 깨달음의 잠재성은 우리 모두에게 보편적으로 존재한다. 진정한 이익은 그대 자신의 노력과 깨달음으로부터 온다. 이익을 가져오려는 그대의 노력을 위해, 그대는 자신의 삶을 스스로 맡아서 자신의 마음과 체험을 살펴야 한다.
>
> 이런 관점에서 보면, 그 누구도 그대보다 그대 자신에게 더 친절할 수는 없다. 그 누구도 그대 자신보다도 더 그대에게 더 큰 영향을 미치고 실제로 그대를 위해 무엇인가를 해 줄 수는 없다. 붓다는 "나는 해탈의 길을 너에게 보여주었다. 이제 해탈은 너에게 달려 있다"라고 말했다. 이것은 참으로 진실이다. 만약 그대가 자신의 삶을 스스로 해결하지 못한다면, 붓다라고 해서 다를 수는 없다. 그대에게 달려 있다.[6]

XI

법에 대한 마음챙김

– 성스러운 여덟 가지 길: 지혜의 요소들

바른 견해

8정도의 제일 처음이자 가장 중요한 단계는 **바른 견해**[正見] 또는 **바른 이해**이다. 때로는 우리가 ***'바른 견해'***라는 용어를 들을 때, 그것을 우리가 동의하거나 반대해야 하는 교조적인 도그마와 연관시킬 수 있다. 그러나 붓다가 열거한 바른 견해는 처음 세 가지 성스러운 진리를 이해하는 관점에서 '바르다[正]'로 보면 그 의미가 보다 쉽게 이해될 것이다. 그것은 우리 스스로 세 가지 성스러운 진리를 깨닫도록 도와주는 바로 그런 견해이다. 붓다의 가르침은 맹목적인 믿음을 강요하지 않는다는 것을 명심해야 한다. 붓다의 초대는 항상 '와서 보라'고 한다. 즉 붓다의 가르침이 실재와 잘 맞고 우리의 행복과 안녕으로 이끄는지를 스스로 탐구하고 조사하라는 것이다.

바른 견해는 수행의 길에서 중요한 첫 번째 단계이다. 왜냐하면 그것은 방향을 정하기 때문이다. 우리의 여정이 아무리 힘들고 길다 하여도, 우리가 바른 방향으로 계속해서 가면 확실하게 그 목표에 도달할 것이다. 우리가 바른 방향을 모르면 아무리 강한 열망을 갖고 노력한다고 하여도, 오랫동안 헤매고 결국은 목적지에 도달하지 못할 것이다. 붓다는 여명이 떠오르는 해의 선구자이면서 전도자인 것처럼, **바른 견해**는 네 가지 성스러운 진리를 돌파하는 선구자이자 전도자라고 말했다.

붓다는 여러 경전에서 **바른 견해**를 상세하게 설명하면서, 우리가 세간적이거나 세속적인 바른 견해-즉, 세간적인 편안함과 행복으로 인도하는 이해-라고 부를 수 있는 것과 세상적인 것을 넘어선 바른 견해, 즉 해탈로 이끄는 이해를 흥미롭게도 구분하였다.

> "비구들이여, 그러면 어떤 것이 바른 견해인가? 나는 **바른 견해**가 두 가지라고 말한다. 더러움에 물들어 있고, 공덕을 어느 정도 갖추고 있으며, 집착의 결과가 따르는 바른 견해가 있다. 그리고 성스럽고, 더러움이 없고, 출세간적이고, 길의 요소인 바른 견해가 있다."[1]

이런 두 가지 측면의 이해를 좀 더 상세히 살펴보는 것은 가치 있는 일이다. 왜냐하면 그것들은 우리의 삶에서 중요한 결과를 초래하기 때문이다. (참고: 나는 **8정도**의 **바른 견해**를 의미할 때는 굵은 글씨를 사용할 것이다. 굵은 글씨를 쓰지 않고 바른 견해라고 하는 경우에는 마음에서 일어나는 일반적인 이해를 말한다.)

세간적인 바른 견해는, 완전히 해탈되지 않은 우리의 선한 행동은 종종 욕망, 공덕을 쌓는 것, 행복한 결과를 목표로 하는 것의 영역에 있다는 것을 실제적으로 인정하는 것이다. 이런 행동들이 설사 선하다고(예를 들면, 보시의 행동) 하더라도, 여전히 무엇인가를 취하는 영역에 있다. 즉, 욕망을 포기하는 것이라기보다는 좋은 결과를 위해 좋은 업을 쌓는 것이다. 이런 세간적인 바른 견해는 우리 같은 재가자들이 이 세상에서 살아가는 것과 특히 관련되어 있다. 이것은 평범한 우리가 스트레스와 난관보다는 행복과 안락을 향하여 살아간다는 것을 보여준다.

경전에는 세간적인 바른 견해에 대한 전통적인 표현이 있다. 붓다는 여기에서 몇몇 짧고, 때로는 수수께끼 같은 구절로 법에 대한 이해를 다채롭게 지적하고 있다. 어떤 측면들은 분명하게 보이기도 하지만, 반면 어떤 측면들은 우리의 직접적인 이해의 영역을 넘어서 있기도 하다. 그러나 세상을 이해하는 다른 방식들이 있을 수 있다는 것에 마음의 문을 열어 놓는 것도 가치 있는 일이다.

"비구들이여, 어떤 것이 더러움에 물들어 있고, 공덕을 어느 정도 갖추고 있으며, 집착의 결과가 따르는 바른 견해인가?

비구들이여, '보시도 있고 공양도 있고 제사도 있다. 선행과 악행에 대한 열매와 결과도 있다. 이 세상과 다른 세상이 있다. 어머니와 아버지가 있다. 홀연히 다시 태어나는[化生] 중생도 있다. 세상에는 이 세상과 저 제상에 대해 직접적인 지식에 의해 스스로 깨달아 선언하는 훌륭하고 덕스러운 사문과 바라문이 있다.' 이것이 더러움에 물들어 있고, 공덕을 어느 정도 갖추고 있으며, 집착의 결과가 따르는 바른 견해이다."[2]

세간적인 바른 견해와 업의 법칙

이것은 무엇을 의미하는가? 이 모든 독특한 선언은 업의 법칙에 대한 이해의 틀, 그리고 진정으로 우리에게 속하는 것은 우리의 행동과 그 결과라는 이해의 틀에 그 기반을 두고 있다는 것을 보여준다. 업의 법칙에 따르면, 우리 행동의 결과는 그림자처럼 우리를 따라다닌다. 우리가 삶 속에 이런 깨달음을 통합시킬 때, 자신의 선택과 행동, 그리고 그 행동이 이끄는 방향에 더욱 주의를 기울이게 된다.

보시의 수행

붓다는 업의 법칙의 맥락 속에서 세간적인 바른 견해라는 것을 묘사하면서, 탐구와 수행의 몇몇 특별한 영역을 더욱 자세히 언급하고 있다. 첫 번째 문장, "보시와 공양과 제사가 있다"라는 것은 보시의 도덕적(道德的)·업적(業的) 의미를 나타낸다. 보시의 행동은 힘을 갖고 있다. 붓다는 잘 알려진 가르침에서 다음과 같이 강조하며 말했다. 우리가 보시의 열매를 붓다가 알았던 것처럼 알게 된다면 서로 나누지 않고는 한 끼의 식사도 그냥 지나가지 못할 것이다.

이제 우리에게 던져진 질문은 다음과 같은 것이다. 즉 이렇게 빠르게 변화하는 개인주의 문화에서 실제로 보시의 수행을 어떻게 할 수 있는가? 내가 아주 도움이 된다고 생각하는 한 가지 방법은 보시해야겠다는 기분이 드는 순간 그것을 행하는 것이다. 내가 주려고 하는 것이 아주 작은 것이든 큰 것이든 상관없이 주려고 하는 생각이 드는 순간, 그 생각을 단순히 흘려보내거나 또는 이어지는 생각('내가 꼭 해야만 하나? 하지 말아야만 하나? 너무 많지 않은가?')을 하지 말고, 적절한 시간에 그것을 하려고 노력하는 것이다. 보시의 행동은 받는 사람에게 분명히 유익하지만, 또한 우리 자신에게도 그 순간뿐만 아니라 이런 선한 업의 행동이 결실을 맺을 때 유익하다.

보시의 직접적인 장점 중 하나는 그 순간에 아주 기분이 좋다는 것이다. 우리는 줄 때마다 자애와 금욕의 요소들을 강화시키게 된다. 그 순간 우리는 내려놓음[放下着]을 하는 동시에 받는 사람을 향해서 우호감과 사랑스러운 느낌을 갖는다. 그리고 우리가 그 전체 과정을 의식적으로 성찰하면, 보시의 수행은 지혜의 성장도 촉진한다. 붓다는 종종 보시에 대해 말하면서 자신의 일련의 점진적인 가르침을 펴기 시작한다. 왜냐하면 그것들은 마음을 기쁘게 하고 밝게 하여, 이어지는 해탈의 가르침에 대해 마음이 열리게 하고 더 잘 받아들일 수 있게 해 주기 때문이다.

동기와 그 결과들

세간적인 바른 견해의 두 번째 구절은 "선행과 악행에 대한 열매와 결과도 있다"이다. 이것은 이미 업의 법칙이라는 측면에서 논의하였다. 그러나 이런 가르침이 갖는 중요성은 아무리 강조해도 지나치지 않다. 즉 우리의 행동은 결과를 초래하고, 우리는 자신이 행한 행동의 상속자·소유자이다. 이런 이해를 수행에 적용하면 우리는 삶을 창조적으로 이끌어가고, 우리의 선택, 더 엄밀하게는 우리의 동기를 알게 되어, 자신의 삶이 전개되어 가는 방식을 결정짓게 된다. 우리는 우리가 한 것이 그 순간과 미래에 결과를 초래하게 된다는 것을 알면서, 우리가 한 것에 대해 책임을 지는 보다 더 성숙된 느낌을 갖기 시작한다.

붓다는 어떤 행동이 불선(不善)하고 고통을 주는지, 어떤 행동이 선(善)하고 행복을 주는지에 대해서 아주 자세하게 지적하고 있어 크게 도움을 준다. 열 가지 불선한 행동[十不善業, 十惡業]은 다음과 같다. 살생(殺生), 도둑질[偸盜], 잘못된 성적 행동을 범함[邪淫], 거짓말[妄語], 아주 나쁘게 말하기[惡口], 험담[兩舌], 쓸데없는 말[綺語], 탐욕(貪欲), 나쁜 의도[瞋恚], 잘못된 견해[邪見]이다. 열 가지 선한 행동[十善業]은 그러한 행동들을 삼가는 것이다. 선한 측면과 선하지 않은 측면은 **8정도**의 다른 일곱 가지 단계에 모두 얽혀 들어가 있다. 이것에 대해서는 다음 장들에서 자세히 논의할 것이다.

환생과 다른 차원의 존재들

세간적인 바른 견해의 다음 측면은 "이 세상과 저 세상이 있다"는 것이다. 이것은 환생과 다른 차원의 존재에 대한 언급이다. 우리 중 많은 사람들에게 이 개념은 아마도 우리 자신의 직접 체험의 영역 밖에 있을 것이다. 그리고 또한 서구적 사고의 주요 흐름 밖에 있다. 그러므로 가르침의 이런 부분에 대해서 공감하기가 어려울 것이다.

나에게는 이런 가능성에 대해 마음의 문을 아주 서서히 여는 과정들이 있었다. 나는 서구 철학을 공부하고 나서 법 수행을 하였다. 그리고 나는 과거의 삶과 미래의 삶 또는 다른 차원의 존재들을 전혀 믿지 않았다. 그러나 시간이 흐르면서 몇 가지 사실들이 나의 마음을 열기 시작하였다.

첫째로, 붓다가 가르친 것과 내가 수행하면서 체험한 것이 공명을 일으키기 때문에, 다르마를 수행하고 공부하면 할수록 나는 다음과 같이 생각하기 시작하였다. 그가 다른 여러 점에서 그렇게 옳다면,

비록 나의 체험을 벗어난 것이라고 하여도 내가 마음의 문을 열어야만 하는 것은 아닌가 하는 점이다. 나는 시인 사무엘 테일러 콜리지가 말한 '불신의 자발적 유예'라는 것을 생각하기 시작하였다. 나는 우리가 신념 체계에 집착할 수 있는 것처럼, 우리의 불신에도 집착할 수 있다는 것을 보았다.

둘째로, 나는 "그래, 이것은 진실이야"라고 자신의 체험을 말할 수 있는 디빠 마와 같은 스승들을 만났다는 사실이다. 그러한 말들이 결코 환생의 증거라고 할 수는 없겠지만, 내가 갖고 있는 디빠 마에 대한 특별하고 대단한 신뢰로 인해서 나는 이런 가능성을 고려하도록 마음의 문이 열렸다.

이런 동일한 맥락에서 통찰명상협회의 첫 지도자 수련 프로그램에 참석한 젊은 스리랑카 남자가 있었는데, 나는 그가 어릴 때 스리랑카에서 그를 처음 만난 적이 있었다. 그 남자가 읽고 쓰기를 하기 전인 두 살 내지 세 살 때, 그는 길고 복잡한 불교 경전을 자동적으로 그것도 고대의 멜로디로 암송하기 시작했다. 그 멜로디는 스리랑카에서 더 이상 들을 수 없는 것이었다. 좀 더 자란 뒤 그가 명상을 하기 시작하자 자신의 전생들을 기억하기 시작했다. 그 전생들 중 한때 그는 5세기 위대한 불경의 주석가인 붓다고사의 승단에서 암송하는 스님들 중 한 사람이었다고 한다. 그가 아주 어릴 때 행한 자발적인 암송은 바로 그 스님으로 있었던 전생의 수행에서 온 것이라고 말하였다. 물론 이런 이야기가 전생과 환생에 대한 과학적 증거가 될 수 없지만, 이런 체험들은 확실히 흥미로운 질문과 가능성을 제기한다.

나 자신의 체험 영역을 넘어선 가능성에 대해 마음의 문을 열게 된 마지막 계기는 알아차림이 갖는 비물질적인 성질에 대한 명상적 통찰이 점점 성장하는 데 있었다. 알아차림의 체험 자체에 마음챙김을 하게 되면, 어떤 물리적 한계 없이 그것을 직관하는 것이 가능해진다.

우리들 개개인은 다른 영역[趣]과 환생에 대한 이런 가르침에 나름대로의 관련성을 갖고 있다. 깨달음은 어떤 신념에 기반을 두고 있지 않다는 것을 강조하는 것이 중요하다. 그러나 동쪽에서 서쪽으로 위대한 붓다의 법이 전해지는 데 있어서 우리의 개인적인 체험을 넘어서는 것을 즉각적으로 무시하지 않고, 다만 이런저런 가능성에 마음의 문을 열어놓고 있는 것이 도움이 된다.

우리 부모, 자녀와의 업 관계

세간적인 바른 견해의 다음 구절, "어머니와 아버지가 있다"는 것은 우리 모두가 부모로부터 태어났다는 자명한 사실을 강조하고 있는 것이 아니라, 부모와 갖는 특별한 업의 관계와 이에 따른 책임이라는 사실에 강조점을 두고 있다. 우리 서구에서, 그리고 아마도 동양에서도 사람들은 부모와의 관계에서 때로 곤란과 어려움을 겪고 있다. 달라이 라마의 반복된 가르침, 즉 어떤 점에서는 모든 존재가 우리의 어머니들이라는 것, 이 구절이 달라이 라마에게 불러 일으키는 감동만큼 우리도 그 감동을 느끼는 것은 아니다.

그러나 우리가 부모와 현재 맺고 있는 관계와 상관없이 붓다는 소중한 인간으로서의 탄생이라는 위대한 선물에 대해 업의 빚이 있다고 지적하고 있다. 붓다는 이런 빚에 대한 가장 좋은 보답은 부모에게 어떻게든 법과 인연을 맺어주는 것이고, 그것이 아니면 적어도 부모에게 이런 법에 대해 이해할 수 있는 씨앗이라도 심기 위해 애쓰는 것이라고 말하였다. 이렇게 하는 데는 대단한 기술과 섬세함이 필요하고, 우리가 실제로 어떻게 하는가는 우리 각자가 놓인 상황에 따라 다를 것이다.

그러나 거의 확실한 것은 개종시키려 하는 것은 통하지 않는다는 것이다. 대개 가장 영향력이 큰 소통은 우리가 말하는 내용보다는 우리가 어떻게 살아가는지를 보여주는 것이다. 개방적이고 사랑스러운 소통을 이미 하고 있으면, 법에 대한 진정한 논의의 가능성이 있고 수행을 독려할 가능성도 있다. 소통이 어렵다면, 첫 번째 단계는 우리의 부모에 대하여 덜 판단하고 그들을 있는 그대로 받아들이려 하는 것이다. 나는 수년 동안 수행을 가르치면서 심각한 갈등이 있는 사례들을 자주 보았고, 때로는 심한 마음의 상처가 있는 경우도 보았다. 그러나 수년에 걸친 수행과 대단한 인내의 시간이 지나면서 그 관계는 순수한 자비와 개방의 관계로 변하곤 하였다.

이런 어려움은 지금 현대에 국한된 것은 아니다. 붓다의 수제자이면서 붓다 다음으로 지혜가 뛰어나다는 사리뿟따조차도 어머니와 갈등이 있었다. 사리뿟따는 바라문 가정에서 태어났으며, 세 형제와 세 자매가 있었다. 그들은 결국 모두 비구와 비구니가 되었고, 다 아라한이 되었다. 그러나 그의 어머니는 충실한 브라흐만교 신자였다. 그녀는 붓다와 붓다의 가르침에 적대적이었다. 사리뿟따가 고향에 가서 어머니를 방문했을 때의 이야기가 있다.

한번은, 사리뿟따 존자가 많은 수의 비구들을 거느리고 나라까(Nālaka)의 고향 마을로 갔다. 탁발 도중에 그는 어머니의 집에 들렀다. 그의 어머니는 그에게 자리를 내주며 음식을 주긴 했지만, 모욕적인 말들을 내뱉었다. 그녀는 "오, 다른 이가 남긴 것을 먹는 자여!" "누군가 남긴 쉬어빠진 쌀죽도 못 얻으면, 너는 이 집 저 집 이상한 사람들 사이를 돌아다니면서, 국자나 핥겠지! 이게 다 네가 8억 루피의 재산을 포기하고 비구가 되었기 때문이야! 너는 내 인생까지 망쳤어! 이제, 계속 먹어라!"라는 식으로 말했다. 또한 그녀는 비구들에게 음식을 주면서 말했다. "그러니까 당신들이 내 아들을 당신들의 시종으로 만든 사람들이군! 계속 드시오!"

그렇게 그녀는 그들에게 계속 욕을 해댔지만, 사리뿟따는 한 마디도 하지 않았다. 그는 묵묵히 자신의 음식을 받아 먹었으며, 침묵 속에서 사원으로 돌아갔다. 그때 비구들 사이에서 함께 모욕을 당했던 아들 라훌라(Rāhula)를 통해 붓다께서도 이 일을 알게 되었다. 이 일에 대해 듣고 모든 비구들은 사리뿟따 장로의 대단한 참을성에 대해 놀라워했고, 회합 중에 붓다는 사리뿟따를 칭찬했다.[3]

수년 후 사리뿟따가 자신의 죽음에 대해 관찰 명상하면서, 그는 자신의 어머니를 생각하였다. 그녀는 일곱 아라한의 어머니인데, 정작 붓다·법·승가에 대한 믿음이 없었다. 사리뿟따는 지혜의 눈을 통하여 어머니가 예류과에 드는 데 필요한 조건들을 갖추고 있음을 보았다. 또한 어머니가 예류과에 들 수 있도록 해 줄 수 있는 사람은 자신뿐이라는 것을 알았다.

그래서 사리뿟따는 어머니의 집, 자신이 태어난 방으로 다시 돌아왔다. 그리고 자신의 임종 직전 마지막 저녁에 모든 천상의 신들이 이 위대한 깨달은 사람에게 경배를 드리기 위해 나타나도록 하였다고 한다. 결국 이것이 어머니에게 강한 인상을 남긴 것 같다. 그의 어머니는 '모든 천상의 존재들이 내 아들에게 경배를 올린다면, 붓다에게도 대단한 덕이 있음에 틀림없다'라고 생각하였다. 그녀의 마음은 부드러워졌고, 그러자 사리뿟따는 어머니가 완전한 깨달음을 향하는 예류과를 성취하도록 마지막 설법을 하였다.

우리가 부모님을 방문할 때 천신이 나타나게 할 수는 없지만, 이 이야기는 바로 붓다가 우리와 부모와의 기본적인 관계에 두고 있는 중요한 점을 암시하고 있다. 이것은 쉬운 일일지도 모르고, 또는 대단한 인내와 관용이 필요한 일일지도 모른다. 그러나 우리가 부모에게 어떻게 법에 대한 이해의 씨앗을 뿌려야 하는지를 생각하는 데 도움을 준다. 그리고 부모가 이미 돌아가셨다고 하더라도 그들과 함께 우리의 공덕을 공유하고, 그들의 안녕과 행복·깨달음을 위해 헌신하는 것이 가능하다. 상황에 따라서 이것은 아주 유익한 결과를 낳을 것이다.

바른 견해에 대해 경전에서 특별히 언급하고 있지는 않지만, 자녀를 향한 동일한 수준의 책임·보살핌·사랑이 있다. 한 경전에서 아나타삔디까(Anāthapiṇḍika)에 대해 흥미로운 이야기를 하고 있다. 그는 붓다의 재가 신도로 아주 부유한 장자였다. 그에게는 네 명의 자녀가 있었는데, 딸 셋과 아들 하나였다. 세 명의 딸들은 법에 깊이 경도되어 나름대로 깨달음을 성취하였다. 그러나 아들은 법에 전혀 관심이 없었고, 세간적인 즐거움에 푹 빠져 있었다.

아나타삔디까는 자신의 아들에 대해 근심하면서, 아들이 만일 붓다의 설법을 들으면 그 보상으로 금화를 주기 시작했다. 그의 아들이 금화를 받기 위해 붓다의 설법을 들으러 왔을 때 붓다는 마음의 힘을 통해 그것을 보고, 아나타삔디까의 어린 아들이 설법을 잘 이해하지 못하도록 하였다. 그러자 아나타삔디까의 젊은 아들은 의미를 더 명확히 이해하기 위해서 붓다께 계속해서 질문하게 되었다. 그리고 의미에 대해 질문하고 명확하게 이해해 가는 바로 그 과정을 통해서 그 역시 드디어 예류자가 되었다.

위와 같이 가족과 함께 법을 나누고자 하는 노력이 때로는 뚜렷한 결과를 낳기도 하지만, 때로는 그렇지 않을 수도 있다. 붓다의 시대에도 어떤 업의 이유에서 심지어 붓다조차 도와줄 수 없는 사람들도 있었다. 그러나 우리는 언젠가는 숙성할 수 있는 법의 씨앗을 심을 수 있다. 중요한 것은 법을 같이 나누고자 하는 우리의 의도와 동기이다.

직접 체험을 통한 깨달음

세간적인 바른 견해의 마지막 두 구절은 다른 영역에 홀연히 다시 태어나는[化生] 중생도 있다는 것과, 이 세상에 자신의 체험을 통해서 깨달은 지혜롭고 덕스러운 사람들이 있다는 것을 확인해 준다. 첫 번째에 대해서는 우리의 현 체험을 넘어서는 가능성에 마음의 문을 여는 것이 갖는 중요성을 이미 언급하였다. 붓다의 가르침은 맹목적인 믿음을 갖게 하지 않는다. 동시에 맹목적인 믿음에 대한 집착을 내려놓는 데 도움을 준다. 우리는 환생과 다른 영역의 존재들이 가르침의 일부분이라는 것, 그리고 우리는 아직까지는 그것에 대해 개인적인 체험을 하지 않았다는 것을 단순히 인정할 수 있다.

세간적인 바른 견해의 마지막 측면, 이것이 현재 우리의 서구 문명과 특별히 더 깊은 연관성을 갖는 것이라고 나는 생각한다. "세상에는 직접적인 지식에 의해 스스로 깨달은 덕스러운 사문과 바라문이 있다." 다른 말로 하면 자신만의 직접적인 체험을 통해서 진리를 성취한 지혜롭고 덕스러운 사람들이 있다는 것이다. 사회 차원에서 우리는 일반적으로 지혜를 문화적 가치로 인식하지 않는다. 우리는 재능, 부(富), 외모, 심지어 지능을 흔히 더 높이 평가한다. 나는 이때까지 그 해의 가장 지혜로운 사람을 표지로 장식하는 잡지를 본 적이 없다.

우리는 평등주의적 가치관으로 인해서 실제로 우리보다 더 지혜로운 사람들이 있고, 법·진리 및 세상 이치에 대해 우리가 때때로 그들로부터 진정으로 배울 수 있다는 것에 대한 이해가 부족할 수 있다. 이것을 인정하게 되면 기대하지 않았던 곳에서 오는 지혜에 마음의 문을 열 수 있게 된다. 우리는 성격이나 지위로 인해 긍정적 또는 부정적으로 영향을 받는 것보다는 순수한 체험의 목소리에 귀 기울이는 것을 배운다. 이 세상에 정말로 지혜롭고 깨어 있는 존재들이 있다는 것을 인식하게 되면, 우리도 역시 지혜와 깨달음이 가능하다는 것을 다시 한 번 확인하게 된다.

우리는 다양한 방법으로 세간적인 바른 견해를 여러 측면에서 수행할 수 있다. 어떤 것은 선한 열매를 맺는 보시의 수행처럼 우리에게 분명하게 보일 수도 있다. 또는 우리의 동기를 조사하고 선한 것은 행동에 옮기고 불선한 것은 내려놓는 것도 그러할 것이다. 이런 바른 견해의 또 다른 측면은 즉각 분명해 보이지 않을 수도 있다. 우리는 그것들이 우리의 삶에 어떻게 영향을 미치는지 실험해 보기를 원할 수도 있다.

예를 들면, 우리가 환생과 다른 차원의 존재들에 대한 가능성을 고려하게 되면, 그것은 어떤 식으로든지 우리가 살아가는 방식, 우리가 하는 선택, 우리 삶에서의 스트레스나 안락함에 변화를 주게 될 것이다. 이러한 하나의 단순한 방법으로 나는 환생의 이런 가르침에 마음의 문을 여는 것이 내 삶의 어떤 압박감을 덜어준다는 것을 발견했다. 세간적인 것, 세간의 행복이라는 영역 안에서, 나는 더 이상 이번 생에서 모든 욕망을 충족시키거나 모든 목표를 성취할 필요를 느끼지 않게 되었다. 점차로 삶은 너무 빨리 지나가 버리는 주말같이 느껴졌다.

내가 이생에서 스키의 전문가가 아니라 해도, 그 욕망이 무엇이라고 해도, 나는 그것을 다음 생에 성취할 것이다. 이런 관점으로 보게 되면 내가 할 일을 못했다고 생각하지 않고, 중요하다고 여겨지는 것들의 순위들을 잘 정리할 수 있게 된다. 모든 것들이 훨씬 편하게 보인다. 물론 성스러운 또는 출세간적인 바른 견해를 탐색하기 시작하면서, 우리는 진정한 자유는 모든 갈망, 소유에 대한 모든 욕망, 존재에 대한 모든 욕망을 그대로 흘려보내고, 자아라는 거대한 고르디오스의 매듭을 끊는 데에 있다는 것을 알게 된다.

37. 해탈

바른 견해

열반으로 이끄는 성스러운 바른 견해[正見]는 경전에서 두 가지 방식으로 설명되고 있다. 첫째, 지혜라는 마음 요소[慧心所]로 언급된다. 이것은 일어나는 것을 비추어서 우리가 사물을 있는 그대로 알고 이해할 수 있게 해 준다. 지혜의 일어남은 마치 어두운 방에서 불을 켜는 것과 같다. 불교 심리학인 아비담마에서 지혜는 25가지 아름다운 마음 요소[善淨心所] 중의 하나이다.

둘째, 성스러운 바른 견해는 객관적 내용이라는 면에서 설명된다. 즉, 지혜가 우리의 체험을 비출 때 드러난 것이다. 그리고 『대념처경』에서 붓다는 이런 해탈을 가져오는 바른 견해를 특히 4성제의 이해와 동일한 것으로 간주하고 있다.

"비구들이여, 그러면 **바른 견해**란 무엇인가? 비구들이여, 그것은 둑카에 대한 지식, 둑카의 기원에 대한 지식, 둑카의 소멸에 대한 지식, 둑카의 소멸로 이끄는 수행의 길에 대한 지식이다. 이것을 **바른 견해**라고 부른다."[1]

붓다는 존재의 안녕을 증진시키는 데 바른 견해의 중요성을 아주 분명하게 강조하고 있다.

"비구들이여, 나는 아직 일어나지 않았던 선한 자질[善法]을 일으키고, 일어난 선한 자질을 증장시킬 수 있는 것으로, 이 바른 견해만 한 것을 본 적이 없다."[2]

4성제에 대한 마음챙김은 사실 『염처경』의 마지막 가르침이다. 우리는 이미 앞의 장들에서 첫 세 가지에 대해 논의하였지만, 깨달은 마음의 바른 견해와 연관되어 있는 핵심적인 몇몇 요소를 다시 살펴보고 강조하는 것이 도움이 될 것이라고 생각한다.

잘못된 견해의 미세함

우리 모두는 둑카의 진리를 직접 체험하고 있다. 즉 체험에는 불만족스럽고 믿을 수 없고 때로는 고통스러운 성질이 있다. 몸은 아프고 늙고 마침내 죽는다. 마음은 공포, 분노, 질투, 절망, 선망, 탐욕, 불안 등 여러 괴로운 감정에 휩싸인다. 그것들에는 길고 긴 목록들이 있다. 경전이 우리에게 일깨워 주는 바와 같이 즐겁지 않은 것과 연관을 맺는 것은 고통[怨憎會苦]이다. 즐거운 것과 떨어지는 것은 고통[愛

別離苦]이다. 원하는 것을 얻지 못하는 것은 고통[求不得苦]이다. 우리 모두는 이런 고통의 체험에 친숙하다.

그리하여 붓다는 우리의 잘못된 견해가 갖는 범위와 미세함을 두드러지게 강조하는 방식으로, 보다 더 근본적으로 그리고 포괄적으로 이런 첫 번째 성스러운 진리를 요약해서 보여주고 있다. 그는 말한다. "간단히 말하면, 집착을 일으키는 5온이 둑카[五取蘊苦]이다." 왜 이러한가? 왜냐하면 우리가 자아, '나'라고 주장하는 것을 구성하는 이런 5온-물질 요소·느낌·지각·정신적 형성·의식-이 끊임없이 변화하고 흐르기 때문이다. 그 본성상 평화·안식·안전의 장소를 제공해 줄 수 있는 것은 아무 것도 없다. 그리고 우리가 본성상 변화하는 것일 수밖에 없는 것에 집착하면 할수록, 우리의 삶은 더욱 편하지 않게 된다.

5온에 집착하는 간단한 실례를 들어보자. 만약 우리가 젊게 보이고 젊게 느껴지는 것에 애착한다면, 몸이 늙어가는 것을 어떻게 느끼면서 받아들이겠는가? 우리 사회의 얼마나 많은 광고와 물건들이 특정 방식으로 몸이 보이도록 하는 데 바쳐지는가? 이것은 물질적 형태의 온[色蘊]에 대한 애착, 이와 관련된 즐거운 느낌의 온[受蘊]에 대한 애착, 젊음이라는 지각의 온[想蘊]에 대한 애착, 그것을 성취하기 위한 모든 의지와 정신적 상태와의 동일화, 이 모든 것을 아는 것과의 동일화에 대한 집착이다. 바로 여기서 이런 드물지 않은 양식으로 우리는 5온에 대한 집착이 작동하는 것을 볼 수 있다.

무상이 그렇게 비의적이고 숨겨진 진리가 아님에도 불구하고, 무상에 대한 인식에 직면해서, 심지어 변화한다는 것이 진리라는 분명한 사실에 직면해서도, 집착의 습관이 아주 강하다는 점은 꽤 놀라운 일이다. 이렇게 꽉 잡고 놓지 않는 습관을 키우고 부추기는 것은 하나의 독특한 잘못된 견해이다. 이 견해는 우리를 윤회에 묶어 놓는다. 빨리어로 이것을 *삭까야딧티*(*sakkāyadiṭṭhi,* 有身見)라고 부른다. 이 용어는 때로는 'personality view(개인성 견해)' 또는 'personality belief(개인성 신념)'라고 번역되기도 한다.

이것을 불교 철학적 원리로 생각하고 우리의 삶에서 갖는 대단한 중요성을 놓치기 쉽다. 붓다는 바로 이것이 얼마나 중요한지를 강조하고 있다.

> "비구들이여, 나는 그릇된 견해[邪見]만큼 비난받을 만한 것을 본 적이 없다. 그릇된 견해는 비난받을 만한 것 중에서도 가장 나쁘다."[3]

망상은 잘못된 견해를 강화하는 방식

붓다가 자아에 대한 이런 잘못된 견해에 대해서 그렇게 강하게 선언하고 있는 이유는 무엇일까? 우리가 행하는 많은 불선한 행동과 이에 따르는 업의 결과가 잘못된 견해에서 생겨나기 때문이다. 대부분의 사람들은 잘못된 견해가 우리 삶의 중심적인 이해를 차지하고 있는 한, 자아를 만족시키고 자아를 방어하고 자아를 붙잡기 위해서 에너지와 노력을 낭비하게 된다. 그렇지만 이런 강력한 업의 활동은 거기에 있지도 않은 그 무엇의 둘레를 빙빙 돌 뿐이다. 이것이 망상이 갖는 혼란시키는 힘이다.

몇몇 예는 우리 스스로가 체험하고 있는 일상적인 방식이 자신도 모르는 사이에 잘못된 견해를 어떻게 강화하고 있는지를 보여주고 있다. "나는 행복감을 느낀다", "나는 형편없어", "나는 기쁘다"라는 것이 모두 정신적 느낌[受]에 대한 잘못된 견해들이다. 우리는 자신의 것이라고 할 수 없는 감정들을 '나' 또는 '나의 것'으로 여긴다. "나는 이것을 하기 원하고, 보기 원하고, 듣기 원하고, 거기에 가기 원한다"라고 하는 것은 모두 하려고 욕망하는 마음 요소[欲心所]에 대한 망상이다. 우리는 자아에 해당되지 않는 요소의 작동에 '나'와 '나의 것'을 첨가한다. "나는 노력한다." 또는 "나는 집중한다"는 그런 두 가지 자질에 대한 잘못된 견해이다. 우리는 매일의 삶이 갖는 모든 측면에 대해 거의 모든 것을 분석할 수 있고, 우리가 서로 다른 마음·기분·정서와 어떻게 끊임없이 동일화하고, 그 과정에서 자아감을 어떻게 만들어내고 강화하는지를 볼 수 있다.

무아의 바른 견해를 강화한다

우리가 어떤 수행을 하든지 간에 그 밑바탕을 이루는 맥락은 그 수행이 무아의 바른 견해를 따르며 증강시키는 것인가 하는 점이다. 개념적이고 세간적인 바른 견해로부터 붓다가 "성스럽고 더러움이 없고 출세간적이고 길의 요소"라고 불렀던 것으로 옮겨가게 하는 것의 토대가 바로 이것이다. 우리가 아는 바와 같이 이것을 우리의 이해에 통합시키고, 이것이 우리의 삶을 충만하게 하기 위해서는 대단한 인내와 참을성이 필요하지만, 그 가르침은 너무나 명백하다.

5온의 변화하는 성질을 관찰한다

우리는 무상함을 알아차리면서, 특히 5온의 변화하는 성질을 봄으로써 가장 쉽게 무아를 이해하는 데 접근할 수 있다. 사실 이런 5온은 우리가 체험하는 모든 것을 명확하게 하는 지름길이다. 우리는 실제로 거기에 무엇이 있는지를 봄으로써, 그리고 그런 체험이 아주 순간적이고 일시적이고 실체가 없다는 것을 봄으로써 자아라는 개념을 파괴하기 시작한다. 우리가 이런 것을 보기 위해서 갈 수 있는 방법은 여러 가지가 있다.

우리는 가능한 한 신체를 지속적으로 알아차리는 방식으로 특정 온에 초점을 맞추면서 어느 정도의 지속적인 시간을 보낼 수도 있다. 이것은 호흡이나 자세의 변화, 또는 다양한 감각이 일어나고 사라지는 것에 대해 알아차리는 것을 유지하는 것일 수도 있다.

우리는 자신이 체험하는 느낌이 즐거운지 즐겁지 않은지 중립적인지를 순간순간 인식하면서, 느낌의 무상한 성질에 일정 시간 동안 초점을 맞출 수도 있다. 우리가 이런 체험의 무상성에 주의를 기울일수록, '나' 또는 '나의 것' 또는 '자아'에 덜 집착하게 된다. 우리는 감각 대상의 인식과 해석, 즉 지각에 특별히 초점을 맞출 수도 있다. 우리가 사물을 어떻게 지각하는가는 느낌뿐만 아니라 정신적 형성을 강하게 규정짓는다.

나는 조건화의 이런 패턴이 특별히 두드러지던 체험을 한 적이 있다. 수년 전 나는 나의 동료 샤론 잘쯔버그와 함께 캘리포니아의 멘도시노에서 안거 수행을 지도하고 있었다. 우리는 아침 명상에 대해 이야기를 나누면서 나의 방에 앉아 있었다. 갑자기, 그리고 아주 자동적으로 내 입에서 달콤한 냄새가 나는 자욱한 연기와 재와 함께 트림이 올라왔다. 그것은 아주 기이하였고, 우리 둘 다 어떻게 그런 현상이 나타났는지를 몰랐다. 우리는 그냥 다시 안거 수행을 진행하였지만, 그것에 대해 계속 의문을 품고 있었던 것은 분명하였다.

그로부터 약 한 달이 흐른 후 마인의 벅스포츠에서 첫 3개월 안거 수행을 지도하고 있을 때 나는 강연자의 창문 앞에 서 있었다. 그런데 또 다시 아무 예고도 없이 똑같은 일이 일어났다. 강연자는 나를 아주 이상하게 쳐다보았다. 이때 나는 이런 이상한 일이 왜 일어나는지 그 이유를 찾아보아야겠다고 결심하였다.

그때 친구인 램 다스(Ram Dass)가 조야(Joya)라고 하는 여성과 함께 뉴욕에서 수행을 가르치고 있었다. 조야는 특별한 정신적 능력을 가진 것으로 유명하였다. 나는 친구에게 이 트림에 대해 그녀의 생각이 어떤지를 물어봐 달라고 부탁하였다. 그녀는 내게 일어난 이상한 일이 바로 인도의 성인 사이 바바(Sai Baba)의 신성한 *버부티(verbuti)*라는 것이라고 응답해 주었다. 버부티는 사이 바바가 그냥 나타내 보이면서 제자들에게 주는 재였다. 그녀의 이야기를 듣고 기분이 아주 좋았다.

시간이 흐른 후 나의 첫 번째 법의 스승인 무닌드라-지를 만났을 때 나는 그 일에 대해 물어보았다. 그는 무미건조한 평범한 말투로 "아, 그것은 불의 요소이다"라고 말하였다. 그의 말은 별로 인상적이지 않았다. 마지막으로 나는 캘커타에서 온 우리의 훌륭한 스승인 디빠 마에게 물어볼 기회가 있었다. 그녀는 명상과 정신적 수행에서 대단한 성취를 이룬 사람이다. 그녀는 나를 똑바로 쳐다보면서 말하였다. "당신은 병이 있는 게 틀림없어!" 그것에 대한 서로 다른 개념, 서로 다른 느낌이 있었지만, 그럼에도 그 체험은 동일한 것이었다.

우리는 아주 일상적인 체험에 대한 지각과 해석의 세상에서 헤매고 있다. 그러고서 우리와 세상에 대해 끊임없는 이야기를 만들어내고 있다. 우리가 깨어 있다고 하지만, 꿈과 같은 생각과 지각에 사로잡혀 얼마나 많은 시간을 보내고 있는가? 헤매고 있는 상태에서 벗어날 때를 강조하는 것과, 이런 지각의 온[想蘊]이 갖는 무상하고 무아인 성질을 인식하는 것은 대단한 자유를 맛보는 것이다.

우리는 또한 네 번째 온인 정신적 형성[行蘊]에 대해 지속적으로 마음챙김을 할 수 있다. 이것은 모든 기분·정서·반응, 심지어 높은 단계의 마음상태를 알아차리는 것이다. 이런 모든 것은 자아·'나'·'나의 것'이 아니다. 모든 것은 조건에서 일어나는 것이고, 조건이 변화하면 사라진다. 우리가 그 속에 빠져 있으면 그것이 아주 소중해 보이지만, 구름이 생겼다가 하늘로 사라져 버리는 것처럼 그것은 덧없는 것이다. 바른 견해에 바탕을 두고 우리는 선한 형성이든 불선한 형성이든 자아와 동일화하지 않는 수행을 할 수 있다.

그리고 가장 미세한 차원에서 우리는 의식, 즉 아는 기능을 '나' 또는 '나의 것'으로 간주하는 잘못된 견해에 피난처를 두지 않고, 의식과 동일화하는 것을 차단할 필요가 있다.

> "라훌라여, 과거의 것이거나 미래의 것이거나 현재의 것이거나, 내적이거나 외적이거나, 거칠거나 미세하거나, 열등하거나 우월하거나, 멀리 있거나 가까이 있거나 어떠한 종류의 형태라도… 모든 형태[느낌·지각·형성·의식]를 '이것은 나의 것이 아니고, 이것은 내가 아니고, 이것은 나의 자아가 아니다'라고 있는 그대로 보면, 그 사람은 집착 없음을 통해 해탈한다.
>
> 이와 같이 알고 볼 때 … 마음은 나를 만드는 것, 내 것을 만드는 것과 자만심을 없애고, 분별을 초월하여 평화로워지며 잘 해탈된다."[4]

한 순간에 어떤 온이 우세한지를 본다

일정한 시간 동안 하나의 온에 초점을 맞추는 것에 더하여, 우리는 한 순간 어느 온이 우세를 점하는지 인식하는 것에 의해, 그리고 그것들 사이의 상호작용과 변화하는 성질을 봄으로써 바른 견해의 이런 측면을 강화할 수 있다. 예를 들면 당신은 밖에 나가 걸으면서 걷는 운동의 감각을 느낄 수 있다. 이것은 물질 요소에 대한 마음챙김이다. 그리고 당신은 태양의 따뜻함 또는 한 줄기의 찬바람을 느낀다. 따뜻함과 차가움 또한 물질 요소이다. 그러나 그때 즐거움 또는 즐겁지 않음이 우세를 점할 수도 있다. 우리는 한 순간 일어나고 사라지는 느낌의 온[受蘊]으로 그것을 인식한다.

당신은 소리를 듣고 그것을 새소리로 인식하거나, 무엇인가 보고 그것을 나무나 빌딩, 또는 사람이라고 인식한다. 인식하고, 아마도 잠재적으로 이름 붙이기를 하는 순간은 지각의 온[想蘊]이다. 그리고 당신은 태양의 따뜻함 또는 새소리로 인해서 마음이 기뻐지거나 걸어가는 사람에 대해 반응을 보이기도 한다. 이런 마음 상태는 전부 정신적 형성의 온[行蘊]의 모든 부분들이 전면에 나오는 것이다. 그리고 때로는 걸어가면서, 단순히 알아차리는 데 머물면서, 이런 아는 기능에 주로 마음챙김을 할 수 있다. 마음의 지혜 요소로서 **바른 견해**는 어떤 온이 우세를 점하는지를 탐구하고 그것이 갖는 무상함과 무아의 성질을 본다.

체험의 세 가지 왜곡

체험의 세 가지 왜곡이 일어날 수 있다. 첫째는 지각의 왜곡, 둘째는 정신의 왜곡, 셋째는 견해의 왜곡이다. 첫째는 우리가 어떤 사물을 다른 것으로 착각할 때 일어난다. 우리가 숲속을 걸어가다가 나무 막대기를 뱀으로 착각할 수 있다. 이런 종류의 왜곡은 자세히 살펴보면 쉽게 고칠 수 있다. 마음의 왜곡은 잘못된 지각을 생각하거나 반추할 때 생긴다. 우리는 막대기를 보고, 그것을 뱀으로 받아들이고, 독 있는 뱀에 대해 들었던 모든 이야기를 생각하면서 두려워한다. 이것은 마음의 왜곡이다. 이것은 첫 번째 왜곡보다 조금 더 깊지만, 그 상황을 좀 더 자세히 검사하면 제대로 보는 것이 여전히 가능하다.

가장 깊고 고치기 어려운 왜곡은 바로 견해의 왜곡이다. 어떤 사실을 진리라고 믿으면 이와 반대되는 사실을 아무리 제시하여도 그것이 진리라고 확신하여 고집스럽게 매달리는 상황이 바로 이런 경우이다. 우리의 삶과 사회에서 이것이 작동하는 실례는 많다. 미국에는 놀라울 정도로 많은 과학적 증거가 있음에도 불구하고 오늘날에도 진화론을 완전히 무시하는 사람들이 많다. 왜냐하면 진화론이 자신의 세계관에 맞지 않기 때문이다. 정치 영역에서는 '버서 운동(birther movement)'을 하는 사람들이 있다. 이들은 버락 오바마 대통령이 미국에서 태어났다는 사실을 믿지 않는다. 의심을 하고 증거를 조사하는 것은 확실히 합법적이다. 견해의 왜곡이 일어나는 경우는 자신의 관점에 너무 경도되어 알려진 사실조차 자신의 믿음을 흔들 수 없을 때 일어난다.

붓다는 이런 다양한 왜곡을 영원하지 않은 것을 영원하다고 하고, 만족스럽지 않은 것을 만족스럽다고 하고, 자아가 아닌 것을 자아라고 하고, 아름답지 않은 것을 아름답다고 하는 것이라고 말했다. 이런 네 가지 환각은 24장에서 자세하게 언급하였다. 우리가 어떤 체험에 집착하거나 매달릴 때마다 윤회의 바퀴는 굴러간다. 우리는 영원하거나 궁극적으로 만족스러운 것은 없다는 것을 망각할 때 매달린다. 우리는 그것을 '나' 또는 '나의 것'이라고 주장하기 때문에 집착하게 된다. 아름다움에 매료되어 있을 때 우리는 아름다움이 쇠퇴하는 성질을 갖고 있다는 것을 지각하지 못한다.

우리가 완전히 깨달을 때까지 다소간 이런 왜곡을 체험하게 될 것이다. 영적인 길의 관점에서 본질적인 것은 우리 자신 바른 견해를 확립하여, 설사 지각과 마음의 왜곡이라는 흔들림의 영향을 계속 받는다 해도 이것들은 일시적이며, 따라서 더 이상 우리 삶의 방향이 아니라는 것을 이해하는 것이다. 레디 사야도가 지적한 바와 같이, 우리 자신이 일단 바른 견해를 확립하면, 우리는 더 이상 불행으로 이끄는 불선(不善)하고 견딜 수 없이 무거운 행동을 저지르지 않게 된다. 그리고 남아 있는 지각과 마음의 왜곡은 정당하게 얻은 세상의 즐거움을 단순히 즐길 수 있게 해 준다.

붓다는 한 경전에서 바른 견해를 일으키는 두 가지 조건이 있다고 말하였다. 즉 다른 사람의 목소리와 지혜로운 주의이다. 우리는 붓다의 목소리-또는 말들-를 들어왔다. 나머지는 우리에게 달려 있다.

38. 금욕

바른 사유

8정도의 두 번째 단계는 바른 이해에 이어서 **바른 사유[正思惟]**이다. 이것은 때로는 **바른 의도** 또는 **바른 결심**이라고도 불린다. 이 장에서 나는 이 용어들을 번갈아 가면서 사용할 것이다. 수행의 길에서 이 단계가 갖는 중요성은, 분명하지만 종종 간과된 진리, 즉 우리 삶에서 전개되는 습관 및 습관적 경향의 대단한 힘을 강조하고 있다는 점이다.

마음에 어떤 특정한 생각이 자주 일어나면 일어날수록, 그 생각이 다시 일어날 가능성은 높다.

> "비구들이여, 비구가 자주 생각하고 숙고한 것은 무엇이든, 마음의 성향이 될 것이다."[1]

우리의 행동이 자신과 세상을 보는 방식에 조건화되어 있고, 선한 행동과 불선한 행동이 각각의 결과를 초래한다는 것을 고려하면, 우리는 수행의 길에서 바른 사유가 초래하는 중요한 역할을 인식하기 시작할 수 있다. 그리고 첫 번째 단계인 바른 견해의 다양한 요소들 모두가 세간적인 행복과 더 궁극적인 자유를 가져다주는 그런 사유와 의도를 함양하도록 이끌어준다.

> "그런데 비구들이여, 무엇이 **바른 사유**인가? 금욕을 생각하고, 악하지 않은 의지에 대해 생각하고, 해치지 않음에 대해 생각하는 것이다. 비구들이여, 이것을 **바른 사유**라고 한다."[2]

우리의 질문은 **8정도**의 이 단계를 수행에 어떻게 적용하느냐이다. 『두 가지 사유들(Dvedhāvitakkha Sutta, 3장의 마음챙김: 지혜로 가는 길에서 언급하였다)』이라고 불리는 맛지마 니까야의 한 경전에서 붓다는 출발의 한 방법을 제시하고 있다. 즉 마음에서 일어나는 여러 종류의 사유들을 명확하게 분별하기를 함양하는 것이다. 우리는 어떤 사유가 욕망, 나쁜 의도, 또는 잔인함에 뿌리 내리고 있는지를 알아차리고, 그것들이 초래하는 업을 의식적으로 성찰하고, 그리고 그것들을 포기하고 그냥 흘려보낼 수 있다. 우리는 금욕, 좋은 의도, 자비로 향하는 사유들을 알아차리고 그 가치를 성찰하고, 우리의 삶에서 그것들을 강화시킬 수 있다. 이런 모든 것은 **8정도**의 성취를 도와주는 지혜로운 성찰들이다.

우리가 두 가지 계층의 이런 사유에 대해 마음챙김을 하면 할수록, 우리는 또한 불선한 패턴의 강도와 유혹적인 힘을 더욱 잘 알아차리게 된다. 나쁜 의도와 혐오는 탐욕과 욕망보다 더 위험하다고 하지만 뿌리 뽑기는 더 쉽다. 그 반면에 욕망은 덜 위험하지만, 뿌리 뽑기는 더 어렵다. 왜 그런가? 나쁜 의도는 더 해로운 결과를 낳지만, 항상 즐겁지 않고 그것이 고통스럽다는 것은 분명하다. 그런 반면에 감각적 욕망은 대개 즐거움과 연관되어 있어서, 왜 그것들을 단념하는 게 좋은 것인지 항상 분명하지는 않다.

한때 따뿟사(Tapussa)라고 하는 장자가 아난다를 만나러 와서 말하였다.

"아난다 존자시여, 저희 재가자들은 감각적 쾌락을 탐닉하고 감각적 쾌락을 즐기고 감각적 쾌락을 누리고 감각적 쾌락에 기뻐합니다. 저희 재가자들에게 -감각적 쾌락을 탐닉하고 감각적 쾌락을 즐기고 감각적 쾌락을 누리고 감각적 쾌락에 기뻐하는- 금욕은 깎아지른 듯한 절벽에서 떨어지는 것과 같습니다. 저는 이런 교법과 계율에서 아주 젊은 비구들은 금욕에 가슴이 두근거리면서 그것을 평화로 보면서 확신과 확고함·단호함이 커진다고 들었습니다. 여기가 바로 교법과 계율이 대다수의 사람들과 상반되는 점입니다. 즉 금욕[이라는 주제] 부분에서 상반됩니다."[3]

장자의 이야기를 들은 아난다는 "이에 대해 붓다를 찾아뵙고 여쭤보도록 합시다"라고 하였다. 그들은 붓다께서 머무는 데로 찾아갔다. 아난다는 자신들이 나눈 대화를 그대로 붓다께 말씀드렸다. 붓다께서 대답하였다.

"참으로 그러하다, 아난다여. 참으로 그러하다. 나 자신조차도 깨닫기 전, 아직 깨달음을 성취하지 못한 보살이었을 때 '금욕은 좋은 것이다. 홀로 있음은 좋은 것이다'라고 생각했다. 그러나 나는 금욕에 가슴이 두근거리지 않았고, 그것을 평화로 보면서 확신과 확고함과 단호함이 커지지도 않았다. 나는 이런 생각이 들었다. '무슨 원인과 무슨 조건 때문에 내 가슴은 금욕에 두근거리지 않고, 그것을 평화로 보면서 확신과 확고함과 단호함이 커지지 않는가?' 그때 이런 생각이 들었다. '나는 감각적 쾌락들의 단점을 보지 못했다. 그런 주제를 파고들지도 않았다. 금욕이 주는 보상을 이해하지 못했다. 그것에 익숙해지지 못했다. 이것이 내 가슴이 금욕에 두근거리지 않고, 그것을 평화로 보면서 확신과 확고함과 단호함이 커지지 않은 이유이다.'"[4]

붓다는 계속해서 감각적 즐거움의 단점과 금욕이 주는 보상에 익숙해지는 것을 성찰함으로써 그는 금욕에 가슴이 두근거리고, 그것을 평화로 보면서 확고함과 지속됨과 단호함이 커졌다고 말했다.

우리 자신의 중독을 인식한다

우리가 감각적 즐거움의 단점과 금욕이 주는 보상을 성찰한다고 할 때, '금욕'이라는 단어를 듣는 것만으로도 종종 어려움을 느낀다. 그것은 우리 마음속에 자명종을 울리기 시작하는 것일 수 있다. 왜냐하면 우리는 금욕을 욕망의 억압, 박탈, 보다 음울하고 근엄한 생활 스타일과 연관을 짓기 때문이다. 그러므로 금욕을 생각할 때 우리의 가슴이 두근거리지 않는 것은 이상한 일이 아니다.

그러나 금욕을 좀 더 정확하게, 그리고 해탈적 측면에서 이해하게 되면 그것을 중독에서 벗어나는 체험으로 받아들일 수도 있다. 우리 모두는 그것이 무엇이든 간에 중독과 연관된 고통을 알고 있다. 우리는 한두 가지라도 중독되어 있을지도 모른다. 음식·약·섹스·알콜, 또는 더 눈에 띄지 않는 일·권력·인정·부 또는 더 편안함 등등이다. 우리는 어떤 마음의 상태, 예를 들면 흥분 또는 절정감 또는 공포-끔찍한 공포 영화에 많은 관객이 몰리는 것을 보라-와 같은 것에 중독될 수도 있고 매혹될 수도 있다.

우리는 자신이 원하는 것에 대한 만족감뿐만 아니라, 원함 그 자체의 정신적 습관에 중독되기도 한다. 이런 모든 현상들을 나는 '카탈로그 의식'이라고 부른다. 당신은 우연히 메일을 열어보고 거기에 담긴 카탈로그의 페이지를 넘기면서, 자신이 원하는 것을 기다려 본 적이 있는가? 그 카탈로그를 반쯤만 보고 내려놓는 경우는 드물다. 우리는 원하는 것을 사랑하고, 원하는 것이 충족될 것이라는 기대를 사랑한다.

명상을 하는 사람들 또한 희열 또는 평온함과 같은 여러 명상 상태에 중독될 수 있다. 우리가 명상을 하면서 이전에 체험한 마음 상태를 다시 되살리기 위해 얼마나 애를 쓰는가? 우리는 탐구하는 데 중독될 수도 있다. 우리는 자신이 발견한 모든 것에 지나치게 매료될 수도 있다. 나는 한때 미얀마에서 수개 월 동안 수행을 하고 있었는데, 마음챙김이 너무나 예리하게 잘 되어서 일어나는 것들을 아주 세밀한 것까지 보고 있었다. 내가 이것을 사야도 우 빤디따에게, 모든 것이 잘 되어가고 있다고 생각하면서 보고하자, 그는 단지 내게 이렇게 말했을 뿐이다. "당신은 너무 미세한 데 집착하고 있어요." 이런 그의 언급은, 수행이라는 것은 금욕하는 것이고, 내려놓는 것이라는 점을 강력하게 상기시켜 주었다. 수행의 모든 것은 이것을 위한 것이다. "머무르는 바 없이 마음을 내라"는 금강경의 한 구절은 이것을 아주 잘 요약하고 있다. 그런데 어쩌면 이렇게 말하는 것이 더 나을 것이다. "어떤 것에도 집착하지 마라."

중독이 크든 작든 간에 그렇게 매력적인 것은 그것이 충족되는 순간 즐거움을 주기 때문이다. 그러나 우리는 그것을 꽉 붙잡고, 그것이 변화하면 결핍을 느끼고, 또 다시 그것에 손을 뻗친다. 또는 우리는 순간적인 만족을 주는 또 다른 요소를 찾아 나서고, 이것을 계속해서 반복한다. 그리하여 우리는 원하는 것과 꽉 붙잡는 마음 상태에 완전히 푹 빠져버리게 된다. 우리는 자신이 덫에 걸렸다는 것을 전혀 알아차리지 못하고, 자신의 욕망이 미치는 힘의 장에 아주 견고하게 얽혀 들어가 버리게 된다. 우리는 하루 동안 자신의 습관적인 모든 행동을 바라볼 수 있을 것이다. 아마도 우리가 그것을 중독이라고 생각하지 않을지 모르지만, 강한 습관을 내려놓는다는 것이 얼마나 쉽겠는가?

지혜로운 자제

그러나 전적으로 다른 방식으로, 더욱 더 자유로운 방식으로 욕망과 관계 맺는 것도 가능하다. 우리는 지혜로운 자제를 계발하는 수행을 할 수 있다. 거기에서 우리는 욕망에 따라 행동할 필요나 강박을 느끼지 않으면서 한 걸음 물러나 욕망이 일어나고 사라지게 놓아

둔다. 이런 금욕 수행에서, 우리는 스스로 원하는 것보다 원하지 않는 것에 더 큰 안락이 있다는 것을 맛볼 수 있다. 여기에서 우리는 세 번째 성스러운 진리, 즉 갈망의 종식을 아주 잠깐일지라도 처음으로 얼핏 보게 된다.

하나의 실험으로, 당신의 정신적인 환상까지 포함하여 원함과 감각적 즐거움의 기쁨에 빠져 있는 상태에서 벗어나, 원함에서 자유로워진 상태가 된 순간을 주의 깊게 살펴보자. 또는 즐거운 느낌에 빠져서 그것과 동일화하는 것에서 벗어나, 즐거운 느낌에 마음챙김을 하는 것으로 전환할 때를 주시해 보자.

이런 전환의 순간을 알아차릴 때, 나는 그것이 즐거운 것이든 아니든 간에 그 무엇인가의 손아귀에서 빠져나오는 것 같은 느낌을 받았다. 그것은 마치 가슴과 마음이 보다 크고 넓고 더 팽창된 상태로 열려져 가는 느낌과 같았다. 『법구경』의 구절은 이것을 명확하게 언급하고 있다. "작은 행복을 포기하여 더 큰 행복을 얻을 수 있다면, 지혜로운 사람은 더 큰 것을 위하여 작은 것을 억제할 것이다."

이런 순간에 우리의 "가슴은 금욕에 두근거리고, 그것을 평화로 보면서 확고함과 지속됨과 단호함이 커진다"는 것을 이해하게 될지도 모른다.

금욕은 점진적인 과정이다

우리가 수행에서, 그리고 삶에서 이런 체험을 했을 때라고 해도, 금욕의 완성(parami, 出家 波羅蜜 혹은 出離 波羅蜜)을 계발하는 것은 여전히 점진적인 과정이다. 그러나 우리가 금욕을 하는 것이 보다 더 행복과 안녕으로 이끈다는 것을 스스로 반복적으로 볼 때까지는,

무엇을 포기하고 내려놓는다는 생각은 불안 또는 공포를 종종 일으키기도 한다. 처음 미얀마로 가기 바로 전에 나는 불안한 꿈을 꾸었다. 미얀마의 승원에 도착하고 나서 나의 명상 방석인 자푸(zafu)를 포기해야 하는 꿈이었다. 실제로 그런 일은 일어나지 않았지만, 꿈은 미지의 세계로 가는, 그리고 금욕이 일상화되어 있는 곳으로 간다는 것에 대한 공포가 있었다는 것을 보여준 것이다.

미얀마의 모든 승원에서 평신도 수행자들은 재가자들이 따랐던 기본 다섯 가지보다 더 많은 '여덟 가지 계율'이라고 부르는 것을 따른다. 추가된 주요 항목은 정오 이후 딱딱한 음식은 아무 것도 먹지 않는 것이다. 나 자신의 마음을 바라보면서 흥미로웠던 점은 그런 상황에서 이런 계율을 관찰하는 것이 얼마나 쉽고 문제가 되지 않는지, 그렇게 하는 것이 마음과 몸을 가볍게 하는 데 얼마나 도움이 되는지를 보는 것이었다. 그러나 이제 그것이 바로 나의 문제가 되자마자 왠지 그렇게 하는 것이 망설여졌다. 이것은 우리의 조건화가 얼마나 깊은지를 보여주는 것인 동시에, 금욕으로부터 얻는 보상과 행복이 우리 삶의 기준점이 될 때까지 반복적인 금욕 수행을 하는 것의 가치를 보여주는 것이다.

붓다는 종종 금욕의 장점을 '마음의 정화'라고 언급하였다. 나는 금욕이 삶의 방식인 승원 생활에 아주 자리를 잘 잡은 비구와 비구니들과 같이 지낼 때 종종 장점을 느낀다. 거기에는 순수함, 맑음, 단순함, 만족이 있다. 이것은 번잡함, 어수선함, 세상의 일상적인 욕망과는 첨예한 대조를 이룬다. 그런 사람들과 같이 있는 것만으로도 기쁨을 느끼게 되는데, 그것은 일종의 높은 평화와 편안함과 만나는 것이다.

금욕을 수행하는 방법들

우리 대부분은 비구와 비구니로 살아가고 있지 않지만, 그럼에도 불구하고 우리가 삶 속에서 금욕을 수행하고 거기에서 만족을 체험할 수 있는 방법들은 여전히 있다.

습관 패턴을 변화시킨다

우리는 여러 습관을 점검하고, 일상적으로 이루어지는 것을 변화시킬 수 있다. 블랙커피보다 녹차를 마시고, 보통 때보다 15분 일찍 기상하고, 하루에 이메일 체크를 한 번 이하로 해 보자. 우리는 복잡한 것을 줄이는 수행을 할 수 있다. 우리는 종종 스스로 아주 복잡한 삶을 만들어내고, 자신의 이야기와 감정의 드라마 속에서 계속해서 헤매고, 어떤 측면에서는 그것을 즐기고 있다.

그렇지만 좀 더 조심스럽게 체험의 순간들을 탐구해 보면, 진정으로 일어났던 것은 단지 여섯 가지뿐임을 알게 된다. 즉 보이는 것. 소리, 냄새, 맛, 몸의 감각, 마음의 대상이다. 그리하여 일이 스트레스를 많이 주고 너무 복잡하거나 혼란스러우면, 생각을 많이 하는 습관, 특히 '나-나를-나의 것(I-Me-Mine)'의 이야기를 줄이는 것이 가능하다는 것을 상기하고, 그 순간의 단순한 체험으로 돌아간다. 스테펜 밋첼(Stephen Mitchell)은 자신의 훌륭한 책 『우화와 초상화(Parables and Portraits)』에서 시지프스를 언급하면서 이런 가능성을 말하고 있다.

> 우리는 신에 의해 어깨에 바위를 메고 땀투성이로 영원히 산을 오르고 또 오르는 형벌에 처해진 시지프스를 비극적 영웅으로 생각하

기 쉽다.

진실은 시지프스가 그 바위와 사랑에 빠졌다는 것이다. 그는 바위의 그 모든 거칢과 그것을 이루는 알갱이 하나하나를 소중히 여긴다. 그는 바위에게 말을 걸고, 바위에게 노래를 불러준다. 바위는 신비에 싸인 타자가 되었다. 그는 바위 꿈까지 꾸면서 잠결에 위쪽을 향해 걸어 올라가기도 한다. 바위는 항상 그의 위에 거대한 회색 달처럼 떠 있어서, 바위 없는 삶은 상상할 수도 없다. 그는 금방이라도 물러나서 그 바위를 바닥에 내동댕이치고 집으로 가도록 허락되어 있다는 것을 깨닫지 못한다.

비극은 마음의 관성력이다.[5]

아니요의 지혜를 수행한다

또한 내가 '아니요(No)의 지혜'라고 부르는 금욕 수행법이 있다. 영적인 수행을 하면서 우리는 종종 예(Yes)-체험의 수용, 개방, 풍부함, 충만함의 예-를 강조한다. 그리고 이런 예(Yes)는 자신에 대한 판단, 위축, 제한의 패턴에 대한 효과적인 해독제이다. 그러나 '아니요'의 지혜도 있다. 이렇게 '아니요'라고 할 때는 어떤 것이 유익하지 않거나 도움이 되지 않거나 행복으로 이끌지 못할 때이다. 그럴 때 우리들은 "아니요, 고맙습니다. 나는 괜찮습니다"라고 말할 수 있다.

이런 자제가 의미하는 바를 이해하는 것은 중요하다. 왜냐하면 이것은 우리 수행의 심장부에 놓여 있기 때문이다. '아니요'의 지혜를 수행하는 것은 대단한 기술이고, 우리는 사랑스럽고 지혜로운 방법으로 그렇게 하는 것을 배울 필요가 있다. 자제는 억압이나 회피가 아니다. 자제는 밀쳐놓거나 그 존재를 부인하는 것이 아니다. 그것은 우리 자신의 체험에 대해 비판적이거나 혐오감을 갖는 것을 의미하지 않는다.

우리는 지혜로운 자제와 함께 일어나는 모든 것에 개방적이지만, 분별력이 있는 지혜로써 그것들을 본다. 보다 큰 행복을 주는 유익한 사유와 행동을 보고 보다 큰 고통과 갈등으로 인도하는 유익하지 않은 것도 본다. 그것은 마치 해로운 행동을 하는 아이에게 '안 돼'라고 말하는 부모와 같다. 어린아이의 행복과 안녕을 위해서 관심과 주의를 갖고 '안 돼'라고 하는 것이다. 어떤 아이에게 모든 행동이 허용된다고 생각해 보라. 당신은 아마도 우리 모두의 마음속에 두 살 된 아이가 있다는 것을 알아차리고 있을 것이다. 우리는 또한 "안 돼, 그것은 좋은 생각이 아니야"라고 말하는 지혜롭고 사랑스러운 부모가 될 필요가 있다.

하루 동안 우리 자신의 마음을 살펴보면 아주 조그마한 일에도 '아니요'의 지혜를 수행할 수 있다. 사야도 우 떼자니야가 사유와 욕망과 관련하여 제시한 수행들 중의 하나는 다음과 같은 질문을 해보는 것이다. "이것은 필요한가?" 그리고 "이것은 도움이 되는가?" 종종 그렇지 않을 것일 때는 그냥 흘려보내는 수행을 할 수 있다. "아니, 나는 이것을 할 필요가 없어", "아니, 나는 이런 생각에 사로잡힐 필요가 없어."

우리는 계율 수행에서 이런 지혜의 힘을 볼 수 있다. 우리는 곤충을 죽이거나, 주어지지 않은 것을 갖고 싶은 충동을 느끼지만, 계율에 대한 헌신은 행동 전에 이런 충동을 멈출 수 있다. 이것은 금욕의 수행이다. 여기서 '아니요'의 힘은 자유로운 마음의 표현이 된다. 이런 자제는 마음의 힘, 에너지의 보존, 안정감과 평정함으로 나아가게 되고, 이것은 쉽게 흔들리지 않는다.

흔들리지 않는 마음을 함양한다

조셉 캠벨(Joseph Campbell)은 자신의 책 『천 개의 얼굴을 가진 영웅(The Hero with A Thousand Faces)』에서 붓다의 일생을 깨달음으로 향하는 위대한 원형적인 여행이라고 묘사하였다. 그는 붓다가 깨달음을 성취하기 바로 전날 저녁에 대해 썼다. 붓다는 아직 보살이었을 때 모든 욕망과 혐오의 힘을 가진 마라와 직면하게 되었다. 캠벨은 이런 강력한 힘에 직면한 보살의 마음이 갖는 흔들리지 않는 안정감을 다음의 한 줄로 묘사하고 있다.

"그리고 위대한 존재의 마음은 움직이지 않았다."

이 구절은 우리에게 북극성이 되었다. 우리가 일어나는 그 무엇에 대해서도 동일화의 포기를 수행하여, 우리의 마음이 욕망·열망·공포에 직면하여 움직이지 않게 된다.

20세기 태국의 위대한 스승인 아잔 차는 이것을 아주 간명하게 다음과 같이 표현했다.

> "적게 내려놓으면, 적은 평화를 얻을 것이다. 많이 내려놓으면, 많은 평화를 얻을 것이다. 완전히 내려놓으면, 완전한 평화를 얻을 것이다. 세상과의 싸움은 끝이 날 것이다."[6]

39. 자애

바른 사유

바른 사유의 두 번째 측면-즉, 우리의 안녕과 타인의 안녕으로 이끄는 그런 사유들-은 자애 또는 좋은 의도, 나쁜 의도에서 자유로워진 사유들이다. 시인 릴케는 이런 가능성의 풍부함을 잘 포착하였다.

> "일단 가장 가까운 사람들 사이에도 무한한 거리가 존재한다는 깨달음을 받아들인다면, 만약 그들이 자신들 사이의 그 광활한 공간을 사랑하는 데 성공한다면, 그들은 광대한 하늘 앞에서 온전한 전체로서 서로를 바라보며 나란히 각자 멋진 삶을 성장시킬 수 있을 것이다."[1]

우리는 살아가면서 때때로 광대한 하늘 앞에서 전체적으로 우리를 볼 수 있는 사람들을 만나는 때가 있다. 그들은 사람을 가리거나 판단하지 않고, 자신들이 만나는 모든 사람을 향해서 순수한 보살핌과 사랑과 친절함의 느낌을 퍼뜨린다. 그들 중 달라이 라마, 테레사 수녀, 마틴 루터 킹 2세, 또는 간디 등은 우리에게 잘 알려진 사람이다. 그들은 우리와 함께 있는 스승들일 수도 있고, 또는 평범한 사람일 수도 있다.

이런 사람들은 우리가 누구라서, 우리의 위치, 또는 지위나 부(富) 때문에 사랑을 나누어주는 것이 아니라, 단순히 우리가 같은 인류이기 때문에 사랑을 나누어준다. 달라이 라마가 당신을 만난다면 당신은 마치 이 세상에서 가장 중요한 사람으로 대접받는 느낌을 받을 것이다. 왜냐하면 당신을 만날 때 달라이 라마의 관심은 다른 데로 향하지 않기 때문이다. 달라이 라마는 자신이 행하는 자애 수행의 위대한 점 가운데 하나는 자신이 만나는 사람 누구라도 오래된 친구처럼 대하려고 노력하는 것이라고 말하였다.

이런 아주 특별한 자질은 빨리어로 멧따(mettā)라고 하는데, 바로 이것이 자애이다. 자애는 순전히 모든 존재의 안녕을 바라는 마음의 관대함과 개방성이다. 우리는 자애의 감정과 자애 수행으로부터 대단히 많은 유익함을 얻게 되지만, 그렇다고 해서 자기 이익을 추구하는 것은 아니다. 멧따는 무엇이든 보답을 기대하지 않는다. 우리가 멧따를 우리 자신에게 향한다 하여도, 그것은 단지 열린 마음으로 들어가는 입구인 것이다.

기대가 없기 때문에, 멧따는 외부의 조건·사람·우리 자신·어떤 상태가 되겠다는 것에 의존하지 않는다. 이런 이유로 멧따는 쉽게 실망, 나쁜 의도 또는 질투로 바뀌지 않는다. 욕망과 집착을 가진 사랑은 종종 이렇게 변하기도 한다. 자애에 위대한 확장의 힘을 주는 것은 자애 수행이 계발되고 수행되면 결국 존재들 사이에 아무런 차별을 두지 않기 때문이다. 멧따는 우리에게 가장 가까운 사람에게만 한정되지 않는다. 우리는 한 사람, 두 사람, 다섯 사람, 스무 사람, 심지어 백 사람에게도 친밀함을 느낄 수 있지만, 세상사람 모두에게는 아니다. 그러나 멧따는 '당신이 행복하기를'이라는 단순한 소망으로 모든 존재를 감싸 안는 힘을 갖고 있다. 이런 이유 때문에 멧따는 '경계 없는 마음과 가슴 상태들[四無量心]' 중의 하나, '측정할 수 없는 것들' 중의 하나로 불린다.

달라이 라마의 일화는 이런 모든 것을 감싸 안는 멧따의 성질을 잘 보여주고 있다. 달라이 라마는 미국 아리조나의 호텔에서 열린 큰 대회를 마치고, 그 호텔 직원을 전부 만나고 싶어했다. 그들이 모두 호텔 입구에 정렬을 하자 달라이 라마는 줄 서 있는 사람들에게 다가가서 한 사람 한 사람 모두에게 인사를 하였다. 우리가 그런 요청을 한다고 해도 호텔 경영을 하는 입장에서 그것을 받아줄 리는 없지만, 이 일화는 우리가 사람들을 만날 때, 심지어 지나가는 사람을 볼 때 어떤 태도를 지녀야만 하는지를 상기시켜 준다.

내가 유익하다고 생각되는 멧따 수행은 길을 지나갈 때 하는 멧따 수행이었다. 지나가는 모든 사람에게 그들이 안녕하기를 바라는 수행을 하자, 그 사람들과 조용히 연결되는 차원의 느낌을 갖는 놀라운 체험을 하였다. 그냥 단순히 *모두 행복하라*고 바라기만 하면 되었다.

멧따 수행

내가 처음 집중적인 멧따 수행을 한 것은 인도 보드가야에 있는 미얀마식 승원에 체류하고 있을 때였다. 무닌드라-지는 내게 '처음에는 자기 자신에게 자애 수행을 하고, 그 다음에는 은혜 받은 사람에게, 그 다음에는 친구에게, 이런 식으로 계속 진전해 가면서 멧따 수행을 하라'고 가르쳐 주었다. 그러고서 특히 중립적인 사람에게 멧따 수행을 하라고 하였다.

나는 처음에는 그런 사람을 기억해 낼 수 없었다. 그러자 그는 이런저런 특별한 감정을 갖고 있지 않은 사람이면 된다고 설명해 주었다. 그 당시 승원에는 나이든 인도 정원사가 있었다. 나는 하루에 몇 번씩 그 사람 옆을 지나가곤 하였다. 사실 그 사람이 중립적인 사람이라고 받아들이는 것 자체가 내게는 약간 놀라운 일이었다. 나는 사실 그 사람에 대해 어떤 생각도 해 본 적이 없었기 때문이다.

나는 이 정원사에게 멧따를 보내기 시작하였다. '당신이 행복하기를.' 이 수행을 하루에 몇 시간씩 하였다. 그런데 아주 놀라운 일이 벌어지기 시작하였다. 나의 마음은 그 사람을 볼 때마다 환해졌다. 나는 이 '중립적인 사람'에게 따뜻하고 사랑스러운 느낌을 갖게 되었다. 이것은 나의 수행에서 정말 중요한 전환점이 되었다. 그 전환점이라는 것은, 우리의 감정은 다른 사람, 심지어 그들의 행동에 달려 있는 것이 아니라는 깨달음이었다. 누군가에 대한 느낌은 바로 우리에게 달려 있다.

순수한 멧따의 순간에는 대단한 청명함과 행복의 충만이 있다. 왜냐하면 그런 순간은 자신에게든, 또는 타인에게든 해로운 어떤 것도 섞여 있지 않기 때문이다. 단지 바라는 소망은 모든 사람이 행복하고, 적대감과 증오에서 벗어나고, 평화롭기를 바라는 것뿐이다. 멧따의 순간은 순금만이 있는 그런 순간이다. 멧따에 대한 붓다의 가르침의 몇 구절은 이런 좋은 의도의 느낌을 강조하고 있다.

> 즐겁고 안전하게, 모든 존재들이 평안하기를. 살아 있는 존재들은 무엇이든지 하나도 빠짐없이, 약하거나 강하거나, 커다랗거나 중간치이거나, 짧거나 작거나, 보이거나 보이지 않거나, 멀리에 사는 것이나 가까이 사는 것이나, 태어났거나 태어날 것이거나 모든 존재들이 평안하기를. 다른 이를 속이거나, 어떤 상태에서도 경멸해서는 안 된다. 어머니가 목숨 바쳐 하나뿐인 자기 아이를 지키듯이, 그렇게 한량없는 가슴으로 모든 살아 있는 존재들을 소중히 아껴라. 하늘 위까지 올라가고, 깊은 곳까지 내려가며, 증오와 악의에서 벗어난 자애를 온 세상에 발산하라. 서 있거나 걸어가거나, 앉아 있거나 누워 있거나, 게으르지 말고 이것을 계속 기억해야만 한다. 이것을 숭고한 삶[梵住]이라고 말한다.[2]

멧따 수행의 유익함

이런 좋은 의도와 친절함의 느낌이 우리를 부드럽게 할 때, 마음은 편해지고 상냥해지고 더 유연해진다. 이런 부드러움 때문에 우리 자신과 타인에 대해서 비판적인 판단과 언급이 줄어든다. 우리는 어려움과 장애를 잘 보살피고 더 인내심이 강해진다. 우리가 바로 반응을 하는 것이 줄어들고 즉각적인 선호와 불선호에 사로잡히지 않으면 분별하는 지혜를 위한 공간이 더 넓어진다. 우리는 이때 정말로 우리의 삶에서 유익한 것과 유익하지 않은 것을 더욱 명확하게 볼 수 있고, 보다 더 지혜로운 선택을 할 수 있다. 이것은 다시 더 많은 행복·기쁨·자애로 이끌게 된다. 이것은 선순환 구조를 이룬다. 하나의 실험으로, 당신이 다음에 길을 걸어갈 때 지나가는 모든 사람들을 위해서 멧따 수행을 시작해 보라. '행복하기를…'이라는 그냥 간단한 소망을 표현하면 된다. 마음이 흔들려 헤매고 있을 때, 멧따를 보낼 때와 그렇지 않을 때를 비교해 보고 그 차이를 알아차려 보라.

멧따가 더 강해지고 더 안정적이 되면, 우리는 자신과 타인에 대해 덜 비판적이게 되고 인내심을 잘 발휘하게 된다. 서서히 우리는 자신과 타인에게 더 밝은 마음을 갖고, 좋은 의도와 좋은 기분이 자라는 장에서 살아가기 시작한다. 시인 W. H. 오덴(Auden)이 "당신의 비뚤어진 가슴으로/ 당신의 비뚤어진 이웃을 사랑하라"라고 썼을 때 이런 가능성을 잘 포착한 것이다. 붓다의 가르침이 아름답고 힘 있는 이유는 다른 사람에게 있는 그 무엇을 숭배하는 것이 아니라 우리 자신의 내면에 있는 것을 수행하고 계발시키기 때문이다.

욕망: 자애의 가까운 적

이런 자애의 느낌이 갖는 가치와 자비심을 인식하는 것은 쉬운 일이다. 하지만 우리의 삶에서는 이것이 부족하다. 우리의 마음은 아직 부드럽지 않고 개방적이지 않고 유연하지 못할 때가 많다. 그 이유를 이해하는 것이 도움이 된다.

우리의 마음에는 사랑을 가장한 매우 강력한 힘이 있다. 이것은 사랑으로 가장하고 있으나 실제로는 사랑을 방해하고 막아버린다. 자애와 비슷하게 보이지만, 사실은 아주 다르기 때문에 '멧따의 가까운 적'이라고 불린다. 이것은 욕망·집착·열망·갈망 등의 마음 상태이다. 이러한 두 가지 상태, 사랑과 욕망을 혼동하는 것은 우리의 인간관계와 삶에 엄청난 함축성을 갖고 있다.

당신이 가장 사랑을 느끼는 순간을 생각해 보라. 그때는 마음이 관대해져서, '행복하라'고 하는 간단한 소망을 주는 때이다. 이제는 다른 사람에 대한 강력한 욕망 또는 집착을 느낄 때를 생각해 보라. 거기에는 우리 자신을 위해서 무엇인가를 원하거나 붙잡는 것이 있다. 그것은 즐거움·충족·수용, 심지어는 사랑받기 원함이다. 이런 두 가지 마음 상태에서 움직이는 에너지는 서로 정반대다. 하나는 주는 것이고, 다른 하나는 갖고 붙잡는 것이다. 우리가 명상할 때, 그리고 우리의 삶에서 겪는 스스로의 체험에 주의를 기울여 보면, 멧따와 욕망 사이의 차이가 아주 명확해진다.

욕망이 작동하는 때를 인식한다

때로는 심지어 자애 명상 자체를 하고 있는 중에도 우리는 이런 두 가지 요소가 뒤섞여 있는 것을 볼 수 있다. 우리가 멧따 구절-"당신이 행복하기를, 당신에게 평화가 깃들기를."-을 반복하고 있을 때, 그것이 좋은 의도의 단순한 표현인가? 매 순간 사랑이 담긴 관심을 선물하는 것인가? 아니면 거기서 얻으려는 것에 마음이 빼앗긴 채 수행하고 있는 것인가? 때로는 수행하면서 이 구절들을 반복하고 있을 때, "내가 더 집중하고 있는가? 내가 더 사랑스러운 상태에 있는가?"를 쳐다보고 점검한다. 이럴 때 나는 자신의 느낌에만 관심을 갖고, 다른 사람의 행복을 바라는 단순함과 순수함은 잊고 있는 것이다.

그렇지만 다른 방식으로 우리는 다양한 동기를 뒤섞을 수 있다. 우리는 멧따 구절을 말하고 있지만, 밑바닥의 동기는 "내게 혐오감을 일으키는 당신의 모든 짜증스러운 자질에서 벗어나기를…"이라고 바라는 것일 수 있다. 이럴 때는 또 다시 우리의 느낌은 우리 자신에게 달려 있다는 것을 잊어버린 것이다. 그리고 사랑을 보내고 있다고 생각하지만, 사실은 욕망을 보내고 있는 상황도 있다. 수년 전 나는 매사추세츠 서부의 시골에 사는 친구를 방문한 적이 있다. 그때 숲을 가로질러 흙길을 걸어가는데, 마당에서 공격적으로 짖어대는 개가 있는 집을 지나가게 되었다. 나는 그 개에게 멧따를 보내기 시작하였다. "행복하기를, 행복하기를." 이러기를 몇 분 후 그 개가 달려와서 나를 물었다. 더할 나위 없이 즉각적인 피드백이었다. 나의 마음속에서 되뇌는 말은 자애였지만, 그때 나는 공포와 혐오의 느낌을 받은 에너지가 훨씬 더 많았기 때문이다.

자애와 욕망 사이의 차이를 명확하게 볼 수 있게 되면 통찰력이 생기고 자유로워진다. 그리고 우리의 삶에서 천천히 그것들의 얽힌 매듭을 풀어주는 것이 가능해지고, 이런 각각의 마음 상태의 결과를 스스로 더욱 깊이 이해하게 된다. 우리의 친밀한 관계들 속에서 공포·불안정·소유·투사는 멧따에서 오는 것인가, 아니면 원함과 욕망에서 오는 것인가? 이런 감정 중 어느 것이 우리에게 행복·완전함·만족을 주는가?

자애를 함양한다

이런 두 가지 느낌과 결과를 잘 구분하는 것을 배우게 되면, 우리는 어떤 느낌과 생각을 수행하고 함양해야 하는지, 그리고 어떤 것을 보고 내려놓아야 하는지에 대해 좀 더 지혜로운 선택을 할 수 있다. 이것은 붓다의 말씀, "우리가 자주 생각하고 숙고한 것은 마음의 기질이 된다"라는 가르침을 마음에 새기게 해 준다. 그러나 이것이 우리가 첫 멧따 구절을 말하자마자 우리의 모든 욕망과 집착이 떨어져 나간다는 것을 의미하지는 않는다. 그러나 자애의 독특한 성질에 더욱 익숙해질수록, 그것이 존재할 때 인지하고, 그것을 수행하고, 시간이 가면서 그것은 우리가 행하는 그 무엇이라기보다는 우리 그 자체가 되어간다. 이런 모든 것이 **바른 사유** 수행의 일부이고, **8정도**의 두 번째 단계이다.

나는 자애 수행을 이해하는 데 있어 때로는 사랑의 측면보다 친절함의 측면을 연결시키는 것이 더 쉽다는 것을 알게 되었다. *사랑*은 의미상 아주 대단히 포괄적이면서 미묘하고 복합적인 단어이다. 그리고 사랑에 대한 우리의 이해는 영화·책·광고, 그뿐만 아니라 우리의 환상으로 조건화되어 있다. 이 모든 조건화에 비추어 보면서 사람들은 종종 자신이 충분히 사랑스럽지 않고, 사랑할 능력이 없다고 느낀다. 아마도 우리는 사랑이 환희의 파도 속에서 정신을 잃어버리는 그런 대단한 엑스타시 감정이어야만 한다고 생각하는 듯하다. 그리고 이렇게 되지 않으면 실망하고 낙담한다. *친절함*은 보다 겸손하고 현실적이고 실용적인 단어이다. 또한 사람들과 우리를 둘러싼 상황에 더 우호적이고 더 자발적인 반응이다. 친절함은 마음의 기본적이고 자연스러운 개방성이어서 세상을 그 속에 담아낸다.

그러면 우리 자신 속에서 멧따의 느낌을 어떻게 강화할 수 있을까? 지난 세기의 위대한 족첸 스승 중 한 사람인 뇨술 켄 린포체(Nyoshul Khen Rinpoche)는 이것을 아주 간단하게 표현하고 있다.

"내가 모든 이들에게 주는 아주 작은 조언을 건네주고 싶습니다. 편안해지세요, 단지 편안해지세요. 서로에게 잘 대하세요. 인생을 살아나가면서, 단지 다른 이들에게 친절하세요. 그들을 해치기보다는 도와주려고 하세요. 그들과 사이가 틀어지기보다는 사이좋게 지내세요. 행복을 빌며 이 조언들을 당신에게 남깁니다."[3]

사람들의 좋은 자질에 초점을 맞춘다

자애가 일어나는 근접 원인은 우리 자신이든 타인이든 간에 사람들의 좋은 자질에 초점을 맞추는 것이다. 우리는 모두 바람직한 자질과 바람직하지 않은 자질들이 모두 섞여 있는 하나의 덩어리이다. 우리가 사람들의 좋은 자질을 보지 않고, 그 대신 성가시고 짜증스러운 자질에 초점을 맞추면, 나쁜 의도·판단·분노·증오도 일어나게 된다. 그러나 우리가 만약 개개인의 좋은 점을 찾아내 좋은 자질을 언급하는 수행을 한다면, 자애의 느낌은 아주 자연스럽게 자라날 것이다.

첫째, 이런 수행은 어느 정도 노력해야 한다. 정신적 습관의 변화가 필요할지 모른다. 우리 모두 내면의 원격장치를 갖고 있다. 우리가 어떤 혐오스러운 상태, 또는 심지어 중립적인 상태에서 헤맨다면 우리는 채널을 바꾸는 수행을 할 수 있다. 멧따 채널은 항상 이용 가능하다. 그것을 단순히 이용하기만 하면 된다. 우리가 심지어 모든 사람이 갖는 복잡함을 인식하면서도 사람들의 좋은 점을 보는 습관을 계발하면, 우리는 더 관대하고 사랑스러운 방식으로 사람들을 대하게 된다.

다른 사람의 좋은 점을 보면 커다란 선물이 우리에게 돌아온다.

좋은 사람들이 우리를 위해서 해 주는 것에 대한 감사의 감정이 바로 그 선물이다. 붓다는 감사를 세상에서 가장 아름답고 흔치 않은 자질들 중의 하나라고 했다. 우리는 다른 사람들이 우리에게 베풀어 준 친절함을 너무나 쉽게 당연히 여기고 잊어버린다. 우리가 어떤 특정한 사람 또는 인생 자체에 감사함을 느낄 때, 멧따는 자연스럽게 흘러나온다.

또한 마음챙김과 멧따 사이에는 흥미로운 관계가 있다. 명상의 침묵 속에서 우리는 종종 수년 동안 생각하지도 않았던 사람들을 생각하면서, 원래 처음 만났을 때 느끼지 못하였던 부드러움을 느끼곤 한다. 우리의 마음이 더 개방적이 되고, 덜 방어적이 되면, 알아차림의 기본 성질로서 멧따를 체험하기 시작한다. 누군가 한 번은 디빠마에게 마음챙김과 자애 중 어느 것을 수행해야만 하는지를 물었다. 디빠 마는 "내가 체험한 바에 의하면, 아무 차이가 없습니다. 당신에게 자애의 마음이 충만할 때 마음챙김도 되지 않습니까? 마음챙김이 완전하다면, 그것이 또한 사랑의 본질이 아니겠습니까?"라고 대답하였다. 디빠 마에게는 자애와 마음챙김이 하나였다.

이런 모든 것으로 인해 결코 화를 내거나 짜증을 내지 않아야 한다는 뜻은 아니다. 오히려 "때로는 나도 화가 납니다. 그러나 나의 마음 깊은 곳에서 나는 그 누구에게도 원한을 갖지 않습니다"라고 달라이 라마가 말한 바와 같이 해야 한다. 타인의 좋은 점에 초점을 맞추고 타인이 우리에게 해 준 좋은 것에 대해 감사함으로써 우리는 오래된 원한과 상처에 매달리지 않고 용서의 자리에 더 쉽게 개방적이 되는 것이다. 한 순간에 이것들을 내려놓아야 한다. 때로는 그것들을 내려놓음이 보다 더 긴 과정의 일부이다. 명상의 초기에 용서를 청하고 베푸는 것이 도움이 될 수 있다. 그리고 심지어 우리가 어려움을 느끼는 사람들과 함께하여도, 우리는 기본적으로 좋은 의도에 지향점을 갖고 있다는 것을 성찰할 수 있다.

잡지 「더 뉴요커」의 한 기사를 읽다가 나는 우연히 프랑스 수필가 미쉘 드 몽테뉴(Michel de Montaigne)의 작품을 접하게 되었다. 잡지에서는 몽테뉴 작품의 한 구절을 인용하고 있었다. 그 구절은 자애의 아름다움과 힘을 아주 완벽하게 포착하고 있다.

> "진정으로 사랑하는 관계-내가 체험했었던 것-에서, 그 사랑하는 사람을 나에게 끌어오기보다 기꺼이 그에게 나 자신을 줄 수 있는 그런 관계에서 … 나는 단지 그가 나에게 좋은 일을 하기보다 내가 그에게 좋은 일을 더 하고 싶다. 그뿐만 아니라 그가 나보다는 그 자신에게 좋은 것을 하기를 정말로 바란다. 그래서 그가 자신에게 좋은 것을 할 때 그는 내게도 가장 좋은 것을 하는 셈이다. 만약 그가 나에게 떨어져 있는 것이 그에게 즐겁거나 유익한 것이라면, 그것이 그가 나에게 있는 것보다 훨씬 더 나를 기쁘게 할 것이다."[4]

멧따이든 무엇이든 간에 우리의 마음을 훈련시키려는 의지는 대단한 인내를 필요로 한다. 붓다는 이것을 '최고의 헌신'이라고 불렀다. 우리 삶의 모든 영역에서 멧따의 태도를 상기하면 세상의 존재 방식을 우리 자신과 모든 사람들이 함께하는 곳으로 점차 변화시키게 된다.

40. 연민

바른 사유

바른 사유는 선한 행동으로 이끌어서 결국은 우리 자신과 타인의 안녕과 행복을 가져다주는 모든 의도와 열망을 포함한다. 이것은 감각적 욕망에서 벗어난 금욕의 사유이고, 나쁜 의도에서 벗어난 좋은 의도와 자애의 사유이다. 그리고 마지막으로 잔인함에서 벗어난 연민의 사유이다.

유익함과 유익하지 않음의 이분법은 여기에서 아주 명확하다. 잔인함은 사람들에게 해를 끼쳐 불필요한 통증과 고통을 주는 성향이다. 극단적으로 무정한 마음상태라고 할 수 있는 잔인함이 전 세계를 통하여 폭력의 여러 현장에서 드러나고 있는 것을 본다. 때로는 이 잔인함의 성질이 전 세계 사람들에게 전염되어 이런 파괴의 살육현장에 관여하게 되기도 한다. 우리는 이러한 것을 캄보디아, 르완다, 다르푸르 등 그 외의 여러 지역에서 보았다. 우리는 많은 부족들 간의 살육현장에서, 노예의 폭력과 인종주의의 유산이 물려준 폭력현

장에서, 동성애 혐오라는 특정 대상을 목표로 한 잔인성의 현장에서, 여성 폭력 현장에서 이런 무자비한 행동들을 본다. 이런 마음의 범위와 힘은 넓고 광범위하다.

연민은 이런 커다란 파괴적인 힘에 대한 해독제이다. 연민은 이런 고통을 완화시키는 강력한 소망으로 고통을 받고 있는 사람들에게 마음의 문을 열게 한다. 그리고 그것은 행동으로 옮기게 하는 강하고 깊은 감정으로 우리의 무관심을 극복한다. 틱낫한 스님은 '연민은 하나의 동사(verb)'라고 아주 적절하게 표현했다. 그리고 이것이야말로 보살이 오랜 시간에 걸쳐서 붓다로 나아가게 만드는 바로 그 감정이다.

우리 시대에 달라이 라마는 이런 성스러운 마음의 생생한 본보기라고 할 수 있다. 그는 우리에게 닥친 도전을 아주 명확하게 말하였다. "연민과 사랑은 삶에서 소중한 것이다. 그것들은 복잡하지 않다. 그것은 단순하지만 실천에 옮기기는 어렵다."[1]

그렇게 아름답고 유익한 마음상태를 실천에 옮기기가 어려운 이유가 무엇인지를 탐구해 보는 것은 가치 있는 일이다. 우리가 잘 살펴보면 우리 내면에 있는 아주 조그마하면서도 눈에 잘 띄지 않는 잔인성을 보게 될지도 모른다.

우리 내면의 연민을 일깨운다

연민은 우리가 고통에 다가가려고 하는 의지에서 나온다. 문제는, 우리가 연민의 마음을 갖기를 원한다고 해도, 또한 실제로 그렇게 된다고 해도, 현존하는 고통에 개방적으로 되는 것이 항상 쉽지는 않다는 것이다. 그리고 우리 자신의 고통을 인정하고 싶지 않고, 그것에 개방적이지 않은 때가 자주 있는 것과 마찬가지로, 우리가 타인의 고통과 함께 있기를 꼭 원하는 것은 아니다.

우리 마음에는 고통에 직면하여 그 고통에 방어적이고, 뒤로 물러서고, 무관심하거나 냉정해지려고 하는 강한 경향이 있다. 우리는 이런 무관심을 종종 인식하지 못하는데, 이것은 연민이라는 반응에 커다란 장애물이다.

하나의 실험으로, 다음에 고통의 현장에 접근할 때 마음이 어떤지를 잘 살펴보라. 몸에 약간의 통증이 있을 수도 있고, 불만족·공포·무가치함·질투 또는 외로움 같은 정서적인 불편함이 있을 수도 있다. 이런 것은 어려운 사람과의 상호관계에서 일어날 수도 있고, 또는 세계의 고통스러운 현장-인종적 부정의(injustice), 정치적 또는 종교적 폭력, 또는 자연재해의 현장-일 수도 있다. 우리가 이런 현장을 직접 또는 미디어의 영상을 통해 직면하게 되면 어떤 일이 일어나는가? 불편함을 느끼는가? 뒤로 물러서는가? 무감각해지는가? 우리는 그것을 받아들이는가?

우리에게 주어진 질문은, "세계에 존재하는 고통의 규모를 고려한다면 이런 고통에 어떻게 마음의 문을 열 수 있겠는가?" 하는 것이다. 연민을 갖고, 무관심이라는 미묘한 잔인성을 줄이면서 이 모든 것에 개방적일 수 있겠는가? 이런 도전은 이론적인 것이 아니다. 멀리서 친절함과 연민의 성질을 성스러운 개념으로 숭배하지만, 우리의 일상적인 삶에서는 어느 정도 치워버리는 것으로는 충분하지 않다. 고요하게 명상 수행을 하면서 이런 것들을 함양하는 것만으로는 충분하지 않다. 우리의 수행은 연민의 반응을 우리 삶의 기준점으로 만드는 의식의 전환에 대한 것이다.

연민은 개방성과 평정심을 필요로 한다. 연민은 난관에서 허우적거리지 않고, 슬픔에 압도당하지 않고 사물을 있는 그대로 받아들이는 것을 배워야 한다고 요구한다. 그것은 단지 있는 그대로의 진실과 함께 있음을 배우라는 것을 의미한다. 이것은 연민에 마음이 열리게 하는 마음챙김의 위대한 선물이다. 우리가 있는 그대로의 진리와 함께 있다는 것은 우리 자신의 고통 또는 어려움에 마음의 문을 열 때마다 할 수 있는 것이다. 연민을 갖고 삶의 고통에 마음의 문을 열고 가까워질 때, 우리는 타인의 고통과 함께하는 더 큰 힘과 용기를 가질 수 있게 된다.

공감은 첫 번째 단계이다

공감은 연민의 시작이다. 공감은 우리 자신의 삶만 바라보고 달려가기 전에 잠깐 멈추고 다른 사람에게 참으로 어떤 일이 생기고 있는지를 느끼는 것이다. 이렇게 하기 위해서는 나름대로 수행이 필요하다. 왜냐하면 우리는 종종 다른 사람의 고통을 인지하고 있을지 모르지만, 약간의 시간이라도 들여서 타인에게 가까이 가서 진실한 마음의 문을 열지는 않기 때문이다.

우리는 다양한 상황에서 마음의 문을 열 수 있다. 안거 수행을 할 때, 바로 옆에 앉아 있는 사람이 안절부절못하면 마음이 편치 못할 수도 있다. 왜냐하면 그 사람이 자신의 명상을 방해하기 때문이다. 그러나 이런 상황이 우리와 가까운 사람의 어려움과 고통에, 그리고 세계의 힘든 상황에 마음의 문을 여는 것일 수도 있다. 또는 어떤 사람이 정말로 나쁜 행동을 해서 자신 또는 타인에게 심대한 해를 끼치는 경우도 있을 수 있다. 그때 우리의 통상적인 반응은 정의감과 함께 그 사람의 행동이 얼마나 나쁜지를 판단하는 것이다. 그러나 잠시 멈추고, 보다 폭넓은 이해의 테두리에서 정말로 그에게 무슨 일이 일어나고 있는지를 느낄 수 있다.

한때는 달라이 라마의 주치의였던 텐진 최드락(Tenzin Choedrak) 박사가 중국 당국에 의해 17년 이상 투옥되어 고문을 받았다. 그는 자신이 생존할 수 있었던 것은 신체적인 것뿐만 아니라, 개방적이고 연민에 찬 마음이 있었기 때문이라고 설명했다. 그는 자신을 고문한 사람들, 적들도 역시 자신과 같은 인간이라는 것, 그리고 간수와 가해자들 역시 힘든 상황에 있다는 것, 결국은 미래의 고통을 가져오게 되는 불선한 업을 만들고 있다는 것을 보았다. 그는 인간 상황의 공통성 또는 모든 행동은 그 결과를 가져오게 된다는 점을 결코 잊지 않았다. 그리고 그는 업의 법칙을 복수의 바퀴-"그들은 제 몫을 받을 것이다."-가 아니라 연민의 바퀴로 보았다. 달라이 라마의 전기 작가인 클로드 르방송(Claude Levenson)은 최드락이 "자신이 받은 고통과 그가 목격한 모든 죄악과 학대를 넘어서서 인간 동료 모두에 대한 한없는 연민을 표현하고, 자신이 본 모든 것을 충분히 지각하는 그런 눈길을 가진" 사람이라고 말하였다.

고통에 대한 선한 반응을 함양한다

적절한 행동으로 해로운 행동을 멈추고, 적당한 경계를 설정하고, 더 이상의 해를 막기 위해 필요하다면 무엇이라도 해야 한다는 것을 이해하는 것이 중요하다. 그러나 우리의 동기에 지혜롭게 주의를 기울이면서 이것을 할 수 있을까? 우리의 동기가 분노 또는 분개인가? 연민인가? 여기서 커다란 교훈이 되는 것은 그 상황에서 어떻게 느끼고 어떻게 반응하는가는 전적으로 우리 자신에게 달려 있다는 것이다.

고통에 기꺼이 다가가고자 하는 것은 공감에서 한 단계 더 나아가는 것이다. 연민은 다른 사람이 마음으로 겪는 것을 느끼는 것일 뿐만 아니라, 또한 그 느낌을 행동으로 옮기는 것이다. 우리 마음속에서 연민이 자라나면, 우리는 세상의 고통에 능동적으로 참여하기 시작하고, 적절하고 가능한 방법으로 존재들의 다양한 욕구에 반응하게 된다.

때로는 우리의 행동이 작고 별 거 아닐 수도 있고, 우리를 둘러싸고 있는 사람들에게 친절함이나 관대함 또는 용서 정도의 작은 몸짓에 불과할 수도 있다. 또는 고통에 대한 우리의 반응이 자연스럽게 진정한 영웅의 행동으로 이어지는 경우도 있다. 수년 전 뉴욕 지하철에서 일어난 일이 전국적인 뉴스가 된 적이 있다. 열차가 달려오는 철길에 누군가가 떨어졌다. 그때 승강장에 서 있었던 웨슬리 오트리(Wesley Autrey)는 누군가가 철길에 떨어지는 것을 보고 뛰어들어 그 사람 위에 납작하게 엎드렸고, 그 위를 열차가 가까스로 지나갔다. 그는 순식간에 '지하철 영웅'이 되었다. 사람들의 찬사에 대한 그의 반응은 놀라웠다. "나는 특별한 일을 했다고 생각하지 않는다. 나는 단지 나의 도움을 바라는 사람을 보았을 뿐이다. 내가 옳다고 느끼는 일을 하였을 뿐이다."[2]

때때로 연민은 대단한 결심을 하는 행동으로 나타나기도 한다. 트레이시 키드(Tracy Kidder)는 자신의 책 『산을 넘어선 산들(Mountains beyond Mountains)』이라는 저서에서 의사 폴 파머(Paul Farmer)의 인도주의적인 업적을 소개하였다. 파머는 자신의 전 생애를 아이티와 세계의 어려운 지역에서 봉사하는 데 바친 사람이다. 그 책에는 연민의 본질을 밝혀주는 하나의 이야기가 있었다.

파머는 많은 사람들이 올 수 있는 장소에 진료소를 세웠다. 그런데 며칠이 지난 후 그는 아주 멀리 떨어져 있는 곳에 살고 있는 가족을 진료하러 가게 되었다. 그의 동료들 중 몇몇은 그의 이런 결정을 비난하였다. 여기 진료실에 있으면 더 많은 사람들을 진료할 수 있다는 주장이었다. 이에 대해 파머는 "일곱 시간을 걸어서 가야 하는 길이 그 환자의 두 가족을 도와주는 데 너무 먼 거리라고 말하는 것은, 그들의 삶이 다른 사람의 삶보다 가치가 덜하다고 말하는 것과 같다. 어떤 삶의 가치가 덜하다는 생각 바로 그것이 이 세상 모든 잘못된 것의 뿌리이다"[3]라고 대답하였다.

이따금 연민은 대단한 용기를 통해서 자신의 모습을 드러내기도 한다. 미국 북부와 남부에서 이루어진 마틴 루터 킹 2세의 행진 모습이 담긴 비디오를 보면 사랑과 연민의 놀라운 힘을 느끼게 된다. 그는 증오와 폭력에 가득 찬 사람들에 둘러싸여 있었다. 그럼에도 불구하고 그는 그처럼 어려운 상황에서도 사랑과 연민으로 굳건히 서 있을 수 있었다. 그러나 그의 행진은 즉각적인 효과를 보지는 못하였다. 우리가 우리의 문화 바탕에서 킹 목사의 삶이 주는 강력한 유산을 바라볼 때 붓다의 다음과 같은 가르침이 더욱 절실하게 들린다. "증오는 증오로 결코 멈추어지지 않는다. 증오는 단지 사랑으로만 멈출 수 있다."

연민의 영역은 경계가 없다

우리가 해야 하는 것에 특별한 처방은 없다. 연민의 행동에 위계가 있는 것은 아니다. 연민의 영역은 경계가 없다. 즉 고통 받는 존재가 있는 곳은 다 연민의 영역이다. 우리는 나름대로 자신이 할 수 있는 방법을 찾을 수 있다. 세상에 능동적으로 참여하는 모습을 취할 수도 있다. 또한 산속의 깊은 동굴에서 모든 존재의 유익함을 위하여 깨닫겠다는 동기로 살아가는 모습을 취할 수도 있다.

불교의 전통에서 깨닫기 전의 붓다인 보살은 깨달음의 연민이 갖는 위대한 에너지가 세상에 넘쳐 흘러나가기 전 금욕 수행을 하면서 수많은 전생을 보낸다. 그의 염원은 일정한 상황의 고통을 제거하는 것뿐만 아니라, 모든 고통-탐욕·증오·망상-의 뿌리가 되는 원인을 이해하고, 그것에서 해탈하는 방법을 찾는 것이다. 2,600년이 흐른 지금도 우리는 붓다의 연민과 지혜의 힘에서 혜택을 얻고 있다.

연민의 실천과 표현

우리는 두 가지 측면에서 연민을 실천할 수 있다.

첫째, 타인을 더 효과적으로 보살피는 하나의 방법으로서 자신의 마음을 정화하는 것이다. 두 사람 모두 늪 속에 빠져서 허우적거리면, 실제로 둘 다 서로를 도와줄 수 없다. 그러나 한 사람이 탄탄한 땅에 있으면 다른 한 사람을 살리는 것이 가능하다. 이렇게 이해하는 것은 우리가 비행기에 탑승해서 산소마스크에 대한 안내 방송을 들을 때마다 적용된다. "비행기 안의 압력이 소실되면 산소마스크가 자동적으로 내려옵니다. 먼저 자신의 마스크를 쓰고 그 다음 주변의 다른 사람을 도와주십시오." 우리가 적절한 이해와 동기 없이 그 상황에 뛰어들면 오히려 혼란만 더 부추길 우려가 있다.

두 번째 방법은 우리보다 타인을 앞세우는 것을 실천함으로써 연민을 계발하는 것이다. 이러한 실천 방법은 샨띠데와가 자신의 명저인 『입보리행론』에서 아름답게 표현하고 있다. 이 책의 몇몇 시구에서 이런 이해가 깃들어 있는 가능성을 전하고 있다.

> 이 세상의 모든 병든 이들에 대하여,
> 그들 각자의 병이 모두 나을 때까지
> 제가 그들의
> 의사, 간병인, 약이 되게 하소서.
>
> 먹을 것과 마실 것의 폭우로 내려
> 제가 갈증과 기근이라는 병을 없애게 하소서.
> 결핍과 빈곤으로 얼룩진 오랜 세월 동안
> 제 자신이 마실 것과 양식으로 나타나게 하소서.
>
> 가난하고 궁핍한 중생들에게,
> 제가 풍부한 재물이 되게 하소서.
> 그들에게 필요할 만한 다양한 재료가 되어
> 그들의 손 닿는 가까운 곳에 놓이게 하소서.
>
> 제 몸, 그리고 제 모든 재산 외에,

쌓았고 앞으로 쌓을 제 모든 공덕도,
저는 아무것도 숨기지 않고 그들에게 모두 주겠습니다.
중생의 이익을 위해.
…
땅의 원소와 널리 퍼져 있는 원소들처럼,
지속하는 하늘 자체처럼 지속하면서
살아 있는 헤아릴 수 없이 많은 중생들을 위해,
제가 그들의 대지와 지지대가 되게 하소서.

살아 있는 모든 것에게,
하늘 끝에 이르기까지
제가 그들의 생계와 자양분이 되게 하소서.
그들이 고통을 넘어설 때까지.[4]

이런 시구를 읽고 힘을 얻을 수도 있지만, 아마도 약간은 겁을 먹을 수도 있을 것이다. 우리가 이 정도의 연민, 이 정도의 관대함을 갖고 살 수 있겠는가? 우리는 이런 열망을 함양하는 데 대단한 겸손을 필요로 한다. 우리는 다만 자신의 삶과 수행이 모든 사람의 유익함을 위하고자 하는, 보리심이라는 위대한 동기의 씨앗을 뿌릴 수 있다. 그리고 우리는 그 씨앗이 점차로 세상에서 큰 선을 위한 힘이 될 때까지 물과 영양분을 줄 수 있다. 헨리 데이비드 소로는 이런 가능성을 아름답게 표현하였다.

"나는 씨앗이 없었던 곳에 나무가 자랄 것이라고 믿지는 않지만, 한 알의 씨앗에 대해서는 큰 믿음이 있다. 내게 당신이 거기 씨앗을 갖고 있다는 확신이 들면, 나는 놀라움을 기대할 준비를 한다."[5]

나의 수행에서 커다란 전환점이 되었던 것 중의 하나로서 이런 염원에 힘을 불어 넣어준 것은 지혜와 연민이 서로를 표현한다는 것이었다. 연민은 바로 자아의 공성(空性)이 활동하는 것이다. 이것은 자아의 입장이나 태도, 심지어 어떤 특정한 수행의 연민이 아니라, 자아 기준에서 벗어난 마음을 자동적으로 드러낸 연민이다. 지난 세기의 위대한 족첸 스승인 딜고 켄체 린포체는 이런 점을 직접적으로 지적하고 있다. 그는 우리에게 모든 현상이 공하고 무아임을 인식하게 되면, "다른 사람에게 좋은 것을 주고자 하는 에너지가 자연스럽게, 애쓰지 않아도 나오기 시작한다"는 점을 상기시켜 주고 있다.

그러므로 우리 각자는 자신의 방식대로 바른 사유와 친절한 마음의 씨앗을 뿌리고 물을 줄 수 있다. 그리고 그것들은 천천히 자라서 우리 삶의 지도 원리가 될 것이다. 설사 지혜와 연민의 자리에서 행동으로 옮기지 않을 때라고 하여도 여전히 우리에게 다른 선택을 상기시켜 주는 기준점이 될 것이다.

민규르 린포체(Mingyur Rinpoche)는 자신의 저서 『삶의 기쁨(The Joy of Living)』에서 알아차림의 수행과 연민의 관계를 이렇게 강조하고 있다.

> 그러나 무엇보다도 가장 뛰어난 부분은 명상을 얼마나 했든, 어떤 기술을 사용하든 상관없이, 모든 불교 명상은 그것을 알아차리거나 아니거나 간에 궁극적으로 연민을 발생시킨다는 것이다. 우리 자신의 마음을 바라볼 때마다, 우리는 주변 사람들과의 유사성을 인지하지 않을 수 없다. 자신의 행복하고자 하는 욕망을 볼 때마다, 다른 사

람들 안의 똑같은 욕망을 보는 것을 피할 수 없다. 자신의 두려움·분노 또는 혐오를 분명히 볼 때, 주변의 모든 이들도 그런 똑같은 두려움·분노·혐오를 느끼고 있다는 것을 보지 않을 수 없다. 자신의 마음을 볼 때, 자신과 다른 사람들 사이의 모든 가상적인 차이는 자동적으로 해체되고 오래된 4무량심 발원문이 우리 자신의 심박동처럼 자연스럽게 지속된다.

모든 중생이 행복과 행복의 원인을 갖게 하소서.

모든 중생이 고통과 고통의 원인으로부터 자유롭게 하소서.

모든 중생이 기쁨과 기쁨의 원인을 갖게 하소서.

모든 중생이 커다란 평등 안에 거하기를, 집착과 혐오를 벗어나기를 기원합니다.[6]

XII

법에 대한 마음챙김

– 성스러운 여덟 가지의 길: 도덕 요소들

41

바른말

바른 견해로 어느 정도 우리 자신을 확립하고, **바른 사유**의 분별과 수행을 함양한 다음, 이에 대한 결과로서 삶을 어떻게 살아가야 하는지에 대한 붓다의 가르침을 탐구해 볼 수 있다. 이것들은 8정도의 다음 세 단계이다. 즉 **바른말**[正語], **바른 행동**[正業], **바른 생계**[正命]이다.

깨달음에 이르기 위해 헌신하는 것을 살펴보면, 명상 수행에 바치는 노력에 비해 이 세 단계에 바치는 노력이 부족한 경향이 보일지도 모른다. 그러나 만약 우리가 이런 단계들에 노력을 많이 기울이지 않는다면, 우리의 삶은 분절되고, 수행의 길이 갖는 본질적인 요소들이 약화된다. 붓다가 말씀하신 피해야 하는 열 가지 불선한 행동들 중 일곱 가지는 **8정도**의 이 세 가지 단계로 정화된다. 각 단계는 모두 마음챙김으로 주의를 기울여야 한다. 그리고 이 세 가지 모두 집중과 지혜를 깊게 하는 토대를 이룬다.

비구 보디는 자신의 책 『성스러운 여덟 가지의 길(The Noble Eightfold Path)』에서 이러한 점을 강조하고 있다.

비록 이 부분에서 단언하는 원칙들이 비도덕적 행동을 제지하고 좋은 행실을 장려하고 있지만, 그 원칙들의 근본적인 목적은 윤리적인 것이 아니라 영적인 것이다. 그것들은 단지 행동의 지침으로 지시된 것이 아니라 본래 정신적 정화를 도와주는 것이다. 윤리는 인간 행복의 필수적인 수단으로 붓다의 가르침에서 그 자체로 정당화되고, 그것의 중요성은 과소평가될 수 없다. 그러나 **8정도**라는 특별한 맥락에서, 윤리의 원칙들은 그 길을 지배하는 목표, 즉 고통으로부터의 최종적인 구원에 부차적인 것이다.[1]

세 가지 중 첫 번째는 **바른말**이다. 우리는 살아가면서 많은 말을 한다. 그렇기 때문에 말은 삶에 아주 강력한 영향력을 행사한다. 말은 우리의 관계를 조건 짓고, 우리의 마음을 조건 짓고, 미래의 업을 조건 짓는다.

정직함

바른말의 가장 중요한 측면은 정직함으로 사실이 아닌 것을 말하지 않는 것이다. 이 원칙은 너무나 명확하고 간단하지만, 생각보다 실천하기가 쉽지 않다. 잘못된 말에는 약간의 과장과 사실이 아닌 유머에서부터 자신 또는 타인을 보호할 목적으로 거짓을 말하는 것까지 여러 종류가 있다. 때로는 분열과 해악을 야기할 악의적인 의도에서 일부러 거짓말을 하는 경우도 있다. 정치적 선거 운동 기간 동안 후보자들이 거짓말을 하는지를 점검하기 위해 마련된 프로그램도 있다는 것은 매우 흥미로운 일이다.

거짓을 말하는 상황에서 그 동기는 무엇일까? 어떤 것에 대한 탐욕인가? 인정에 대한 욕구인가? 자기 권력의 확대인가? 거절에 대한 공포 또는 질투인가? 거짓말을 하는 것은 아주 복잡하다. 한 번 거짓말을 하면, 그것을 뒷받침하기 위해 또 다른 거짓말을 한다. 그리고 이런 모든 것을 기억하고 있어야 한다. "진실을 말한다면 어떤 것도 기억할 필요가 없다"는 마크 트웨인(Mark Twain)의 말은 이것을 잘 지적하고 있다. 신뢰를 손상시키는 거짓말은 우리의 관계와 사회를 망가뜨리는 대단한 힘을 갖고 있다. 독일 철학자 니체(Nietzsche)가 "나는 당신이 나에게 거짓을 말한 것에 화가 나는 것이 아니라, 앞으로 당신을 믿을 수 없다는 것이 화가 난다"고 말했을 때 이런 점을 강조한 것이다. 붓다는 거짓에 대해서는 아주 엄격하게 말하였다.

> "그러므로 사람은 자기의 이익을 위해서나 남의 이익을 위해서나 어떤 이익을 위해서도 고의로 거짓말해서는 안 된다."[2]

불성(佛性)을 향하는 보살의 긴 여행 동안, 보살은 여러 시대를 거쳐 오면서 이런저런 계율을 어기고 많은 잘못을 하였다. 그러나 그 어떠한 때에도 절대로 고의로 거짓말을 하지는 않았다. 깨달음의 길에서 핵심은 정직함이다. 우리는 살아가면서 우리 자신의 정직함을 지키도록 고무시킴으로써 이것을 깊이 숙고하게 된다.

그러나 그렇게 간단해 보이는 것이 놀라울 정도로 어려울 수 있다. 때로는 별 것 아닌 거짓말이 불쑥 나오기도 한다. 통찰명상협회의 3개월 안거 수행에서 어느 스텝이 걸어 들어갈 수 있을 정도로 커다란 냉장고에서 무엇인가를 꺼내오려고 하였다. 문을 열자마자 그는 냉장고 안에서 어떤 수행자가 간식용 대추야자를 들고 있는 것을 보았다. 스텝이 도와줄 것이 있느냐고 묻자, 그는 "아, 나는 방금 정비기사를 찾고 있었어요"라고 말했다.

또한 무엇인가 빠뜨리는 거짓말을 하는 경우도 있다. 그런 경우 우리는 핵심적인 중요한 것을 덮어버리거나 빼버린다. 시인 아드리엔느 리치(Adrienne Rich)가 "거짓말은 말로써도 하지만 침묵으로도 한다"라고 말한 것처럼 우리는 자신이 결코 어떤 형태의 거짓말도 하지 않는다는 환상 속에서 살아갈지도 모른다. 이런 경우 자신이 거짓말을 하는 것을 보거나 그것을 인정하는 것을 더욱 어렵게 만든다.

나는 사야도 우 빤디따와 함께 수행을 하면서 아주 강력하고 고통스럽지만 결국은 자유로운 체험을 한 적이 있었다. 1984년 나의 첫 번째 안거 수행 동안 면담을 할 당시에 나는 나의 수행이 어느 지점에 있는지에 대해 사로잡혀 있었다. 그래서 이런 관점에서 나의 체험을 사야도에게 제시하였다. 나의 보고가 끝나자 사야도는 나를 빤히 쳐다보면서 말하기를, "이것은 진실이 아니야"라고 하였다. 나는 그가 말한 진실성에 엄청난 충격을 받았고, 마음의 균형을 회복하는 데 며칠이나 걸렸다. 마침내 수치심과 자기 판단의 모든 감정을 다 지나고 나서, 나는 "그래, 나의 마음이 가식적으로 꾸밀 수 *있어*"라는 것을 인정하는 자리에 왔다. 그것을 인정하자 대단한 자유로움을 느꼈고, 특히 스승에게 결코 거짓말을 하지 않겠다는 이전의 무의식적인 허위의식을 내려놓게 되었다. 우리가 자신을 더 정직하게 보려고 할 때, 이런 충동을 인식하는 것이 더 쉬워지고, 이것은 거짓말에서 벗어나는 더 많은 기회를 준다.

바른말의 첫 번째 측면인 정직함은 매우 심오한 함축성을 갖고 있다. 수행에서 우리의 목표는 진실된 것을 보고 거기에 맞추어 살아가는 것이다. 비구 보디가 『성스러운 여덟 가지의 길』에서 관찰한 바와 같이, "정직한 말은 우리의 내적인 존재와 현상의 실재 성질 사이에 조화를 이루게 한다. … 그러므로 정직한 말에 충실한 것은 하나의 윤리적인 원리 이상으로, 우리가 환상에서 벗어나 실재에 서게 되는 그러한 문제이다."[3]

붓다는 외아들 라훌라와 나눈 대화에서 정직한 말이 갖는 엄청난 중요성에 대해 언급하였다. 당시 라훌라는 출가한 지 얼마 안 되는 나이 어린 승려였다. 붓다는 바닥에 물이 조금 담겨 있는 그릇을 가리키면서, 의도적인 거짓말을 하는 것을 두려워하지 않는 사람이 영적으로 성취하는 양도 이렇게 적다고 말하였다. 그러고는 그 물을 쏟아버리고 그릇을 텅 비우면서 동일한 말을 하였다. 마지막으로 붓다는 그릇을 뒤엎으면서 말하기를, "라훌라, 이 그릇이 뒤집어지는 것을 보았느냐? 이와 마찬가지로 의도적인 거짓말을 하는 사람은 자신의 영적인 성취를 뒤엎고, 아무런 진전도 하지 못한다. 그러므로 농담이라도 결코 의도적인 거짓말을 해서는 안 된다."

말의 정직성에 대한 것을 고려해 보면, 아주 작은 거짓이라도 거기에 민감한 것이 도움이 된다. 마음챙김은 "이것은 진실이 아니야"라는 것을 우리에게 일깨워 주는 경고 벨의 울림과 같은 것이다. 경고가 울리는 그 순간 우리는 **바른말**에 다시 자신을 바로 세울 수 있다.

중상과 가십

8정도의 두 번째 단계는 중상, 가십, 뒷담화[兩舌] 등의 말에서 벗어나는 것이다. 이런 종류의 말은 친구와의 조화를 깨뜨려 친구를 잃게 만든다. 붓다는 이런 점에서 아주 분명한 충고를 하고 있다.

> 그는 불화를 일으키지 않으려고 여기서 들었던 말을 저기서 말하지 않는다. 그는 저기서 들었던 말을 여기서 말하지 않는다. 그래서 그는 분열되었던 사람들을 화합시킨다. 그리고 사람들 사이의 화합을 조장한다. 화목함은 그를 기쁘게 하고, 그는 화목함 가운데서 즐기고 기뻐한다. 그리고 그는 말로써 화목함을 퍼뜨린다.[4]

그러나 다른 사람의 가십에 대한 강력한 경향을 고려하면, 왜 우리가 그렇게 가십을 즐기는가 하는 질문을 던지게 된다. 우리가 가십을 즐길 때 자아의 어떤 느낌을 재확인하고 있는가? 자아의 만족이 있는가? 내가 법의 가르침을 시작하고 나서 얼마 되지 않았을 때, 서구의 영적 수행에 대한 책에 대해 어떤 사람이 내게 인터뷰를 한 적이 있다. 그는 아주 유능한 인터뷰 진행자였고, 나는 여러 스승에 대한 나의 생각에 그가 관심을 갖고 있다는 것에 다소 우쭐해 있었다. 다행스럽게도 마음챙김이 전면에 나와서, 나는 **바른말**에 대한 이런 가르침을 상기하였다. 인터뷰에서 내가 말한 모든 것이 책으로 나왔을 때, 여러 가지 떠도는 가십에 대해 자제하였던 나 자신에게 정말 고마웠다.

나는 태국에 평화봉사단으로 갔을 때 처음으로 불교에 관심을 갖게 되었다. 그때 나는 아주 흥미롭게 보이는 실험을 하였다. 수개월 동안 다른 사람에 대해서 어떤 것도 말하지 않기로 결심하였다. 나는 다른 사람에게 제3자의 이야기를 절대로 하지 않았다. 거기에는 놀라운 결과가 있었다. 첫째로, 내 말의 양이 상당할 정도로 줄어들었다. 내가 그 동안 얼마나 많이 이런 종류의 이야기를 맴돌고 있었는지를 알고는 놀랐다. 둘째로, 내가 다른 사람에 대한 여러 생각·언급·비판을 하지 않게 되자, 자신에 대해서까지도 상당할 정도로 덜 비판적이 된다는 것을 깨달았다. 이렇게 말을 조심하게 되면서 결과적으로 마음이 더 평화로워졌다.

그러나 다른 사람에 대해서 말하는 것을 어느 정도 줄인다고 하여도, 여전히 우리는 다른 사람에 대해 말할 때 대단히 조심해야 한다. 사람들을 분열시킬 의도인가, 아니면 사람들을 통합시킬 의도인가? 이런 단순한 질문에 주의를 기울이기만 하여도 우리의 삶에 변화가 일어난다.

또 다른 차원에서 우리의 말은 우리 자신에 대한 일종의 가십이기도 하다. 우리가 말하는 것은 대놓고 자기 기준적이어서 자기 자신에게만 화제를 돌리고 있지는 않은가? 그렇다면 그 동기를 탐색해 보는 것으로 통찰을 얻을 수 있다. 또는 이와 정반대의 상황에 놓일 수도 있다. 이런 경우 무대 가운데 서지 않으려고 하고, 강박적으로 모든 장면의 뒤에 서서 자신의 생각과 느낌에 대해 목소리를 거의 내지 않는다. 보다 덜 분명한 방식이지만, 이런 종류의 말 또한 자만심의 한 표현이다. 말은 선한 동기이든 불선한 동기이든 우리가 가진 동기의 강력한 거울이기도 하다. 우리가 관심을 갖고 깨어서 그것을 보면, 말이 우리 마음의 거울이라는 것을 알게 된다.

감정적 어조

바른말의 세 번째 측면은 우리 마음의 감정적 어조와 연관성이 있다. 그리고 감정적 어조는 우리가 사용하는 단어들을 조건 짓고 풍미를 더하게 된다. **8정도**에서 이 단계의 수행은 심하고 분노하고 학대하는 말[惡口]을 하지 않는 것이다. 붓다가 말한 바와 같이, "누구에게나 부드럽고 귀에 듣기 편하고 사랑스러운 말을 해야 하고, 그런 말이 마음속으로 들어가게 해야 하고, 품위 있고 다정스럽고 누구나 받아들일 수 있는 그런 단어를 사용해야 한다."

우리는 말 뒤에 놓여 있는 에너지를 의식할 필요가 있다. 분노의 말이 우리를 향할 때 우리는 어떻게 느끼는가? 아마도 상처를 받거나 방어적이 될 것이다. 그리고 이에 대한 반응으로 종종 분노가 일어날 것이다. 분노는 열린 소통을 위한 최상의 환경이 아니다. 가장 기초적인 차원에서 **바른말**이란 바로 열린 소통이다. 여기서 의도하는 바는 우리가 느낄 수 있는 어떤 감정이라고 하여도 그것을 억누르라는 것이 아니라, 분열보다 화합을 진작시키는 방식으로 소통하라는 것이다.

듣는 것의 마음챙김

바른말은 또한 우리가 어떻게 듣는가에 대한 함축성을 지니고 있다. 붓다는 다른 사람의 말을 들을 때 우리가 자신의 반응에 사로잡히지 않고 마음챙김을 하는지에 대해 요약해서 말하고 있다. 그리고 단순히 마음챙김을 하는 것에서 더 나아가서 타인의 안녕을 위해서 자애의 마음으로 연민과 함께 머무르기를 권하고 있다.

> "비구들이여, 다른 사람들이 너희에게 말할 때 사용하는 다섯 가지 말하는 방식이 있다. 그들의 말은 시기적으로 적절하거나 적절하지 않고, 진실 되거나 진실 되지 않고, 부드럽거나 거칠 수 있고, 이익과 관련되거나 손해와 관련되어 있고, 자애심이나 분노를 품은 것이다. … 비구들이여, 여기서 너희들은 이렇게 스스로를 훈련해야 한다. '내 마음은 영향 받지 않을 것이고, 우리는 악한 말을 전혀 내뱉지 않으리라. 우리는 자비심과 함께 그들의 안녕을 바라는 연민을 갖고 머무르리라. … 우리의 자애로 가득한 마음이 그 사람에게 스며들게 하면서 머무르리라. 그리고 그를 시작으로 해서, 모든 것을 아우르는 온 세상에 적의 없고 악의 없고 풍부하고 숭고하고 한량없는 … 마음이 스며들게 하리라."[5]

심지어 험하거나 사실이 아닌 말에 직면해서 연민과 자애로써 듣는 것은 마음챙김에서 대단히 어려운 경우이다. 그리고 이것은 외적으로 또한 내적으로 마음챙김을 하라는 것이 어떤 의미를 갖는지를 보여주는 좋은 예이다. 이런 태도로 그런 말을 듣는 것이 아주 어려운 것처럼 보인다. 하지만 사실 많은 부모들은 자신의 어린 자녀들에게는 이것을 아주 쉽게 하고 있다. 자녀들이 좌절하거나 화를 내면서 부모에게 "나는 엄마 아빠가 싫어"라고 고함을 지른다 해도 대부분의 부모들은 적어도 상당한 시간 동안 자녀에게 사랑으로 가득 찬 마음으로 반응할 것이다. 사람들이 자신의 전 생애를 통하여 이러한 실천을 행한다면 세상은 변화할 것이다.

쓸데없고 하찮은 대화

바른말의 마지막 측면은 쓸데없고 하찮은 대화[綺語]를 하지 않는 것이다. 이런 종류의 말에 대한 빨리어 단어-*삼팟빨라빠(samphappalāpa)*-는 소리 나는 대로 적는 의성어의 좋은 예이다. 우리는 이런 종류의 말을 사회에서 상황에 따라 아주 흔하게 듣는다. 그 상황에서는 무슨 의미 있는 목적이 있어서가 아니라 들리는 대로 말한다. 우리가 이런 경향에 주의를 기울이면 이런 쓸데없는 말들은 기력을 떨어뜨리고 가치 없다는 것을 알게 된다. 시간이 흐르면서 종종 이런 종류의 말은 다른 사람들이 드러내놓고 말하지는 않지만 그들의 존경을 잃게 만든다. 우리가 이런 사회적인 관계를 멈춘다면, 우리는 친절하고 쓸모 있는 말을 하는 사람들과 더 품위 있는 관계를 맺을 수 있지 않겠는가?

붓다는 이렇게 말하였다.

> "그는 적절한 때에 말하고 사실과 부합하게 말하고 유익한 말을 하고 법에 대해 말한다.… 그의 말은 보물과 같고 적당한 순간에 발언하며 이치에 부합하고 절제가 있으며 사려가 넘친다."[6]

붓다는 여기에서 승원 공동체를 향해 말하고 있고, 그 상황에 적절한 기준을 제시하고 있다.

비구 보디는 『성스러운 여덟 가지의 길』이라는 저서에서 이런 기준을 일반인들을 향해 확장하고 있다. 그렇지만 비구 보디도 일반인이 가족, 친구들과 소소하고 다정한 대화를 더 많이 해야 한다는 것, 친지들과 정중한 대화도 더 많이 해야 한다는 것, 직장과 관련된 대화도 더 많이 해야 한다는 것을 인정하고 있다. 그러나 **바른말**이라는 개념을 더욱 확장해서 이해하게 되면 *삼팟빨라빠*를 자제할 수 있는 공간이 많이 생긴다.

나는 친구와 가족과 함께 수행할 때 완전히 쓸데없는 무엇인가를 말하고자 하는 충동을 느낀다. 그럴 때 마음챙김과 지혜로운 주의가 그런 행동을 자제하는 데 도움이 될 뿐만 아니라 자제의 마음을 강화시켜 준다는 것을 알게 된다. 그러한 자제는 마라에 대한 작은 승리이다. **바른말**은 우리의 수행에서 그런 힘 있는 부분을 차지하고 있기 때문에, 붓다가 이것을 왜 그렇게 많이 강조하는지를 이해할 수 있다. **8정도**의 세 번째 단계인 **바른말**은 선하지 않은 마음상태의 절제를 함양시킨다. 그리고 자애·연민·이타적인 기쁨이라는 아름다운 동기를 활성화시킨다. 그리고 가장 중요한 점은 우리가 진실의 입장에 서게 해 준다는 점이다.

> "비구들이여, 다섯 가지 요소를 갖춘 말은 잘 말해진 것이고, 잘못 말해진 것이 아니다. 그것은 비난받을 것이 없고 현자가 나무랄 것이 없는 말이다. 무엇이 다섯 가지인가? 그것은 적당한 때에 말하는 것이다. 진실을 말하는 것이다. 부드럽게 말하는 것이다. 이로움을 주는 말이다. 자애심으로 말하는 것이다."[7]

42

바른 행동과 바른 생계

바른 행동[正業]과 **바른 생계**[正命]는 **8정도**의 도덕 부분을 완성한다. **바른말**과 마찬가지로 윤리적 가치를 위해서뿐만 아니라 깨달음의 본질을 위해서도 이런 단계들을 함양해야 한다. 명상적 지혜와 이것을 가능하게 하는 도덕적 이해를 서로 분리하는 것은 불가능하다.

붓다는 이런 수행의 통합적인 길을 『법구경』의 유명한 구절에서 이렇게 말하고 있다. "유익하지 않은 것을 피하라, 선한 것을 행하라, 마음을 정화해라."

특히 기존의 가치와 기준이 의문시되는 것이 통상적인 일이 될 때처럼 문화적인 변혁기의 시기에는 개인적인 통합과 책임의 중요성을 다시 한 번 명확하게 표현하는 것이 도움이 된다. 그렇게 되면 우리는 욕망과 충동의 혼돈 속에서 길을 잃지 않는다.

붓다가 깨달음을 성취한 후 그의 마음을 가장 움직이게 한 것은 행복을 추구하면서도 고통을 초래하는 일들을 여전히 하고 있는 사람들을 보는 것이다. 샨띠데와가 다음과 같이 말하였다. "우리는 고통을 싫어하지만, 마치 고통의 원인을 좋아하는 생각 없는 어린애와 같다."

바른 행동

바른말·바른 행동·바른 생계는 모두 유익하지 않은 행동을 하지 말고, 유익하지 않은 것을 피하라는 것과 연관되어 있지만, 여기에는 모두 긍정적인 표현-선한 것을 행하는 것-도 포함되어 있다. **바른 행동**은 자신과 타인에게 해를 끼치는 신체적인 행동을 삼가는 마음의 명료함과 힘을 함양하는 것이다.

> "비구들이여, **바른 행동[正業]**이란 무엇인가? 살생을 하지 말고[不殺生], 남이 주지 않은 것을 갖지 말고[不偷盜, 不與取], 성적인 잘못을 삼가라[不邪婬]. 이것이 **바른 행동**이다."[1]

그러므로 붓다의 가르침은 대부분 너무나 분명한 듯이 보인다. 즉 죽이지 마라, 훔치지 마라, 해를 끼치지 마라. 그렇지만 우리의 삶에서 이것을 적용하고 실천하다 보면, 우리는 이해와 헌신의 벼랑 끝에 서게 된다. 그리고 이런 벼랑은 우리에게 도전의식을 고취시키는 지점이 될 수 있다. 어떤 스승은 만약 계율을 실천하지 않는 것이 그렇게 불편하게 여겨지지 않는다면, 그 계율을 더욱 자세히 탐구해 보아야만 하는 신호라고 말하였다.

나는 이런 지적을 높이 평가한다. 왜냐하면 이것은 **8정도**의 단계들을 실제적인 실천으로 간주하고, 기본적으로 우리는 좋은 사람들이어서 더 이상 진전할 것이 없다는 것을 당연하게 여기기보다 우리의 삶에서 이해하고 탐구해야 하는 대상으로 생각하게 해 주기 때문이다.

신체적인 해를 끼치지 않는다

바른 행동의 첫 번째 부분은 살생 또는 다른 사람이나 자신에게 신체적으로 해를 끼치지 않는 것이다. 여기에는 다른 사람을 죽이지 않는 것, 스포츠 또는 재미를 위하여 동물을 죽이지 않는 것, 우리와 다른 살아 있는 것들을 죽이지 않는 것이 포함된다.

인도에서 초기 수행 시절 아주 더운 여름을 보낸 적이 있었다. 나는 히말라야 휴양지 댈하우지(Dalhousie)의 오두막을 세내었다. 해발 7,000피트에 히말라야 정상을 바라볼 수 있는 아름다운 풍경을 지닌 곳이었다. 하지만 전기와 수도가 다 들어오지 않는데다 집안에 아주 크고 털이 난 거미들이 침대 위 천장에 매달려 있는 아주 초라한 오두막이었다.

처음에는 이런 환경에서 산다는 게 불가능해 보였다. 나는 잠을 자고 있는 침대 위에 매달려 있는 거미들을 도저히 받아들일 수가 없었다. 그러나 계율을 따르고자 노력하였기에 거미들을 죽이고 싶지는 않았다. 또한 거미들을 어떻게 치우거나 다른 장소에 옮길 효과적인 방법도 없었다. 결국 그 상황에 간단히 굴복하여 거미들을 원래 있었던 천장에 두기로 하고, 나머지 공간은 나의 공간으로 선언하여 버렸다. 놀랍게도 거미가 문제가 되지 않는 데는 시간이 별로 오래 걸리지 않았다. 나는 거미들을 귀찮게 하지 않았다. 그러자 거미들도 나를 귀찮게 하지 않았다. 평화로운 공존을 하게 된 것이다.

바른 행동에 대한 붓다의 가르침은 우리의 우선권을 재정립하는 가능성을 지적하고 있다.

> 여기 어떤 자는 생명을 죽이는 것을 피하고, 생명을 죽이는 것을 삼간다. 몽둥이와 칼 없이, 양심적이고 동정심이 많으며 모든 생명의 안녕을 바란다.[2]

우리가 아무리 작은 동물, 예를 들면 개미나 모기 같은 살아 있는 어떤 것조차 목숨을 빼앗는 것을 삼가면서 양심적으로 살아가며 마음챙김을 하는 순간, 중요한 결과가 초래된다. 그렇게 자제를 하는 것 자체가 그 존재의 안녕을 생각하고 있는 셈이 된다. 벌레를 죽이는 것보다 집 밖으로 멀리 내 보내는 것이 더 좋고, 더 연결되고, 더 사랑스러움을 느끼게 된다. 그리고 우리가 이런 자제를 실천하게 되면 자애와 연민을 느끼게 된다.

그러나 이 세상을 살아가면서 우리 같은 평범한 사람은 어려운 상황에 직면하기도 한다. 우리가 말라리아를 옮기는 모기, 또는 집을 파괴하는 목수 개미, 또는 라임병을 옮기는 사슴 진드기를 만났을 때, "행복하기를…"이라고 말해야 하는가? 또는 그런 상황에서 그것들을 죽이는 것이 보다 더 큰 선을 확보하는 것이 아닌가? 여기에는 더 많은 주의와 알아차림이 필요하다. 왜냐하면 보다 더 큰 선이라는 것이 아주 해로운 행동을 합리화하는 데 종종 사용되기 때문이다.

그렇지만 그것이 때로는 적절한 반응이기도 하다.

살생을 금하는 **8정도**의 이 단계는 우리의 의도적인 행동을 의미한다는 것을 명심해야 한다. 의도적이라는 것은 목숨을 빼앗고자 하는 의도이다. 우리가 모르는 사이에 죽인다는 생각 없이 목숨을 빼앗는 경우-예를 들면 모르는 사이에 어떤 벌레를 밟는 경우도 있고, 의사가 환자를 잃는 경우-도 있는데, 이런 경우는 계율을 어긴 것으로 간주되지 않는다.

남이 주지 않은 것을 갖지 마라

바른 행동의 두 번째는 도둑질, 남이 주지 않은 것을 갖지 않는 것이다. 이 계율은 사회와 대인관계에서 중요하다. 왜냐하면 이 계율은 진정으로 안전한 장소를 확보해 주기 때문이다. 명상 안거 수행 또는 계율을 따르기로 서약한 그룹에서는 아주 큰돈이나 귀중품을 놓고 다녀도 다른 사람들이 갖고 가지 않는다는 것은 놀라운 체험 중의 하나이다. 우리가 처음 통찰명상협회를 열었을 때, 때로 사람들은 자신들의 방에 열쇠를 요구하기도 하였다. 우리는 열쇠를 전혀 갖고 있지 않았다. 열쇠가 필요 없다는 것을 인식하는 것, 이것이 **바른 행동**의 교육인 셈이다.

우리가 계율을 지키지 않는 사람들의 행동으로 인해 야기된 경제적 및 사회적 위해를 볼 때 **8정도**에서 이 단계의 대단한 영향력과 힘을 실감할 수 있다. 엔론(Enron) 스캔들, 마도프(Madoff) 사기, 은행위기 등은 모두 다 수많은 사람들에게 처참한 결과를 초래하였다. 이 모든 것은 과도한 탐욕과 기만에 그 바탕을 두고 있다. 우리는 이런 거대한 도둑은 아니지만, 우리의 삶을 돌아보고 공짜로 주어지지 않은 것을 어떤 식으로 취하고 있지 않은지를 살펴보아야 한다는 교훈을 준다.

불살생이 갖는 긍정적인 측면이 모든 살아 있는 존재를 향한 사랑에 가득 찬 보살핌을 함양하는 것처럼, 훔치지 않음의 긍정적인 표현은 만족이고, 이것을 붓다는 "우리의 가장 위대한 재산"이라고 불렀다. 그리고 자원을 과도하게 사용하는 우리 시대에 이런 훔치지 않는다는 것은 필요한 것 이상을 취하거나 사용하지 않는 것으로 표출될 것이다. 물론 우리에게 무엇이 필요한지는 항상 주관적인 평가에 달려 있다. 그러나 우리는 적어도 이런 기준점, 즉 내가 이것이 진정 필요한 것인가라는 기준에서 우리의 삶을 살펴보기 시작할 수 있다.

성적인 잘못을 저지르지 않는다

바른 행동의 마지막은 성적인 잘못을 저지르지 않는 것이다. 이것은 삶의 맥락에 따라서 서로 다른 것을 의미한다. 비구와 비구니 또는 안거 수행에 있는 명상가에게는 어떤 성적인 활동도 금지한다는 의미이다. 그러나 세상을 살아가는 재가자에게 **8정도**의 이 단계는 어떤 의미가 있는가? 틱낫한 스님은 세 번째 계율을 논의하면서 다음과 같이 잘 정리하고 있다.

> 성적 잘못에 의해 일어난 고통을 알아차리고, 나는 책임감을 기르고 개인·부부·가족·사회의 안전과 진실성을 보호하는 방법을 배우기로 맹세했다. … 나 자신과 다른 이의 행복을 지키기 위해, 나는 내 서약과 다른 이의 서약을 존중하기로 결심했다. 나는 성적 학대로부터 아이들을 보호하는 데, 성적 잘못에 의해 부부와 가족이 깨지는

것을 막는 데 내 온 힘을 다할 것이다.[3]

이 영역에서 정신을 차리고 마음챙김을 하는 것은 중요하다. 왜냐하면 우리가 잘 아는 바와 같이 성적인 에너지는 놀랄 정도로 강력한 힘을 갖고 있다. 치정에 얽힌 범죄는 뉴스난을 가득 채울 뿐만 아니라, 수세기에 걸쳐 위대한 문학을 낳기도 하였다. 나는 사야도 우 빤디따와 함께하는 명상 안거에서 마음을 챙기지 못해서 생긴 성적 활동의 해로운 결과에 대해 가장 간결하면서도 최고의 설법을 들은 적이 있다. 그는 미얀마어로 이 계율에 대해 법문을 하였는데 꽤 분량이 많았다. 통역자는 그때 사야도가 말했던 수많은 내용의 전부를 단 한 문장으로 표현했다. 즉 *욕정은 뇌를 망가뜨린다.*

우리가 성적 에너지에 대해 조심스럽게 주의를 기울일 때, 우리는 욕망 그 자체와 몸의 에너지 체계의 성질에 대해 많은 것을 배울 수 있다. 명상 안거는 성적인 욕망이 일시적이고 영원하지 않다는 것을 보고 이해하는 데 특히 도움이 되는 시간이다. 우리가 이런 강렬한 느낌의 격동 속에 있을 때, 우리는 대개 그것을 표현하거나 아니면 그것을 억누르는 것 이외에는 다른 선택이 없다고 생각한다. 그러나 마음챙김을 하면서 알아차리게 되면 우리는 욕망의 강한 힘을 느끼고, 욕망에 마음을 열어서, 그것이 일어나고 저절로 사라지는 것을 그때 보게 된다.

성적인 욕망이 일어날 때 마음은 그것을 어떻게 다루는가? 우리는 그것이 즐거워서 별로 나태하거나 무기력하지도 않은 상태에서 성적인 환상에 빠져 들어가는가? 이런 욕망을 두려워하는가? 아니면 성적인 욕망이 일어나서 수행을 혼란스럽게 하는 것을 싫어하는가? 또는 성적인 욕망을 지나가는 현상의 쇼 일부로 단순하게 다루면서 평정심과 지혜로 그 욕망을 바라보는가? 명상하면서 우리는 온몸이 에너지 장(場)이라는 것을 느끼기 시작하고, 이 장은 초점을 맞추는 장소에 따라서 서로 다른 방식으로 느껴지거나 표현된다.

우리는 안거수행에서 성적인 욕망을 체험하지만 그것을 행동으로 옮기지 않고 잘 이해할수록, 우리 삶의 이 영역에 더욱 마음챙김과 지혜를 가져다 줄 수 있다. 우리는 무엇이 유익한지, 유익하지 않은지를 이해하고, 성적인 욕망을 깨달음의 일부로 통합시키게 된다.

행동의 업보(業報)

8정도의 이 단계가 갖는 보다 깊은 함축성을 살펴보면 붓다가 주는 가르침의 미세한 점을 더 자세히 이해할 수 있다. 예를 들면, 비구보디는 살생하는 행동은 탐욕·증오·망상에 의해 추동되고, 증오에 의한 살생이 가장 심각하다고 지적하였다. 특히 증오에 의한 살생이 사전에 계획된 것이라면 더욱 그렇다. 왜냐하면 거기에는 살생을 계획하고 생각하는 격렬한 마음의 순간들이 많이 있기 때문이다. 항상 불선한 업은 이런 번뇌의 힘과 강도 그리고 기간에 비례한다.

이후의 가르침에서는 다음과 같이 설명하고 있다. 즉 행동의 결과는 행동한 사람과 행동을 받은 사람의 도덕적 자질에 의해 조건화된다는 것이다. 이것은 부정적인 행동 및 긍정적인 행동 모두에 적용된다. 예를 들면, 긍정적인 측면에서 선물은 주는 사람의 동기와 받는 사람의 순수성 둘 다에 의해 정화된다. 이런 관점에서 붓다 또는 다른 깨달은 사람에게 공물을 바치는 것은 측량할 수 없는 공덕으로 간주된다. 그리고 동시에 보시바라밀을 닦으면서 우리는 차별 없이 기회가 있을 때마다 주게 된다.

보시의 행동 또는 해를 끼치는 행동이 무엇인가 절대적인 업의 결과를 갖는 것은 아니다. 오히려 이런 행동의 업보는 여러 요인에 의해 결정된다. 예를 들면 번뇌 또는 선한 동기의 강도와 기간, 그리고 행동하는 사람과 그 행동을 받는 사람의 순수성에 따라 조건화된다.

아주 간단하지만 이렇게 여러 가지를 고려하여 설명하는 이유는, 특별한 믿음을 일으키려는 것이 아니라 오히려 **바른 행동**의 윤리적 뉘앙스 몇 가지를 드러내고, 이런 것을 적극적으로 탐구해야 하는 배경을 설명하기 위한 것이다. 붓다는 『깔라마 경(Kalama Sutta)』에서 여러 스승들이 다양한 견해를 설명하여 혼란스러운 사람들에게 다음과 같이 말하고 있다.

"깔라마 인들이여, 너희들이 당혹스러워할 만하고, 의심스러워할 만하다. …

자, 깔라마인들이여, 구전(口傳)된 것이라 해서, 가르침의 계통이라고 해서, 가십이라고 해서, 경전 모음에 있다고 해서, 논리적 추론이라고 해서, 추리에 의한 추론이라고 해서 … 따르지는 마라.

깔라마인 들이여, 그러나 다음과 같이 스스로 알 때, 즉 '이것들은 불선한 것이고, 이것들은 비난받을 일이고, 이것들은 지혜로운 이가 꾸짖을 일이고, 이것들을 받아들여 행하면 해로움과 고통이 따르리라'는 것을 알 때, 그때에는 그것들을 버려야 한다. …

다음과 같이 스스로 알 때, 즉 '이것들은 선한 것이고, 이것들은 비난받지 않을 일이고, 이것들은 지혜로운 이가 칭찬할 일이고, 이것들을 받아들여 행하면 안녕과 행복이 따르리라'는 것을 알 때, 그때에는 그것들에 부합하게 살아야 한다."[4]

붓다의 가르침은 결코 맹목적인 믿음에 대한 것이 아니라, 우리 스스로 알아보는 지혜에 대한 것이다.

급작스런 깨침(頓悟), 점진적인 닦음(漸修)

우리의 선택에 스스로 자족하는 것들을 탐구하는 것도 도움이 된다. 얼마 전에 지구 온난화에 관한 책의 비평문을 써달라는 요청을 받았다. 나는 문제의 심각성에 대해 익히 알고 있었지만, 이 문제를 성찰하거나 내가 취해야 하는 행동이 무엇인지를 깊이 생각하는 데 많은 시간을 할애하지 않았었다. 그때 나의 관심을 자극한 것은 우리 지구가 직면한 주요한 문제 중 하나인 이것에 대해 *왜* 시간을 많이 할애하지 않았는가 하는 점이었다.

내가 이런 의문을 생각할 때, 나의 이런 행동하지 않음에 빛을 던져주는 특별한 가르침이 문득 떠올랐다. 이 가르침은 우리 삶의 여러 가지 다른 중요 이슈들도 밝혀줄 수 있는 빛이기도 하였다. 12세기 한국의 위대한 선사인 지눌 스님은 자신의 가르침을 "급작스런 깨침[頓悟], 점진적인 닦음[漸修]"이라는 틀로 설명하였다.

"비록 그가 자신의 원래의 본성이 붓다의 본성과 전혀 다르지 않다는 사실을 깨쳤다 하더라도, 시작 없는 때로부터의 습관의 힘을 갑자기 제거하는 것은 극히 어렵다."[5]

"장애들은 어마어마하고 습관들은 깊이 뿌리박혀 있다."[6]

"그래서 어떻게 그대는 단지 깨침의 한 순간 때문에 점진적인 닦음을 무시하는가? 깨친 후에 그대는 끊임없이 경계심을 늦추지 말아야 한다. 만약 망상적인 생각이 갑자기 나타나면, 그것들을 따르지 말라. … 그러고 나서야 그대의 수행이 완성에 이를 것이다."[7]

우리는 지구 온난화라든가 정의롭지 못한 인종차별주의나 부의 극심한 격차, 또는 단순히 우리 사회의 일부가 되어 있는 어떤 다른 이슈에 대해 그 진실을 아마도 급작스럽게 깨쳤다고 부를 만한 순간이 있었을지도 모른다. 그러나 이런 순간적인 깨침과 이해는 재빨리 지나갈 수 있고, 망각·다른 욕망들·근본적인 무지의 끝도 없는 습관의 에너지가 다시 표면으로 떠오른다.

바로 이 지점에서 지눌 스님이 강조한 점진적인 닦음이 **바른 행동**의 이 단계에서뿐만 아니라 깨달음의 전 여정에서 하나의 틀이 된다. 우리는 어떤 상황에 있더라도 계속 반복해서 어떤 행동이 **바른 행동**인지를 상기하면서 지속적으로 되새기도록 노력하고, 그리하여 망상으로 다시 빠져들지 않도록 해야 한다. 지눌 스님이 말한 바와 같이, "어떻게 그대는 단지 깨침의 한 순간 때문에 점진적인 닦음을 무시하는가?"

이런 노력을 하도록 힘을 북돋아 주고 에너지를 주는 것은 정확히 **8정도**에서 앞쪽에 있는 단계들이다. 우리가 모든 것의 무아·연기를 **바른 견해**를 통해서 이해할 때, 그리고 우리가 금욕·자애·연민에 대한 **바른 사유**를 함양함에 따라, 우리는 해를 적게 끼치고 모든 사람을 안녕으로 이끄는 말과 행동을 하게 된다.

바른 생계

8정도에서 **바른 행동**의 다음 단계는 **바른 생계[正命]**이다. 종종 우리는 일과 영적인 수행을 분리한다. 그러나 붓다는 우리 삶의 이런 부분을 깨달음의 여정에서 중심적인 위치에 놓았다. 재가자들에게 있어서 직업은 삶에서 다른 무엇보다도 더 많은 시간을 차지하고 있다. 그렇기 때문에 최고의 열망이라는 맥락에서 그것을 이해하는 것은 아주 중요하다.

바른 견해에 의해 우리는 업의 법칙, 선한 것과 불선한 것을 이해하고, 해를 끼치는 몸과 말의 행동을 삼갈 때, 자연스럽게 고통을 일으키는 생계수단을 피하게 된다. 이런 점에서 붓다는 특별히 피해야 할 다섯 가지 종류의 직업을 언급하였다. 무기와 살생 도구를 거래하는 것, 인신매매-어린이와 성인을 사고파는 것(이런 일이 우리에게는 낯설지만 불행하게도 세계 여러 곳에서, 심지어는 미국의 일부 지방에서도 일어나고 있다), 고기 생산과 관련된 생계 수단, 동물을 죽이는 일, 독극물 또는 중독 물질을 생산하거나 파는 일, 어떤 종류의 독이라도 생산하거나 거래하는 일이다. 이에 더하여 붓다는 사람을 속이는 일과 관련된 직업을 금지하였다.

이런 모든 직업들은 분명히 피해야 할 것으로 보인다. 왜냐하면 이 직업들은 다른 존재에게 능동적으로 해를 입히고, 우리 자신에게는 부정적인 업의 결과를 초래하기 때문이다. 그렇다면 긍정적인 측면에서 어떻게 **바른 생계**를 이해할 수 있는가? 우리는 봉사하는 삶이라는 이상을 가질 수 있지만, 그 이상에 맞추어서 살아가지 못한다고 여기고, 결과적으로 **8정도**의 이 단계의 함양에 대해 무시할지도 모른다. 어떻게 하면 보다 미세하고 통합적인 수준에서 **바른 생계**에 접근할 수 있는가?

우리가 어떤 직업을 갖고 일을 하더라도 봉사하는 태도를 계발하는 것은 가능하다. 우리는 단순히 나 자신과 가족을 부양하기 위해서 일을 하는가, 또는 우리가 일을 하면서 마음의 태도를 관찰하고 있는가? 우리는 다른 사람에게 관심을 갖고, 조심스러운 태도로, 도움이 되겠다는 순수한 욕망을 갖고 일을 하고 있는가? **바른 생계**는 무엇을 하는가에 대한 것이 아니라 어떻게 하는가에 대한 것이다.

우리는 모두 봉사를 위해 대단히 노력하는 사람들과 교류한 적이 있다. 그리고 그런 교류에서 좋은 느낌을 체험하기도 하고, 때론 이와 반대되는 체험을 한 적도 있을 것이다. 우리가 해로운 직업에 종사하지 않는다면, 무슨 일을 하더라도 관대함과 자애를 함양할 수 있는 무대가 될 수 있다. 명상 스승인 S.N. 고엥까(Goenka)가 말한 바와 같이, "직업의 목적이 나 자신을 부양하고 다른 사람을 도울 수 있는 유용한 역할을 하는 것이라면, 그 사람이 하는 일은 **바른 생계** 수단이다."

바른 생계를 생각하다 보면 거기에는 또한 돈과 부에 대한 문제도 함축되어 있다는 것을 알 수 있다. 어떤 영적인 전통에서는 돈은 악이나 피해야 할 것 또는 영적인 생활과는 전혀 분리되어야 할 무엇으로 간주된다. 붓다의 가르침에서는 올바르게 벌어들인 부가 다른 사람의 유익함과 복지를 위해 사용되면 축복으로 간주된다. 경전에서 가장 뛰어난 재가신도들 중 두 사람을 손꼽는다면 위사카(Visakha)와 아나타삔디까(Anāthapiṇḍika)이다. 그들은 각각 붓다의 여성 후원자와 남성 후원자이다. 그들은 **8정도**를 잘 성취하여 예류과에 든 사람들이다. 그들은 자신들의 막대한 부를 승가와 법의 전파를 위해서, 그리고 가난한 사람들을 보살피는 데 사용하였다.

넓은 의미에서 **바른 생계**는 보리심을 펴는 것으로 볼 수 있다. 달라이 라마의 다음과 같은 말은 이런 진실을 잘 포착한 것이다. "다른 사람을 위해 의무를 다하는 것은 우리에게 광채가 나는 마음, 영웅적이면서 민감하게 반응하는 마음의 힘을 준다."[8]

우리가 하는 어떤 직업이든지 다른 존재에게 유익함을 주는 성스러운 열망으로 행할 수 있다. **8정도**의 다섯 번째 단계인 **바른 생계**의 수행은 이런 열망을 실제로 실천으로 이어지게 해 준다.

XIII

법에 대한 마음챙김

– 성스러운 여덟 가지의 길: 집중 요소들

43

바른 노력, 바른 마음챙김, 바른 집중

8정도의 마지막 세 단계는 **바른 노력**[正精進], **바른 마음챙김**[正念], **바른 집중**[正定]이다. 이 세 가지 단계는 '사마디(samādhi, 三昧, 定)' 또는 **8정도**의 '집중 부분들'이라고 불린다. 망상과 무지를 끊는 것은 지혜 요소이지만, 이 지혜 요소의 칼날은 이 세 가지를 뒷받침해 주는 요소들에 의해 날카로워지고 정교하게 갈린다.

바른 노력

우리는 깨달음의 맥락에서 **8정도**의 여섯 번째 단계인 **바른 노력**을 이해하는 것이 중요하다. 노력의 바탕을 이루는 마음 요소는 *위리야(viriya)*, 즉 정진력으로서 깨달음의 요소들[七覺支] 중 하나이다. 그러나 우리 모두가 아는 바와 같이 정진력은 여러 다른 목적을 위해 사용될 수 있다. 그 목적은 선할 수도 있고, 선하지 않을 수도 있다. 심지어 우리가 선한 것을 위하여 정진력을 사용할 때조차도, 단순히 공덕과 세간적인 행복의 축적을 위한 것인가, 또는 마음을 해탈시키는 **바른 견해**와 연관된 것인가?

잠재적인 번뇌의 일어남을 방지한다

붓다는 정진력을 네 가지의 위대한 노력[四正勤]에 적용하기 위해 바른 노력을 언급하였다. 첫째는 아직 일어나지 않은 불선한 상태가 일어나는 것을 방지하는 것[律儀斷]이다. **바른 노력**의 이런 측면은 우리의 마음이 어떻게 작동하는지에 대한 근본적인 이해를 시사하고 있다. 경전에서 열반에 대한 가장 실용적인 설명은 탐욕·증오·망상이라는 근본 번뇌에서 벗어나는 마음이라는 것이다. 우리는 이런 번뇌들이 나타나지 않는 바로 그 순간들에 선한 마음을 많이 체험한다. 그러나 그럴 때에도 조건의 변화에 따라 자주 다시 일어나는 불선한 요소들을 가지고 있다. 이것은 '잠재적인 번뇌[隨眠]'라고 부르는 것의 기능이다. 잠재적인 번뇌는 그 순간에는 존재하지 않지만, 그것이 일어날 조건이 주어지면 다시 일어날 가능성을 가지고 있는 번뇌를 말한다.

영적 긴박감을 불러일으킬 수 있는 이해가 바로 이런 이해이다. 우리는 기본적으로 좋고 선한 삶을 살아갈 때, 우리의 현재 상황에 자족하기가 쉽다. 그러나 이런 좋은 상황에서도 여전히 탐욕·증오·망상이 일어나는 순간들이 많다. 우리는 아름다운 무엇인가를 보고 그것을 원한다. 우리의 마음은 그쪽으로 쏠린다. 또는 아마도 누군가가 우리가 좋아하지 않는 무엇을 하는 것을 보면 마음은 갑자기 비판과 혐오로 가득 차 버린다. 또는 우리가 아마도 지친다면, 마음은 단순하게 망상으로 흐려져 버린다. 그러므로 네 가지 위대한 노력의 첫 번째는 이런 잠재적인 번뇌들이 갖는 지속적인 힘을 인식하는 것, 무엇이 그런 잠재적인 번뇌를 일으키는지를 이해하는 것, 그리고 그것들이 일어나서 힘을 발휘하지 못하게 방지하는 것이다.

티벳 전통에서 강력한 마음 변화 성찰 중의 하나(앞의 장들에서 언급하였다)는 인간으로 태어남의 소중함을 성찰하는 것이다. 우리가 여러 생을 통해서 함께한 이런 잠재적인 번뇌를 약화시키고 결국은 뿌리 뽑을 수 있는 기회를 가지게 되었기 때문에 우리 인간의 삶은 더욱 소중하다.

그러면 우리는 이런 **바른 노력**의 첫 번째를 어떻게 수행하는가? 8 **정도**에서 앞부분의 단계들인 **바른말·바른 행동·바른 생계**로 토대를 마련하고, 불선한 활동을 하지 않아야 한다. 그리고 감각을 통해서 일어나는 다양한 체험 대상들에 지혜로운 주의를 기울여야 한다. 우리가 기울이는 주의가 일시적이고, 산만하고, 지혜롭지 못하다면, 우리는 단순히 오래된 습관적인 반응에 빠지게 된다. 나는 가장 혁명적이고 광범위하고 도전적인 붓다의 가르침은 즐거운 것에 집착하고 즐겁지 않은 것을 혐오하면 해탈이 불가능하다는 것이라고 생각한다. 분명히, 이런 깊이 뿌리박힌 마음의 조건화된 습관을 약화시키기 위해서 우리는 지혜롭고 지속적인 주의를 기울여야 한다.

이미 일어난 불선한 상태를 버린다

두 번째 위대한 노력은 이미 일어난 그런 불선한 상태를 버리는 것[斷斷]이다. 우리는 다섯 가지 장애(법에 대한 마음챙김-다섯 가지 장애를 보라.)에 대처하는 여러 방법을 자세하게 논의하였다. 그것들에 대해 마음챙김하는 것은 항상 첫 번째 전략이다. 우리가 그런 장애가 있는 것을 알아차리지도 못한다면 장애들을 버릴 가능성이 많지 않다. 때로는 마음챙김 자체로 충분하다. 티벳 가르침의 표현에 따르면, 우리가 불선한 상태를 보게 되면 장애들이 스스로 해방된다고 한다.

딜고 켄체 린포체는 자신의 책 『깨달음으로 가는 여정』에서 다음과 같이 말하고 있다. "당신의 마음은 본래 청명한데 지금 망상으로 흐려져 있다. 그러나 그 흐림이 깨끗해지면 당신은 알아차림의 빛을 알아보기 시작할 것이다. 그리고 그 지점에서 마치 물에 그은 선이 선을 긋자마자 사라지듯이 그 빛이 나타나는 순간 당신의 사고는 해방될 것이다."[1]

그러나 때로는 그 장애가 끈질겨서 장애를 버리는 데 또 다른 전략이 필요하다. 어떤 경전에서 붓다는 산만한 생각과 불선한 마음 상태를 쫓아내는 다섯 가지 전략에 대해 언급하고 있다. 첫 번째는 해독제로서 그와 반대를 활용하는 것이다. 예를 들면, 나쁜 의도가 일어나면 멧따에 마음을 다시 집중시킨다. 또는 마음이 안정되지 못하면 호흡을 편안하게 하여 마음을 편안하게 하는 것이 도움이 된다. 만약 질투 또는 시기가 강하면 우리는 *무디따*(*muditā*, 喜), 즉 공감하는 기쁨으로 마음을 돌린다. 이런 모든 치료제들은 채널을 바꿀 수 있는 능력을 지닌 원격 조정 장치가 있다는 이해에서 나온다.

이미 일어난 불선한 상태를 제거하는 두 번째 수단은 종종 '자기 존중'과 '지혜로운 자에 대한 존중'이라고 번역되는 *히리*(*hiri*, 慚)와 *옷땃빠*(*ottappa*, 愧) 요소를 통해서이다. 마음의 이런 선한 요소들은 양심과 책임 의식을 고양시킨다. 지혜로운 자가 불선한 마음 상태를 어떻게 보는가를 성찰하는 것은 종종 불선한 것을 버리는 이런 노력의 강력한 동반자가 된다. 이런 이유 때문에 이 요소들을 '세상의 수호자'라고 부른다. 또한 우리의 행동을 이렇게 돌이켜보는 것은 지혜로운 이해를 하기 위한 것이지, 자기 판단 또는 죄책감을 단순히 강화시키기 위한 것이 아니라는 점에 주의해야 한다. *히리*와 *옷땁빠*를 지혜롭게 사용하면 그것이 망상 사고의 힘에서 우리를 깨어나게 해 준다.

이미 일어난 불선한 마음 상태를 쫓아내는 세 번째 방법은 주의를 의도적으로 다른 곳으로 돌리는 것이다. 우리가 정말로 장애의 수렁에서 헤매고 있다면, 의도적으로 어떤 다른 대상으로 주의를 돌려야 한다. 이런 전환 전략의 가치에 대해 연구한 보고들이 있다. 즉, 유명한 마시멜로 실험이 있다. 이 실험은 만족 지연에 대한 것인데, 1972년 스탠포드 대학의 심리학자 월터 미셸(Walter Mischel)이 고안한 것이다. 미셸은 아이들에게 마시멜로, 과자, 그리고 다른 먹을 만한 것이 담긴 접시를 주었다. 미셸은 아이들에게 바로 하나를 먹어도 된다고 말하면서, 만약 그가 방을 떠난 후 몇 분 동안 먹지 않고 기다리면 그가 돌아올 때 두 번째 먹을 것을 가질 수 있다고 말하였다. 실험자들은 여러 아이들의 반응을 필름에 담았다. 어떤 아이들은 즉시에 처음 것을 먹었다. 다른 아이들은 자신들의 욕구를 지연시키기 위해 다양한 전략을 사용하였다. 조나 레르(Jonah Lehrer)는 「뉴요커」 기사에서 '안 돼! 자기 통제의 비밀'이라는 제목으로 그때 일어난 일을 다음과 같이 쓰고 있다.

몇 년에 걸쳐서 행해졌던 이 실험들의 장면은 가슴 아픈데, 아이들이 조금이라도 더 욕구를 지연시키려고 애쓰기 때문이다. 어떤 아이들은 손으로 자신들의 눈을 가리거나 그 쟁반을 보지 못하게 몸을 돌렸다. 다른 아이들은 책상을 발로 차기 시작하거나 자신의 땋은 머리를 잡아당기거나 마시멜로가 마치 동물 인형이라도 되는 것처럼 쓰다듬었다. 한 아이, 단정하게 가르마를 탄 소년이 방 주위를 조심스럽게 보더니 아무도 자기를 볼 수 없다고 확신했다. 그러고 나서 그 아이는 오레오를 들고서는, 정교하게 양쪽으로 분리시켜서 속에 있는 하얀 크림을 핥아먹었다. 그런 후에 만족한 얼굴을 띠며 쟁반에 도로 그 쿠키를 놓았다.[2]

그 실험이 보여준 것은, 접시에 담겨진 먹을 것 이외의 대상에 자신의 주의를 돌릴 수 있는 아이들이 즉각적인 유혹에 견디고 더 좋은 것(이 경우는 두 번째의 먹을 것)을 위해 기다릴 수 있다는 점이었다. 우리는 이런 전략을 여러 장애와 불선한 마음 상태를 흘려보내는 데 적용할 수 있다. 우리는 그런 마음 상태가 약화되거나 사라질 때까지 어떤 다른 대상으로 주의를 돌릴 수 있다.

산만한 생각을 쫓아내는 네 번째 방법은 이것과는 완전히 반대이다. 즉 산만한 생각을 바로 직면해서 들여다보고, 원인과 결과를 탐구하는 것이다. 여기서 우리는 어떤 생각 또는 감정이 불선한 상태의 바닥에 있거나 그것과 연관되어 있는지 보는 것에 더 관여하게 된다. 예를 들면, 분노의 바닥에는 종종 공포가 있고 욕망의 바닥에는 종종 권태가 있다.

그리고 이런 모든 것이 실패하면 사용하는 마지막 다섯 번째 방법은 붓다가 제시한 바와 같이 강제로 불선한 생각을 억압하는 것이다. 이렇게 하는 방법 중에 한 가지는 이런 생각이 일어나자마자 그 생각을 쏘는 자신을 상상하는 것이다. 마치 놀이 공원의 사격 게임장에서 목표물을 사격하는 것과 같다. 이런 방법은 계속적으로 반복해서 이미 일어난 불선한 생각이 느낌의 부정이나 억압의 문제가 아닐 때 내게 특히 도움이 되었다. 다소 유머 있게 말하자면 씨를 말리는 것이다. 나는 이 방법을 '카우보이 다르마'라고 부른다.

이런 모든 가르침은 명상이 예술이라는 점을 상기시켜 준다. **8정도**의 이 단계, 즉 **바른 노력**은 단지 하나의 정답만을 가진 하나의 기법 또는 사고방식을 따르는 그런 단순한 문제가 아니라는 점이다. 오히려 우리는 마음을 살아 있고 활기차고 계속해서 여러 마음상태가 변화하는 상호작용이라고 이해하게 된다. 만약 우리가 깨달음에 강하게 들어선다면, 불선한 것을 버리는 데 어떤 방법이 효과적인지를 탐구하고 실험하고 점검할 것이다. 붓다는 궁극적으로 실용주의자였다. 붓다의 가르침은 독단이 아니라 유익한 수단에 대한 것이고 그것이 작동하는 것을 이해하는 것이다.

아직 일어나지 않은 선한 상태를 일으킨다

세 번째 위대한 노력은 아직 일어나지 않은 선한 상태를 일으키는 것[隨護斷]이다. 이런 선한 마음상태를 범주화하는 많은 방법들이 있다. 그러나 우리는 이것을 깨달음의 일곱 가지 요소로 간명하게 정리하여 이해할 수 있다. 비구 보디는 『성스러운 여덟 가지의 길』에서 이렇게 말하고 있다.

이 일곱 가지 상태는 '깨달음의 요소들'로 함께 모을 수 있는데, 그것들은 깨달음으로 이끄는 것이고, 깨달음을 구성하는 것이기 때문이다. 8정도의 이전 단계에서 그것들은 위대한 달성을 위한 길을 닦는다. 그리고 마침내 그것들은 그 구성분으로 남는다. 깨달음, 즉 온전하고 완벽한 이해의 체험은 단지 이 일곱 가지 구성분이 조화롭게 작동하여 모든 속박을 깨고, 슬픔에서 최종적으로 해탈하도록 야기하는 것이다.[3]

이미 일어난 선한 상태를 유지하고 강화한다

위대한 노력의 네 번째이자 마지막은 이미 일어난 선한 상태를 유지하고 강화하는 것[修斷]이다. 이것은 아비담마에서 '아름다운 마음 요소[善淨心所]'라고 부르는 것을 키우고 유지하는 것이다. 흔히 우리는 자신의 약점과 실수에 초점을 맞춘다. 그러고서 하루 동안 일어난 많은 선한 마음 상태를 간과한다.

나는 초기 수행 동안 인도에서 이것에 대한 흥미로운 체험을 한 적이 있다. 그때 우리들 몇몇이 보드가야의 미얀마 사원에 머무르고 있었다. 저녁에 우리는 몇 명이 모여 있었는데, 여성 중 한 명이 우리 그룹에 대해 노래를 만든 것이 있다고 하였다. 그 말을 들었을 때 처음 들었던 생각은 우리 자신들의 여러 약점들을 재미있고 부드럽게 지적하는 유쾌한 로스트 파티[16)]일 것이라고 예상하였다. 놀랍게도 실제로는 완전히 반대였다. 그녀는 자신이 본 우리의 좋은 자질에 대해 노랫말을 지었던 것이다. 거기에는 멧따의 훌륭한 감정이 있었고,

······

16) 로스트 파티는 어떤 사람의 인생에서 특별한 일을 축하하기 위해 모여 특히 함께 식사를 하면서 그 사람에 얽힌 재미있는 일화들을 나누는 것이다.

그날 저녁의 분위기를 사로잡았다.

깨달음의 요소들, 또는 어떤 다른 선한 상태를 상기하고 그것과 친숙해지는 것은 좋은 수행이다. 이런 식으로 우리는 그것이 일어날 때를 상기하고 그것의 성장을 함양한다. 우리 자신의 아름다운 마음 요소들을 인식하는 것은 믿음을 강화하고 **바른 노력**을 더욱 고취시킨다. 이렇게 되면 우리는 깨달음의 바른 길에 들어선 것이다.

여기에 좋은 소식이 있다. 말콤 글래드웰(Malcolm Gladwell)은 자신의 책 『아웃라이어(Outliers)』에서 어떤 분야를 완전히 숙달하는 것은 타고난 재능과 천재성에 달려 있는 것이 아니라 실천에 바친 시간의 양에 달려 있다는 것을 입증하는 연구들을 제시하였다. 우리는 영적인 천재일 필요가 없다. 단지 우리는 시간을 들이면 된다.

8정도의 마지막 두 단계는 **바른 마음챙김**과 **바른 집중**이다. 이것들은 이미 법에 대한 마음챙김-일곱 가지 깨달음의 요소-에서 다소 자세하게 논의하였다. 그러므로 여기서는 단지 몇 가지 중요한 측면만 강조하고자 한다.

바른 마음챙김

바른 마음챙김은 수행의 핵심적인 열쇠이다. 그것은 깨달음의 요소들 중에서 첫 번째이고, 다른 요소들을 일으킨다. 우리가 『염처경』에서 본 바와 같이 붓다는 우리가 이런 상태를 수행하고 함양하는 많은 방법들을 포괄적으로 상세히 언급하였다.

마음챙김은 마음의 현존이고, 알아차림의 성질이다. 이것은 종종

'순수한 주의'로 언급된다. 비구 보디는 다음과 같이 이에 대해 잘 표현하고 있다.

> 바른 마음챙김의 수행에서 마음은 현재에 있고 열려 있고 조용하고 생생하게 깨어 있으면서 현재의 사건을 관찰 명상하도록 훈련된다. 모든 판단과 해석은 지연되어야 하거나, 만약 일어난다면 단지 알아차리기만 하고 그만두어야 한다. 이 임무는 무엇이 나타나든 일어났다고 단지 기록만 하는 것인데, 바다에서 서퍼가 파도를 타는 방식으로 사건들의 변화를 타면서 그렇게 한다. 전체 과정은 현재로 돌아오는 것, 지금 여기에서 슬쩍 빠져나가지 않고, 산만한 사고의 물살에 쓸려가지 않고 머무르는 방법이다. … 그러므로 마음챙김의 수행은 행함(doing)이라기보다는 행하지 않음(undoing)의 문제이다.[4]

마음챙김의 수행은 아주 간단하지만, 행하기가 언제나 쉬운 것은 아니다. 우리가 알다시피 우리의 마음은 현재 일어나고 있는 것에 대한 순수한 체험을 둘러싸고 여러 중첩적인 개념들, 평가들, 싫고 좋음과 같은 복잡한 생각에서 종종 헤맨다. 그리고 또한 체험과 비개념적으로 동일화하고, 자아감을 만들어 내어서 순수한 마음챙김의 주의를 방해한다.

일상적이고 관습적인 앎, 그리고 마음챙김의 앎 사이에 있는 차이점을 명확히 하는 것을 돕기 위해 나는 '블랙 랩(black Lab)[17] 의식'의 예를 활용한다. 래브라도 리트리버의 이상한 놀이를 본 적이 있는가?

······

17) 랩(Lab)은 개의 한 종류인 래브라도(Labrador)의 약칭이다.

블랙 랩은 대상과 소리, 특히 냄새를 아주 또렷하게 인식한다. 그러나 그들이 놀 때 랩들은 한 감각 인상에서 다른 감각 인상으로 옮겨 다닌다. 말 그대로 코에 이리저리 끌려 다닌다. 거기에는 자신들이 하고 있는 것에 대한 마음챙김이 없다.

이런 블랙 랩 의식과 마음챙김 사이의 차이를 이해하는 한 방법으로서, 하나의 생각에 빠진 다음의 깨달음의 순간에 세심하게 주의를 기울여보라. 그렇게 전환하는 바로 그 순간, 우리는 마음챙김이 무엇을 의미하는지에 대한 아주 명료하고 즉각적인 체험을 할 수 있다. 한 순간 우리는 하나의 생각에 빠지고 사로잡히지만, 그 다음 순간 우리는 자신이 생각하고 있다는 것을 알아차리게 된다. 우리는 꿈같은 삶에서 깨어나고 있는 것이다.

바른 집중

마음챙김의 힘과 지속성을 통하여 우리는 이제 **8정도**의 다음이자 마지막 단계인 **바른 집중**을 계발한다. 마음챙김이 하나의 대상에 주의를 안정시키는 곳으로 방향을 돌리게 되면 평온함과 고요함이 더 깊어지고, *쟈나(jhānas)*, 즉 선정이라고 불리는 것에서 절정을 이룬다. 마음챙김이 정확한 이름 붙이기/변화하는 대상에 이름 붙이기로 향할 때, 집중은 세 가지 특징, 즉 무상·고·무아를 더욱 더 분명히 보게 해 준다.

이런 수행 방식 둘 다에서 집중이 갖는 특징은 산만해지지 않는 것이고, 이런 마음 상태가 지속되면 지혜가 일어나게 된다. 마음을 유연하게 해 주고, 감각적 즐거움이 주는 것보다 더 큰 행복감으로 마음을 충만하게 해 주는 것은 바로 이 집중이다. 붓다는 집중이 없으면 우리의 마음은 마른 바닥에 퍼덕이는 물고기와 같다고 말하였다. 집중을 깊이 존중하지 않고 머물게 되면 가르침은 부서지고 사라져버리게 된다.

붓다는 **8정도**의 마지막 단계가 갖는 중요성에 대해 아주 명확하게 언급하였다.

> "비구들이여, 선정을 닦아라. 선정에 든 비구는 현상을 있는 그대로 이해한다. 그리고 그가 이해하는 것은 … 5온의 일어남과 사라짐이다."[5]

붓다의 가르침인 "선정에 든 비구는 현상을 있는 그대로 이해한다"는 것은, **8정도**의 마지막 단계인 **바른 집중**이 우리를 **8정도**의 첫 번째 단계인 **바른 견해**로 이끈다는 것을 보여준다. 가장 깊은 이해 수준에서 보면 **8정도**는 순환구조를 이루고 있으면서 동시에 해탈을 향하여 상승 곡선을 그리고 있는 것이다.

정형구: 법에 대해서

첫 세 가지의 염처에서 각각의 가르침이 있은 다음에 항상 그랬던 것과 마찬가지로, 붓다는 법의 개별적인 가르침 다음에 정형구로 돌아간다. 그러면서 그것들에 대한 관찰 명상의 계발을 특별히 강조하고 있다.

> "이와 같은 방식으로 그는 법에 대해서 법을 내적으로 … 외적으로 … 내외적으로 관찰하며 머무른다. 또는 법에 대해서 일어남의 현상을 … 사라짐의 현상을 … 일어남과 사라짐의 현상을 관찰하며 머무른다."[6]

당신 자신의 수행과 매일의 체험이 갖는 여러 측면들을 성찰하면서, 스스로 그 개별적인 것에 얼마나 정형구를 적용하였는지 생각해 보라. 예를 들면 당신이 장애나 소리 또는 일정한 생각이 있다는 것을 알았을 때, 그것에 대한 당신의 일반적인 태도는 어떠하였는가? 이런 현상이 일어나고 사라지는 순간을 알아차리고 있는가? 누군가의 정진력 또는 집중을 볼 때 어떤 생각과 감정이 일어나는가? 이렇게 아는 것 또는 알지 못하는 것이 당신 자신의 수행에 무엇을 알려주는가? 당신은 스스로의 체험과 다른 사람들의 체험을 객관적으로 바라보면서 집착에서 자유로울 수 있는가?

법 수행에서 정형구가 갖는 중요성을 예를 들어 살펴보기 위해서, 그것이 4성제에 어떻게 적용되는지를 살펴보겠다. 우리는 4성제를 수행할 때, 4성제가 우리 자신에게, 타인에게, 그리고 자신과 타인에게 어떻게 작동하고 있는지를 볼 수 있다. 우리 자신의 체험이 갖는 보편적인 측면을 보는 것이 중요하다는 것을 알게 되면, 타인과의 관계에서 평정한 마음과 연민의 마음을 지속적으로 갖는 데 도움이 된다. 우리가 자신을 더 많이 이해하면 할수록 다른 사람들을 더 잘 이해하게 된다. 우리가 자신의 삶이 갖는 고통의 성질을 탐구할 때,

다른 사람의 고통을 보면서 연민의 마음을 더 많이 갖게 된다. 그리고 우리가 자신이 자유에 도달할 수 있는 가능성을 더 깊이 이해하면 할수록, 우리는 모든 존재가 이런 가능성을 공유할 수 있다는 것을 더 잘 이해하게 된다.

정형구는 우리 체험의 모든 요소들이 일어나고 사라진다는 것을 관찰 명상하도록 상기시켜 준다. 우리가 내적으로·외적으로·내외적으로 현상들의 무상함을 체험할 때, 우리는 또한 현상이 갖는 불만족스러움과 무아의 성질을 이해하게 된다. 그때 변화하는 것에 집착할 때 우리는 고통 받는다는 명확한 진리를 스스로 보게 된다.

붓다는 이렇게 결론짓고 있다.

> "단지 그에게 온전한 앎과 지속적인 마음챙김을 위해 필요한 정도로 '법이 있다'라고 하는 마음챙김도 확립된다. 그는 세상의 어느 것에도 집착하지 않고 의존하는 바 없이 머무른다. 비구들이여, 비구는 이와 같이 네 가지 성스러운 진리의 법에서 법을 관찰하며 머무른다."[7]

44

열반의 실현

바른 집중이 **8정도**의 마지막 단계이지만, 수행의 길 자체의 끝은 아니다. 우리는 현상의 성질-마음·몸·세계-을 탐구하는 데 집중의 세밀한 힘을 사용한다. 그리고 집중은 번뇌를 뿌리 뽑아서 고통을 끝내는 것을 마지막 목표로 설정한다.

"비구들이여, 그러면 무엇이 조건 지어지지 않은 것[無爲]인가? 비구들이여, 탐욕의 절멸·성냄의 절멸·어리석음의 절멸이다. 비구들이여, 이를 일러 조건 지어지지 않은 것이라 한다."[1]

"비구들이여, 그러면 무엇이 조건 지어지지 않은 것에 이르는 길인가? 공(空)한 집중[空三昧], 표상 없는 집중[無相三昧], 원함 없는 집중[無願三昧]이다. 이것을 조건 지어지지 않은 것으로 이끄는 길이라 한다."[2]

공한 집중[空三昧]은 모든 사물을 자아가 텅 비어버린 것으로 보고 이해할 때 생겨난다. 표상 없는 집중[無相三昧]은 때로는 *위빠사나 사마디(vipassanā samādhi)*라고도 불리는데, 변화를 관찰하면서 영원한 대상이라는 표상을 버리는 것이다. 그리고 우리가 조건화된 현상의 불만족스러움을 관찰하여, 더 이상 무상하고 믿을 수 없고 무아인 것으로 향하지 않을 때 원함 없는 집중[無願三昧]이 일어난다.

이런 통찰이 성숙해지면 어느 지점에서 마음은 우리를 묶고 있는 모든 번뇌를 단계별로 뿌리 뽑으면서 열반, 즉 조건 지어지지 않은[無爲] 상태를 향해 문을 열게 된다. 붓다는 이런 체험을 여러 가지 방식으로 다양하게 표현하였다. '지혜의 완성', '최고의 행복', '능가할 수 없는 자유', '평화의 상태', '숭고함', '상서로움', '훌륭함', '대단함', '하나의 섬', '하나의 안식처', '피난처'이다. 또한 동시에 열반을 무엇이라고 구체적으로 적시할 때 생기는 위험에 조심하기 위해서, 열반을 생겨나지도 않고 만들어지지도 않고 된 적도 없고 조건화되지 않은 것으로 묘사하였다. 열반의 실현은 수행의 최대의 열매이고, 많은 깨달은 자들이 성취하면서 다음과 같이 선언했던 것이다. 즉, *해야 할 일을 다 마쳤다.*

붓다는 우리가 수행을 어떻게 이해해야 하는지에 대해 중요한 함축성을 띤 예견으로 『염처경』을 마무리 짓고 있다.

> "비구들이여, 누구든지 이 네 가지 마음챙김의 확립[四念處]을 이와 같이 7년 동안 닦으면, 다음 두 가지 결과 중 하나를 기대할 수 있다. 즉, 지금 여기에서 궁극적인 지혜를 얻거나, 또는 집착의 흔적이 남아 있다면 돌아오지 않는 경지[不還果]를 기대할 수 있다. 비구들

이여, 7년 동안이 아니더라도, 누구든지 이 네 가지 마음챙김의 확립을 6년 … 5년 … 4년 … 3년 … 2년 … 1년 동안만이라도 이와 같이 닦으면, 아니 누구든지 이 네 가지 마음챙김의 확립을 7개월 동안만이라도 이와 같이 닦으면, 다음 두 가지 결과 중 하나를 기대할 수 있다. 즉, 지금 여기에서 궁극적인 지혜를 얻거나, 또는 집착의 흔적이 남아 있다면 돌아오지 않는 경지를 기대할 수 있다.

비구들이여, 7개월 동안까지 못하더라도, 누구든지 이 네 가지 마음챙김의 확립을 6개월 … 5개월 … 4개월 … 3개월 … 2개월 … 1개월 … 반 달 동안만이라도 이와 같이 닦으면, 아니, 비구들이여, 누구든지 이 네 가지 마음챙김의 확립을 7일 동안만이라도 이와 같이 닦는다면, 다음 두 가지 결과 중 하나를 기대할 수 있다. 즉, 지금 여기에서 궁극적인 지혜를 얻거나, 또는 집착의 흔적이 남아 있다면 돌아오지 않는 경지를 기대할 수 있다."

"'비구들이여, 이것은 중생을 청정하게 하고, 슬픔과 비탄을 극복하게 하고, 고통과 근심을 소멸하게 하고, 옳은 방법을 얻게 하고, 열반을 실현시키는 직접적인 길이니, 말하자면 네 가지 마음챙김의 확립[四念處]이다.' 비구들이여, 이와 같이 말한 것은 이것에 근거해서 설한 것이다."[3]

이런 직접적인 언급이 갖는 함축적인 중요성 중 하나는 깨달음이 진정으로 가능하다는 것이다. 이것은 우리 모두가 성취할 수 있는 그 무엇이다. 왜냐하면 이것은 마음 자체의 잠재적인 능력이기 때문이다. 심지어 순수한 마음챙김의 첫 몇몇 순간이 우리 삶에서 전환점이 되기도 한다. 왜냐하면 아마도 처음에 마음은 훈련될 수 있고, 이해될 수 있고, 해탈될 수 있다는 것을 깨닫기 때문이다. 우리는 일상적이고 관습적인 현실을 넘어서 있는 그 무엇을 얼핏 보고서, 우리가 누구이고 이 세상은 무엇인지에 대한 비전을 변화시키는 하나의 공간과 접촉하게 된다.

그리고 우리는 이런 목적을 향한 직접적이고 명확하게 구축된 깨달음의 길이 있다는 것을 이해한다. 이렇게 어렴풋이 알게 된 것이 궁극적인 진리에 대하여 열정적인 의미를 부여해 준다. 왜냐하면 우리가 항상 이런 공간에 살 수 없다고 하여도 이것이 우리가 가치를 두는 모든 것의 원천이라는 것을 이해하기 때문이다.

붓다의 예견적인 가르침이 갖는 두 번째 함축성은 깨달음에는 다양한 기간이 있다는 점이다. 마음의 계발은 여러 생을 통해서 일어난다는 붓다의 가르침을 고려하면, 우리는 아마 깨달음의 여정 바로 그 시작에 있을지도 모르며, 또는 아마도 여정의 끝에 와 있을지도 모른다. 우리 모두는 서로 다른 배경과 조건을 갖고 있다. 그러나 비구 보디는 다음과 같이 지적하였다.

> "해탈은 길의 필연적인 열매이고, 꾸준하고 지속적으로 수행을 한다면 꽃을 피우기 마련이다. 최종 목표에 도달하는 데 최고의 필수품은 이 두 가지이다. 즉 시작하는 것과 계속하는 것이다. 만약 이 필수품을 만난다면 의심 없이 목표를 획득할 것이다."[4]

이런 놀라운 가르침을 주는 위대한 선물, 『염처경』은 우리에게 그 길을 보여주고 있다.

부록

부록 A
아날라요의 『염처경』 번역

부록 B
용어 풀이

부록 A

아날라요의 『염처경(念處經, Satipaṭṭhāna Sutta)』 번역[1, 18)]

아날라요는 1962년 독일에서 태어났고, 1995년 스리랑카에서 비구계를 받았다. 페라데니야(Peradeniya) 대학에서 「염처경 연구」로 박사 학위를 취득하였고, 현재 명상에 대한 집필, 강의, 수행을 하고 있다.

이와 같이 나는 들었다. 한때 세존께서 꾸루 국에 있는 깜맛싸담마라고 하는 꾸루 족 마을에 계셨다. 거기서 세존께서는 "비구들이여"라고 비구들을 불렀다. 비구들은 "세존이시여"라고 대답했다.

18) 저자는 『염처경』 번역으로 아날라요(Anālayo) 스님의 번역을 부록 A에 싣고 있다. 여기서는 아날라요의 영문 번역을 포함해서 그 책의 한글 번역본, 전재성, 대림 스님의 맛지마 니까야 한글 번역본을 참고해서 『염처경』을 번역했다. 참고문헌은 다음과 같다. Bhikkhu Anālayo, *Satipaṭṭhāna: The Direct Path to Realization* (Cambridge, UK: Windhorse Publications, 2003, pp.3~14 (『깨달음에 이르는 알아차림 명상 수행』, 이필원·강향숙·류현정 공역, 명상상담연구원, 2014, 15~25쪽) 전재성 역주, 맛지마 니까야 1, 한국빠알리성전협회, 2002(재판), 239~263쪽. 대림 스님 역, 맛지마 니까야 1, 초기불전연구원, 2012, 324~362쪽.

직접적인 길

"비구들이여, 이것은 중생을 청정하게 하고, 슬픔과 비탄을 극복하게 하고, 고통과 근심을 소멸하게 하고, 옳은 방법을 얻게 하고, 열반을 실현시키는 직접적인 길이니, 말하자면 네 가지 마음챙김의 확립[四念處]이다."

마음챙김의 정의

"네 가지란 무엇인가? 비구들이여, 여기 비구가

1) 몸에 대한 마음챙김[身念處]: 몸에 대해서 몸을 관찰하며 머무른다. 부지런하고, 분명히 알고, 마음챙기고, 세상의 욕망과 불만족을 버리면서 머무른다.

2) 느낌에 대한 마음챙김[受念處]: 느낌에 대해서 느낌을 관찰하며 머무른다. 부지런하고, 분명히 알고, 마음챙기고, 세상의 욕망과 불만족을 버리면서 머무른다.

3) 마음에 대한 마음챙김[心念處]: 마음에 대해서 마음을 관찰하며 머무른다. 부지런하고, 분명히 알고, 마음챙기고, 세상의 욕망과 불만족을 버리면서 머무른다.

4) 법에 대한 마음챙김[法念處]: 법에 대해서 법을 관찰하며 머무른다. 부지런하고, 분명히 알고, 마음챙기고, 세상의 욕망과 불만족을 버리면서 머무른다."

호흡에 대한 마음챙김

"비구들이여, 비구가 몸에 대해서 몸을 관찰하며 머무른다는 것은 어떠한 것인가? 여기 비구가 숲으로 가거나 나무의 뿌리로 가거나 빈 집에 가서, 가부좌를 틀고 앉아 몸을 똑바로 세우고 면전에 마음챙김을 확립하여 마음챙겨 숨을 들이쉬고 마음챙겨 숨을 내쉰다. 길게 숨을 들이쉴 때는 '길게 숨을 들이쉰다'고 꿰뚫어 알고, 길게 숨을 내쉴 때는 '길게 숨을 내쉰다'고 꿰뚫어 안다. 짧게 숨을 들이쉴 때는 '짧게 숨을 들이쉰다'고 꿰뚫어 알고, 짧게 숨을 내쉴 때는 '짧게 숨을 내쉰다'고 꿰뚫어 안다. '온 몸을 체험하면서 숨을 들이쉬겠다'라고 훈련하고, '온 몸을 체험하면서 숨을 내쉬겠다'라고 훈련한다. '몸의 작용을 고요하게 하면서 숨을 들이쉬겠다'라고 훈련하고, '몸의 작용을 고요하게 하면서 숨을 내쉬겠다'라고 훈련한다."

"비구들이여, 마치 숙련된 도공이나 도공의 제자가 길게 돌릴 때는 '길게 돌린다'고 꿰뚫어 알고, 짧게 돌릴 때는 '짧게 돌린다'고 꿰뚫어 알듯이, 이와 같이 비구들이여, 길게 숨을 들이쉴 때는 '길게 숨을 들이쉰다'고 꿰뚫어 알고 …" (위와 같은 식으로 진행).

〈정형구〉

"이와 같은 방식으로 그는 몸에 대해서 몸을 내적으로 관찰하며 머무르거나, 몸에 대해서 몸을 외적으로 관찰하며 머무르거나, 몸에 대해서 몸을 내외적으로 관찰하며 머무른다. 또는 몸에 대해서 일어남의 현상을 관찰하며 머무르거나, 몸에 대해서 사라짐의 현상을 관찰하며 머무르거나, 몸에 대해서 일어남과 사라짐의 현상을 관찰하며 머무른다. 단지 그에게 온전한 앎과 지속적인 마음챙김을 위해 필요한 정도로 '몸이 있다'라고 하는 마음챙김도 확립된다. 그는 세상의 어느 것에도 집착하지 않고 의존하는 바 없이 머무른다. 비구들이여, 비구는 이와 같이 [자기의] 몸에 대해서 몸을 관찰하며 머무른다."

자세에 대한 마음챙김

"또한 비구들이여, 비구는 걸어가면 걸어간다고 꿰뚫어 알고, 서 있으면 서 있다고 꿰뚫어 알고, 앉아 있다면 앉아 있다고 꿰뚫어 알고, 누워 있으면 누워 있다고 꿰뚫어 안다. 그는 신체적으로 어떠한 자세를 취하든지 그 자세 그대로 꿰뚫어 안다."

〈정형구〉

"이와 같은 방식으로 그는 몸에 대해서 몸을 내적으로 … 외적으로 … 내외적으로 관찰하며 머무른다. 또는 몸에 대해서 일어남의 현상을 … 사라짐의 현상을 … 일어남과 사라짐의 현상을 관찰하며 머무른다. 단지 그에게 온전한 앎과 지속적인 마음챙김을 위해 필요한 정도로 '몸이 있다'라고 하는 마음챙김도 확립된다. 그는 세상의 어느 것에도 집착하지 않고 의존하는 바 없이 머무른다. 비구들이여, 비구는 이와 같이 몸에 대해서 몸을 관찰하며 머무른다."

행동에 대한 마음챙김

"또한 비구들이여, 비구는 나아가고 돌아오는 것을 분명히 알아차린다. 앞을 보고 뒤를 보는 것을 분명히 알아차린다. 굽히고 펴는 것을 분명히 알아차린다. 옷을 입고 발우와 가사를 드는 것을 분명히 알아차린다. 먹고 마시고 소화시키고 맛보는 것을 분명히 알아차린다. 대변보고 소변보는 것을 분명히 알아차린다. 가고 서고 앉고 잠들고 깨어 있고 말하고 침묵하는 것을 분명히 알아차린다."

〈정형구〉

"이와 같은 방식으로 그는 몸에 대해서 몸을 내적으로 … 외적으로 … 내외적으로 관찰하며 머무른다. 또는 몸에 대해서 일어남의 현상을 … 사라짐의 현상을 … 일어남과 사라짐의 현상을 관찰하며 머무른다. 단지 그에게 온전한 앎과 지속적인 마음챙김을 위해 필요한 정도로 '몸이 있다'라고 하는 마음챙김도 확립된다. 그는 세상의 어느 것에도 집착하지 않고 의존하는 바 없이 머무른다. 비구들이여, 비구는 이와 같이 몸에 대해서 몸을 관찰하며 머무른다."

해부학적 부분들에 대한 마음챙김

"또한 비구들이여, 비구는 이 몸을 발바닥에서부터 위로, 머리카락에서부터 아래로 피부로 싸여 있고 온갖 오물로 가득 찬 것으로 살펴본다. 즉 '이 몸에는 머리카락, 몸의 털, 손톱, 피부, 살, 근육, 뼈, 골수, 신장, 심장, 간장, 늑막, 비장, 폐, 창자, 장간막, 위장, 배설물, 뇌수, 담즙, 가래, 고름, 피, 땀, 지방, 눈물, 임파액, 침, 점액, 관절액, 오줌이 있다'고 살펴본다.

비구들이여, 마치 양쪽에 입구가 있는 자루에 여러 가지 곡식, 즉 밭벼, 보리, 녹두, 완두, 참깨, 논벼 등의 곡식이 가득 담겨 있는데 그 자루를 열어서 사람이 눈으로 이것은 밭벼, 이것은 보리, 이것은 녹두, 이것은 완두, 이것은 참깨, 이것은 논벼라고 살펴보듯이, 비구는 이와 같이 이 몸을 살펴본다. …" (위와 같은 식으로 진행).

〈정형구〉

"이와 같은 방식으로 그는 몸에 대해서 몸을 내적으로 … 외적으로 … 내외적으로 관찰하며 머무른다. 또는 몸에 대해서 일어남의 현상을 … 사라짐의 현상을 … 일어남과 사라짐의 현상을 관찰하며 머무른다. 단지 그에게 온전한 앎과 지속적인 마음챙김을 위해 필요한 정도로 '몸이 있다'라고 하는 마음챙김도 확립된다. 그는 세상의 어느 것에도 집착하지 않고 의존하는 바 없이 머무른다. 비구들이여, 비구는 이와 같이 몸에 대해서 몸을 관찰하며 머무른다."

네 가지 원소들[四大]에 대한 마음챙김

"또한 비구들이여, 비구는 이 몸을 '이 몸속에는 땅의 원소[地大], 물의 원소[水大], 불의 원소[火大], 바람의 원소[風大]가 있다'고 원소로서, 놓여진 대로 구성된 대로 살펴본다.

마치 솜씨 좋은 도축업자나 그의 조수가 소를 도살하여 사거리에 따로따로 나누어 놓는 것처럼, 비구는 이 몸을 살펴본다. …" (위와 같은 식으로 진행).

〈정형구〉

"이와 같은 방식으로 그는 몸에 대해서 몸을 내적으로 … 외적으로 … 내외적으로 관찰하며 머무른다. 또는 몸에 대해서 일어남의 현상을 … 사라짐의 현상을 … 일어남과 사라짐의 현상을 관찰하며 머무른다. 단지 그에게 온전한 앎과 지속적인 마음챙김을 위해 필요한 정도로 '몸이 있다'라고 하는 마음챙김도 확립된다. 그는 세상의 어느 것에도 집착하지 않고 의존하는 바 없이 머무른다. 비구들이여,

비구는 이와 같이 [자기의] 몸에 대해서 몸을 관찰하며 머무른다."

부패 중인 시체에 대한 마음챙김

"또한 비구들이여, 비구는 묘지에 버려진 시체를 보듯이-하루나 이틀이나 사흘이 지나 부풀어 오르고 검푸르게 되고 고름이 흘러나오는 시체를 보듯이 … 까마귀, 매, 독수리, 개, 승냥이, 여러 가지 벌레에 먹히는 시체를 보듯이 … 해골이 되어 피와 살이 있는 채로 힘줄에 얽혀 있는 것을 보듯이 … 살은 없어졌지만 아직 피가 남아 있는 채로 힘줄에 얽혀 있는 것을 보듯이 … 살도 피도 없이 힘줄에 얽혀 있는 것을 보듯이 … 뼈들이 흩어져서 여기저기 널려 있는 것을 보듯이 … 백골이 되어 조개껍데기 같은 색깔의 뼈가 된 것을 보듯이 … 1년 이상 쌓인 뼈 무더기가 있는 것을 보듯이 … 뼈가 썩어서 가루로 부서지는 것을 보듯이-이 몸을 '이 몸도 이와 같은 성질을 가지고 있고, 이와 같이 될 것이고, 이와 같은 운명을 벗어나지 못할 것이다'라고 비교한다."[2]

〈정형구〉

"이와 같은 방식으로 그는 몸에 대해서 몸을 내적으로 … 외적으로 … 내외적으로 관찰하며 머무른다. 또는 몸에 대해서 일어남의 현상을 … 사라짐의 현상을 … 일어남과 사라짐의 현상을 관찰하며 머무른다. 단지 그에게 온전한 앎과 지속적인 마음챙김을 위해 필요한 정도로 '몸이 있다'라고 하는 마음챙김도 확립된다. 그는 세상의 어느 것에도 집착하지 않고 의존하는 바 없이 머무른다. 비구들이여, 비구는 이와 같이 몸에 대해서 몸을 관찰하며 머무른다."

느낌에 대한 마음챙김

"비구들이여, 비구가 느낌에 대해서 느낌을 관찰하며 머무른다는 것은 어떠한 것인가? 비구들이여, 여기 비구가

1) 즐거운 느낌을 느끼면 '즐거운 느낌을 느낀다'고 꿰뚫어 알고,

2) 괴로운 느낌을 느끼면 '괴로운 느낌을 느낀다'고 꿰뚫어 알고,

3) 즐겁지도 괴롭지도 않은 느낌을 느끼면 '즐겁지도 괴롭지도 않은 느낌을 느낀다'고 꿰뚫어 알고,

4) 세간적인 즐거운 느낌을 느끼면 '세간적인 즐거운 느낌을 느낀다'고 꿰뚫어 알고,

5) 출세간적인 즐거운 느낌을 느끼면 '출세간적인 즐거운 느낌을 느낀다'고 꿰뚫어 알고,

6) 세간적인 괴로운 느낌을 느끼면 '세간적인 괴로운 느낌을 느낀다'고 꿰뚫어 알고,

7) 출세간적인 괴로운 느낌을 느끼면 '출세간적인 괴로운 느낌을 느낀다'고 꿰뚫어 알고,

8) 세간적인 즐겁지도 괴롭지도 않은 느낌을 느끼면 '세간적인 즐겁지도 괴롭지도 않은 느낌을 느낀다'고 꿰뚫어 알고,

9) 출세간적인 즐겁지도 괴롭지도 않은 느낌을 느끼면 '출세간적인 즐겁지도 괴롭지도 않은 느낌을 느낀다'고 꿰뚫어 아는 것이다."

〈정형구〉

"이와 같은 방식으로 그는 느낌에 대해서 느낌을 내적으로 … 외적으로 … 내외적으로 관찰하며 머무른다. 또는 느낌에 대해 일어남의 현상을 … 사라짐의 현상을 … 일어남과 사라짐의 현상을 관찰하

며 머무른다. 단지 그에게 온전한 앎과 지속적인 마음챙김을 위해 필요한 정도로 '느낌이 있다'라고 하는 마음챙김도 확립된다. 그는 세상의 어느 것에도 집착하지 않고 의존하는 바 없이 머무른다. 비구들이여, 비구는 이와 같이 느낌에 대해서 느낌을 관찰하며 머무른다."

마음에 대한 마음챙김

"비구들이여, 마음에 대해서 마음을 관찰하며 머무른다는 것은 어떠한 것인가? 비구들이여, 여기 비구가

1) 탐욕이 있는 마음을 탐욕이 있는 마음이라고 꿰뚫어 알고 탐욕이 없는 마음을 탐욕이 없는 마음이라고 꿰뚫어 알고,

2) 성냄이 있는 마음을 성냄이 있는 마음이라고 꿰뚫어 알고 성냄이 없는 마음을 성냄이 없는 마음이라고 꿰뚫어 알고,

3) 어리석음이 있는 마음을 어리석음이 있는 마음이라고 꿰뚫어 알고 어리석음이 없는 마음을 어리석음이 없는 마음이라고 꿰뚫어 알고,

4) 위축된 마음을 위축된 마음이라고 꿰뚫어 알고 산란한 마음을 산란한 마음이라고 꿰뚫어 알고,

5) 위대한 마음을 위대한 마음이라고 꿰뚫어 알고 위대하지 않은 마음을 위대하지 않은 마음이라고 꿰뚫어 알고,

6) 초월할 수 있는 마음을 초월할 수 있는 마음이라고 꿰뚫어 알고 초월할 수 없는 마음을 초월할 수 없는 마음이라고 꿰뚫어 알고,

7) 집중된 마음을 집중된 마음이라고 꿰뚫어 알고 집중되지 않은 마음을 집중되지 않은 마음이라고 꿰뚫어 알고,

8) 해탈한 마음을 해탈한 마음이라고 꿰뚫어 알고 해탈하지 않은

마음을 해탈하지 않은 마음이라고 꿰뚫어 아는 것이다."

〈정형구〉

"이와 같은 방식으로 그는 마음에 대해서 마음을 내적으로 … 외적으로 … 내외적으로 관찰하며 머무른다. 또는 마음에 대해서 일어남의 현상을 … 사라짐의 현상을 … 일어남과 사라짐의 현상을 관찰하며 머무른다. 단지 그에게 온전한 앎과 지속적인 마음챙김을 위해 필요한 정도로 '마음이 있다'라고 하는 마음챙김도 확립된다. 그는 세상의 어느 것에도 집착하지 않고 의존하는 바 없이 머무른다. 비구들이여, 비구는 이와 같이 마음에 대해서 마음을 관찰하며 머무른다."

장애들[五蓋]에 대한 마음챙김

"비구들이여, 법(法)에 대해서 법을 관찰하며 머무른다는 것은 어떠한 것인가? 비구들이여, 여기 비구가 다섯 가지 장애의 법에서 법을 관찰하며 머무른다. 비구들이여, 어떻게 비구는 다섯 가지 장애의 법에서 법을 관찰하며 머무르는가? 비구들이여, 여기 비구가

1) 자기에게 감각적 욕망[貪欲]이 존재하면, '나에게는 감각적 욕망이 있다'고 꿰뚫어 안다. 자기에게 감각적 욕망이 존재하지 않는다면, '나에게는 감각적 욕망이 없다'고 꿰뚫어 안다. 전에 없던 감각적 욕망이 생겨난다면, 그것이 어떻게 일어나는지를 꿰뚫어 안다. 일어난 감각적 욕망이 어떻게 해서 제거되는지 꿰뚫어 안다. 이미 사라진 감각적 욕망이 어떻게 미래에 생겨나지 않는지를 꿰뚫어 안다.

2) 자기에게 혐오[瞋恚]가 존재하면 '나에게는 혐오가 있다'고 꿰뚫

어 안다. 자기에게 혐오가 존재하지 않는다면, '나에게는 혐오가 없다'고 꿰뚫어 안다. 전에 없던 혐오가 생겨난다면, 그것이 어떻게 일어나는지를 꿰뚫어 안다. 일어난 혐오가 어떻게 해서 제거되는지 꿰뚫어 안다. 이미 사라진 혐오가 어떻게 미래에 생겨나지 않는지를 꿰뚫어 안다.

3) 자기에게 나태[惛沈]와 무기력[睡眠]이 존재하면, '나에게는 나태와 무기력이 있다'고 꿰뚫어 안다. 자기에게 나태와 무기력이 존재하지 않는다면, '나에게는 나태와 무기력이 없다'고 꿰뚫어 안다. 전에 없던 나태와 무기력이 생겨난다면, 그것이 어떻게 일어나는지를 꿰뚫어 안다. 일어난 나태와 무기력이 어떻게 해서 제거되는지 꿰뚫어 안다. 이미 사라진 나태와 무기력이 어떻게 미래에 생겨나지 않는지를 꿰뚫어 안다.

4) 자기에게 들뜸[掉擧]과 회한[惡作]이 존재하면, '나에게는 들뜸과 회한이 있다'고 꿰뚫어 안다. 자기에게 들뜸과 회한이 존재하지 않는다면, '나에게는 들뜸과 회한이 없다'고 꿰뚫어 안다. 전에 없던 들뜸과 회한이 생겨난다면, 그것이 어떻게 일어나는지를 꿰뚫어 안다. 일어난 들뜸과 회한이 어떻게 해서 제거되는지 꿰뚫어 안다. 이미 사라진 들뜸과 회한이 어떻게 미래에 생겨나지 않는지를 꿰뚫어 안다.

5) 자기에게 의심[疑]이 존재하면, '나에게는 의심이 있다'고 꿰뚫어 안다. 자기에게 의심이 존재하지 않는다면, '나에게는 의심이 없다'고 꿰뚫어 안다. 전에 없던 의심이 생겨난다면, 그것이 어떻게 일어나는지를 꿰뚫어 안다. 일어난 의심이 어떻게 해서 제거되는지 꿰뚫어 안다. 이미 사라진 의심이 어떻게 미래에 생겨나지 않는지를 꿰

뚫어 안다.

〈정형구〉

“이와 같은 방식으로 그는 법에 대해서 법을 내적으로 … 외적으로 … 내외적으로 관찰하며 머무른다. 또는 법에 대해서 일어남의 현상을 … 사라짐의 현상을 … 일어남과 사라짐의 현상을 관찰하며 머무른다. 단지 그에게 온전한 앎과 지속적인 마음챙김을 위해 필요한 정도로 ‘법이 있다’라고 하는 마음챙김도 확립된다. 그는 세상의 어느 것에도 집착하지 않고 의존하는 바 없이 머무른다. 비구들이여, 비구는 이와 같이 다섯 가지 장애의 법에서 법을 관찰하며 머무른다.”

5취온(五取蘊)에 대한 마음챙김

“비구들이여, 또한 여기 비구는 5취온의 법에서 법을 관찰하며 머무른다. 비구들이여, 어떻게 비구는 5취온의 법에서 법을 관찰하며 머무르는가? 비구들이여, 여기 비구는

1) ‘물질[色蘊]은 이와 같고, 물질의 일어남은 이와 같고, 물질의 사라짐은 이와 같다’고 관찰하며 머무른다.

2) ‘느낌[受蘊]은 이와 같고, 느낌의 일어남은 이와 같고, 느낌의 사라짐은 이와 같다’고 관찰하며 머무른다.

3) ‘지각[想蘊]은 이와 같고, 지각의 일어남은 이와 같고, 지각의 사라짐은 이와 같다’고 관찰하며 머무른다.

4) ‘형성[受蘊]은 이와 같고, 형성의 일어남은 이와 같고, 형성의 사라짐은 이와 같다’고 관찰하며 머무른다.

5) '의식[識蘊]은 이와 같고, 의식의 일어남은 이와 같고, 의식의 사라짐은 이와 같다'고 관찰하며 머무른다.

〈정형구〉

"이와 같은 방식으로 그는 법에 대해서 법을 내적으로 … 외적으로 … 내외적으로 관찰하며 머무른다. 또는 법에 대해서 일어남의 현상을 … 사라짐의 현상을 … 일어남과 사라짐의 현상을 관찰하며 머무른다. 단지 그에게 온전한 앎과 지속적인 마음챙김을 위해 필요한 정도로 '법이 있다'라고 하는 마음챙김도 확립된다. 그는 세상의 어느 것에도 집착하지 않고 의존하는 바 없이 머무른다. 비구들이여, 비구는 이와 같이 5취온의 법에서 법을 관찰하며 머무른다."

여섯 가지 감각 영역[六內外處]에 대한 마음챙김

"비구들이여, 또한 여기 비구는 여섯 가지 안팎의 감각 영역[六內外處]의 법에서 법을 관찰하며 머무른다. 비구들이여, 어떻게 비구는 여섯 가지 안팎의 감각 영역의 법에서 법을 관찰하며 머무르는가? 비구들이여, 여기 비구는

1) 눈[眼處]을 꿰뚫어 알고, 형상[色處]을 꿰뚫어 알고, 그 양자를 조건으로 족쇄가 일어나면 그것을 꿰뚫어 알고, 전에 없던 족쇄가 일어나면 그것이 어떻게 일어나는지를 꿰뚫어 알고, 일어난 족쇄가 어떻게 해서 제거되는지 꿰뚫어 알고, 이미 사라진 족쇄가 어떻게 미래에 생겨나지 않는지를 꿰뚫어 안다.

2) 귀[耳處]를 꿰뚫어 알고, 소리[聲處]를 꿰뚫어 알고, 그 양자를 조건으로 족쇄가 일어나면 그것을 꿰뚫어 알고, 전에 없던 족쇄가

일어나면 그것이 어떻게 일어나는지를 꿰뚫어 알고, 일어난 족쇄가 어떻게 해서 제거되는지 꿰뚫어 알고, 이미 사라진 족쇄가 어떻게 미래에 생겨나지 않는지를 꿰뚫어 안다.

3) 코[鼻處]를 꿰뚫어 알고, 냄새[香處]를 꿰뚫어 알고, 그 양자를 조건으로 족쇄가 일어나면 그것을 꿰뚫어 알고, 전에 없던 족쇄가 일어나면 그것이 어떻게 일어나는지를 꿰뚫어 알고, 일어난 족쇄가 어떻게 해서 제거되는지 꿰뚫어 알고, 이미 사라진 족쇄가 어떻게 미래에 생겨나지 않는지를 꿰뚫어 안다.

4) 혀[舌處]를 꿰뚫어 알고, 맛[味處]을 꿰뚫어 알고, 그 양자를 조건으로 족쇄가 일어나면 그것을 꿰뚫어 알고, 전에 없던 족쇄가 일어나면 그것이 어떻게 일어나는지를 꿰뚫어 알고, 일어난 족쇄가 어떻게 해서 제거되는지 꿰뚫어 알고, 이미 사라진 족쇄가 어떻게 미래에 생겨나지 않는지를 꿰뚫어 안다.

5) 몸[身處]을 꿰뚫어 알고, 감촉[觸處]을 꿰뚫어 알고, 그 양자를 조건으로 족쇄가 일어나면 그것을 꿰뚫어 알고, 전에 없던 족쇄가 일어나면 그것이 어떻게 일어나는지를 꿰뚫어 알고, 일어난 족쇄가 어떻게 해서 제거되는지 꿰뚫어 알고, 이미 사라진 족쇄가 어떻게 미래에 생겨나지 않는지를 꿰뚫어 안다.

6) 정신[意處]을 꿰뚫어 알고, 법[法處]을 꿰뚫어 알고, 그 양자를 조건으로 족쇄가 일어나면 그것을 꿰뚫어 알고, 전에 없던 족쇄가 일어나면 그것이 어떻게 일어나는지를 꿰뚫어 알고, 일어난 족쇄가 어떻게 해서 제거되는지 꿰뚫어 알고, 이미 사라진 족쇄가 어떻게 미래에 생겨나지 않는지를 꿰뚫어 안다."

〈정형구〉

"이와 같은 방식으로 그는 법에 대해서 법을 내적으로 … 외적으로 … 내외적으로 관찰하며 머무른다. 또는 법에 대해서 일어남의 현상을 … 사라짐의 현상을 … 일어남과 사라짐의 현상을 관찰하며 머무른다. 단지 그에게 온전한 앎과 지속적인 마음챙김을 위해 필요한 정도로 '법이 있다'라고 하는 마음챙김도 확립된다. 그는 세상의 어느 것에도 집착하지 않고 의존하는 바 없이 머무른다. 비구들이여, 비구는 이와 같이 여섯 가지 안팎의 감각 영역의 법에서 법을 관찰하며 머무른다."

일곱 가지 깨달음의 요소들[七覺支]에 대한 마음챙김

"비구들이여, 또한 여기 비구는 일곱 가지 깨달음의 요소들의 법에서 법을 관찰하며 머무른다. 비구들이여, 어떻게 비구는 일곱 가지 깨달음의 요소들의 법에서 법을 관찰하며 머무르는가? 비구들이여, 여기 비구는

1) 자기에게 마음챙김[念]의 깨달음의 요소가 있다면, '나에게 마음챙김의 깨달음의 요소가 있다'고 꿰뚫어 안다. 자기에게 마음챙김의 깨달음의 요소가 없다면, '나에게 마음챙김의 깨달음의 요소가 없다'고 꿰뚫어 안다. 전에 없던 마음챙김의 깨달음의 요소가 일어나면, 그것이 어떻게 일어나는지를 꿰뚫어 안다. 일어난 마음챙김의 깨달음의 요소를 어떻게 닦아서 성취하는지를 꿰뚫어 안다.

2) 자기에게 법에 대한 분석적 탐구[擇法]의 깨달음의 요소가 있다면…

3) 자기에게 정진[精進]의 깨달음의 요소가 있다면…

4) 자기에게 환희[喜]의 깨달음의 요소가 있다면…

5) 자기에게 고요함[輕安]의 깨달음의 요소가 있다면…

6) 자기에게 집중[定]의 깨달음의 요소가 있다면…

7) 자기에게 평정[捨]의 깨달음의 요소가 있다면, '나에게 평정의 깨달음의 요소가 있다'고 꿰뚫어 안다. 평정의 깨달음의 요소가 없다면, '나에게 평정의 깨달음의 요소가 없다'고 꿰뚫어 안다. 전에 없던 평정의 깨달음의 요소가 일어나면 그것이 어떻게 일어나는지를 꿰뚫어 안다. 일어난 평정의 깨달음의 요소를 어떻게 닦아서 성취하는지를 꿰뚫어 안다.

〈정형구〉

"이와 같은 방식으로 그는 법에 대해서 법을 내적으로 … 외적으로 … 내외적으로 관찰하며 머무른다. 또는 법에 대해서 일어남의 현상을 … 사라짐의 현상을 … 일어남과 사라짐의 현상을 관찰하며 머무른다. 단지 그에게 온전한 앎과 지속적인 마음챙김을 위해 필요한 정도로 '법이 있다'라고 하는 마음챙김도 확립된다. 그는 세상의 어느 것에도 집착하지 않고 의존하는 바 없이 머무른다. 비구들이여, 비구는 이와 같이 일곱 가지 깨달음의 요소들의 법에서 법을 관찰하며 머무른다."

네 가지의 성스러운 진리[四聖諦]에 대한 마음챙김

"비구들이여, 또한 여기 비구는 네 가지 성스러운 진리의 법에서 법을 관찰하며 머무른다. 비구들이여, 어떻게 비구는 네 가지 성스러운 진리의 법에서 법을 관찰하며 머무르는가? 비구들이여, 여기 비구는

1) '이것이 둑카이다'라고 있는 그대로 꿰뚫어 알고,

2) '이것이 둑카의 일어남이다'라고 있는 그대로 꿰뚫어 알고,

3) '이것이 둑카의 소멸이다'라고 있는 그대로 꿰뚫어 알고,

4) '이것이 둑카의 소멸에 이르는 길이다'라고 있는 그대로 꿰뚫어 안다."

〈정형구〉

"이와 같은 방식으로 그는 법에 대해서 법을 내적으로 … 외적으로 … 내외적으로 관찰하며 머무른다. 또는 법에 대해서 일어남의 현상을 … 사라짐의 현상을 … 일어남과 사라짐의 현상을 관찰하며 머무른다. 단지 그에게 온전한 앎과 지속적인 마음챙김을 위해 필요한 정도로 '법이 있다'라고 하는 마음챙김도 확립된다. 그는 세상의 어느 것에도 집착하지 않고 의존하는 바 없이 머무른다. 비구들이여, 비구는 이와 같이 네 가지 성스러운 진리의 법에서 법을 관찰하며 머무른다."

예견

"비구들이여, 누구든지 이 네 가지 마음챙김의 확립[四念處]을 이와 같이 7년 동안 닦으면, 다음 두 가지 결과 중 하나를 기대할 수 있다. 즉, 지금 여기에서 궁극적인 지혜를 얻거나, 또는 집착의 흔적이 남아 있다면 돌아오지 않는 경지[不還果]를 기대할 수 있다. 비구들이여, 7년 동안이 아니더라도, 누구든지 이 네 가지 마음챙김의 확립을 6년 … 5년 … 4년 … 3년 … 2년 … 1년 동안만이라도 이와 같이 닦으면, 아니 누구든지 이 네 가지 마음챙김의 확립을 7개월

동안만이라도 이와 같이 닦으면, 다음 두 가지 결과 중 하나를 기대할 수 있다. 즉, 지금 여기에서 궁극적인 지혜를 얻거나, 또는 집착의 흔적이 남아 있다면 돌아오지 않는 경지를 기대할 수 있다. 비구들이여, 7개월 동안까지 못하더라도, 누구든지 이 네 가지 마음챙김의 확립을 6개월 … 5개월 … 4개월 … 3개월 … 2개월 … 1개월 … 반달 동안만이라도 이와 같이 닦으면, 아니, 비구들이여, 누구든지 이 네 가지 마음챙김의 확립을 7일 동안만이라도 이와 같이 닦는다면, 다음 두 가지 결과 중 하나를 기대할 수 있다. 즉, 지금 여기에서 궁극적인 지혜를 얻거나, 또는 집착의 흔적이 남아 있다면 돌아오지 않는 경지를 기대할 수 있다."

네 가지 마음챙김의 확립

"'비구들이여, 이것은 중생을 청정하게 하고, 슬픔과 비탄을 극복하게 하고, 고통과 근심을 소멸하게 하고, 옳은 방법을 얻게 하고, 열반을 실현시키는 직접적인 길이니, 말하자면 네 가지 마음챙김의 확립[四念處]이다'라고 이와 같이 말한 것은 이것에 근거해서 설한 것이다."

이와 같이 세존께서 말씀하시자, 그들 비구들은 흡족하여 세존께서 말씀하신 것에 대해 크게 기뻐하였다.

부록 B

용어 풀이

아래 나오는 단어들은 따로 설명이 없을 경우 모두 빨리어 용어이다.

Abhidhamma 아비담마, 불교 심리학 체계, 붓다의 가르침을 담은 '3장(三藏)' 중 논장(論藏). 3장은 논장, 율장(律藏, Vinaya)·경장(經藏, Suttas).

ādīnava 위험, 위험성.

anattā 무아(無我).

anicca 무상(無常).

arahant 아라한, 완전히 깨달은 자.

asubha 몸의 아름답지 않은 측면[不淨].

bhāvanā 명상, 수행(修行).

bhikkhu 비구.

bhikkhunī 비구니.

bodhichitta(산스끄리뜨) 보리심, 깨달은 마음, 모든 중생에게 이익을 주고자 하는 염원.

bodhisattva(산스끄리뜨) 보살. 붓다가 되는 과정에 있는 존재. 이타적인 동기를 지니고 있는 존재.

brahmavihāra 신성한 거주[梵住], 숭고한 삶.

buddhadhamma 불법(佛法), 붓다의 가르침.

cetanā 의도[思], 의지.

citta 마음[心].

deva 천신(天神).

dhamma(빨리어), dharma(산스끄리뜨) 다르마, 법(法), 진리, 붓다의 가르침.

Dhammapada 『법구경(法句經)』, 붓다의 게송 모음.

dhammavicaya 일곱 가지 깨달음의 요소[七覺支] 중 '상태의 탐구[澤法]', 분별력, 분석적 탐구.

diṭṭhi 견해[見], 때로는 그릇된 견해[邪見]를 의미.

dosa 분노[瞋], 증오, 악한 의지, 혐오.

dukkha 고통[苦], 불만족, 스트레스.

Dzogchen 족첸, 자연적인 위대한 완성이라는 티벳불교 수행.

gocara 목초지, 방목지, 마음챙김의 네 가지 영역을 가리킬 수도 있음.

hiri 도덕적 수치[慚], 자기 존중, 양심.

jhāna 선정(禪定, 定).

kamma 의지적 행동, 업(業), 종종 행동과 그 결과(kamma-vipāka, 業報).

khandha 1. 온(蘊), 존재의 모음, 더미, 무더기, 어떤 것의 내용물을 구성하는 모든 요소들. 2. 자아의 모습을 일으키는 존재 요소들 또는 존재 기반.

kilesas 번뇌.

kukkucca 후회[惡作], 걱정, 불안, 죄의식.

lobha 탐욕.

magga phala 길과 성취[道果].

Māra 마라, 망상과 무지의 화신.

mettā 자애[慈].

moha 망상, 무지, 환상, 미혹.

muditā 공감하는 기쁨[喜], 다른 이의 행복을 기뻐함.

nāma rūpa 마음-몸[名色].

nibbāna 열반, 조건 지어지지 않은 상태[無爲], 최상의 평화.

nimitta 집중의 표시로서의 정신적 이미지[相].

ottappa 잘못된 행동에 대한 두려움[愧], 지혜로운 자에 대한 존경.

paññā 지혜[慧], 반야.

paramis 과거의 선한 행동들, 깨달음의 완성을 일으키는 데 필요한 자질들.

paramitas 완전[波羅蜜].

Parinibbāna 반열반, 아라한의 죽음.

Parinibbāna Sutta 『대반열반경』, 붓다가 돌아가신 날에 대한 설법.

passaddhi 고요함[輕安].

paṭigha 혐오[瞋恚], 악한 의지.

pīti 환희, 기쁨[喜].

pokati(태국어) 자연, 일상성.

puñña 공덕(功德).

rāga 정욕, 욕망[貪].

rūpa 물질적 형태[色], 물질성, 신체적 요소.

sakkāyadiṭṭhi 자아에 대한 잘못된 견해[有身見].

samādhi 집중[定], 사마디, 삼매.

samatha 사마타[止], 집중 수행.

sammādiṭṭhi 바른 견해[正見].

sammāsankappa 바른 사유[正思惟], 바른 의도.

sampajañña 분명한 이해.

samphappalāpa 쓸데없는 말[綺語].

saṃsāra 1. 생사의 바퀴[輪廻]. 2. 끊임없는 헤맴, 계속 이어짐.

Saṃyutta Nikāya 쌍윳따 니까야[中部經典], 붓다의 연관된 설법들 모음.

saṇgha 승가(僧伽, 僧), 비구와 비구니 모임, 현대 서양에서는 불교 수행자 단체를 의미함.

saṅkārā 1. 모든 조건 지어진 것[有爲]. 2. 의지적 활동[行]. 3. 행온(行蘊). 5온 중의 하나로서, 느낌[受]과 지각[想]을 제외한 모든 마음 요소.

saññā 지각[想].

sati 마음챙김[念].

satipaṭṭhāna 마음챙김의 토대.

sīla 윤리적 계율[戒].

skandha(산스끄리뜨) 온(蘊).

sukha 행복, 즐거움.

suttas 경전[經], 붓다의 말.

taṇhā 갈애[愛], 갈망, 욕망.

Tathāgata 여래(如來), '이와 같이 오신[如來]' 또는 '이와 같이 가신[如去]' 분이라는 의미로 붓다의 동의어.

Theravāda 테라바다, 상좌부 불교. 스리랑카, 미얀마, 태국, 라오스, 캄보디아에서 주로 수행한 불교 전통. 서양에서 현재 수행하고 있는 불교 전통 중 하나이기도 함.

uddacca 들뜸[掉擧], 불안, 동요, 흥분, 산만, '위에서 흔들림', 안정되지 않음.

upekkhā 평정[捨].

vedanā 느낌[受].

vicāra 지속되는 미세한 마음 작용[伺], 첫 번째 선정[初禪]의 한 요소.

vihāra 위하라[精舍], 거주하는 장소, 거처.

viññāṇa 의식[識].

vipassanā 위빠사나[觀], 통찰 명상.

viriya 정진(精進), 정진력, 노력.

vitakka 초기의 거친 마음 작용[尋], 첫 번째 선정의 한 요소.

감사의 글

나의 모든 스승들에게, 특히 아나가리까 무닌드라와 사야도 우 빤디따에게 고개 숙여 깊은 감사의 마음을 바칩니다. 무닌드라와 사야도 우 빤디따는 『염처경』의 가르침을 깊이 사랑할 수 있도록 나를 북돋워 주었습니다. 열린 마음으로 법 수행에 임하는 무닌드라의 자세는, 내가 발전하고 있는 마음챙김의 여러 다양한 방법들을 지속적으로 탐색해가는 데 흥미를 갖게 하는 기반이 되었습니다. 그리고 사야도의 위대한 학식과 가르침 덕분에 나의 열망과 노력에 높은 기준을 세우게 되었습니다.

아날라요와 그가 이룩한 『염처경』의 고무적인 연구, 그리고 비구 보디와 위즈덤 출판사에 대단히 감사드립니다. 비구 보디가 원숙하게 번역한 부처님의 말씀은 빨리어를 모르는 학자들이 부처님의 가르침에 잘 접근할 수 있게 해 주었습니다.

작가에게 좋은 편집자는 금광과 같습니다. 나는 두 명의 최고

편집자와 일하는 행운을 누렸습니다. 이 책을 펴내면서 낸시 버넷(Nancy Burnett)과 아미 로스트(Amy Rost)에게 커다란 신세를 졌습니다. 이 두 사람은 이 책의 구성을 잘 만들어 주었고 명확하게 만드는 데 정말 크게 기여했습니다. 그들의 능력과 통찰로 인해서 이 원고의 한 장 한 장은 더욱 세련되어지고 향상되었습니다.

또한 질 쉐퍼드(Jill Shepherd)에게도 감사를 드립니다. 그녀는 많은 인용문의 자료 출처를 추적하는 데 심혈을 기울여 애써 주었습니다. 그리고 데니스 홈즈(Dennis Holmes)와 로이드 윌리암스(Lloyd Williams)에게도 감사를 드립니다. 그들은 『염처경』에 대한 나의 강의를 널리 알려지게끔 처음으로 나를 격려해 주었습니다.

마지막으로, 나의 에이전트인 레이드 보츠스(Reid Boates)와 태미 사이먼(Tami Simon)과 사운드 트루 팀(Sounds Ture team) 모두에게 깊은 감사를 드립니다. 그들이 가진 관심과 열정은 이 책을 완성하는 데 필요한 많은 시간을 불태울 수 있도록 도움이 되었습니다.

많은 사람들이 이 책을 완성하는 데 도움을 주었지만, 이 책에 잘못된 것이 있다면 전적으로 그것은 나의 책임입니다.

주

서론

1. Kelly McGonigal, 'Healing the Whole Person,' *Shambhala Sun*, January 2011, 60.
2. Bhikkhu Ñāṇamoli and Bhikkhu Bodhi, trans., *The Middle Length Discourses of the Buddha* (Somerville, MA: Wisdom Publications, 1995), 145.
3. 같은 책, 1189쪽, 주석 137.

1장

1. 『염처경(Satipaṭṭhāna)』 10행. 이 인용구에 대한 내 번역은 다음 두 번역본을 참고했다. Ñāṇamoli and Bodhi, *The Middle Length Discourses.* Bhikkhu Anālayo, *Satipaṭṭhāna: The Direct Path to Realization* (Cambridge, UK: Windhorse Publications, 2003), 3~4.
2. 다음 글에서 인용했다. Dilgo Khyentse Rinpoche, "Teachings on Nature of Mind and Practice," *Tricycle: The Buddhist Review,* winter 1991. Reprinted in that article with permission from Editions Padmakara (St. Leon sur Vezere, France, 1990).
3. Shabkar Tsogdruk Rangdrol, *The Life of Shabkar,* trans. Matthieu Ricard (Albany, NY: State University of New York Press, 1994), 56~57.
4. 『법구경』에 나오는 구절이다. 『법구경』 번역은 셀 수 없이 많다. 이것은 수년 간의 다양한 독해에 기초해서 내가 직접 번역한 것이다.

2장

1. Nārada Thera, *The Buddha Dhamma or The Life and Teachings of the Buddha* (New Delhi, India: Asian Educational Services, 1999), 69.

3장

1. Stephen Carter, *Civility* (New York: Harper Perennial, 1999).
2. Ñāṇamoli and Bodhi, *The Middle Length Discourses,* 207.
3. 같은 책, 209쪽.
4. Ajahn Chaa, *A Taste of Freedom* (Ubolrajadhani, Thailand: The Sangha Bung Wai Forest Monastery, 1991). 이 책은 불법교육협회(佛法教育協會, Buddha Dharma Education Association Inc.)의 웹사이트인 〈붓다넷: 불교 교육과 정보 네트워크〉(buddhanet.net)의 전자책 도서관에서 전자책으로 볼 수 있다.

4장

1. 아잔 수찟또(Ajahn Sucitto)가 1999년 5월 10일 통찰명상협회(Insight Meditation Society)에서 했던 말에서 인용했다.

5장

1. Bhikkhu Bodhi, trans., *The Connected Discourses of the Buddha* (Somerville, MA: Wisdom Publications, 2000), 961.
2. Gil Fronsdal, trans., *The Dhammapada* (Boston: Shambhala Publications, 2005), 29.
3. Ñāṇamoli and Bodhi, *The Middle Length Discourses,* 983.
4. Bodhi, *The Connected Discourses,* 1825.

6장

1. Walter Harding, *The Days of Henry David Thoreau* (Princeton, NJ: Princeton University Press, 1983), 464~465.
2. 다음 책에서 재인용. Aldous Huxley, *The Perennial Philosophy* (New York: HarperPerennial, 2009), 285에서 재인용했다.
3. 다음 책에서 재인용. Anālayo, 114.
4. 『우다나(Udana): 붓다의 감흥 어린 말씀』, 1.10. 다음 책에서 재인용. Ajahn Pasanno and Ajahn Amaro, *The Island* (Redwood Valley, CA: Abhayagiri Monastic Foundation, 2009), 62~63.

7장

1. Ñāṇamoli and Bodhi, *The Middle Length Discourses,* 955.

2. 같은 책, 956~958.
3. 같은 책, 145.
4. Anālayo, 129쪽 주석 50.
5. 같은 책, 128쪽, 주석 45.
6. Ñāṇamoli and Bodhi, *The Middle Length Discourses,* 748.
7. 같은 책, 943.
8. 같은 책, 944.
9. Bodhi, *The Connected Discourses,* 1778.

8장

1. Anālayo, 4~5.
2. Ñāṇamoli and Bodhi, *The Middle Length Discourses,* 104.
3. Jack Kornfield and Paul Breiter, eds., *A Still Forest Pool: The Insight Meditation of Achaan Chaa* (Wheaton, IL: Quest Books, 1984, 2004), 162.

9장

1. Anālayo, 5.

10장

1. Anālayo, 5~6.
2. 같은 책, 6.
3. 같은 책, 같은 쪽.
4. Ñāṇamoli and Bodhi, *The Middle Length Discourses,* 281.
5. 같은 책, 148.
6. Buddhaghosa, *The Path of Purification,* trans. Bhikkhu Ñāṇamoli (Kandy, Sri Lanka: Buddhist Publication Society, 2010), 366.
7. John D. Ireland, trans., 'Attadanda Sutta: The Training (Sn 4.15)," Access to Insight, accessed August 20, 2012, accesstoinsight.org.
8. 다음 책에서 나가르주나(Nargarjuna)의 말 재인용. Lama Surya Das, *Natural Great Perfection* (Ithaca, NY: Snow Lion Publications, 1995), 61.
9. 다음 책에서 뇨술 켄 린포체(Nyoshul Khen Rinpoche)의 말 재인용. Lama Surya Das, *Natural Great Perfection* (Ithaca, NY: Snow Lion Publications, 1995), 61.
10. The Dalai Lama, *A Flash of Lightning in the Dark of Night* (Boston: Shambhala Publications, 1994), 97.
11. Anālayo, 6~7.

11장

1. Bodhi, *The Connected Discourses,* 1265.
2. 같은 책, 같은 쪽.
3. 같은 책, 같은 쪽.
4. Ñāṇamoli and Bodhi, *The Middle Length Discourses,* 1134~1135.
5. Anālayo, 7.
6. Bodhi, *The Connected Discourses,* 1272.
7. Amaro Bhikkhu, *Small Boat, Great Mountain* (Redwood Valley, CA: Abhayagiri Buddhist Monastery, 2003), 67.
8. Ñāṇamoli and Bodhi, *The Middle Length Discourses,* 347.

12장

1. Ñāṇamoli and Bodhi, *The Middle Length Discourses,* 1134.
2. 같은 책, 340.
3. 같은 책, 730.
4. 같은 책, 401.
5. 같은 책, 같은 쪽.
6. Maurice Walshe, trans., *The Long Discourses of the Buddha* (Somerville, MA: Wisdom Publications, 1987, 1995), 167.
7. Anālayo, 8.

13장

1. Anālayo, 8.
2. Bhikkhu Bodhi, *The Numerical Discourses of the Buddha* (Somerville, MA: Wisdom Publications, 2012), 97.
3. Anālayo, 8.
4. Ajahn Chaa, *A Taste of Freedom* (Kandy, Sri Lanka: Buddhist Publication Society Wheel Publications, 1988), 1.
5. Anālayo, 179쪽, 주석 27.
6. Sayadaw U Tejaniya, *Don't Look Down on the Defilements, They Will Laugh at You,* 1st U.S. ed. (Kula, HI: Vipassana Metta Foundation, n.d.), 76.

14장

1. Anne Lamott. 다음 책에서 재인용. Anne Cushman, 'The Wellspring of Joy,"

Yoga Journal (Jan/ Feb 2004).
2. Fronsdal, 29.

15장

1. Michael Carrithers, *The Forest Monks of Sri Lanka* (Delhi: Oxford University Press, 1983). 다음 책에서 재인용. Anālayo, 183.
2. Anālayo, 8.
3. Ñāṇamoli and Bodhi, *The Middle Length Discourses,* 366.
4. Bodhi, *The Connected Discourses,* 1594.
5. Anālayo, 8~9.
6. Ñāṇamoli and Bodhi, *The Middle Length Discourses,* 208.
7. Bhikkhu Bodhi, ed., *In the Buddha's Words* (Somerville, MA: Wisdom Publications, 2005), 203~204.

16장

1. Carl Gustav Jung, 'The Philosophical Tree," paragraph 335, in R. F. C. Hull, trans., *Alchemical Studies: Collected Works of C. G. Jung,* Volume 13 (Princeton, NJ: Princeton University Press, 1967), 265.
2. Thich Nhat Hanh, 'Psychology-Seeding the Unconscious" 웹사이트 LifePositive(lifepositive.com)에서 잡지 Common Boundary의 발췌문 인용. 웹사이트 1999년 4월 접근.
3. Shāntideva, *A Guide to the Bodhisattva's Way of Life,* Stephen Batchelor, trans. (Dharamsala, India: Library of Tibetan Works and Archives, 1988), 58.

17장

1. Bodhi, *The Connected Discourses,* 1597.
2. 같은 책, 1600.
3. Kornfield and Breiter, *A Still Forest Pool: The Insight Meditation of Achaan Chaa.*

18장

1. Nyanaponika Thera and Hellmuth Hecker, *Great Disciples of the Buddha: Their Lives, Their Works, Their Legacy* (Somerville, MA: Wisdom Publications, 1997), 189.

2. Anālayo, 9.

19장

1. Anālayo, 9.
2. Bodhi, *The Connected Discourses,* 1568.

20장

1. "더러움 없고, 흠 없는 법의 눈[法眼]"이라는 구절은 여러 경전에서 자주 보인다. "넘어진 자를 일으키고, 덮인 것을 들추고, 길 잃은 자에게 길을 알려주고, 눈 있는 자에게 어둠 속에서 등불을 비춰주는 것"이라는 구절은 다음 책에서 인용. Bodhi, *The Numerical Discourses,* 1502.
2. Bodhi, *The Connected Discourses,* 230.
3. Fernando Pessoa, "Life, You Say, in the Present," *Poems of Fernando Pessoa,* Edwin Honig, trans. (San Francisco: City Lights Books, 2001), 31.
4. Acharya Buddharakkhita, trans., *Dhammapada: The Buddha's Path of Wisdom* (Kandy, Sri Lanka: Buddhist Publication Society, 1985), 76.
5. Christine Cox, "The Groucho Moment: Horsing Around with His Holiness," *Tricycle: The Buddhist Review,* spring 2004. 크리스틴 콕스의 허락으로 게재함.
6. Wislawa Symborska, "View with a Grain of Sand," *View with a Grain of Sand: Selected Poems* (New York: Harcourt Brace and Company, 1995).

21장

1. Ñāṇamoli and Bodhi, *The Middle Length Discourses,* 350.
2. Bhikkhu Bodhi, ed., *A Comprehensive Manual of Abhidhamma* (Kandy, Sri Lanka: Buddhist Publication Society, 2003), 156.
3. Bodhi, *The Connected Discourses,* 952.
4. Victor S. Johnston, *Why We Feel: The Science of Human Emotions* (New York: Basic Books, 1999), 19~20.
5. Ajahn Jumnien. 다음 책에서 재인용. Anālayo, 94쪽 주석 7.
6. Mahāsi Sayadaw. 특정 단계에 있는 명상가들에게 주는 법문인 "통찰의 정화와 진전(The Purification and Progress of Insight, Malaysia, 1988)" 법문 녹취를 인용한 것이다.

22장

1. Anālayo, 9~10.
2. Bodhi, *The Connected Discourses,* 955~956.
3. 같은 책, 877.
4. Dilgo Khyentse Rinpoche, "Teachings on the Nature of Mind and Practice," *Tricycle: The Buddhist Review,* winter 1991.
5. Bodhi, *The Connected Discourses,* 973.
6. Adapted from Bodhi, *The Connected Discourses,* 936~937.
7. 같은 책, 같은 쪽.
8. 같은 책, 같은 쪽.
9. Dilgo Khyentse, *The Collected Works of Dilgo Khyentse: Volume One* (Boston: Shambala Publications, 2010), 292~293.

23장

1. Bodhi, *The Connected Discourses,* 1140.
2. Anālayo, 10~11.
3. Bodhi, *The Connected Discourses,* 1232~1233.
4. Sallie Tisdale, *Women of the Way: Discovering 2500 Years of Buddhist Wisdom* (San Francisco: Harper San Francisco, 2006).
5. Bodhi, *In the Buddha's Words,* 346.
6. Bodhi, *The Connected Discourses,* 207.

24장

1. Anālayo, 10.
2. Bodhi, *In the Buddha's Words,* 358.
3. Rune E. A. Johansson, *The Psychology of Nirvana* (London: Allen and Unwin, 1985), 96.
4. Anālayo, 229.
5. Anālayo, 11.

25장

1. Walshe, 418.
2. Bodhi, *The Connected Discourses,* 1587.
3. 같은 책, 1583.

4. 같은 책, 1595.
5. Anālayo, 11.

26장

1. Ānāpānasati Sutta. 다음 번역에서 인용하였다. Rupert Gethin, trans., *The Buddhist Path to Awakening* (Oxford, England: Oneworld Publications, 2001), 147.
2. "Early Buddhist Philosophy 9: The Questions of King Milinda" an online collection of "passages from Henry Clark Warren, *Buddhism in Translation, and Edward Conze, Buddhist Scriptures,* with modifications," Department of Philosophy, University of Miami College of Arts and Sciences, as.miami.edu/ phi/ bio/ buddha/ milinda.htm.
3. Gethin, 185.
4. Ñāṇamoli and Bodhi, *The Middle Length Discourses,* 1900~1901.
5. Dilgo Khyentse Rinpoche, "Teachings on Nature of Mind and Practice," *Tricycle: The Buddhist Review,* winter 1991.
6. Bodhi, *The Numerical Discourses,* 1250.

27장

1. Ñāṇamoli and Bodhi, *The Middle Length Discourses,* 947.
2. 다음 책에서 재인용하였다. Gethin, 78.
3. 다음 책에서 재인용하였다. Gethin, 117.
4. Ledi Sayadaw, *The Manuals of Buddhism* (Yangon, Myanmar: Mother Ayeyarwaddy Publishing House, 2004), 316.
5. Tejaniya, *Don't Look Down on the Defilements,* 57.
6. Shāntideva, *The Way of the Bodhisattva,* trans. Padmakara Translation Group (Boston: Shambhala Publications, 1997), 112.

28장

1. Buddhaghosa, *The Path of Purification,* 740~741.
2. Suzuki Roshi, *Zen Mind, Beginners Mind* (New York: John Weatherhill, 1973), 46.
3. 같은 책, 36.

29장

1. His Holiness the Sixteenth Gyalwa Karmapa, "On Confidence in Dharma: An Interview," Karma Triyana Dharmacharkra: North American Seat of His Holiness the Gyalwa Karmapa, kagyu.org, accessed 1998.
2. Nyanatiloka, *Path to Deliverance,* 4th ed. (Kandy, Sri Lanka: Buddhist Publication Society, 1982), 65~66.
3. Anālayo, 12.
4. Bodhi, *The Connected Discourses,* 1596.
5. Sayadaw, *The Manuals of Buddhism,* 666.
6. Thanissaro Bhikkhu, trans., "Viija-bhagiya Sutta: A Share in Clear Knowing (AN 2.30)," Access to Insight: Readings in Theravāda Buddhism, accesstoinsight.org.
7. Nyanatiloka, *Path to Deliverance,* 65~66.

30장

1. Anālayo, 12.
2. Upasika Kee, *Pure and Simple,* trans. Thanissaro Bhikkhu (Somerville, MA: Wisdom Publications, 2005), 49~50.
3. Tejaniya, *Awareness Alone Is Not Enough,* 1st U.S. ed. (Maui, HI: Vipassana Metta Foundation), 84. 이 책은 무료로 다운로드할 수 있다.
4. Tejaniya, *Don't Look Down on the Defilements,* 23~24.

32장

1. Anālayo, 13.
2. Ñāṇamoli and Bodhi, *The Middle Length Discourses,* 278.
3. Bodhi, *The Connected Discourses,* 1868~1869. 33장부터 43장까지의 인용에서, 나는 번역자/출판자의 허락 하에 '둑카(dukkha)'에 대한 영어 번역어인 'suffering(고통)' 대신에 원래의 빨리어를 사용했다. 비구 보디 자신도 '고통'은 '둑카'의 한 의미밖에 포착하지 못한다고 지적했었다. 빨리어 용어를 사용함으로써, 독자들은 붓다가 말한 맥락에서의 둑카의 모든 의미를 생각할 수 있을 것이다.
4. Anālayo, 245.
5. Bodhi, *The Connected Discourses,* 1844.
6. Bodhi, *The Numerical Discourses,* 686.
7. 같은 책, 675.
8. 같은 책, 876~878.

9. 같은 책, 같은 쪽.
10. 같은 책, 같은 쪽.
11. Bodhi, *The Connected Discourses,* 957. 인용하면서 단수 남성 대명사 '그'를 중성 복수 대명사 '그들'로 바꾸었다.
12. 같은 책, 1844~1845

33장

1. Thanissaro Bhikkhu, trans., *Itivuttaka: This Was Said by the Buddha* (Barre, MA: Dhamma Dana Publications, 2001), 13.
2. Bodhi, *In the Buddha's Words,* 205.
3. Bodhi, *The Connected Discourses,* 941.
4. Ñāṇamoli and Bodhi, *The Middle Length Discourses,* 131. (*역자주: 저자의 잘못, 실제로는 1039쪽임)

34장

1. 이 인용문은 붓다의 첫 설법에 나온 것으로, 널리 번역되었다. 본문의 인용문은 다음 두 가지 번역을 토대로 한 개작본이다. Bodhi, *The Connected Discourses,* 1844. Thanissaro Bhikkhu, "The Four Noble Truths: Excerpts from the Pali Cannon," DharmaNet, dharmanet.org/ 4nobletruthssutras.htm.
2. Constance Wilkinson, trans., "Patrul Rinpoche (1808~1887): 'Advice from Me to Myself'," sealevel.ns.ca/ patrul/.
3. Bodhi, *In the Buddha's Words,* 193.
4. Andre E. Ferguson, *Zen's Chinese Heritage: The Masters and Their Teachings* (Somerville, MA: Wisdom Publications), 20.
5. Bodhi, *In the Buddha's Words,* 366.
6. Thanissaro Bhikkhu, *A Handful of Leaves, Volume One* (Redwood City, CA: The Sati Center for Buddhist Studies; and Valley Center, CA: Metta Forest Monastery, 2002), 75.
7. Thanissaro Bhikkhu, A *Handful of Leaves, Volume Two* (Redwood City, CA: The Sati Center for Buddhist Studies; and Valley Center, CA: Metta Forest Monastery, 2003), 111.
8. Ajahn Maha Boowa, *Straight from the Heart* (Udorn Thani, Thailand: Wat Pa Baan Taad, 1987), 110, 132~133. 저자의 메모: 『마음으로부터 바로(Straight from the Heart)』에서 두 번째 단락 스무 번째 줄은 "만약 어딘가에 아는 자라는 하나의 지점 또는 중심이 있다면, 그것이 존재의 수준이다"였다. 그러나 내가 이 구절을 『하나의 법(one dharma)』이라는 내 책에서 인용하려고 허락을 구하자, 태국

의 사원에 있던 이 스님은 그것이 오역이라고 말했다. 그는 "만약 어딘가에 아는 자라는 하나의 지점 또는 중심이 있다면, 그것이 태어남의 대리인이다"라고 읽어야 한다고 말했다.

35장

1. Walshe, 348.
2. René Daumal, *Mount Analogue* (New York: King Penguin, 1986), 11.
3. Bodhi, *The Connected Discourses,* 1808.
4. 같은 책, 1792~1793.
5. 같은 책, 1795.
6. Dzigar Kongtrül, *It's Up to You* (Boston: Shambhala Publications, 2005), 128~129.

36장

1. Ñāṇamoli and Bodhi, *The Middle Length Discourses,* 934. (*저자의 잘못. 실제는 935쪽임)
2. 같은 책, 같은 쪽.
3. Nyanaponika Thera and Hellmuth Hecker, *Great Disciples of the Buddha: Their Lives, Their Works, Their Legacy* (Somerville, MA: Wisdom Publications; Kandy, Sri Lanka: Buddhist Publication Society, 1997), 34.

37장

1. Walshe, 348.
2. Bodhi, *The Numerical Discourses,* 117.
3. 같은 책, 119.
4. Bodhi, *The Connected Discourses,* 698~699.

38장

1. Ñāṇamoli and Bodhi, *The Middle Length Discourses,* 208.
2. Walshe, 348.
3. Thanissaro Bhikkhu, trans., "Tapussa Sutta: To Tapussa (AN 9.41)," Access to Insight: Readings in Theravāda Buddhism, accesstoinsight.org.
4. 같은 사이트, 같은 경전.
5. Stephen Mitchell, Parables and Portraits (New York: Harper and Row, 1990), 48.

6. Ajahn Sumedho, *The Mind and the Way: Buddhist Reflections on Life,* (Somerville, MA: Wisdom Publications, 1995), xix.

39장

1. Rainer Maria Rilke, *Rilke on Love and Other Difficulties: Translations and Considerations,* trans. John J. L. Mood (New York: WW Norton and Co., 1975), 10.
2. The Amaravati Sangha, trans., "Karaniya Metta Sutta: The Buddha's Words on Loving-Kindness (Sn 1.8)" Access to Insight: Readings in Theravāda Buddhism, accesstoinsight.org.
3. His Holiness the Dalai Lama, *Dzogchen: The Heart Essence of the Great Perfection,* trans. Thupten Jinpa and Richard Barron (Ithaca, NY: Snow Lion, 2004), 211.
4. Jane Kramer, "Me, Myself, and I: What Made Michel de Montaigne the First Modern Man," *The New Yorker,* September 7, 2009, 40.

40장

1. His Holiness the Dalai Lama, *Tibetan Portrait: The Power of Compassion,* Phil Borges, photographer (New York: Rizzoli International Publications, 1996).
2. Wesley Autrey. 다음 책에서 재인용. Cara Buckley, "Man Is Rescued by Stranger on Subway Tracks," *The New York Times,* January 3, 2007.
3. Paul Farmer. 다음 책에서 재인용. Tracy Kidder, *Mountains Beyond Mountains: Quest of Dr. Paul Farmer, A Man Who Would Cure the World* (New York: Random House, 2003).
4. Shāntideva, *The Way of the Bodhisattva,* trans. Padmakara Translation Group (Boston: Shambhala Publications, 1997), 50~52.
5. Henry David Thoreau, *Faith in a Seed: The Dispersion of Seeds and Other Late Natural History Writings,* ed. Bradley P. Dean (Washington, DC: Island Press, 1993), xviii.
6. Yongey Mingyur Rinpoche, *The Joy of Living: Unlocking the Secret and Science of Happiness* (New York: Harmony Books, 2007), 251~252.

41장

1. Bhikkhu Bodhi, *The Noble Eightfold Path* (Seattle: BPS, Pariyatti Editions, 1984, 1994), 43.
2. 같은 책, 47. 보디는 『앙굿따라 니까야』에 나오는 붓다의 말씀을 자신의 스승이 쓴 다음 책에서 인용하고 있다. The Word of the Buddha, by Nyanaponika Thera.
3. 같은 책, 49~50.
4. Nyanaponika Thera, via Bodhi, *The Noble Eightfold Path,* 50.
5. Ñāṇamoli and Bodhi, *The Middle Length Discourses,* 21. (*저자의 잘못, 실제는 220~221임)
6. Nyanaponika Thera, via Bodhi, *The Noble Eightfold Path,* 52.
7. Bodhi, *The Numerical Discourses,* 816.

42장

1. Walshe, 348.
2. Bodhi, *The Noble Eightfold Path,* 54.
3. Thich Nhat Hanh, *For a Future to Be Possible: Commentaries on the Five Wonderful Precepts* (Berkeley, CA: Parallax Press, 1993).
4. Walshe, 280~281.
5. Robert E. Buswell, Jr., *Tracing Back the Radiance: Chinul's Korean Way of Zen* (Honolulu, HI: University of Hawaii Press, 1991), 102.
6. 같은 책, 109.
7. 같은 책, 106.
8. His Holiness the Dalai Lama, *Essential Teachings* (Berkeley, CA: North Atlantic Books, 1995), 50.

43장

1. Matthieu Ricard, *Journey to Enlightenment: The Life and World of Khyentse Rinpoche, Spiritual Teacher from Tibet* (New York: Aperture Foundation, 1996), 104.
2. Jonah Lehrer, "Don't! The Secret of Self-Control," *The New Yorker,* May 18, 2009.
3. Bodhi, *The Noble Eightfold Path,* 72.
4. 같은 책, 76.
5. Ñāṇamoli and Bodhi, *The Middle Length Discourses,* 1838.
6. Anālayo, 13.

7. 같은 책, 13.

44장

1. Bodhi, *The Connected Discourses,* 1372.
2. 같은 책, 1373.
3. Anālayo, 13.
4. Bodhi, *The Noble Eightfold Path,* 120.

부록 A

1. 『염처경』에 대한 내 번역은 주로 냐나몰리(1995, 145~155쪽)의 번역에 의존하였다. 그렇지만, 연구를 진행하면서 얻었던 이해를 기반으로 하여, 내 스스로 번역한 경우도 몇몇 군데 있다. 설법의 각 논의를 쉽게 참조하도록, 각 절마다 소제목을 붙였다(아날라요의 주석).

2. 실제 설법에서는 부패 중인 시체 각각의 단계에 대해 '정형구' 전체가 뒤따라 나온다. 편의를 위해, 나는 여기서 그것을 생략했다(아날라요의 주석).

찾아보기

ㄱ

ㄴ

ㄷ

ㄹ

ㅁ

ㅂ

ㅅ

ㅇ

ㅈ

ㅊ

ㅋ

ㅌ

ㅍ

ㅎ

마인드풀니스
MINDFULNESS

깨달음으로 가는 실용적인 마음수행 안내서

초판 1쇄 발행 | 2018년 1월 10일
초판 2쇄 발행 | 2021년 7월 15일

지은이 | 조셉 골드스타인
옮긴이 | 이성동 · 이은영

펴낸이 | 윤재승
펴낸곳 | 민족사

주간 | 사기순
기획편집팀 | 사기순, 최윤영
영업관리팀 | 김세정

출판등록 | 1980년 5월 9일 제1-149호
주소 | 서울 종로구 삼봉로 81 두산위브파빌리온 1131호
전화 | 02)732-2403, 2404 팩스 | 02)739-7565
홈페이지 | www.minjoksa.org
페이스북 | www.facebook.com/minjoksa
이메일 | minjoksabook@naver.com

ISBN 978-89-98742-93-5 03180